Jane Austen

STOLZ & VORURTEIL

Mit Original-Illustrationen von C. E. Brock

und dem Essay

»Warum wir Jane Austen so lieben«

LiteraturKlassiker+

ЯR
Ross & Reiter

Jane Austen: Stolz & Vorurteil. Übersetzung: Karin von Schwab. Die Illustrationen stammen von Charles Edmund Brock (1870-1938). Das idealisierte Jane-Austen-Portrait basiert auf einer Zeichnung von Jane Austens Schwester Cassandra. Der Essay »Warum wir Jane Austen so lieben« ist urheberrechtlich geschützt. Alle Rechte vorbehalten. Verleger: Andreas Dalberg, Kressenstraße 23, 90419 Nürnberg. Covergestaltung: Marina Unglaub, gestaltungsdienst.de unter Verwendung einer Grafik von iStock by GettyImages/Illureh. Herstellung: Bod, Norderstedt. Printed in Germany. ISBN 978-3944283159.

Die Reihe *Literaturklassiker plus* präsentiert Werke der Weltliteratur mit einem Plus an Information: Begleittexte, die Wissenswertes rund um Werk und Autor vermitteln – unterhaltsam und informativ. Literatur zum Genießen. Weitere *Literaturklassiker plus* finden Sie unter: **www.literaturklassiker.com**

»Es wird für einen Mann immer unfassbar bleiben, dass eine Frau einen Heiratsantrag zurückweisen könnte.«

Jane Austen
(hier auf einem idealisierten Portrait)

Jane Austen entdecken

Bezaubernd, humorvoll, spannend: *Stolz & Vorurteil* ist unbestritten einer der schönsten Liebesromane der Literaturgeschichte, der die Leser heute noch begeistert. Die Geschichte von Elizabeth Bennet und Mr. Darcy ist so erfrischend geschrieben, dass das romantische Herz höherschlagen darf, ohne dass der moderne Geist zu kurz käme. Denn Jane Austen erzählt mit Witz, Charme und Intelligenz von den verschlungenen Wegen, die Elizabeth und Darcy gehen, bis sie endlich zueinanderfinden ...

Ein besonderer Literaturklassiker, in einer besonderen Ausgabe: poetisch übersetzt von Karin von Schwab, mit Original-Illustrationen von Charles Edmund Brock sowie einem Essay, der erläutert, warum wir Leser einfach nicht umhinkönnen, Jane Austen zu lieben ...

Stolz & Vorurteil

1

Es ist eine Wahrheit, über die sich alle Welt einig ist, dass ein unbeweibter Mann von einigem Vermögen unbedingt auf der Suche nach einer Lebensgefährtin sein muss. Welcher Art die Gefühle und Wünsche eines solchen Mannes im übrigen auch immer sein mögen, diese Wahrheit hat eine so unumstößliche Geltung, dass er schon bei seinem ersten Auftauchen von sämtlichen, umwohnenden Familien als rechtmäßiger Besitz der einen oder anderen ihrer Töchter angesehen wird.

»Mein lieber Bennet«, sprach eines Tages Mrs. Bennet, »hast du schon gehört, dass Netherfield Park endlich einen Mieter gefunden hat?« Mr. Bennet erwiderte, er habe es noch nicht gehört. »Trotzdem ist es so, wie ich sage«, beharrte Mrs. Bennet. »Mrs. Long war gerade hier und hat es mir erzählt. Willst du denn nicht wissen, wer der neue Mieter ist?«, fuhr sie mit ungeduldiger Stimme fort. »Du willst es mir doch gerade erzählen, und ich habe nichts dagegen«, sagte Mr. Bennet.

»Also, Mrs. Long erzählte, dass Netherfield von einem sehr wohlhabenden jungen Mann aus Nordengland gepachtet wurde. Er kam letzten Montag im Vierspänner an, um das Haus zu besichtigen, und er war so entzückt, dass er sogleich mit Mr. Morris abschloss. Noch vor Michaelis will er einziehen, und seine Dienerschaft soll zum Teil schon Ende dieser Woche herkommen.«

»Wie heißt er denn?«

»Bingley.«

»Verheiratet?«

»Aber, nein! Unverheiratet, das steht fest! Ein steinreicher Junggeselle, mit vier-, fünftausend Pfund im Jahr! Welch ein Glück für unsere Kinder!«

»Was haben denn unsere Kinder damit zu tun?«

»Wie kannst du nur so begriffsstutzig sein, mein Lieber?! Verstehst du denn nicht?! Womöglich wird er eine unserer Töchter heiraten wollen!«

»Kommt er deshalb hierher?«

»Deshalb? Unsinn! Aber es ist doch sehr gut möglich, dass er sich in eine von ihnen verliebt; und daher musst du ihm einen Besuch abstatten, sobald er eingezogen ist.«

»Weshalb denn? Du kannst doch mit den Mädchen hinübergehen. Oder, besser noch, du schickst sie allein; denn da du noch so gut aussiehst wie jede von deinen Töchtern, würde sich Mr. Bingley vielleicht gar dich aus dem Schwarm aussuchen.«

»Ach, du Schmeichler. Gewiss, einst war ich recht schön, aber jetzt bilde ich mir nicht mehr ein, irgendetwas Besonderes darzustellen. Wenn eine Frau fünf erwachsene Töchter hat, tut sie gut daran, alle Gedanken an ihre eigene Schönheit fallenzulassen. Du musst aber unbedingt Mr. Bingley aufsuchen, sobald er unser Nachbar ist.«

»Ich gebe dir heute nur die Versicherung, dass ich es dir nicht versprechen kann.«

»Aber denke doch an deine Töchter! Und an die gesellschaftliche Stellung, die es für eine von ihnen bedeuten mag! Sogar Sir William und Lady Lucas sind fest entschlossen, ihm nur deshalb einen Besuch zu machen; du weißt, wie wenig sie sich sonst um Neuankömmlinge kümmern. Du musst unter allen Umständen hingehen; denn wie sollen wir ihn besuchen können, wenn du es nicht zuerst tust?!«

»Du bist viel zu korrekt; ich bin überzeugt, Mr. Bingley wird sich sehr freuen, euch bei sich begrüßen zu dürfen. Ich kann dir ja ein paar Zeilen mitgeben und ihm aufs herzlichste meine Einwilligung zusichern für den Fall, dass er sich eine von meinen Töchtern aussuchen und sie heiraten will. Für meine kleine Lizzy will ich dabei ein besonders gutes Wort einlegen.«

»Ich will sehr hoffen, dass du nichts dergleichen tust. Lizzy ist nicht einen Deut besser als die anderen. Im Gegenteil, ich finde sie nicht halb so hübsch wie Jane und nicht halb so reizend wie Lydia. Aber du musst sie ja immer vorziehen.«

»Du hast recht. Wirklich empfehlen könnte ich keine von ihnen«, erwiderte Mr. Bennet. »Sie sind albern und unwissend wie alle jungen Mädchen; nur Lizzy ist wenigstens etwas lebhafter als ihre Schwestern.«

»Höre mal, wie kannst du deine eigenen Kinder so herabsetzen?! Es macht dir offenbar Spaß, mich zu ärgern. Du hast eben gar kein Mitgefühl mit meinen armen Nerven!«

»Da verkennst du mich ganz und gar, meine Liebe. Ich hege die größte Achtung vor deinen Nerven. Seit zwanzig Jahren höre ich mir nun schon das mit deinen Nerven an; sie sind mir gute, alte Bekannte geworden.«

»Ach, du ahnst nicht, wie sehr ich unter ihnen leiden muss!«

»Aber ich hoffe, du überstehst es auch dieses Mal und erlebst, dass noch viele, andere junge Männer mit viertausend Pfund im Jahr sich in unserer Nachbarschaft niederlassen.«

»Und wenn zwanzig kämen, was nützt es uns, wenn du sie doch nicht besuchen willst?«

»Verlass dich auf mich, meine Liebe: Wenn es erst zwanzig sind, werde ich sie nacheinander aufsuchen.«

Mr. Bennet stellte eine so eigenartige Mischung von klugem Verstand und Ironie, von Zurückhaltung und Schalkhaftigkeit dar, dass die Erfahrung von dreiundzwanzig Ehejahren nicht genügt hatte, um seine Frau diesen Charakter verstehen zu lassen. Ihre Gedankengänge zu ergründen, war einfacher: Sie war eine unbedeutende Frau mit geringem Wissen und unberechenbarer Laune. War sie mit etwas unzufrieden, bildete sie sich ein, nervös zu sein. Ihre Lebensaufgabe bestand darin, ihre Töchter zu verheiraten. Besuche zu machen und Neuigkeiten auszutauschen war ihre Erholung.

2

Mr. Bennet gehörte zu den ersten, die Mr. Bingley auf Netherfield begrüßten. Er war von vornherein entschlossen gewesen, den neuen Nachbarn aufzusuchen, so sehr er seiner Frau auch immer wieder das Gegenteil versicherte; und so wusste sie noch am Abend nichts von seinem Besuch am Morgen. Folgendermaßen machte Mr. Bennet seiner Familie Mitteilung von seinem Antrittsbesuch: Eine Weile sah er seiner zweiten Tochter Elizabeth zu, wie sie an einem Hut arbeitete, schließlich sagte er: »Hoffentlich wird er Mr. Bingley gefallen, Lizzy.«

»Leider ist es uns ja nicht möglich, Mr. Bingleys Geschmack festzustellen«, sagte seine Frau vorwurfsvoll, »da wir ihn nicht besuchen können.«

»Du vergisst aber, Mama«, sagte Elizabeth, »dass wir ihn auf einem der Bälle treffen werden. Mrs. Long hat versprochen, ihn uns vorzustellen.«

»Mrs. Long wird sich hüten! Sie hat ja selbst zwei Nichten. Mrs. Long ist eine selbstsüchtige und falsche Person, ich habe keine gute Meinung von ihr.«

»Ganz recht, ich auch nicht«, sagte Mr. Bennet. »Ich freue mich, dass du dich nicht auf ihre Gutmütigkeit verlassen willst.«

Seine Frau würdigte ihn keiner Antwort. Da aber es aber über ihre Kraft gegangen wäre, nichts zu sagen, fing sie an, eine ihrer Töchter zu schelten: »Um Himmels willen, höre mit deinem Husten auf, Kitty! Nimm doch ein wenig Rücksicht auf meine Nerven – du zerreißt sie mir ja geradezu!«

»Kitty hustet ohne jedes Taktgefühl«, meinte ihr Vater, »sie hustet in einem sehr unpassenden Augenblick.«

»Ich huste nicht zum Vergnügen«, erwiderte Kitty störrisch. »Wann ist denn dein nächster Ball, Lizzy?«

»Morgen in vierzehn Tagen.«

»Richtig«, rief ihre Mutter, »und Mrs. Long kommt erst einen Tag vorher zurück; sie kann ihn euch also gar nicht vorstellen, denn sie wird ihn selbst noch nicht kennen!«

»Dann wirst du, meine Liebe, gegenüber deiner Freundin großmütig sein können und ihr Mr. Bingley vorstellen.«

»Ausgeschlossen, Mr. Bennet, ganz ausgeschlossen! Ich kenne ihn ja auch nicht. Warum musst du mich immer ärgern?«

»Deine Vorsicht macht dir alle Ehre. Eine vierzehntägige Bekanntschaft genügt allerdings kaum, um jemanden kennenzulernen; man kann einen Menschen nach so kurzer Zeit noch nicht beurteilen. Aber wenn wir es nicht tun, dann tut es jemand anders; Mrs. Long und ihre Nichten müssen das Risiko eben auf sich nehmen. Wenn du also glaubst, es nicht verantworten zu können – Mrs. Long wird das sicherlich als einen besonderen Beweis deiner Freundschaft anerkennen –, dann will ich es übernehmen.«

Die Mädchen starrten ihren Vater an. Mrs. Bennet sagte bloß: »Unsinn, Unsinn!«

»Was willst du mit deinem ›Unsinn‹ sagen?«, fragte Mr. Bennet. »Etwa, dass die Förmlichkeit des Vorstellens und das Gewicht, das man dieser Förmlichkeit beimisst, Unsinn sind? In dem einen Punkt müsste ich dann verschiedener Meinung mit dir sein. Was meinst du dazu, Mary? Du denkst doch, soviel ich weiß, tief über alles nach und liest dicke Bücher und machst dir Notizen und Auszüge.«

Mary hätte für ihr Leben gern etwas sehr Kluges gesagt, aber ihr fiel nichts Passendes ein.

»Während Mary ihre Gedanken ordnet«, fuhr ihr Vater fort, »wollen wir zu Mr. Bingley zurückkehren.«

»Ich kann den Namen nicht mehr hören«, rief seine Frau.

»Das täte mir wirklich sehr leid. Aber warum sagtest du es mir nicht eher? Hätte ich es heute Morgen schon gewusst, wäre mein Besuch bei ihm bestimmt unterblieben. Zu schade – aber nun ist es einmal geschehen, und wir werden uns seiner Bekanntschaft nicht mehr entziehen können.«

Das Erstaunen seiner Familie war so groß und so lebhaft, wie er es sich gewünscht hatte. Mrs. Bennet übertraf auch hierin die anderen, wenn auch nur um ein weniges. Nichtsdestoweniger erklärte sie, nachdem man sich wieder etwas beruhigt hatte, sie habe es sich schon die ganze Zeit gedacht.

»Das war einmal richtig nett von dir. Aber ich wusste ja, dass ich dich würde überreden können. Ich wusste ja, dass du deine Kinder viel zu lieb hast, als dass du eine solche Bekanntschaft vernachlässigt hättest. Wie ich mich freue! Und wie gut dir dein Scherz gelungen ist. Heute Morgen bist du schon bei ihm gewesen! Und erst jetzt erzählst du uns davon!«

»So, Kitty, jetzt kannst du husten, so viel es dir Spaß macht«, mit diesen Worten verließ Mr. Bennet das Zimmer, offensichtlich ziemlich mitgenommen von dem Begeisterungsausbruch seiner Frau.

»Ihr Mädchen habt einen einzigartigen Vater«, sagte sie, als die Tür sich geschlossen hatte. »Ich weiß nicht, wie ihr ihm je seine Güte werdet danken können – ich übrigens auch nicht. In unserem Alter ist es kein Vergnügen, kann ich euch versichern, täglich neue Bekanntschaften machen zu müssen. Aber für euch tun wir eben alles. Lydia, mein Liebling, du bist zwar sehr jung, aber ich bin fest davon überzeugt, dass Mr. Bingley auf dem nächsten Ball mit dir tanzen wird.«

»Och«, sagte Lydia stolz, »ich habe keine Angst. Ich bin wohl die Jüngste, aber auch die Größte von uns.«

Den Rest des Abends verbrachten sie auf das angenehmste damit, zu überlegen, wann wohl Mr. Bingleys Gegenbesuch zu erwarten sei und wann sie ihn dann zum Essen laden könnten.

3

So sehr sich indessen Mrs. Bennet, eifrig von ihren fünf Töchtern unterstützt, darum bemühte, es war keine auch nur einigermaßen zufriedenstellende Beschreibung des neuen Nachbarn aus ihrem Mann herauszubekommen. Die Angriffe erfolgten von den verschiedensten Seiten, geradewegs als Fragen oder unter Harmlosigkeiten getarnt oder als scheinbar ganz fernliegende Andeutungen, aber er ließ sich in keine Falle locken. Zuletzt mussten sie sich mit dem zufriedengeben, was Lady Lucas ihnen aus zweiter Hand berichten konnte: Sir William sei entzückt gewesen. Mr. Bingley sei sehr jung, ungewöhnlich gutaussehend, außerordentlich wohlerzogen und, als Krönung: Er beabsichtige, mit einer größeren Gesellschaft am nächsten Ball teilzunehmen.

Es hätte nicht wunderbarer sein können. Denn zwischen Gernemiteinander-Tanzen und Sich-Verlieben war nur ein kleiner, fast unvermeidlicher Schritt! Mr. Bingleys Herz wurde Gegenstand der lebhaftesten Erörterungen und Erwartungen.

»Wenn ich es erleben darf, dass eine meiner Töchter als Herrin in Netherfield einzieht«, sagte Mrs. Bennet zu ihrem Mann, »und wenn es mir gelingen sollte, die anderen ebensogut unterzubringen, dann wird mir jeder Wunsch erfüllt sein.«

Nach einigen Tagen erwiderte Mr. Bingley Mr. Bennets Besuch und blieb mit ihm etwa zehn Minuten in der Bibliothek. Er hatte die leise

Hoffnung gehabt, wenigstens einen Blick auf die jungen Damen werfen zu dürfen, von deren Schönheit er schon viel gehört hatte; aber der Vater war alles, was er zu sehen bekam. Die Damen selbst waren ein wenig mehr vom Glück begünstigt, gelang es ihnen doch, von einem Fenster im oberen Stock festzustellen, dass er einen blauen Mantel trug und ein schwarzes Pferd ritt.

Bald darauf wurde auch die Einladung zum Essen abgeschickt. Mrs. Bennet war sich schon über alle Gerichte und Gänge klar, mit denen sie hausfrauliche Ehre einzulegen gedachte; da kam seine Antwort und schob all die schönen Pläne auf unbestimmte Zeit auf. Mr. Bingley bedauerte sehr, am folgenden Tag nach London fahren und sich daher des Vergnügens berauben zu müssen, der Einladung ... Mrs. Bennet war ganz unglücklich. Sie konnte sich gar nicht denken, was das für eine Angelegenheit sein mochte, die ihn schon so bald nach seiner Ankunft in Hertfordshire nach London zurückrief. Der Gedanke, er könne vielleicht zu der Sorte junger Männer gehören, die ständig von einem Ort zum anderen flattern, anstatt sich mit einem festen Wohnsitz zu begnügen – in diesem Fall Netherfield –, wie es sich gehörte, begann sie ernstlich zu beunruhigen. Und sie schöpfte erst wieder ein wenig Mut, als Lady Lucas ihr gegenüber die Möglichkeit erwähnte, er sei doch vielleicht nur nach London gefahren, um seine große Ballgesellschaft nach Netherfield zu holen. Bald darauf verbreitete sich das aus sicheren Quellen stammende Gerücht, Mr. Bingley werde mit zwölf Damen und sieben Herren auf dem Fest erscheinen. Zwölf Damen! Die jungen Mädchen hörten diese Nachricht mit großer Besorgnis. Aber auch sie fassten wieder Mut, als die Zahl Zwölf am Tage vor dem Ball auf Sechs – fünf Schwestern und eine Cousine – berichtigt wurde. Die Gesellschaft, die tatsächlich den großen Festsaal betrat, war dann schließlich nicht zahlreicher als insgesamt nur fünf Personen: Mr. Bingley, seine beiden Schwestern, der Gatte der älteren und ein unbekannter junger Mann.

Mr. Bingley sah sehr gut aus und machte einen vornehmen Eindruck. Seine ganze Haltung und Art, sich zu geben, waren natürlich und von einer ungezwungenen Freundlichkeit. Die Schwestern waren mit gutem, eigenem Geschmack nach der letzten Mode gekleidet und mussten zweifellos zu den Schönheiten der Londoner Gesellschaft gezählt werden. Mr. Hurst, dem Schwager Mr. Bingleys, war die gute Familie anzusehen; mehr allerdings auch nicht. Mr. Darcy, der junge Freund, dagegen war bald mit seiner großen, schlanken Figur, seinem angenehmen Äußeren und seinem vornehmen Auftreten Mittelpunkt der Aufmerksamkeit des ganzen Saales. Kein Wunder, dass in weniger als fünf Minuten die verbürgte Nachricht ihren Lauf über alle Lippen nahm, Mr. Darcy verfüge über zehntausend Pfund im Jahr. Die Herren gestanden ihm sein ungewöhnlich stattliches und männliches Wesen zu, die Damen versicherten, er sehe noch besser aus als Mr. Bingley, und die Blicke von jedermann folgten ihm bewundernd den halben Abend lang; dann aber wandelte sich die anfängliche Auffassung von der Vornehmheit seines Auftretens vollständig in das Gegenteil um, woraufhin die Hochflut der Achtung, die man ihm entgegengebracht hatte, rasch abzuebben begann. Denn man konnte nicht umhin, die Feststellung zu machen, dass Mr. Darcy hochmütig war, auf die anwesende Gesellschaft herabsah und an nichts Anteil nehmen wollte. Nichts, nicht einmal sein großer Grundbesitz in Derbyshire, war ein Ausgleich für sein abweisendes und wenig freundliches Benehmen. Jedenfalls konnte er in keiner Weise mit seinem Freund Mr. Bingley verglichen werden.

Mr. Bingley hatte sich bald schon mit all den vornehmlichsten Anwesenden bekanntgemacht. Er tanzte jeden Tanz, war lebhaft und aufgeräumt, ärgerte sich nur darüber, dass das Fest so früh zu Ende sein sollte, und sprach davon, einen Ball auf Netherfield zu geben. Solche Liebenswürdigkeit sprach für sich selbst. Welch ein Gegensatz zwischen ihm und seinem Freund! Mr. Darcy tanzte nur je einmal mit Mrs. Hurst und mit Miss Bingley und lehnte es ab, irgendeiner anderen Dame vorgestellt zu werden. Den größten Teil des Abends brachte er damit zu, im Saal herumzugehen und hin und wieder mit dem einen oder der anderen von seinen Bekannten ein paar Worte zu wechseln. Über seinen Charakter brauchte auch kein Wort mehr verloren zu werden. Er war der hochmütigste, unangenehmste Mensch auf der Welt, und man konnte nur hoffen, dass man ihn zum letzten Male gesehen hatte.

Seine heftigste Gegnerin war Mrs. Bennet; denn zu der allgemeinen Misstimmung kam bei ihr ein persönlicher Grund hinzu, der ihre Abneigung noch bedeutend verschärfte: Mr. Darcy hatte eine ihrer Töchter beleidigt. Da die Herren sehr in der Minderzahl waren, hatte Elizabeth zwei Tänze auslassen müssen; und in dieser Zeit war Mr. Darcy während seines gelangweilten Rundganges für einen kurzen Augenblick ihr so nahegekommen, dass sie nicht umhin konnte, ein Gespräch zwischen ihm und Mr. Bingley mitanzuhören; der hatte die Tanzenden verlassen, um seinen Freund aus seiner Interesselosigkeit zu reißen. »Los, Darcy«, sagte er, »du musst auch einmal tanzen. Ich ertrage es nicht, dich in dieser Weise herumstehen zu sehen. Wenn du doch schon hier bist, ist es viel vernünftiger, du tanzt.«

»Alles andere lieber als das! Du weißt, wie sehr ich es verabscheue, mit jemandem zu tanzen, den ich nicht kenne. Und in einer Gesellschaft wie dieser wäre es geradezu unerträglich. Deine Schwestern haben beide einen Partner, und außer ihnen gibt es auch nicht ein einziges Mädchen im ganzen Saal, mit dem sich zu zeigen nicht eine Strafe wäre.«

»Nicht für ein Königreich möchte ich solch ein Mäkler sein wie du!«, rief Bingley aus. »Auf Ehre, ich habe noch nie so viele nette Mädchen auf einmal kennengelernt wie heute Abend; viele sind sogar ganz ungewöhnlich hübsch.«

»Du tanzt ja auch mit dem einzigen Mädchen, das hier wirklich gut aussieht«, erwiderte Darcy und schaute gleichzeitig zu Jane hinüber.

»Ja, sie ist das wunderbarste Geschöpf, das mir je vor Augen gekommen ist! Aber gerade hinter dir sitzt eine ihrer Schwestern, die sehr nett aussieht und wahrscheinlich auch sehr nett ist. Ich werde meine Dame bitten, dich ihr vorzustellen.«

Mr. Darcy über Elizabeth: »Erträglich, aber nicht hübsch genügend, um mich zu reizen.«

»Welche meinst du?« Darcy drehte sich um und betrachtete Elizabeth, bis sie unter seinem Blick hochsah. Daraufhin wandte er sich wieder an seinen Freund und meinte gleichgültig: »Erträglich, aber nicht hübsch genügend, um mich zu reizen. Außerdem habe ich heute keine Lust, mich mit jungen Damen abzugeben, die von den anderen Herren sitzengelassen worden sind. Kehre du nur wieder zu deiner Tänzerin zurück und sonne dich in ihrem Lächeln; bei mir vergeudest du doch nur deine Zeit.«

Mr. Bingley folgte seinem Rat, und Darcy nahm seinen Rundgang wieder auf. Elizabeths Ansicht über ihn war nicht sehr freundlich, aber nichtsdestoweniger berichtete sie ihren Freundinnen voll Humor ihr kleines Erlebnis; denn da sie selbst von Natur lustig und heiter war, lachte sie gern, auch wenn es auf ihre eigenen Kosten ging.

Im übrigen verlief jedoch der Abend zur vollsten Zufriedenheit der ganzen Familie. Mrs. Bennet hatte die Freude gehabt, ihre älteste Tochter von dem Netherfield-Kreis akzeptiert zu sehen: Mr. Bingley hatte zweimal mit ihr getanzt, und seine Schwestern zeichneten sie durch größte Zuvorkommenheit aus. Janes Freude und Stolz hierüber waren wohl nicht geringer als die ihrer Mutter, aber sie ließ es sich nicht so sehr anmerken. Elizabeth teilte als gute Schwester Janes Freude. Mary hatte sich Miss Bingley gegenüber als das gebildetste, junge Mädchen aus der ganzen Nachbarschaft rühmen gehört. Und die beiden Jüngsten, Catherine und Lydia, konnten das unwahrscheinlichste Glück für sich in Anspruch nehmen, nicht einen einzigen Tanz ausgelassen zu haben, und das war das einzige, worauf es ihnen vorläufig bei einem Ball ankam.

Sie kehrten daher alle in bester Laune nach Longbourn zurück, dem Dorf, dessen vornehmstes Haus das ihre war. Mr. Bennet war noch auf. In Gesellschaft eines guten Buches vergaß er die Zeit. Am heutigen Abend aber kam noch Neugierde hinzu, die ihn wachhielt; er wollte nur allzu gern wissen, wie das Fest verlaufen war, das so viele Hoffnungen geweckt hatte. Im stillen hatte er erwartet, die vorgefasste Meinung seiner Frau über den neuen Nachbarn enttäuscht zu sehen; dass er sich seinerseits getäuscht hatte, darüber wurde er nicht lange im Zweifel gelassen.

»Wir haben einen herrlichen Abend verbracht.« Damit kam sie ins Zimmer. »Ein wundervoller Ball! Ich wünschte, du wärst dagewesen. Jane wurde bewundert – es ist gar nicht zu beschreiben! Alle sagten, wie gut sie aussehe; Mr. Bingley fand sie wunderschön und hat zweimal mit ihr getanzt! Stelle dir das bitte vor, mein Lieber! Zweimal hat er mit ihr getanzt! Und sonst hat er keine einzige zum zweitenmal aufgefordert! Zuerst forderte er Miss Lucas auf. Ich habe mich richtig geärgert, als er mit ihr tanzte; doch er hat sie gar nicht gemocht, na ja, weißt du, das wäre wohl auch schwer möglich gewesen. Aber schon während des ersten Tanzes schien ihm Jane aufzufallen; er erkundigte sich, wer sie sei, ließ sich vorstellen und bat sie um den nächsten Tanz. Dann tanzte er den dritten mit Miss King und den vierten mit Maria Lucas und den fünften wieder mit Jane und den sechsten mit Lizzy und dann noch ein Menuett hinterher ...«

»Um Gottes willen, ich will nichts mehr von Mr. Bingleys Tänzerinnen hören!«, unterbrach Mr. Bennet sie ungeduldig. »Wäre er ein wenig rücksichtsvoller gegen mich gewesen, hätte er nur halb so viel getanzt. Schade, dass er sich nicht schon beim ersten Tanz den Fuß verstaucht hat.«

»Aber«, fuhr Mrs. Bennet fort, »ich bin ganz entzückt von ihm! Er sieht ungewöhnlich gut aus! Und seine Schwestern sind reizende Damen. Ihre Kleider waren das eleganteste, was ich je gesehen habe. Die Spitzen an Mrs. Hursts Kleid haben gut und gerne ...« Sie wurde wieder unterbrochen. Ihr Mann legte auf das energischste Verwahrung dagegen ein, jetzt einen Diskurs über Spitzen und Moden ertragen zu müssen. Sie sah sich daher gezwungen, das Thema in eine andere Richtung zu lenken, und berichtete mit ehrlicher Entrüstung und einigen Übertreibungen von dem unglaublichen Betragen des Mr. Darcy. »Aber das weiß ich und das kann ich dir versichern«, schloss sie nach einiger Zeit, »Lizzy verliert nicht viel, wenn sie seinem Geschmack nicht entspricht; er ist ein ganz schrecklich unangenehmer, scheußlicher Mensch und gar nicht wert, dass man sich um ihn kümmert. Nicht zum Aushalten war es, wie hochmütig und eingebildet er hin- und herging und sich wunder wie großartig vorkam! ›Erträglich. Aber nicht genügend, um ihn zu reizen!‹ Ich wünschte, du wärst dagewesen, mein Lieber, um ihn ein wenig zurechtzustutzen, du verstehst dich so gut darauf. Ich finde den Menschen abscheulich!«

4

Als Jane und Elizabeth in ihrem Zimmer allein waren, vertraute die Ältere, die bis dahin kaum in die Lobpreisungen Mr. Bingleys eingestimmt hatte, ihrer Schwester an, wie sehr sie ihn bewundere. »Er ist alles, was ein junger Mann sein sollte«, sagte sie, »vernünftig und doch fröhlich und lebhaft; und sein Auftreten – ich habe noch nie so etwas erlebt: gleichzeitig so ungezwungen und so wohlerzogen!«

»Gut aussehen tut er auch«, erwiderte Elizabeth, »das kann einem jungen Mann ebenfalls nicht schaden. Also, alles in allem, ein idealer Typ!«

»Dass er mich ein zweites Mal zum Tanzen aufforderte, das war doch sehr schmeichelhaft. Das hatte ich gar nicht erwartet!«

»Nicht? Ich schon. Das ist der große Unterschied zwischen uns: Dich überrascht so etwas immer, mich nie. Was hätte selbstverständlicher sein können, als dass er dich noch einmal auffordert? Es konnte ihm ja nicht entgangen sein, dass du mindestens fünfmal hübscher warst als alle anderen Mädchen im Saal. Nein, das war keine besondere Höflichkeit von ihm. Aber es stimmt, er ist wirklich sehr nett, und meinen Segen hast du. Dir haben schon ganz andere Hohlköpfe gefallen!«

»Aber Lizzy!«

»Ich weiß, du hast eine reichlich übertriebene Neigung, jedermann nett zu finden. Du entdeckst niemals einen Fehler an Menschen. Die ganze Welt ist in deinen Augen gut und schön. Ich glaube, ich habe dich noch nie über irgendwen etwas Unfreundliches sagen hören!«

»Ich möchte natürlich nicht unüberlegt und hastig urteilen; aber ich sage doch immer, was ich wirklich denke.«

»Eben, das weiß ich ja – und das ist ja gerade das Wunder: So vernünftig zu sein, wie du es doch bist, und dabei so rührend blind gegenüber den Torheiten und der Dummheit deiner Mitmenschen! Gespielte Aufrichtigkeit ist eine gewöhnliche Erscheinung – man trifft sie überall. Aber Aufrichtigkeit ohne Hintergedanken oder Nebenabsichten, nur das Beste in jedem sehen und das noch verbessern, während man das Schlechte nicht beachtet, und das noch in aller Aufrichtigkeit – das kannst nur du! Seine Schwestern mochtest du also auch? Ganz so wohlerzogen wie er sind sie ja wohl nicht.«

»Das allerdings nicht, wenigstens erscheint es zunächst so. Aber die beiden sind ganz reizend, wenn man mit ihnen spricht. Miss Bingley wird auch auf Netherfield wohnen bleiben und ihrem Bruder das Haus führen. Es sollte mich sehr wundern, wenn wir in ihr nicht eine sehr angenehme Nachbarin bekämen.«

Elizabeth schwieg dazu; sie war davon nicht so überzeugt wie ihre Schwester. Das Auftreten der beiden Damen aus London war nicht danach gewesen, um ihr uneingeschränktes Gefallen zu erregen; sie beobachtete schärfer und war nicht so vorschnell in ihrem Urteil, zumal sie sich nicht, wie ihre Schwester, durch ein persönliches Interesse verpflichtet fühlte. Zweifellos, die beiden waren wirkliche Damen; sehr wohl in der Lage, in bester Stimmung zu sein, solange sie sich gut unterhalten fühlten, und freundlich, sobald ihnen so zumute war, aber zweifellos ebenso hochmütig und eingebildet. Sie sahen recht gut aus, hatten eine vortreffliche Erziehung in einer der vornehmsten Schulen Londons genossen, konnten über ein Vermögen von zwanzigtausend Pfund verfügen, waren gewohnt, mehr auszugeben, als ihrem Vermögen entsprach, und verkehrten in der besten Gesellschaft – kurz, sie hatten allen Grund, das Beste von sich selber und weniger gut von anderen zu denken. Außerdem gehörten sie einer angesehenen, nordenglischen Familie an, eine Tatsache, die ihnen gegenwärtiger zu sein schien als die andere Tatsache, dass das Familienvermögen aus Handelsgeschäften stammte.

Mr. Bingleys Vater, der immer den Wunsch gehegt hatte, sich einen Landbesitz zu kaufen, aber zu früh gestorben war, um sich seinen Wunsch erfüllen zu können, hinterließ seinem Sohn ein Erbe von nahezu einhunderttausend Pfund. Mr. Bingley beabsichtigte nun auszuführen, was seinem Vater versagt geblieben war; bald dachte er an diese Gegend, bald an jene. Aber da er jetzt ein schönes Haus in London besaß und dazu noch über Netherfield verfügen konnte, erschien es allen, die seine Genügsamkeit kannten, als höchst wahrscheinlich, dass er sich nun nicht weiter umsehen, sondern den Ankauf eines Landbesitzes der nächsten Generation überlassen werde.

Seine Schwestern waren nicht so genügsam und hätten es lieber gesehen, wenn ihr Bruder auf eigenem Grund und Boden säße. Das hielt aber keineswegs die jüngere davon ab, in dem nur gemieteten Netherfield dem Haushalt vorzustehen; und die ältere Schwester, Mrs. Hurst, die einen Mann in hoher gesellschaftlicher Stellung und in schlechten Vermögensverhältnissen geheiratet hatte, betrachtete dieses Netherfield nach Bedarf als ihr eigenes Heim.

Mr. Bingley hatte erst zwei Jahre die Freiheit des Mündigseins genossen, als eine zufällige Empfehlung ihm Netherfield verlockend schilderte. Er fuhr hin, sah es sich eine halbe Stunde lang drinnen und draußen an, fand Gefallen an der Lage und den Räumlichkeiten und wurde mit dem Eigentümer sehr schnell einig.

Zwischen ihm und Darcy bestand, trotz der großen charakterlichen Verschiedenheit, eine langjährige, feste Freundschaft. Darcy schätzte an Bingley sein natürliches Wesen, seine Freimütigkeit und seine Lenkbarkeit – Eigenschaften, die in keinem größeren Gegensatz zu seinen eigenen hätten stehen können, obgleich er mit seinen eigenen gar nicht unzufrieden zu sein schien. Und Bingley seinerseits fand eine starke Stütze in der Achtung, die sein Freund ihm entgegenbrachte, und vertraute fest seiner überlegenen Menschenkenntnis und Welterfahrung. Darcy war auch der intelligentere von ihnen; nicht, dass Bingley dumm war, aber Darcy war eben der überlegenere. Gleichzeitig hatte Darcy aber einen Zug von Hochmut, Verschlossenheit und Verwöhntheit; sein ganzes Wesen war, wenn auch nicht gerade unhöflich, so doch nicht sehr entgegenkommend. In dieser Hinsicht lief ihm sein Freund entschieden den Rang ab. Bingley war überall gern gesehen; Darcy eckte ständig an.

Die Art, in der sie sich über den Ball in Meryton unterhielten, war für beide bezeichnend. Bingley glaubte, noch nie nettere Leute und hübschere Mädchen gesehen zu haben; alle waren äußerst freundlich und zuvorkommend gegen ihn gewesen, keine Spur von Förmlichkeit oder Steifheit, er hatte sich gleich gut Freund mit allen Anwesenden gefühlt; und was Jane betraf, er hätte sich kein engelhafteres Wesen vorstellen können. Darcy dagegen hatte nur eine große Menschenmenge gesehen, die durch wenig Schönheit und viel Uneleganz auffiel, für die er beim besten Willen kein Interesse hatte aufbringen können und von der er weder Vergnügen gehabt, noch Entgegenkommen erfahren hatte … Miss Bennet – ja, er gab zu, dass sie nett aussah, nur lächelte sie zuviel. Mrs. Hurst und ihre Schwester erhoben hiergegen weiter keinen Einspruch, aber sie gestanden ihre Zuneigung und Bewunderung für Jane ein und erklärten, sie sei ein liebes Mädchen, dessen Freundschaft sie nicht ungern weiterpflegen wollten. Damit war also Miss Bennet zum »lieben Mädchen« ernannt, und Bingley fühlte sich durch diese Empfehlung berechtigt, von ihr und über sie zu denken, wie es ihm beliebte.

5

Nur einen kurzen Weg von Longbourn entfernt wohnte eine Familie, die zu den engeren Freunden der Bennets zählte. Sir William Lucas hatte früher ein Geschäft in Meryton geführt, das ihm zu einem annehmbaren Vermögen verholfen hatte. Eine Ansprache an den König während seiner Bürgermeisterzeit hatte ihm den Titel »Sir« eingebracht. Die Ehrung war ihm ein wenig zu Kopfe gestiegen; er fasste plötzlich eine Abneigung gegen Geschäft und Haus in dem kleinen Marktflecken, gab beides auf und bezog mit seiner Familie etwas außerhalb Merytons ein Landhaus, das von da an Lucas Lodge hieß. Hier konnte er zu seinem ständigen Vergnügen über seine eigene Bedeutsamkeit Betrachtungen anstellen und, ungehindert von jedweder Arbeit, sich damit beschäftigen, gegen die ganze Welt höflich zu sein. Denn wenn sein Titel ihn auch erhöht hatte, er machte ihn nicht hochfahrend; im Gegenteil, er war mehr denn je eines jeden gehorsamer Diener. Von Natur aus schon liebenswürdig, freundlich und gefällig, hatte seine Vorstellung bei Hofe ihn nur noch höflicher gemacht.

Lady Lucas war eine sehr gute Frau und nicht klug genug, um eine schlechte Nachbarin für Mrs. Bennet abzugeben. Die älteste von den Lucas-Kindern, Charlotte, eine ruhige, vernünftige, junge Dame von siebenundzwanzig, war Elizabeths beste Freundin. Es war natürlich unumgänglich, dass die Schwestern Lucas und die Schwestern Bennet den Ball gemeinsam durchsprachen. Am Morgen nach dem Fest erschienen jene in Longbourn, um zu hören und gehört zu werden.

»Du hast aber den Abend gut begonnen, Charlotte«, sagte Mrs. Bennet mit höflicher Selbstbeherrschung zu Miss Lucas. »Dich hat sich ja Mr. Bingley zuerst ausgesucht.«

»Ja, aber seine zweite Wahl schien ihm besser zu gefallen.«

»Ach so, du meinst Jane – weil er zweimal mit ihr getanzt hat; du hast recht, das machte allerdings den Eindruck, als ob er sie bevorzugte. Hm, weißt du, ich glaube, er zog sie den anderen tatsächlich vor; ja, ja, ich hörte so etwas, ich weiß nicht mehr genau, was … irgendetwas von Mr. Robinson –«

»Sie meinen wahrscheinlich das Gespräch zwischen ihm und Mr. Bingley, das ich zufälligerweise mitanhörte; habe ich Ihnen noch nicht davon erzählt? Mr. Robinson fragte ihn, wie ihm unser Ball in Meryton gefalle und ob er nicht auch der Meinung sei, dass eine ungewöhnlich große Anzahl schöner Damen anwesend wäre; und dann fragte Mr. Robinson ihn noch, welche er denn am schönsten finde? Worauf er sogleich erwiderte: Aber da gibt es doch gar keinen Zweifel, die älteste Schwester Bennet natürlich!«

»Was du nicht sagst! Das ist allerdings sehr deutlich.«

»Ich habe wenigstens etwas Nettes zu hören bekommen, Lizzy, wenn auch nur über andere«, sagte Charlotte zu ihrer Freundin. »Mr. Darcy zuzuhören lohnt sich nicht so sehr wie seinem Freund. Arme Lizzy, nur gerade noch erträglich zu sein!«

»Ich bitte dich, Charlotte, versuch nicht, Lizzy auch noch mit seiner Unhöflichkeit zu ärgern; er ist ein so scheußlicher Mensch, dass es geradezu ein Unglück wäre, ihm zu gefallen. Mrs. Long erzählte mir, er habe eine halbe Stunde neben ihr gesessen, ohne ein einziges Mal den Mund aufzumachen.«

»Hat sie das gesagt, Mutter? Hat sie sich nicht vielleicht geirrt?«, fragte Jane. »Ich sah genau, wie er zu ihr sprach.«

»Ja, da hatte sie ihn gerade gefragt, wie ihm Netherfield gefalle, und darauf musste er ja wohl oder übel etwas sagen; aber sie sagt, er sei richtig wütend gewesen, angesprochen zu werden.«

»Miss Bingley erzählte mir«, sagte Jane, »dass er nie sehr viel redet, außer im engsten Freundeskreis. Dann kann er ganz ungewöhnlich sympathisch und freundlich sein.«

»Ich glaube nicht ein Wort davon, meine Liebe. Wenn er das wäre, hätte er mit Mrs. Long gesprochen. Ich kann mir schon denken, was los war: Alle Welt weiß, dass er vor Hochmut beinahe erstickt, und er hat wahrscheinlich von irgendjemandem erfahren, dass Mrs. Long sich keinen eigenen Wagen halten kann und in einer Mietskutsche zum Ball gekommen war.«

»Dass er nicht mit Mrs. Long geredet hat, stört mich nicht weiter«, meinte Charlotte, »aber ich wünschte, er hätte mit Lizzy getanzt.«

»Ein anderes Mal, Lizzy«, sagte Mrs. Bennet, »würde ich nicht mit ihm tanzen, wenn ich du wäre.«

»Ich glaube, ich kann dir ziemlich fest versprechen, überhaupt nie mit ihm zu tanzen, Mutter.«

»Sein Hochmut verletzt mich nicht einmal so sehr, wie es sonst der Fall wäre«, sagte Charlotte, »denn er hat doch eine Art Entschuldigung dafür. Man kann sich eigentlich nicht darüber wundern, dass ein so stattlicher, junger Mann von so vornehmer Familie und so großem Vermögen sich selbst hoch einschätzt. Ich finde, er hat gewissermaßen ein Recht zum Hochmut.«

»Ganz richtig«, erwiderte Elizabeth, »ich könnte ihm seinen Hochmut auch leicht verzeihen, wenn er nicht meinen Stolz gekränkt hätte.«

»Stolz«, sagte Mary, die auf die Tiefsinnigkeit ihrer Gedanken stolz war, »gehört zu den verbreitetsten unter allen menschlichen Schwächen, wenn ich mich nicht irre. Denn nach allem, was ich bisher gelesen habe, bin ich zu der Überzeugung gekommen, dass es so ist: Die menschliche Natur neigt überaus leicht dazu, diesem Übel zu verfallen, und es gibt nur wenige Menschen, die frei davon sind, aus diesem oder jenem tatsächlichen oder eingebildeten Grunde ein Gefühl von Selbstgefälligkeit zu verspüren. Man muss auch Stolz und Eitelkeit auseinanderhalten, wenn die beiden Worte auch oft für ein und dieselbe Sache gebraucht werden: Man kann stolz sein, ohne eitel zu sein. Der Stolz bezieht sich mehr auf unsere eigene Meinung von uns selbst, die Eitelkeit jedoch auf die Meinung, die wir gern von anderen über uns hören möchten.«

»Wenn ich so reich wäre wie Mr. Darcy«, rief der junge Lucas, der seine ältere Schwester begleitet hatte, in die achtungsvolle Stille, die nach Marys Allerweltsweisheit eingetreten war, »wenn ich so reich wäre, dann könnte ich gar nicht stolz genug sein! Ich würde Fuchsjagden reiten und jeden Abend eine Flasche Wein trinken.«

»Das wäre viel zu viel für dein Alter«, meinte Mrs. Bennet, »und wenn ich dich dabei träfe, würde ich dir die Flasche sofort wegnehmen.« Der Junge trumpfte auf, das dürfe sie ja gar nicht; und sie bestand darauf, sie würde es doch tun, und das Hin und Her fand erst mit dem Besuch sein Ende.

6

Die Damen von Longbourn machten bald darauf denen von Netherfield ihre Aufwartung, und der Besuch wurde in aller Form erwidert. Janes natürliches und freundliches Wesen gewann ihr schnell die Zuneigung von Mrs. Hurst und deren Schwester Caroline. Die Mutter Bennet war ja kaum zu ertragen, und zu den beiden jüngeren Mädchen auch nur höflich zu sein, lohnte sich eigentlich nicht; aber mit den beiden älteren Freundschaft zu schließen, erschien ihnen wünschenswert. Jane erwiderte diesen Wunsch voller Dankbarkeit und aus ganzem Herzen; aber Elizabeth erkannte die Anmaßung, die allen Äußerungen der Damen in Netherfield zugrundelag, nicht zum wenigsten Jane gegenüber, und sie konnte es nicht über sich bringen, ihr anfängliches Misstrauen fallenzulassen; mochte ihre Freundlichkeit gegen Jane, wenn man es schon so nennen wollte, auch dadurch einen gewissen Wert annehmen, dass sie ihren Ursprung in der Bewunderung des Bruders, Mr. Bingley, hatte. Dass eine solche Bewunderung wirklich bestand, war ganz unverkennbar, so oft sie zusammenkamen. Und für Elizabeth war es ebenso unverkennbar, dass Jane der Neigung, die sie von Anfang an für ihn empfunden hatte, nachzugeben begann und auf dem besten Wege war, sich gründlich zu verlieben. Der Gedanke, dass die anderen diesen Zustand nicht so bald würden entdecken können, war ihr eine große Beruhigung; denn Jane verband mit der Fähigkeit eines tiefen Gefühls eine Gleichmäßigkeit und ständige Heiterkeit, die sie vor Verdächtigungen und üblen Nachreden böser Zungen bewahrte. Sie sprach darüber mit ihrer Freundin Charlotte.

»Es mag schon nützlich sein«, meinte diese, »in solchen Fällen der Umwelt etwas vormachen zu können; aber es kann einem auch schaden, wenn man zu beherrscht ist. Wenn eine Frau dem Gegenstand ihrer Neigung ihre Gefühle ebenso geschickt verbirgt, wird sie sich leicht um die Gelegenheit bringen, diese Gefühle eines Tages ausdrücken zu dürfen; und der Trost, dass die Welt ja nichts davon erfahren hat, scheint mir sehr schwach zu sein. In fast jeder Liebe steckt ein kleiner Kern von Eitelkeit oder Dankbarkeit, und den sollte man nicht sich selbst überlassen. Wir machen alle den ersten Schritt ganz unbefangen – dass man einen Menschen einem anderen vorzieht, ist meist selbstverständlich; aber nur die wenigsten von uns haben ein Herz, das groß genug ist, um ohne Ermunterung und Nachhilfe zu lieben. In neun von zehn Fällen ist es ratsam für eine Frau, eher mehr zu zeigen, als sie fühlt. Bingley mag deine Schwester ganz ohne Zweifel; doch wenn sie ihm nicht weiterhilft, wird er vielleicht nie etwas anderes tun, als sie nur mögen.«

»Aber sie tut ja schon so viel, wie ihre Natur es ihr erlaubt. Wenn ich ihre Zuneigung entdecken kann, dann muss er schon sehr dumm sein, wenn er nicht dasselbe entdeckt.«

»Vergiss nicht, Lizzy, dass er Janes Art nicht so gut kennt wie du.«

»Wenn eine Frau einen Mann bewundert und ihre Bewunderung nicht bewusst verbirgt, dann muss er es schon selbst merken.«

»Vielleicht ja, wenn er sie oft genug zu sehen bekommt. Bingley und Jane kommen ja recht häufig zusammen, aber erstens niemals sehr lange auf einmal und dann auch nur auf großen Gesellschaften, und da kannst du nicht verlangen, dass sie jeden Augenblick nur miteinander reden. Jane sollte daher jede Viertelstunde ausnutzen, in der sie ein wenig ungestört sind. Ist sie seiner erst sicher, dann ist immer noch Zeit genug, um sich gründlich zu verlieben.«

»Der Plan ist nicht schlecht«, erwiderte Elizabeth, »aber nur für den Fall einer Heirat um jeden Preis; handelte es sich bloß darum, einen reichen Mann oder überhaupt einen Mann zu bekommen, dann würde ich wahrscheinlich auch nicht anders vorgehen. Aber so etwas steckt nicht hinter Janes Gefühlen; sie verfolgt keinen Zweck und keine Absicht. Bis jetzt weiß sie selbst wahrscheinlich nicht, wie weit ihre Neigung geht, und noch weniger hat sie über Vernunft oder Unvernunft nachgedacht. Sie kennt ihn erst seit zwei Wochen; sie hat viermal mit ihm in Meryton getanzt; sie war einmal bei ihm zu Hause und hat auf vier Abendgesellschaften mit ihm an einem Tisch gesessen. Das dürfte kaum genügen, um ihn näher kennen zu lernen.«

»Nein; wenigstens nicht, wenn es sich so verhielte, wie du eben sagtest. Hätte sie nur mit ihm zusammen gegessen, dann könnte sie heute bestenfalls etwas über seinen Appetit erfahren haben; aber sie haben ja vier ganze Abende miteinander in Gesellschaft verbracht – und vier lange Abende können manches zuwege bringen!«

»Sicher; die vier Abende haben ihnen Gelegenheit gegeben, ihre gegenseitige Vorliebe für ein bestimmtes Kartenspiel festzustellen. Aber was ihre sonstigen Charaktermerkmale anlangt, glaube ich nicht, dass sich sehr viel geklärt hat.«

»Nun, einerlei«, meinte Charlotte, »ich wünsche Jane von ganzem Herzen Erfolg; und ich glaube nicht, dass sie eine geringere Aussicht hat, glücklich zu werden, wenn sie ihn morgen heiraten sollte, als wenn sie seinen Charakter erst ein Jahr lang studieren wollte. Glück in der Ehe ist sowieso nur von Zufälligkeiten abhängig. Zwei Leute können sich noch so gut gekannt haben, können noch so viel miteinander gemein gehabt haben, auf das Glücklichwerden hat das nicht den geringsten Einfluss. Der eine oder andere von ihnen wird sich immer genügend verändern, um beiden ihr Teil Kummer und Ärger zu sichern; und da ziehe ich es doch vor, von vornherein möglichst wenig über die schlechten Eigenschaften des Mannes zu erfahren, mit dem ich mein ganzes Leben verbringen muss.«

»Das ist ein guter Scherz, Charlotte; aber ernst kann ich das nicht nehmen. Du kannst das doch selber nicht, und du weißt, dass du nie nach solchen Grundsätzen handeln würdest.«

Elizabeth war so eifrig damit beschäftigt, Mr. Bingleys Aufmerksamkeiten gegen Jane zu beobachten, dass ihr das Interesse vollkommen entging, das sein Freund für sie zu empfinden begann. Anfangs wollte Darcy sie nicht einmal als hübsch gelten lassen; auf dem Ball hatte er sie voll Gleichgültigkeit angeschaut; und als sie sich danach wieder trafen, hatten seine Augen sie höchstens kritisch gestreift. Aber kaum war er sich darüber im klaren – und er hatte es auch seinen Freunden klargemacht –, dass sie ein fast völlig uninteressantes Gesicht besaß, da entdeckte er, dass dieses Gesicht ungewöhnlich intelligente Züge trug, die von dem wunderbaren Ausdruck der dunklen Augen noch unterstrichen wurden. Dieser Entdeckung folgten andere, ähnlich verdrießliche. Obgleich sein kritisches Auge mehr als ein Merkmal vermisst zu haben glaubte, das für eine vollkommene Körperharmonie unerlässlich war, musste er sich jetzt eingestehen, dass ihre Figur schlank und ansprechend war; und wo er früher ihr ungewandtes Auftreten betont hatte, wurde er jetzt durch die natürliche Heiterkeit ihres Wesens angezogen. Aber hiervon wusste sie nichts; für sie war er ein Mann, der sich überall unbeliebt machte und der sie nicht für hübsch genug erachtet hatte, um mit ihr zu tanzen.

Darcy aber verspürte den Wunsch, sie näher kennenzulernen. Und er begann – gleichsam als Vorstufe zu einer eigenen Unterhaltung mit ihr –, ihren Gesprächen mit anderen zuzuhören. Erst dadurch wurde ihre Aufmerksamkeit wach. Das war auf einer großen Gesellschaft bei Sir William Lucas. »Was denkt sich denn dieser Mr. Darcy«, fragte Elizabeth ihre Freundin, »dass er sich herstellt und meiner Unterhaltung mit Oberst Forster zuhört?«

»Auf diese Frage wird dir wohl nur Mr. Darcy selbst antworten können.«

»Wenn er es wieder tun sollte, dann werde ich ihm zeigen, dass ich weiß, wofür ich ihn zu halten habe. Er hat einen schrecklich zynischen Ausdruck in den Augen, und wenn ich ihm nicht selbst zuerst meine Meinung sage, bekomme ich noch Angst vor ihm.«

Als er sich ihnen bald darauf näherte, ohne jedoch etwas sagen zu wollen, wie es schien, forderte Charlotte ihre Freundin heraus, Wort zu halten, und es bedurfte nur dieser Ermunterung, dass Elizabeth sich an ihn wandte und sagte: »Fanden Sie nicht auch, Mr. Darcy, dass ich mich soeben recht geschickt ausgedrückt habe, als ich Colonel Forster damit neckte, er müsse doch einen Ball bei sich veranstalten?«

»Nun, mindestens sehr deutlich – aber bei dem Thema werden Damen ja immer sehr deutlich.«

»Sie sind sehr boshaft gegen uns.«

»Jetzt bist du an der Reihe, geneckt zu werden«, unterbrach ihre Freundin. »Ich werde das Klavier aufmachen, und du weißt, was du dann zu tun hast.«

»Für eine Freundin bist du ein komisches Geschöpf – immer willst du, dass ich vor allen Leuten und bei jeder Gelegenheit singe und spiele. Wenn meine Eitelkeit musikalisch wäre, könnte ich ohne dich nicht auskommen; aber da sie es nun einmal nicht ist, würde ich mich wirklich viel lieber nicht vor eine Gesellschaft hinstellen, die nur den besten Künstlern zu lauschen gewohnt ist.« Da aber Charlotte darauf bestand, fügte sie hinzu: »Nun gut, wenn es sein muss, dann muss es wohl sein.« Und indem sie Darcy ernsthaft ansah: »Es gibt ein schönes, altes Sprichwort, das Sie sicherlich gut kennen: Spare deinen Atem, um deine Suppe zu kühlen – ich muss meinen jetzt leider auf Gesang verschwenden.«

Ihre Kunst war annehmbar, aber keineswegs überragend. Nach ein, zwei Liedern und bevor sie den Bitten ihrer Zuhörer um eine Zugabe nachkommen konnte, löste ihre Schwester Mary sie etwas voreilig am Klavier ab. Mary, die einzige von den Schwestern, die nicht gut aussah, hatte sich als Gegengewicht hierfür ein gewisses Können und Wissen sauer erarbeitet und war nun stets eifrig darauf bedacht, ihre Errungenschaften zur Schau zu stellen. Leider besaß sie weder Talent noch Geschmack; und obgleich Eitelkeit und Ehrgeiz ihr zu einer nicht geringen Fertigkeit verholfen hatten, sprachen diese beiden Eigenschaften so stark aus ihrer schulmeisterlichen Miene und ihrem eingebildeten Gebaren, dass selbst ein weit höherer Grad von Können, als sie ihn erreicht hatte, ihre Fehler nicht aufgewogen hätte. Dem anspruchslosen, ungekünstelten Spiel Elizabeths hatte man mit viel mehr Vergnügen zugehört als dem sehr viel besseren Marys. Sie konnte zufrieden sein, dass sie nach einem langen, schwierigen Klavierkonzert doch noch Lob und Dankbarkeit mit einigen schottischen und irischen Weisen ernten durfte, die ihre jüngeren Schwestern und ein paar tanzlustige Offiziere von ihr erbaten und dann auch eifrig am einen Ende des Saales ausnutzten.

Mr. Darcy hatte sich in der Nähe der Tanzenden aufgestellt und schaute ihnen voller Geringschätzung zu. Wie töricht, dachte er, den Abend in einer Weise zu verbringen, die von vornherein jede Möglichkeit einer vernünftigen Unterhaltung ausschließt. Er war so sehr in seine ärgerliche Betrachtung vertieft, dass er es nicht bemerkte, wie Sir William Lucas zu ihm getreten war, bis dieser ihn ansprach.

»Eine entzückende und harmlose Beschäftigung für junge Leute, finden Sie nicht auch, Mr. Darcy? Es geht doch nichts über das Tanzen; ich betrachte es immer als eine der vornehmsten Errungenschaften eines wirklich kultivierten Volkes.«

»Gewiss, Sir William – und außerdem hat es noch den Vorzug, auch bei weniger kultivierten Völkerschaften äußerst beliebt zu sein. Jeder Wilde kann tanzen.«

Sir William lächelte hierzu nur. »Ihr Freund ist ein ganz hervorragender Tänzer«, fuhr er nach einer Weile fort, als er sah, dass Mr.

Bingley sich unter die Tanzenden begeben hatte, »und ich irre mich wohl nicht, wenn ich in Ihnen ebenfalls einen Meister dieser Kunst vermute, Mr. Darcy?«

»Sie haben mich ja in Meryton tanzen sehen, Sir William.«

»Das habe ich, und der Anblick hat mir nicht geringes Vergnügen bereitet. Tanzen Sie häufig bei Hofe?«

»Nie.«

»Wäre das nicht eine passende Ehrung für den hohen Ort?«

»Es ist eine Ehrung, die ich keinem Ort erweise, wenn ich es irgend vermeiden kann.«

»Ich nehme an, Sie besitzen ein Haus in London?«

Darcy nickte bejahend.

Sir William fordert Mr. Darcy auf, mit Elizabeth zu tanzen.

»Ich trug mich seinerzeit selbst mit dem Gedanken, meinen Wohnsitz in London aufzuschlagen, denn ich schätze den Umgang mit der guten Gesellschaft sehr. Aber ich konnte dann doch nicht meine Zweifel unterdrücken, ob die Londoner Luft auch meiner Frau bekommen würde.«

Er sah seinen Gast erwartungsvoll an; aber Darcy schien nicht die Absicht zu haben, das Gespräch fortzusetzen. Während Sir William noch über eine neue Anknüpfung nachgrübelte, entdeckte er Elizabeth nicht weit von ihnen entfernt, und er zögerte nicht einen Augenblick, sich als überlegenen Weltmann zu zeigen. »Meine liebe Elizabeth«, rief er hinüber, »warum sehe ich Sie nicht unter den Tanzenden? Mr. Darcy, Sie müssen mir erlauben, Sie mit einer ganz reizenden Dame bekanntzumachen. Selbst Sie werden sich mit so viel Schönheit vor Augen nicht mehr sträuben können zu tanzen.« Und damit ergriff er Elizabeths Hand, um sie Darcy zuzuführen, der zwar etwas erstaunt über den Überfall war, aber durchaus nicht abgeneigt schien. Elizabeth jedoch machte sich heftig frei und sagte in einigem Unwillen zu Sir William: »Ich bitte Sie, ich habe nicht die geringste Lust zu tanzen. Sie meinten doch hoffentlich nicht, ich sei auf dem Wege, um einen Tänzer zu suchen?«

Mr. Darcy bat sie in aller Form und mit größter Höflichkeit, ihm einen Tanz zu gewähren, aber umsonst, Elizabeth ließ sich nicht bewegen; auch Sir Williams Versuche, sie doch noch zu überreden, blieben erfolglos. »Sie werden doch nicht so grausam sein, Elizabeth, mich um den Genuss zu bringen, Sie tanzen zu sehen; und wenn Mr. Darcy auch im allgemeinen dieses Vergnügen nicht sehr schätzt, er wird uns jetzt bestimmt nicht den Gefallen versagen können.«

»Mr. Darcy ist ein Vorbild der Höflichkeit«, sagte Elizabeth lächelnd.

»Das ist er wohl; aber wer wäre es nicht bei einer solchen Veranlassung?«

Elizabeth sah Darcy spöttisch an und wandte sich zum Gehen. Ihr Widerstand hatte ihn jedoch in keiner Weise zu kränken vermocht, und er ertappte sich dabei, dass der Gedanke an sie ihm eine gewisse Freude machte, als er sich plötzlich von Miss Bingley angeredet fand.

»Ich kann den Grund Ihrer Nachdenklichkeit erraten.«

»Das möchte ich bezweifeln.«

»Sie haben sich eben überlegt, wie unerträglich es sein müsste, noch viele Abende auf diese Weise zu verbringen – in solcher Gesellschaft! Ich muss gestehen, Sie haben recht. Ich habe mich noch nie so gelangweilt: diese Flachheit bei all dem Lärm, diese Hohlheit der Leute bei all ihrer Wichtigtuerei! Ich gäbe was darum, Ihre Meinung zu hören.«

»Ihre Annahme ist durchaus irrig, kann ich Ihnen versichern. Meine Gedanken waren sehr viel angenehmer beschäftigt. Ich dachte gerade darüber nach, wieviel Vergnügen einem ein paar dunkle Augen in einem schönen Frauenantlitz bereiten können.« Miss Bingley sah ihn mit einem forschenden Blick an und wollte wissen, welche Dame sich rühmen dürfe, solche Gedanken erweckt zu haben. Darcy erwiderte geradeheraus: »Miss Elizabeth Bennet.«

»Elizabeth Bennet?«, wiederholte Miss Bingley. »Ich staune. Seit wann datiert diese Vorliebe? Darf ich schon bald Glück wünschen?«

»Die Frage hatte ich erwartet. Die Phantasie einer Frau kennt keine Hindernisse: Aus Bewunderung macht sie Liebe und aus Liebe gleich Ehe. Ich wusste, dass Sie mich beglückwünschen wollten!«

»Aha, Sie verstehen schon keinen Spaß mehr; dann ist es ja so gut wie abgemacht. Sie werden eine entzückende Schwiegermutter mit in die Ehe bekommen, und ich bin überzeugt, Sie werden sich nicht darüber zu beklagen brauchen, dass Sie sie zu selten sehen.«

Er hörte ihr in völliger Gleichgültigkeit zu, während sie sich noch des längeren und höchst geistreich über dieses Thema verbreitete; und da sein Verhalten ihr die Versicherung gab, dass alles in Ordnung war, ließ sie ihren Geist immer witziger sprühen.

7

Mr. Bennets gesamtes Vermögen bestand fast ausschließlich aus einem Landgut, das zweitausend Pfund im Jahre abwarf. Da die Erbordnung nur männliche Erben berücksichtigte, fiel einmal der Besitz nicht an seine Töchter, sondern an einen entfernten Verwandten. Und das Vermögen seiner Frau war, wenn auch an sich nicht klein, doch nicht groß genug, um diesen Verlust auszugleichen. Mrs. Bennets Vater war Anwalt in Meryton gewesen und hatte ihr viertausend Pfund vermacht. Ihre einzige Schwester war mit einem Mr. Philips verheiratet, der Rechtsbeistand ihres Vaters gewesen war und nach seinem Tode die Praxis übernahm. Und ihr einziger Bruder lebte in London als vermögender Kaufmann.

Longbourn lag nur eine Meile von Meryton entfernt; eine sehr bequeme Entfernung für die jungen Mädchen, die wenigstens drei- bis viermal in der Woche unbedingt hinübermussten, um ihre Tante zu besuchen oder die Schneiderin, die schräg gegenüber wohnte. Die beiden jüngsten, Catherine und Lydia, empfanden besonders oft das Bedürfnis zu einem solchen Besuch; ihre Köpfe hatten noch weniger Raum für Gedanken als die ihrer Schwestern, und wenn sich nichts Besseres finden ließ, bot immer der Spaziergang nach Meryton einen Zeitvertreib für den Vormittag und ein Gesprächsthema für den Abend; es mochte noch so wenig Erwähnenswertes in der engeren oder weiteren Nachbarschaft vorgekommen sein, sie brachten es doch fertig, irgendeine Neuigkeit von ihrer Tante mit nach Hause zu bringen. Und gegenwärtig bot sich eine besonders reiche Ernte an Neuigkeiten aller Art und an Mädchenglückseligkeit dar; denn ein ganzes Regiment war vor kurzem in die Nachbarschaft gelegt worden, und Meryton beherbergte das Hauptquartier und damit die Offiziere.

Die Besuche bei Mrs. Philips wurden jetzt zu einem Quell ständig wechselnder und immer gleichbleibend spannender Mitteilungen. Kein Tag verging, der ihrem Wissen nicht einen neuen Namen, eine neue Wichtigkeit aus dem Offizierskorps hinzufügte. Wer bei wem wohnte, blieb ihnen nicht lange verborgen, und bald lernten sie die Offiziere auch selbst kennen. Mr. Philips machte bei allen einen Besuch, und dies eröffnete seinen Nichten Möglichkeiten, wie sie sie nie auch nur erträumt hatten. »Offizier« wurde ihr zweites Wort. Mr. Bingleys großer Reichtum, der ihre Mutter so sehr begeistern konnte, erschien ihnen im Vergleich mit einem bunten Rock völlig unbedeutend.

Nachdem Mr. Bennet sich eines Morgens die Ergüsse seiner beiden jüngsten Töchter eine Weile hatte mitanhören müssen, meinte er: »Soweit ich nach eurem Gerede schließen kann, dürftet ihr die dümmsten Mädchen im ganzen Land sein. Den Verdacht hatte ich schon längere Zeit, aber jetzt weiß ich es mit aller Gewissheit.«

Catherine wurde verlegen und antwortete nichts darauf; Lydia dagegen ließ sich keineswegs in ihrem Vergnügen stören, unbekümmert weiter ihrer Bewunderung für Hauptmann Carter Ausdruck zu geben, zugleich mit der Hoffnung, ihn heute noch einmal zu treffen, da er morgen nach London fahre.

»Ich muss mich wundern, mein Lieber«, erwiderte Mrs. Bennet für ihre Töchter, »dass du so leichthin unsere Kinder für dumm erklärst. Wenn du schon von Kindern etwas Schlechtes denken musst, warum fängst da dann bei deinen eigenen an?«

»Da meine Kinder aber nun einmal so beschränkt sind, würde ich ja selber dumm sein, wenn mir das nicht auffiele.«

»Sehr wohl – aber zufällig sind sie alle äußerst klug!«

»Das wäre dann der einzige Punkt, in dem wir nicht einer Meinung sind. So sehr ich es wünschte, dass wir in jeder Kleinigkeit übereinstimmten, ich muss in diesem Falle auf meiner Ansicht bestehen bleiben, dass meine beiden jüngsten Töchter ganz ungewöhnlich albern und töricht sind.«

»Mein lieber Bennet, du kannst nicht erwarten, dass Mädchen in diesem Alter die Vernunft ihres Vaters oder ihrer Mutter besitzen. Wenn sie in unser Alter kommen, werden sie schon ebensowenig an Offiziere denken wie wir. Ich kann mich noch sehr gut an die Zeit erinnern, als ich selbst für bunte Röcke eine Schwäche hatte – und offen gestanden, daran hat sich auch heute noch nichts geändert. Sollte ein forscher, junger Oberst mit fünf- bis sechstausend im Jahr um die Hand einer meiner Töchter anhalten, ich würde nicht neinsagen. Oberst Forster sah doch neulich auf der Abendgesellschaft bei den Lucas' sehr gut in seiner Uniform aus.«

»Mutter«, rief Lydia, »Tante erzählte uns, Oberst Forster und Hauptmann Carter seien nicht mehr so oft wie früher bei Miss Watson; sie hat die beiden letzthin häufiger in der Buchhandlung von Clark getroffen.« Bevor Mrs. Bennet hierzu etwas erwidern konnte, betrat ein Diener das Zimmer und überreichte Jane ein Schreiben. Ein Bote von Netherfield habe es gebracht und warte draußen auf eine Antwort. Mrs. Bennets Augen leuchteten vor Vergnügen, und während Jane das Papier entfaltete, rief sie aufgeregt: »Nun, Jane, von wem ist es? Was steht darin? Was will er? Beeile dich! Mach doch schnell, Liebling!«

»Von Miss Bingley«, sagte Jane und las dann vor: »Liebe Freundin! Wenn Sie ein mitleidiges Herz besitzen, dann kommen Sie und speisen mit mir und meiner Schwester Louisa zu Abend; sonst laufen wir Gefahr, uns unser Leben lang zu hassen; Sie wissen, wenn zwei Frauen einen ganzen Tag miteinander verbringen, das muss zwangsläufig mit einem Streit enden. Kommen Sie, sobald Sie können. Mein Bruder und die beiden Herren sind bei den Offizieren zu Gast. Es begrüßt Sie Ihre Caroline Bingley«

»Bei den Offizieren?«, rief Lydia erstaunt. »Merkwürdig, dass Tante uns das nicht erzählt hat!«

»Die Herren sind eingeladen«, meinte Mrs. Bennet, »so ein Pech!«

»Kann ich den Wagen bekommen?«, fragte Jane.

»Nein, meine Liebe, ich finde, du reitest besser hin; es sieht nach Regen aus, und dann musst du dort übernachten.«

»Eine großartige Idee«, sagte Elizabeth, »außer wenn es den Bingleys einfallen sollte, sie in ihrem Wagen nach Hause zu bringen.«

»Ach so – aber nein, die Herren werden ja in Mr. Bingleys Wagen nach Meryton gefahren sein; und Mr. Hurst hat zwar einen Vierspänner, aber keine Pferde dazu.«

»Ich möchte aber viel lieber dorthin fahren, wenn es geht.«

»Unmöglich, Liebling, dein Vater wird die Pferde bestimmt nicht entbehren können. Sie werden doch bei der Feldarbeit benötigt, nicht wahr, Mr. Bennet?«

»Ich brauche sie dort sehr viel öfter, als ich sie von euch freibekommen kann.«

»Aber wenn du sie ausgerechnet heute brauchst«, sagte Elizabeth, »dann unterstützt du doch nur Mutters Plan.«

Es stellte sich dann aber heraus, dass die Pferde schon auf den Äckern bei der Arbeit waren, und Jane blieb nichts anderes übrig, als das Reitpferd zu nehmen. Ihre Mutter begleitete sie zur Tür und verabschiedete sich von ihr in der aufgeräumtesten Laune mit der Prophezeiung, dass es bestimmt bald anfangen werde zu regnen. Ihre Erwartungen wurden auch nicht enttäuscht: Jane war noch nicht lange unterwegs, als es vom Himmel herabzugießen begann. Die Schwestern waren etwas in Sorge ihretwegen, aber Mrs. Bennet strahlte. Der Himmel machte keine Anstalten, freundlicher zu werden; Jane konnte bei dem Wetter unmöglich nach Hause kommen. »Das war wirklich eine ganz vorzügliche Idee von mir«, sagte Mrs. Bennet mehr als einmal im Laufe des Abends; als ob der Regen ausschließlich ihr Werk sei.

Aber erst am nächsten Morgen durfte sie alle Früchte ihrer weisen Vorbedacht ernten. Man hatte gerade das Frühstück beendet, als ein kurzes Schreiben von Netherfield für Elizabeth gebracht wurde: »Liebste Lizzy! Mir geht es heute Morgen gar nicht gut, wahrscheinlich, weil ich gestern bis auf die Haut durchnäßt hier ankam. Die lieben Freunde hier wollen von meiner Rückkehr nichts hören, bis ich mich nicht wohler fühle. Sie haben auch darauf bestanden, Doktor Jones zu holen; beunruhigt euch also nicht, wenn ihr hört, er habe mich untersucht; bis auf ein wenig Hals- und Kopfschmerzen fehlt mir bestimmt nichts. Deine Schwester J.«

Elizabeth aber fühlte sich ernstlich besorgt und war entschlossen, zu ihrer Schwester zu gehen, obgleich der Wagen nicht zur Verfügung stand; und da sie nicht reiten konnte, hatte sie keine andere Wahl, als zu Fuß zu gehen. Sie teilte ihrer Familie ihren Entschluss mit.

»Wie kannst du so töricht sein«, rief ihre Mutter aus, »bei diesem schmutzigen Wetter auch nur daran zu denken! Stelle dir vor, wie du aussehen wirst, wenn du dort anlangst! Du wirst dich nicht sehenlassen können!«

»Vor Jane werde ich es wohl können; nur ihrethalben gehe ich hin.«

»Das soll wohl ein Wink sein«, sagte Mr. Bennet, »dass ich eigentlich die Pferde von der Arbeit holen könnte.«

»Nein, bestimmt nicht, Vater! Ich mache gern den Weg. Es ist ja gar keine Entfernung, nur drei Meilen. Zum Essen bin ich sicher wieder zurück.«

»Obzwar ich deiner tatkräftigen Nächstenliebe meine Bewunderung nicht versagen möchte«, bemerkte Mary, »so kann ich dennoch nicht billigen, dass du deine Gefühle deiner gesunden Vernunft überordnen willst. Meiner Meinung nach ist jede Handlung ungerechtfertigt, wenn sie in einem Missverhältnis zum gewünschten Ergebnis steht.« Es störte Mary gar nicht, dass, während sie noch dozierte, Lydia und

Catherine der älteren Schwester ihre Begleitung bis Meryton anboten und dass die drei sich zum Gehen fertig machten.

»Wenn wir uns ein wenig beeilen«, meinte Lydia, als sie aufbrachen, »treffen wir vielleicht noch Captain Carter, ehe er nach London fährt.«

In Meryton trennten sich die Geschwister; die beiden jüngeren besuchten eine der Offiziersdamen, und Elizabeth setzte ihren Weg allein fort; ein Feld, eine Wiese nach der anderen musste sie überqueren, hier einen Zaun nehmen, da über eine Pfütze springen, alles in ungeduldiger Eile, bald an ihr Ziel zu gelangen, bis sie endlich mit müden Füßen, beschmutzten Strümpfen und erhitztem, glühendem Gesicht vor Netherfield anlangte.

Ihr Erscheinen im Wohnzimmer, wo alle außer Jane versammelt waren, rief beträchtliches Erstaunen hervor. Dass sie so früh am Tage, bei solchem Wetter und dazu noch allein den weiten Weg gemacht haben sollte, kam Mrs. Hurst und Caroline fast unglaublich vor; und Elizabeth merkte, dass sie deshalb in der Achtung der beiden Damen gesunken war. Immerhin, sie wurde sehr höflich empfangen; und in der Art, wie Mr. Bingley sich um sie kümmerte, lag mehr als bloße Höflichkeit, lagen Anerkennung und Freundlichkeit. Mr. Darcy sagte sehr wenig und Mr. Hurst gar nichts. Jener bewunderte wohl die strahlende Frische des jungen Gesichts, bezweifelte aber andererseits die Notwendigkeit, nur einer erkälteten Schwester wegen allein einen so weiten Weg zu machen, und er war sich nicht recht einig, welcher Regung er den Vorzug geben sollte. Mr. Hurst dagegen dachte ausschließlich an sein Frühstück.

Die Antworten auf ihre Fragen nach Janes Befinden klangen nicht sehr beruhigend. Miss Bennet habe eine unruhige Nacht verbracht, sei jetzt zwar auf, fühle sich aber fieberig und nicht wohl genug, um herunterzukommen. Elizabeth war es sehr recht, dass sie sogleich hinaufgeführt wurde; und Jane, die nur aus Besorgnis, ihre Familie könne sich ängstigen, in ihrem Brief nicht den Wunsch nach Besuch geäußert hatte, lächelte der Eintretenden hocherfreut entgegen. Das Sprechen strengte sie jedoch zu sehr an, so dass sie, nachdem Miss Bingley wieder gegangen war, sich darauf beschränkte, leise für die große Freundlichkeit zu danken. Elizabeth setzte sich schweigend zu ihr.

Nach dem Frühstück machten die beiden Gastgeberinnen einen Besuch bei der Kranken. Elizabeth fing an, einiges Gefallen an ihnen zu finden, als sie sah, mit welcher Liebe und Besorgnis sie sich um Jane bemühten. Später kam auch der Landarzt und stellte nach der Untersuchung, wie zu erwarten war, die Diagnose auf eine schwere Erkältung; er empfahl, alles anzuwenden, was zur Besserung beitrage. Vor allen Dingen müsse sie das Bett hüten; eine Medizin werde er schicken. Jane folgte willig seinem Rat; denn das Fieber hatte zugenommen, und ihr

Kopf schmerzte zum Zerspringen. Elizabeth verließ das Zimmer nicht einen Augenblick. Auch die beiden Damen waren nicht oft abwesend; denn da die Herren ausgeritten waren, langweilten sie sich ohnehin.

Als die Uhr drei schlug, erklärte Elizabeth sehr widerstrebend, nun gehen zu müssen. Caroline bot ihr den Wagen an, und sie hätte das freundliche Anerbieten auch gern angenommen, aber Jane zeigte sich so betrübt über ihr Weggehen, dass Caroline sich wohl oder übel dazu entschließen musste, ihr statt des Wagens für einige Tage die Gastfreundschaft auf Netherfield anzubieten. Elizabeth nahm voll Dankbarkeit an, und ein Diener wurde nach Longbourn geschickt, um die Familie zu benachrichtigen und um einige Kleidungsstücke zu holen.

8

Um fünf Uhr zogen sich Caroline und ihre Schwester zurück, um sich umzukleiden, und um halb sieben rief der Gong Elizabeth zu Tisch. Auf die höflichen Nachfragen, die sich überstürzten und unter denen sie zu ihrer Freude die aufrichtige Besorgnis Mr. Bingleys herauszuhören vermochte, konnte sie keine befriedigende Antwort geben. Janes Befinden hatte sich in keiner Weise gebessert. Die beiden Schwestern versicherten hierauf mehrfach, wie sehr es sie bekümmere, das zu hören, wie scheußlich es sei, eine Erkältung zu haben, und wie ungern sie selber krank seien; und damit hatte sich das Thema für sie erschöpft. Diese Gleichgültigkeit gegen Jane, sobald sie sie nicht vor Augen hatten, erlaubte Elizabeth, ihrer Abneigung, die sie von Anfang an gegen die beiden Damen empfunden hatte, wieder unvermindert Raum zu geben. Mr. Bingley war tatsächlich der einzige von der ganzen Tischgesellschaft, den sie mit freundlichen Augen betrachten mochte. Seine Sorge um Jane war ganz offensichtlich und seine Aufmerksamkeit ihr selbst gegenüber äußerst wohltuend, zumal sie ihr darüber hinweg half, sich wie ein lästiger Eindringling vorzukommen, als den die anderen – davon war sie überzeugt – sie betrachteten. Das heißt, man beachtete sie gar nicht. Caroline hatte nur Augen und Ohren für Darcy; ihre Schwester, Mrs. Hurst, nicht weniger; und Mr. Hurst, neben dem Elizabeth saß, war ein stumpfsinniger Mensch, der sich für nichts als Essen, Trinken und Karten interessierte; nachdem er erfahren hatte, dass sie gewöhnliche Hausmannskost französischer Küche vorzog, wurde zwischen ihnen kein weiteres Wort mehr gewechselt.

Nach dem Essen kehrte sie sogleich zu Jane zurück. Kaum hatte sie das Zimmer verlassen, begann Caroline, sich höchst abfällig über sie zu äußern. Ihr Benehmen müsse wirklich als sehr schlecht bezeichnet werden, es sei eine Mischung von Hochmut und Ungezogenheit; sie verfüge weder über Unterhaltungsgabe, noch über Manieren oder Geschmack. Und schön sei sie auch nicht. Mrs. Hurst war derselben Meinung und fügte noch hinzu: »Kurz gesagt; es fehlt ihr jede Eigenschaft, die sie liebenswert machen könnte, falls man nicht ihre Vorliebe für Fußmärsche als eine solche bezeichnen will. Ich werde mein Leben lang nicht den Anblick von heute Morgen vergessen; sie sah aus wie eine Wilde!«

»Ja, unglaublich«, pflichtete ihr Caroline bei. »Ich konnte kaum an mich halten, etwas zu sagen. Wie töricht von ihr, überhaupt herzukommen! Was braucht sie durch den Regen und Schmutz herzuwaten, bloß weil ihre Schwester eine kleine Erkältung hat? Wie ihr Haar aussah, zerweht und unordentlich!«

»Ja, und erst ihr Rock! Den hast du doch gesehen! Von oben bis unten eingeschmutzt! Sie versuchte, es mit ihrem Mantel zu verdecken. Aber es ging nicht!«

»Deine Beschreibung mag sehr zutreffend sein, Louisa«, sagte Mr. Bingley, »aber mir ist das alles gar nicht aufgefallen. Ich fand, Miss Bennet sah ungewöhnlich nett aus, als sie heute Morgen hier hereinkam. Den schmutzigen Rock habe ich überhaupt nicht bemerkt.«

»Aber Ihnen ist er bestimmt nicht entgangen; nicht wahr, Mr. Darcy?«, sagte Caroline, »und ich glaube, Sie würden Ihre Schwester höchst ungern in einem solchen Aufzug sehen!«

»Allerdings!«

»Zwei, drei Meilen oder vier, oder wie viele es sein mögen, knöcheltief im Matsch herumzulaufen und dazu noch ganz allein! Was kann sie sich nur dabei gedacht haben! Ich kann es mir nur so erklären, dass sie ihre eingebildete Selbständigkeit zur Schau stellen wollte, die in Wirklichkeit nur einen bäuerlichen Mangel an Anstand beweist!«

»Ich sollte meinen, dass es eine große, schwesterliche Zuneigung beweist«, meinte Bingley.

»Ich fürchte«, wandte sich Caroline halblaut an Darcy, »dass Ihre Bewunderung für ein Paar dunkle Augen jetzt doch etwas gelitten hat!«

»Im Gegenteil«, erwiderte er, »die Augen glänzten besonders schön in dem erhitzten Gesicht.«

Diese Antwort kam so unerwartet, dass die Gesellschaft für kurze Zeit schwieg, bis Mrs. Hurst wieder begann: »Ich mag Jane Bennet wirklich ungewöhnlich gut leiden; sie ist ein sehr liebes Mädchen, und ich wünsche ihr von ganzem Herzen eine gute, glückliche Ehe. Aber mit dem Vater und mit der Mutter, ganz abgesehen von der übrigen zweifelhaften Verwandtschaft, sehe ich gar keine Möglichkeiten für sie.«

»Ich dachte, du sagtest, ihr Onkel sei Anwalt in Meryton.«

»Das stimmt auch; aber sie hat noch einen, der irgendwo mitten im Geschäftsviertel von London wohnt.«

»Das ist doch fabelhaft«, fügte ihre Schwester hinzu, und beide mussten herzlich lachen.

»Und wenn das ganze Geschäftsviertel voll von ihren Verwandten wäre«, rief Bingley, »das sagt doch nichts gegen Jane und ihre Schwester.«

»Nein, aber nüchtern gesehen, setzt es ihre Aussichten, einen auch nur einigermaßen annehmbaren Mann zu bekommen, erheblich herab«, erwiderte Darcy. Bingley antwortete nicht darauf; doch seine Schwestern stimmten Darcy eifrig bei und spannen dann das erheiternde Thema der Bennetschen Verwandtschaft noch eine ganze Weile aus. Sie vergaßen jedoch darüber nicht ihre zärtlich empfundene Freundschaft zu ihrem Gast und machten Jane kurz vor dem Tee wieder einen kleinen Besuch. Es ging ihr immer noch nicht gut, und Elizabeth blieb bei ihr, bis sie endlich spätabends in einen ruhigen Schlaf fiel; erst dann entschloss sich Elizabeth, allerdings mehr aus Höflichkeit, wieder nach unten zu gehen, denn irgendein Vergnügen versprach sie sich nicht davon. Ihre Gastgeber waren beim Kartenspiel, und sie wurde sogleich aufgefordert, sich zu beteiligen. Sie lehnte es indessen ab, da sie fürchtete, es könne zu hoch gespielt werden, und bat, sich für die kurze Zeit, die sie ihre Schwester alleinlassen wollte, mit einem Buch beschäftigen zu dürfen. Mr. Hurst blickte sie mit unverhohlenem Erstaunen an. »Ziehen Sie etwa ein Buch einem Kartenspiel vor?«, fragte er. »Wie merkwürdig!«

»Miss Bennet«, sagte Caroline, »mag die Karten nicht. Sie ist eine große Bücherfreundin und hat an etwas anderem keinen Spaß.«

»Ich weiß nicht, ob das ein Lob oder ein Tadel sein soll«, antwortete Elizabeth, »aber ich verdiene beides nicht. Ich bin kein Bücherwurm, und es gibt noch viele andere Dinge, die mir Vergnügen machen!«

»Sie werden gewiss eine große Befriedigung darin finden, Ihre Schwester zu pflegen«, sagte Bingley freundlich. »Ich hoffe nur, dass Sie auch bald die Freude haben werden, sie wieder gesund und wohlauf zu sehen.« Elizabeth lächelte ihm dankbar zu und wandte sich dann zu einem Tisch, auf dem ein paar Bücher lagen. Bingley erbot sich sogleich, ihr weitere zu holen, seine Bibliothek stehe ihr ganz zur Verfügung. »Ich wünschte, meine Sammlung wäre vollständiger; aber ich bin so faul, dass ich nicht einmal die wenigen, die sie enthält, alle gelesen habe«, sagte er. Elizabeth versicherte ihm, dass sie sehr wohl mit den Bänden auf dem Tisch auskommen könne.

»Merkwürdig«, sagte Caroline, »dass unser Vater uns nicht eine größere Bibliothek hinterlassen hat, so eine wie Ihre, Mr. Darcy, auf Pemberley, das ist wirklich eine großartige Sammlung!«

»Kein Wunder!«, erwiderte er, »da ja Generationen sich an dem Sammeln und Zusammentragen beteiligt haben.«

»Und Sie selbst setzen die Arbeit daran noch fort; Sie kaufen doch ständig neue Werke hinzu.«

»Man darf eben einen solchen Familienschatz nicht verkommen lassen.«

»Verkommen! Weiß Gott, dass Sie nichts unterlassen, was zur Vervollkommnung Ihres schönen alten Besitztums beitragen kann. Charles, wenn du dir erst dein Haus erbaust, kannst du froh sein, wenn es nur halb so großartig wird wie Pemberley.«

»Sicher würde ich froh sein!«

»Nein, wirklich, Charles, ich gebe dir den guten Rat, versuche, dich in der Nähe von Pemberley anzukaufen, und lass dein Haus nach diesem Muster bauen. Außerdem ist Derbyshire die schönste Landschaft in ganz England.«

»Natürlich will ich das tun, Caroline, vielleicht kann ich sogar Pemberley selbst kaufen!«

»Ich wollte dir doch nur einen möglichen Vorschlag machen!«

»Mir erscheint die Möglichkeit, Pemberley zu kaufen, weitaus größer als die, es nachzuahmen.«

Elizabeths Aufmerksamkeit wurde durch das lebhaft geführte Gespräch so stark in Anspruch genommen, dass für das Buch wenig übrigblieb. Sie legte es bald ganz aus der Hand und nahm zwischen Bingley und seiner älteren Schwester Platz, um dem Spiel zuzuschauen.

»Ist Ihre Schwester eigentlich seit dem letzten Frühjahr viel gewachsen?«, fragte Caroline, zu Darcy gewandt. »Ob sie schon so groß ist wie ich?«

»Ich glaube wohl. Sie wird jetzt etwa Miss Bennets Größe haben, vielleicht sogar noch ein wenig mehr.«

»Wie ich mich darauf freue, sie wiederzusehen! Ich bin noch nie einem Menschen begegnet, von dem ich gleich so eingenommen war. In ihrem Alter schon eine solche Haltung, ein so sicheres Auftreten zu haben – und dazu noch so viel zu können! Ihr Klavierspiel ist wirklich ein Genuss!«

»Mich wundert es immer wieder«, sagte Bingley, »dass die jungen Mädchen heutzutage die Zeit und die Geduld haben, so viel zu lernen.«

»So viel zu lernen? Mein lieber Charles, was meinst du damit?«

»Nun ja, alle können sie doch malen, Lampenschirme basteln und Stricksachen anfertigen. Und damit fängt es erst an – man trifft doch kein junges Mädchen mehr, ohne erfahren zu müssen, was sie alles kann und gelernt hat.«

»Und leider genügen schon die paar Beispiele, die du da eben aufzähltest, um für gebildet zu gelten«, meinte Darcy. »Nach allgemeiner

Auffassung besteht Bildung für Frauen darin, eine Handtasche stricken zu können oder einen Lampenschirm zu beziehen. Aber ich schließe mich entschieden von dieser allgemeinen Auffassung aus. Ich kenne nicht ein halbes Dutzend Damen in meiner ganzen Bekanntschaft, denen ich die Bezeichnung ›gebildet‹ zugestehen würde.«

»Weiß Gott, ich auch nicht«, bestätigte Caroline.

»Dann muss nach Ihrer Ansicht eine gebildete Frau über sehr viele Fähigkeiten verfügen«, fiel Elizabeth ein.

»Ganz richtig, über sehr viele.«

»Man kann doch niemanden mit Recht als gebildet bezeichnen«, erläuterte seine Sekundantin, »der nicht bedeutend über dem Durchschnitt steht. Eine Frau muss mindestens gut Klavier spielen, singen, zeichnen und tanzen können und dazu eine gründliche Kenntnis verschiedener Sprachen besitzen, bevor sie als gebildet gelten darf. Außerdem gehört natürlich noch ein gewisses Etwas in ihrem ganzen Benehmen dazu, in der Art, wie sie geht, wie sie spricht, in der Wahl ihrer Ausdrücke, oh, noch sehr vieles gehört dazu – oder sie darf keinerlei Anspruch auf Bildung erheben!«

»Das alles gehört dazu«, fügte Darcy hinzu, »und dabei darf der Geist nicht vergessen werden, das Wissen, das durch mannigfaltige Lektüre eine ständige Erweiterung erfahren muss.«

»Jetzt wundere ich mich nicht mehr darüber, dass Sie kaum sechs gebildete Frauen kennen; eher, dass Sie auch nur eine einzige kennen.«

»Beurteilen Sie Ihre Geschlechtsgenossinnen nicht allzu streng?«

»Mir ist noch nie eine solche Frau vor Augen gekommen. Ich habe noch nirgends solche Fähigkeiten und solchen Geschmack und Verstand mit einem solchen Talent, wie Sie es fordern, vereint gesehen.«

Mrs. Hurst und Caroline protestierten laut gegen Elizabeths unberechtigten Zweifel und erboten sich, eine Vielzahl von Bekannten zu nennen, die allen Forderungen entsprächen; aber Mr. Hurst unterbrach sie entrüstet und beklagte sich bitterlich über die Unaufmerksamkeit, die das Spiel aufhalte. Damit fand die Diskussion ihr Ende, und Elizabeth zog sich bald darauf zurück.

»Lizzy Bennet«, begann Caroline, sobald die Tür sich geschlossen hatte, »gehört zu den jungen Mädchen, die dem anderen Geschlecht zu gefallen versuchen, indem sie ihr eigenes schlecht machen; zweifellos in vielen Fällen eine erfolgreiche Methode, aber dafür nicht weniger verwerflich und verächtlich!«

»Andererseits«, entgegnete ihr Darcy, an den diese Bemerkung hauptsächlich gerichtet war, »sind alle Methoden, zu denen die Frauen beim Männerfang ihre Zuflucht nehmen, verwerflich und verächtlich. Weil sie alle eine große Ähnlichkeit mit gemeiner Hinterlist haben.«

Caroline schien durch diese Antwort nicht ganz so befriedigt, wie sie vielleicht gehofft hatte, und so ließ sie denn das Thema fallen.

Elizabeth kam nach kurzer Zeit wieder herunter: Der Zustand ihrer Schwester habe sich verschlimmert, sie könne sie nicht lange alleinlassen. Bingley drang darauf, dass Dr. Jones sofort geholt werden solle, während seine Schwestern in der Überzeugung, dass ein Landarzt nicht viel taugen könne, empfahlen, auf schnellstem Wege einen Spezialisten aus London zu rufen. Doch davon wollte Elizabeth nichts hören; sie nahm aber dankbar Bingleys Vorschlag an, und man entschloss sich, Dr. Jones am nächsten Morgen zu holen, falls es Jane dann nicht bessergehen sollte. Bingley war offensichtlich beunruhigt, und seine Schwestern erklärten, untröstlich zu sein. Nach dem Essen bemühten sie sich immerhin, ihren Kummer durch Singen zu beschwichtigen, während ihr Bruder seiner Besorgnis keinen besseren Ausdruck zu geben vermochte, als die Wirtschafterin ständig von neuem zu ermahnen, es der kranken Dame und ihrer Schwester ja an nichts fehlen zu lassen.

9

Elizabeth wachte fast die ganze Nacht an der Seite ihrer Schwester und hatte am nächsten Morgen die Genugtuung, sowohl dem Hausmädchen, durch das Mr. Bingley sich schon überaus frühzeitig nach Janes Befinden erkundigte, als auch den später nachfragenden Zofen seiner Schwestern eine günstige Antwort erteilen zu können. Trotz dieser Besserung sprach sie jedoch den Wunsch aus, ihre Mutter herbitten zu dürfen, damit sie mit ihrer Erfahrung den Zustand der Kranken prüfen könne. Ein Schreiben dieses Inhalts wurde sogleich nach Longbourn geschickt, und Mrs. Bennet zögerte nicht, der Aufforderung nachzukommen. Kurz nach dem Frühstück war sie schon mit ihren beiden jüngsten Töchtern zur Stelle.

Es hätte Mrs. Bennet wirklich aufrichtig bekümmert, Jane ernstlich krank zu finden; aber nachdem sie festgestellt hatte, dass zu irgendwelcher Unruhe gar kein Anlass vorlag, war ihr einziger Wunsch, eine endgültige Gesundung möglichst hinauszuschieben, da ja mit der Krankheit auch der Aufenthalt auf Netherfield ein Ende finden würde. Sie schlug daher ihrer Tochter den Wunsch, nach Hause gebracht zu werden, rundweg ab; und auch der Arzt, der bald nach ihr eingetroffen war, riet, es nicht zu tun. Nachdem sie Jane eine kleine Weile Gesellschaft geleistet hatten, folgten Mrs. Bennet und ihre drei Töchter Carolines Einladung, ins Wohnzimmer herunterzukommen: Bingley empfing sie, indem er die Hoffnung aussprach, sie möge ihre Tochter nicht schlimmer vorgefunden haben, als den Umständen nach zu erwarten gewesen sei.

»Leider doch, Mr. Bingley«, war die Antwort. »Sie ist nicht kräftig genug, um aufzustehen. Dr. Jones meinte, an eine Heimfahrt sei noch gar nicht zu denken. Wir müssen Sie also leider bitten, Ihre Gastfreundschaft noch etwas länger in Anspruch zu nehmen.«

»Heimfahrt!«, rief Bingley aus. »Natürlich kann davon keine Rede sein. Meine Schwester hätte sich dem sowieso aufs Bestimmteste widersetzt!«

»Sie können sich darauf verlassen, gnädige Frau«, sagte Caroline so kalt, wie die Höflichkeit es ihr gerade noch erlaubte, »Ihre Tochter wird mit aller erdenklichen Liebe gepflegt werden, solange sie bei uns auf Netherfield bleibt.«

Mrs. Bennet war überschwänglich in ihren Dankesäußerungen. »Ich wüsste gar nicht«, schloss sie, »was ich ohne Ihre Freundlichkeit tun sollte. Jane fühlt sich sehr elend und leidet schrecklich darunter, wenn sie es auch mit der größten Geduld von der Welt zu ertragen versteht. So ist sie immer gewesen, denn sie hat einen der liebenswertesten Charaktere, den ich mir vorstellen kann. Wie oft sage ich zu meinen anderen Töchtern: Nehmt euch ein Beispiel an ihr! Aber Ihre Zimmer sind ganz entzückend, Mr. Bingley, und diese Aussicht auf den Garten ist wirklich reizend. Ich kenne keinen Landsitz, der sich mit Netherfield messen könnte. Sie werden uns doch nicht so bald wieder verlassen wollen, hoffe ich; ich hörte, Sie haben nur für so kurze Zeit gemietet.«

»Ich tue nun einmal alles so plötzlich«, erwiderte Bingley. »Sollte es mir einfallen, Netherfield verlassen zu wollen, dann würde ich wahrscheinlich innerhalb von fünf Minuten schon fort sein. Im Augenblick fühle ich mich jedoch sehr sesshaft hier.«

»Gerade so habe ich Sie eingeschätzt«, sagte Elizabeth.

»Sie fangen schon an, mich zu durchschauen?«, fragte er lächelnd.

»Oh ja – ich glaube, Sie vollkommen zu kennen.«

»Ich würde das ja gern als ein Kompliment auffassen. Aber es ist doch ziemlich erbärmlich, sich so leicht durchschauen zu lassen.«

»Wie man es nimmt; es ist, finde ich, gar nicht gesagt, dass ein schwieriger Charakter besser oder schlechter sein muss als der Ihre.«

»Lizzy!«, rief Mrs. Bennet ermahnend, »vergiss nicht, wo du dich befindest, und lass dich hier nicht so hemmungslos gehen, wie man es dir zu Hause bedauerlicherweise erlaubt.«

»Ich wusste gar nicht«, fiel Bingley sogleich ein, »dass Sie Charaktere zu lesen verstehen. Es muss eine recht amüsante Beschäftigung sein.«

»Ja, und am amüsantesten sind die schwierigen Fälle. Den einen Vorteil haben sie.«

»Auf dem Lande«, mischte sich Darcy in die Unterhaltung, »werden Sie wohl schwerlich sehr viel Gelegenheit erhalten, Ihre Studien zu treiben. Die Gesellschaft hier ist doch recht gleichförmig und eng begrenzt.«

»Aber alle Menschen ändern sich so sehr in sich selbst, dass man ständig Neues an ihnen entdecken kann.«

»Allerdings!«, rief Mrs. Bennet, die sich durch die Art, wie er über die ländliche Gesellschaft gesprochen hatte, persönlich gekränkt fühlte. »Allerdings! Sie können mir glauben, das kann man hier auf dem Lande genauso erleben wie in der Stadt.«

Niemand war auf einen solchen Ausbruch gefasst gewesen, und Darcy wandte sich schweigend ab. Mrs. Bennet nutzte den vermeintlichen Sieg über ihn zu einem weiteren Triumph aus. »Ich weiß überhaupt nicht, worin der vielgerühmte Vorzug Londons bestehen soll; etwa in den paar Geschäften und Vergnügungsstätten? Das Leben auf dem Lande ist doch unvergleichlich viel angenehmer als das in der Stadt; finden Sie nicht auch, Mr. Bingley?«

»Wenn ich mich auf dem Lande befinde«, entgegnete er, »möchte ich es nie wieder verlassen; doch wenn ich in der Stadt bin, geht es mir auch nicht viel anders. Beides hat seine Vorteile, und ich fühle mich hier wie dort zu Hause.«

»Sie haben eben die richtige Einstellung. Aber der Herr dort«, und sie blickte zu Darcy hinüber, »schien das Leben auf dem Lande für gar nichts zu erachten.«

»Du irrst dich, Mutter«, sagte Elizabeth, die anfing, sich für ihre Mutter zu schämen. »Du hast Mr. Darcy ganz falsch verstanden. Er wollte nur sagen, dass man auf dem Lande nicht so viele und so verschiedene Menschen antrifft wie in der Stadt; und darin musst du ihm doch recht geben.«

»Gewiss, Liebling, das hat auch niemand behauptet. Aber was die Anzahl betrifft – ich glaube nicht, dass es irgendwo sonst einen so großen, geselligen Kreis gibt wie gerade hier bei uns. Wir zum Beispiel verkehren in mindestens zwei Dutzend Familien!«

Nur aus Rücksicht auf Elizabeth gelang es Bingley, seinen Ernst hierbei zu wahren. Seine Schwester war weniger feinfühlend und richtete ihren Blick mit einem vielsagenden Lächeln auf Darcy. In der Hoffnung, ihre Mutter auf andere Gedanken zu bringen, fragte Elizabeth, ob Charlotte Lucas seit ihrer Abwesenheit einmal dagewesen wäre. »Ja, sie besuchte uns gestern mit ihrem Vater. Ein ungewöhnlich netter Mensch, dieser Sir William! Finden Sie das nicht auch, Mr. Bingley? So ganz der Mann von Welt: vornehm und ungezwungen; immer weiß er jedem etwas Nettes zu sagen. Das verstehe ich unter Wohlerzogenheit; und die Leute, die sich so wichtig vorkommen, dass sie nicht einmal ihren Mund aufmachen können, die verkennen völlig, dass sie auf falschem Wege sind.«

»Blieb Charlotte zum Essen?«

»Nein, sie wollte durchaus nach Hause. Ich nehme an, man brauchte sie in der Küche. Bei mir, Mr. Bingley, müssen das die Dienstboten tun. Meine Töchter sind anders erzogen worden. Aber jeder nach seinem Geschmack, und die Lucas-Töchter sind wirklich sehr liebe Mädchen. Zu schade, dass sie nicht hübsch sind! Nicht, dass ich Charlotte nichtssagend finde – aber sie ist ja auch unsere liebste Freundin!«

»Sie schien mir eine sehr nette, junge Dame zu sein«, sagte Bingley.

»Oh ja, gewiss; aber Sie müssen zugeben, sie sieht unbedeutend aus. Lady Lucas sagt es selbst oft genug und beneidet mich um Janes gutes Äußere. Ich möchte nicht in den Fehler verfallen, meine eigenen Kinder herausstreichen zu wollen, aber ein so hübsches Mädchen wie Jane findet man nicht häufig. Ich wiederhole nur, was alle sagen; meinem eigenen Urteil würde ich natürlich nicht vertrauen. Als sie erst fünfzehn Jahre alt war, verliebte sich ein Bekannter meines Bruders in London so sehr in sie, dass meine Schwägerin täglich einen Antrag erwartete. Doch bis wir abreisten, wurde nichts daraus. Vielleicht fand er sie zu jung. Immerhin, er schrieb ein paar Gedichte über sie, und die waren gar nicht schlecht!«

»Und damit endete seine Liebe«, unterbrach Elizabeth ungeduldig. »Wahrscheinlich nicht die erste, über die ein Gedicht hinweggeholfen hat. Wer hat wohl zuerst die Entdeckung gemacht, dass Poesie gegen Liebe hilft?«

»Ich hatte bisher angenommen, dass Poesie der Liebe Nahrung sei«, meinte Darcy.

»Wenn die Liebe kräftig und gesund ist, vielleicht. Was gesund ist, kann auf jedem Boden gedeihen. Ist aber die Liebe nur eine schwächliche, kränkelnde Art Zuneigung, bedarf es bloß eines schönes Sonetts, um sie enden zu lassen.« Darcy lächelte nur; und Elizabeth fürchtete, ihre Mutter möchte sich in der Pause, die folgte, von neuem eine Blöße geben. Sie überlegte krampfhaft, was sie noch sagen könnte, aber ihr wollte nichts einfallen; und bald setzte Mrs. Bennet auch wieder mit erneuten Dankesbezeugungen ein, denen sie dieses Mal auch noch eine Entschuldigung für die Mühe anfügte, die außerdem noch Lizzy mache. Bingley antwortete ihr freundlich und höflich wie immer und zwang seine Schwester, ebenfalls höflich zu sein. Das fiel Caroline sehr schwer, und sie gab sich auch keine große Mühe, ihre Geringschätzung zu verbergen. Aber Mrs. Bennet schien über ihren Besuch hochbefriedigt und ließ bald darauf den Wagen anspannen. Auf dieses Zeichen schienen die beiden jüngeren Mädchen gewartet zu haben; sie hatten schon während des ganzen Besuches etwas miteinander zu flüstern gehabt, und das Ergebnis war, dass die Jüngste Mr. Bingley an den Ball erinnern sollte, den er auf Netherfield geben wollte.

Lydia war ein kräftiges, gut gewachsenes Mädchen von fünfzehn Jahren, mit gesunden Farben in ihrem frohgelaunten Gesicht. Als Lieblingstochter ihrer Mutter durfte sie schon früh auf Gesellschaften erscheinen; das Selbstvertrauen, das sie sich dadurch erworben hatte, entwickelte sich allmählich zu einem Selbstbewusstsein, nicht zum wenigsten durch den Umgang mit den Offizieren, von denen bestimmt immer einige, durch die Aussicht auf gutes Essen und lustige Gesellschaft angelockt, bei ihrem Onkel zu Gast waren. Sie zierte sich daher durchaus nicht, ihren Auftrag auszuführen, sondern überfiel Mr. Bingley gleich ohne Einleitung mit der Erinnerung an sein Versprechen und fügte hinzu, es sei ganz unglaublich, wenn er sich nicht daran halte. Seine Antwort auf diesen plötzlichen Überfall klang wie Musik in den Ohren Mrs. Bennets.

»Ich bin jederzeit bereit, mein Wort einzulösen. Sobald Ihre Schwester wieder gesund ist, werde ich Sie bitten, den Tag für das Fest zu bestimmen. Sie würden doch selbst keine Freude am Tanzen haben, solange Ihre Schwester noch krank ist.«

Lydia erklärte sich einverstanden.

»Ach ja, es ist viel besser, wir warten ab, bis Jane wieder wohlauf ist; bis dahin wird wahrscheinlich Hauptmann Carter wieder nach Meryton zurückgekehrt sein. Und wenn Sie Ihren Ball gegeben haben«, fügte sie hinzu, »dann werde ich darauf bestehen, dass die Offiziere auch einen veranstalten. Ich werde Oberst Forster sagen, es sei eine Schande, wenn er sich nicht dazu bereiterkläre.«

Mrs. Bennet fuhr mit ihren beiden Töchtern ab, und Elizabeth kehrte sogleich zu Jane zurück. Somit bot sich den beiden Damen und Darcy endlich die Gelegenheit, über Sitte im allgemeinen und über die Manieren gewisser Leute im besonderen zu reden. Darcy jedoch konnte durch nichts dazu bewogen werden, in die Kritik einzustimmen, so viele Anspielungen auf dunkle Augen Caroline auch machen mochte.

10

Der folgende Tag verging wie der erste. Mrs. Hurst und Caroline hatten am Morgen einige Stunden bei Jane zugebracht, die sich zwar langsam, aber merklich zu erholen begann. Nach dem Abendessen saßen alle wieder im Wohnzimmer. Darcy schrieb, Caroline saß neben ihm und unterbrach ihn von Zeit zu Zeit mit der Bitte, Grüße an seine Schwester auszurichten; Mr. Hurst und Mr. Bingley spielten eine Partie Piquet, und Mrs. Hurst sah ihnen dabei zu. Elizabeth nahm sich eine Handarbeit vor und vergnügte sich damit, Darcy und Caroline zu beobachten. Die ständigen Bemerkungen Carolines, die sich bald auf seine Schrift, bald auf die Geradheit seiner Zeilen, dann wieder auf die Länge des Briefes bezogen, und die ungerührte Gleichgültigkeit, mit der er diese Bemerkungen anhörte, ergaben ein komisches Zwiegespräch, das gut mit ihrer Meinung von den beiden übereinstimmte.

»Wie wird sich Ihre Schwester über den Brief freuen!«

Keine Antwort.

»Sie schreiben ungewöhnlich schnell!«

»Im Gegenteil, ich schreibe äußerst langsam.«

»Wieviele Briefe Sie wohl im Laufe eines Jahres schreiben! Und überdies noch Geschäftsbriefe! Wie ich so etwas verabscheue!«

»Dann trifft es sich ja sehr günstig, dass nicht Sie, sondern ich sie schreiben muss.«

»Bitte bestellen Sie Ihrer Schwester, dass ich es nicht erwarten kann, sie wiederzusehen!«

»Ich habe ihr das gerade eben mitgeteilt.«

»Ich glaube, Ihre Feder ist gespalten. Geben Sie her, ich werde sie Ihnen zurechtschneiden. Das kann ich ganz besonders gut!«

»Vielen Dank – ich schneide mir meine Federn lieber selbst.«

»Wie können Sie nur immer so ebenmäßig schreiben?«

Schweigen. »Sagen Sie Ihrer Schwester, dass ich mich furchtbar freue, zu hören, dass sie sich weiter im Harfenspiel vervollkommnet hat. Und lassen Sie sie bitte wissen, dass ich ganz entzückt bin von ihrem kleinen Entwurf für eine Tischdecke; ich fände ihn Miss Grantleys Arbeit weit überlegen.«

»Würde es Ihnen wohl viel ausmachen, wenn ich Ihr Entzücken für einen späteren Brief aufhebe? Ich habe jetzt nicht mehr genug Platz, um ihm ganz gerecht zu werden.«

»Ach, das macht nichts. Ich werde sie ja im Januar selbst treffen. Aber schreiben Sie ihr immer so lange und so reizende Briefe?«

»Lang werden sie meistens; ob auch reizend, das kann ich natürlich nicht beurteilen.«

»Für mich gilt es als ausgemacht, dass jemand, der aus dem Handgelenk so lange Briefe verfassen kann, unmöglich schlechte Briefe schreibt.«

»Als Kompliment war das schlecht gewählt, Caroline!«, rief ihr Bruder herüber. »Darcy schreibt durchaus nicht aus dem Handgelenk. Er überlegt immer viel zu lange und sucht stets nach besonders schönen Ausdrücken. Habe ich nicht recht, Darcy?«

»Jedenfalls sind unsere Briefe sehr verschieden.«

»Ach«, protestierte Caroline, »Charles schreibt schrecklich unordentlich; er lässt Worte aus, und andere streicht er wieder durch.«

»Ja, meine Gedanken folgen einander so schnell, dass ich gar nicht die Zeit habe, sie alle zu Papier zu bringen; deshalb werden die Empfänger auch selten klug aus meinen Briefen!«

»Ihre bescheidene Selbstkritik ist entwaffnend, Mr. Bingley«, warf Elizabeth ein.

»Nichts könnte verkehrter sein, als einen Menschen nach seiner Bescheidenheit beurteilen zu wollen«, sagte Darcy. »Im allgemeinen weist sie auf nichts anderes als auf mangelndes Selbstbewusstsein hin, und häufig ist sie bloß ein Prahlen mit umgekehrtem Vorzeichen.«

»Und zu welcher von beiden Gattungen zählst du mein bisschen Bescheidenheit?«, fragte Mr. Bingley.

»Zur Prahlerei. Du bildest dir nämlich in Wirklichkeit etwas ein auf dein unordentliches Geschreibsel, da du im stillen meinst, das rühre von dem schnellen Wechsel deiner Gedanken her, und da du im übrigen eine solche Flüchtigkeit für recht interessant hältst. Etwas schnell zu erledigen, reizt immer mehr, als etwas in Ruhe zu vollenden. Als du heute Morgen Mrs. Bennet gegenüber behauptetest, du würdest Netherfield, wenn du erst dazu entschlossen wärst, innerhalb von fünf Minuten verlassen, da wolltest du dich damit einer löblichen Eigenschaft rühmen; aber was ist schon lobenswert an einer Hast, die notwendig alles unerledigt lassen muss und die weder dir selbst noch sonst jemandem einen Vorteil bringt?«

»Höre auf!«, rief Bingley. »Das ginge doch zu weit, wollte man sich an jedem Abend der törichten Dinge erinnern, die man am Morgen dahergeredet hat. Aber auf Ehre, ich meinte, was ich sagte, und ich meine es immer noch. Ich habe mit meiner Hast wirklich nicht nur geprahlt, um einen Eindruck auf die Damen zu machen.«

»Ich glaube dir schon, dass du meinst, was du sagst. Aber das überzeugt mich noch lange nicht, dass du tatsächlich so im Handumdrehen losziehen würdest, wie du angibst. Ich weiß, dass du dich dabei genauso von irgendeinem zufälligen Ereignis leiten lassen würdest wie jeder andere Mensch. Wenn du schon auf dem Pferde säßest und ein Freund sagte zu dir: ›Bingley, bleibe lieber noch eine Woche‹, dann würdest du höchstwahrscheinlich vom Pferd steigen und noch einen Monat bleiben.«

»In Ihren Augen ist es danach keine gute Eigenschaft, den Bitten eines Freundes ohne viele Fragen nachzugeben?«

»Es spricht für keinen von beiden, wenn der eine dem anderen nachgibt, ohne zu wissen, warum er es tut.«

»Mir scheint, Mr. Darcy, Sie verstehen eine wahrhafte Freundschaft anders als ich. Wenn zwischen zwei Freunden eine wirkliche Zuneigung besteht, dann wird der eine sich gern den Bitten des anderen fügen, ohne auf eine weitere Begründung zu warten. Ich spreche jetzt nicht von dem besonderen Fall, den Sie eben mit Bezug auf Mr. Bingley anführten. Da warten wir lieber, bis Umstände eintreten, an denen sich sein Verhalten so oder so beweisen lässt. Aber, ganz allgemein, würden Sie schlecht von einem Menschen denken, der auf das Verlangen seines Freundes ein unwichtiges Vorhaben aufschiebt, ohne dass dazu viele Worte und Erörterungen notwendig sind?«

»Bevor wir die Frage weiterverfolgen, wäre es vielleicht richtiger, uns über die Wichtigkeit der Bitte und über den Grad der Freundschaft, die unser allgemeiner Fall haben soll, zu einigen.«

»Ja, eben!«, rief Bingley, »und dazu noch über die Größe, den Umfang und wer weiß noch was der beiden Menschen; das spielt dabei mehr mit, als Sie denken mögen, Miss Bennet. Ich kann Ihnen versichern, wenn Darcy nicht eine so lange Latte wäre im Vergleich zu mir, ich würde nicht halb soviel auf ihn hören. Bei gewissen Gelegenheiten und zu gewissen Zeiten kann man sich nichts Schrecklicheres vorstellen als Darcy; besonders in seinem eigenen Hause und an Sonntagabenden, wenn er nicht weiß, was er anfangen soll.«

Mr. Darcy lächelte; aber Elizabeth glaubte zu bemerken, dass er sich gekränkt fühlte, und unterdrückte daher ihr Lachen. Caroline machte kein Hehl daraus, dass sie sich für Darcy ärgerte, und schalt ihren Bruder weidlich wegen des Unsinns, den er eben dahergeredet habe. »Ich durchschaue dich, Bingley«, sagte jetzt Darcy, »du magst solche Diskussionen nicht.«

»Schon möglich. Sie endigen allzuleicht in Streitereien. Ich wäre auf jeden Fall sehr dankbar, wenn du und Miss Bennet mit der Fortsetzung warten würdet, bis ich aus dem Zimmer bin. Dann könnt ihr weiter über mich reden, soviel ihr Lust habt.«

»Ich füge mich gern Ihrem Wunsch«, meinte Elizabeth, »und Ihnen, Mr. Darcy, schlage ich vor, schreiben Sie lieber Ihren Brief fertig!«

Darcy folgte ihrem Rat und konnte den Brief ohne weitere Unterbrechungen beenden. Als er damit fertig war, bat er die Damen um etwas Musik. Caroline ließ sich nicht lange bitten; nachdem sie Elizabeth höflich aufgefordert hatte, doch anzufangen, was diese ebenso höflich und entschieden aufrichtig ablehnte, nahm sie am Klavier Platz, und Mrs. Hurst sang zu ihrer Begleitung.

Während Elizabeth neben ihr stand und in den Noten blätterte, die auf dem Klavier lagen, fiel es ihr plötzlich auf, dass Darcys Augen immer häufiger auf ihr ruhten. Den Gedanken, dass ein Mann wie Darcy sie bewundern könne, hielt sie für widersinnig. Aber noch seltsamer wäre es ja, überlegte sie, wenn er sie aus Abneigung immer wieder ansähe. Sie nahm schließlich als einzig mögliche Erklärung an, dass sie seine Aufmerksamkeit wohl deshalb erweckt habe, weil irgendetwas an ihr, mit Darcys Maßen gemessen, ganz besonders unvollkommen und tadelnswert sei. Diese Annahme bereitete ihr keinen großen Kummer. Sie selbst mochte ihn viel zu wenig, als dass ihr an seiner Meinung sonderlich gelegen war.

Nach einigen italienischen Liedern stimmte Caroline einen schottischen Tanz an. Gleich darauf trat Darcy zu Elizabeth und sagte: »Wollen wir die Gelegenheit, einen Schottischen zu tanzen, ungenutzt vorübergehen lassen?« Elizabeth lächelte, antwortete aber nicht. Er wiederholte seine Frage, offenbar erstaunt über ihr Schweigen. »Oh, ich verstand Sie schon das erste Mal«, erwiderte sie, »aber ich wusste nicht, was ich antworten sollte. Sie erwarteten doch sicherlich, dass ich ›ja‹ sagen würde, damit Sie einen Grund mehr haben, mich zu kritisieren. Aber mir macht es nun einmal Spaß, solche Erwartungen zu enttäuschen und den anderen um sein spöttisches Vergnügen zu bringen. Ich kann Ihnen daher nur sagen, dass ich nicht die geringste Lust zu einem Schottischen habe. Und jetzt kritisieren Sie, wenn Sie es wünschen!«

»Wie könnte ich so etwas wünschen!« Auf diese Antwort war Elizabeth nicht gefasst gewesen. Eigentlich hatte sie sogar erwartet, ihn verletzt zu sehen. Aber Darcy war so sehr in ihren Bann geraten wie bisher noch bei keiner Frau.

Caroline sah oder ahnte genug, um eifersüchtig zu werden, und ihr Wunsch, Elizabeth loszusein, verlieh den Worten, mit denen sie ihrer lieben Freundin Jane recht baldige Genesung wünschte, einen Ton wärmster Aufrichtigkeit.

Von Zeit zu Zeit versuchte sie, Darcy zu einer abfälligen Äußerung über Elizabeth zu reizen, indem sie von seiner anscheinend bevorstehenden Heirat mit ihr sprach und ihm das Glück ausmalte, das er in dieser Verbindung finden würde. »Ich kann nur hoffen«, sagte sie, als sie einmal am folgenden Tag im Garten spazierengingen, »dass Sie Ihrer Schwiegermutter, sobald Sie Ihr ersehntes Ziel erreicht haben, auf eine taktvolle Weise beibringen können, wieviel angenehmer sie einem ist, wenn sie schweigt; wer weiß, vielleicht bringen Sie es sogar fertig, die beiden jüngeren Mädchen von ihrem Offiziersfieber zu heilen. Und wenn ich Ihnen auch noch diesen diskreten Rat geben darf, lassen Sie sich es angelegen sein, das gewisse kleine Etwas in Schranken zu halten, das Ihre Auserwählte an sich hat und das sie bedauerlicherweise so eingebildet und hochmütig erscheinen lässt.«

»Damit haben sich doch gewiss Ihre Ratschläge für mein häusliches Glück nicht erschöpft?«

»Oh, nein! Sie dürfen zum Beispiel auch nicht vergessen, Porträts von Ihrem künftigen Onkel und Ihrer Tante Philips in der Ahnengalerie von Pemberley aufzuhängen. Am passendsten vielleicht gleich neben dem Bild Ihres Großonkels, des Richters. Sie verstehen – Mr. Philips übt ja den gleichen Beruf aus, wenn auch – sagen wir, in einer anderen Branche. Was Ihre Elizabeth anbetrifft, so hat es natürlich keinen Sinn, ein Bild von ihr in Auftrag zu geben; denn welcher Künstler könnte wohl solch wunderbaren Augen gerecht werden?«

»Sie haben recht, ihren Ausdruck auf der Leinwand festzuhalten, wäre tatsächlich nicht leicht; aber Farbe und Form und die ungewöhnlich feinen Wimpern und Brauen würde man schon wiedergeben können.« In diesem Augenblick kamen ihnen aus einem Seitenweg Mrs. Hurst und Elizabeth entgegen. »Ich wusste nicht, dass ihr auch spazierengeht«, rief Caroline etwas verlegen aus, da sie fürchtete, ihre Unterhaltung könne gehört worden sein.

»Ihr habt uns ganz abscheulich behandelt«, erwiderte ihre Schwester. »Warum gebt ihr uns nicht Bescheid, statt uns einfach davonzulaufen?« Und damit hängte sie sich in Darcys freien Arm ein. Da auf dem Weg nur drei Menschen nebeneinander gehen konnten, musste Elizabeth hinter ihnen zurückbleiben. Darcy empfand das Unhöfliche in Mrs. Hursts Betragen und sagte: »Der Weg hier ist nicht breit genug für uns alle vier. Gehen wir doch lieber in der Allee ein wenig auf und ab.« Elizabeth verspürte jedoch nicht die geringste Neigung, in ihrer Gesellschaft zu bleiben, und antwortete deshalb lachend: »Nein, nein; bleiben Sie ruhig hier. Sie bilden eine so reizende Gruppe zu dreien, dass ein vierter nur stören würde.« Heiter eilte sie wieder ins Haus zurück, doppelt vergnügt bei dem Gedanken, dass sie nun bald nach Longbourn heimfahren konnte. Jane fühlte sich schon wohl genug, um diesen Abend ihr Zimmer für ein paar Stunden zu verlassen.

11

Als die Damen sich nach dem Essen zurückzogen, ging Elizabeth zu ihrer Schwester hinauf, half ihr, sich warm anzuziehen, und geleitete sie ins Wohnzimmer hinab, wo ihre beiden Freundinnen sie unter lebhaften Beteuerungen ihrer großen Freude empfingen. Elizabeth hatte die beiden noch niemals so nett und freundlich gesehen. Sie hatten alle möglichen Einzelheiten von ihren Londoner Geselligkeiten zu berichten, erzählten allerhand Anekdoten voll Humor und machten sich in bester Laune über ihre Bekannten lustig. Kaum aber traten die Herren ein, stand Jane nicht mehr weiter im Mittelpunkt. Caroline hatte nur noch Augen für Darcy, und sie sprach schon mit ihm, bevor er die Anwesenden noch begrüßt hatte. Er seinerseits wandte sich sogleich an Jane mit einem höflichen Glückwunsch; Mr. Hurst verstieg sich ebenfalls zu einer leichten Verbeugung in ihrer Richtung und murmelte etwas von »sehr erfreut sein«; aber wirkliche Herzlichkeit und Wärme sprachen nur aus Bingleys Begrüßung. Er war ganz Freude und Aufmerksamkeit. Die erste halbe Stunde verbrachte er damit, das Feuer zu schüren und Scheite aufzulegen, damit der Zimmerwechsel sich nicht nachteilig für Jane auswirken sollte. Auf seine Bitte hin setzte sie sich auf die andere Seite des Kamins, weiter fort von der Tür. Dann ließ er sich an ihrer Seite nieder und sprach kaum ein Wort mit den anderen. Elizabeth beobachtete das alles bei ihrer Handarbeit mit größter Genugtuung.

Als das Teegeschirr weggeräumt war, erinnerte Mr. Hurst seine Schwägerin an den Kartentisch; aber umsonst. Sie hatte in Erfahrung gebracht, dass Darcy keine Lust zum Kartenspielen habe, und sie gab deshalb Mr. Hurst zu verstehen, dass überhaupt niemand spielen wolle. Da das allgemeine Schweigen ihr recht zu geben schien, blieb ihm also nichts anderes übrig, als sich auf einem der Sofas auszustrecken und die Zeit zu verschlafen. Darcy las; Caroline tat desgleichen. Und Mrs. Hurst, die sich hauptsächlich damit beschäftigte, mit ihren Ringen und Armbändern zu spielen, beteiligte sich hin und wieder an dem Gespräch ihres Bruders mit Jane. Carolines Aufmerksamkeit galt weniger ihrer eigenen Lektüre als derjenigen Darcys; wenn sie ihn nicht gerade etwas zu fragen hatte, versuchte sie, bei ihm mitzulesen. Zu einem richtigen Gespräch konnte sie ihn jedoch nicht verführen; er antwortete zwar, las jedoch weiter. Ganz erschöpft von dem Bestreben, irgendein Vergnügen an ihrem Buch zu finden, das sie nur aus dem Grund gewählt hatte, weil es der zweite Band von Darcys Buch war, gähnte sie tief auf und sagte: »Wie angenehm, den Abend so zu verbringen! Es geht doch nichts über ein gutes Buch; alles andere wird zu schnell langweilig! Wenn ich erst meinen eigenen Haushalt habe, muss ich unbedingt eine gute Bibliothek mein eigen nennen.« Niemand antwortete. Sie gähnte wieder, schob ihr Buch beiseite und sah sich nach einem neuen Zeitvertreib um. Da hörte sie, wie ihr Bruder im Gespräch das Wort »Ball« erwähnte; sogleich wandte sie sich ihm zu: »Ach ja, Charles, da du gerade davon sprichst: Hast du wirklich vor, einen Ball auf Netherfield zu geben? Ich rate dir, zuvor die Anwesenden um ihre Meinung zu befragen; ich müsste mich sehr täuschen, wenn unter uns nicht wenigstens einer ist, für den ein Ball eher eine Strafe als ein Vergnügen wäre.«

»Falls du Darcy meinen solltest«, sagte ihr Bruder, »der kann zu Bett gehen, wenn er Lust hat, bevor das Fest anfängt; der Ball findet statt, daran ist gar nicht mehr zu rütteln. Sobald alles vorbereitet ist, werden die Einladungen verschickt.«

»Mir würden Bälle unendlich viel mehr Vergnügen bereiten«, antwortete Caroline, »wenn man sie endlich einmal ein wenig anders aufziehen wollte. Diese üblichen Allerweltsveranstaltungen sind geradezu unerträglich stumpfsinnig. Es wäre doch viel richtiger, sich einmal vernünftig zu unterhalten, statt nur immer zu tanzen.«

»Richtiger, ja, meine liebe Caroline, aber deshalb doch kein Ball. Ein Ball ist nun einmal zum Tanzen da.« Darauf erwiderte Caroline nichts; aber kurz darauf erhob sie sich und begann, im Zimmer umherzuschreiten. Sie hatte eine schlanke Figur, und sie hielt sich gut beim Gehen; aber Darcy blieb unerbittlich in sein Buch vertieft. Schier in Verzweiflung beschloss sie, einen letzten Versuch zu machen; sie wandte sich zu Elizabeth und meinte: »Ich kann Ihnen nur empfehlen, meinem Beispiel zu folgen; es ist äußerst wohltuend, sich ein wenig zu bewegen, nachdem man so lange stillgesessen hat.« Elizabeth wunderte sich zwar etwas über diese Aufforderung, ging aber darauf ein. Und Caroline erreichte den eigentlichen Zweck ihrer Freundlichkeit: Darcy schaute auf, und unwillkürlich schloss er sein Buch. Sofort erging auch an ihn die Einladung zu einem Spaziergang durchs Zimmer, die er aber mit der Begründung ablehnte, er könne sich nur zwei Absichten denken, die sie veranlassten, im Zimmer auf und ab zu gehen, und beide Absichten würden durch seine Beteiligung durchkreuzt werden. Was er nur damit meine? Sie gäbe ihr Leben dafür, wenn sie es erfahren dürfe, versetzte Caroline, und sie fragte Elizabeth, ob sie es wohl raten könne? »Nein, ich habe nicht die geringste Ahnung«, war die Antwort. »Aber Sie können sich darauf verlassen, dass er nichts Gutes meint; wir können seine Absicht am ehesten durchkreuzen, indem wir ihn nicht weiter fragen.« Miss Bingley hätte es aber nicht über sich gebracht, Darcy so zu enttäuschen, und bestand deshalb auf einer Erklärung.

»Ich hatte gar nicht vor, mit meiner Erklärung hinter dem Berg zu halten«, sagte er, sobald sie ihn zu Wort kommen ließ. »Entweder Sie haben sich diese Art, den Abend zu verbringen, ausgesucht, weil Sie als Freundinnen persönliche Dinge zu besprechen wünschen; oder weil Sie wissen, dass Ihre Figuren beim Gehen am besten zur Geltung kommen. Im ersten Fall wäre ich Ihnen ganz und gar im Wege; im zweiten kann ich Sie hier vom Feuer aus viel besser sehen und bewundern.«

»Also, das ist wirklich scheußlich von Ihnen!«, rief Caroline aus. »Wie können Sie nur so etwas von uns behaupten! Wie wollen wir ihn jetzt bestrafen?«

»Nichts einfacher als das, wenn Sie es wirklich wollen«, sagte Elizabeth. »Sie sind doch soviel zusammen, und Sie müssen doch wissen, wie man ihn am besten ärgern kann.«

»Aber nein, ich weiß es durchaus nicht. Das hat mich unsere Freundschaft noch nicht gelehrt. Wie sollte man auch eine so gleichmäßige Laune, einen so schlagfertigen Geist necken können! Nein, darin ist er uns wohl überlegen. Und lachen – wir wollen uns lieber nicht lächerlich machen, indem wir ohne Grund lachen. Darcy hätte dann wohl alle Ursache, uns wirklich für töricht zu halten.«

»Über Mr. Darcy soll man nicht lachen können?«, rief Elizabeth. »Dann wäre er fürwahr ein seltener Mensch, und ich hoffe, er bleibt so selten, denn ich wüsste mit solchen Bekannten nicht viel anzufangen. Dazu lache ich viel zu gern!«

»Miss Bingley«, sagte Darcy, »hat mich einer Eigenschaft gerühmt, die unmenschlich wäre. Der beste und weiseste Mensch oder vielmehr die beste und weiseste Handlung kann ins Lächerliche verdreht werden, wenn man unbedingt über alles im Leben lachen muss.«

»Allerdings«, erwiderte Elizabeth, »solche Menschen gibt es auch, und ich hoffe sehr, nicht zu ihnen zu gehören. Was weise und gut ist, berührt mich durchaus nicht als komisch. Aber jede Torheit und jeder Unsinn, Launen und kleine Eitelkeiten, das alles amüsiert mich sehr, muss ich gestehen, und darüber lache ich, wo es mir begegnet. Und gerade das alles, nehme ich an, sind Eigenschaften, die Ihnen fehlen.«

»Ganz so vollkommen kann nicht einmal ich sein. Aber ich bin mein Leben lang bestrebt gewesen, alle Schwächen zu vermeiden, die einen der Lächerlichkeit preisgeben können.«

»Eitelkeit und Stolz, zum Beispiel.«

»Ja, Eitelkeit ist eine Schwäche. Aber Stolz – bei einem überlegenen Geist wird Stolz sich immer in Grenzen halten.«

Elizabeth wandte sich ab, um ein Lächeln zu verbergen.

»Damit dürfte Ihre Prüfung Mr. Darcys zu Ende sein«, sagte Caroline. »Und zu welchem Ergebnis sind Sie gekommen, wenn ich fragen darf?«

»Es ist mir vollständig klar geworden, dass Mr. Darcy fehlerfrei ist. Er gibt es ja selbst ganz offen zu.«

»Sie irren«, sagte Darcy, »ein solcher Anspruch liegt mir ganz fern. Ich habe Fehler genug, aber nicht den, so hoffe ich wenigstens, ohne Einsicht und Verstand zu sein. Für meine Gutmütigkeit möchte ich allerdings nicht die Hand ins Feuer legen. Ich bin sicherlich zu wenig nachsichtig oder doch nicht nachsichtig genug, um nach jedermanns Geschmack zu sein. Ich kann Dummheit und Niedertracht anderer Leute nicht so leicht übersehen, wie ich es vielleicht sollte, und auch ein schlechtes Betragen mir gegenüber nicht. Und schließlich, glaube ich, muss ich mich selbst als empfindlich und nachtragend bezeichnen; ist meine gute Meinung von jemandem dahin, dann gleich für immer.«

»Gut, das ist wirklich ein Fehler«, meinte Elizabeth. »Nachtragend zu sein, ist zweifellos eine hässliche Eigenschaft. Aber Sie haben sich Ihren Fehler gut ausgesucht; über so etwas kann man sich nicht lustig machen. Von mir haben Sie also nichts mehr zu fürchten.«

»Meiner Ansicht nach hat jeder Charakter einen Geburtsfehler, irgendeinen schlechten Trieb, der sich durch keine noch so gute Erziehung ausmerzen lässt.«

»Und Ihr Geburtsfehler ist der, an jedem Menschen zu viel auszusetzen.«

»Und der Ihre ist«, erwiderte er lächelnd, »absichtlich alles misszuverstehen.«

»Ach, machen wir doch ein wenig Musik«, rief Caroline ungeduldig aus, gelangweilt von einem Gespräch, an dem sie keinen Anteil nehmen konnte. »Louisa, du hast doch nichts dagegen, dass ich deinen Mann in seinem Schläfchen ein wenig störe?« Ihre Schwester hatte nicht das Geringste dagegen, und das Klavier wurde wieder aufgemacht. Darcy war eigentlich froh darüber, wenn er es sich recht überlegte; er spürte die Gefahr, die darin lag, wenn er sich zu viel mit Elizabeth beschäftigte.

12

Am nächsten Morgen schrieb Elizabeth an ihre Mutter, dass Jane sich wieder wohlauf fühle, und ob sie den Wagen bekommen könnten. Aber Mrs. Bennet hatte mit der Rückkehr ihrer Töchter erst für den kommenden Dienstag gerechnet und war keineswegs gewillt, diesen Plan ohne weiteres einem früheren Zeitpunkt zu opfern. Ihre Antwort kam daher Elizabeths Wunsch, möglichst bald nach Hause zurückzukehren, durchaus nicht entgegen: sie schrieb, der Wagen stehe unter keinen Umständen vor dem nächsten Dienstag zur Verfügung, und fügte in einer Nachschrift hinzu, sie könne ihre beiden Töchter gut und gern noch länger entbehren, falls Mr. Bingley und seine Schwestern auf eine Verlängerung des Besuches drängen sollten. Nun, länger zu bleiben kam natürlich nicht in Frage, und Elizabeth wagte auch zu bezweifeln, dass man sie dazu auffordern würde; im Gegenteil, sie fürchtete, man könne ihnen vorwerfen, sie nähmen die Gastfreundschaft auf Netherfield unnötig lange in Anspruch. Sie schlug daher Jane vor, Mr. Bingley um seinen Wagen zu bitten, und schließlich einigten sie sich, dass sie noch am selben Vormittag abfahren wollten. Diese Mitteilung traf auf viele ernstlich besorgte Proteste. Jane gab deshalb der wiederholten Aufforderung, wenigstens noch bis zum folgenden Morgen zu bleiben, nach; die Heimfahrt wurde also um einen Tag verschoben.

Caroline warf sich zwar selbst augenblicklich die Dummheit vor, den Verzug verschuldet zu haben; denn ihre Eifersucht und Abneigung gegen die eine Schwester Bennet wogen weit schwerer als ihre Zuneigung zu der anderen. Der Herr des Hauses dagegen war aufrichtig betrübt, als er von der baldigen Trennung hörte, und versuchte immer wieder, Jane davon zu überzeugen, dass sie noch nicht wohl genug sei, um schon das Haus zu verlassen; aber Jane fühlte, dass sie richtig handelte, und blieb fest. Darcy war der Beschluss sehr willkommen; Elizabeth war schon lange genug auf Netherfield gewesen. Sie zog ihn mehr an, als ihm lieb sein konnte, und Miss Bingley benahm sich nicht allein unhöflich gegen sie, sondern auch herausfordernder als je gegen ihn selbst. Er nahm sich fest vor, an diesem letzten Tage besonders darauf zu achten, dass er seiner Bewunderung keinen weiteren Ausdruck gab und dass er in Elizabeth durch nichts irgendwelche falschen Hoffnungen erwecken wollte: Falls ihr überhaupt ein solcher Gedanke gekommen sein mochte, dann würde sie natürlich in seinem Benehmen an diesem letzten Tage eine Bestätigung – oder das Gegenteil – zu entdecken suchen. Er beharrte fest auf seinem Vorsatz und sprach während des ganzen Sonnabends kaum zehn Worte mit ihr; als sie einmal eine halbe Stunde alleinblieben, war er so sehr in sein Buch vertieft, dass er sie nicht einen Augenblick ansah.

Am Sonntag nach dem Kirchgang fand der Abschied statt; er kam fast allen Beteiligten gelegen. Caroline war während der letzten Minuten beinahe ebenso höflich zu Elizabeth, wie sie herzlich gegen Jane war. Und nachdem sie diese liebevoll umarmt und ihr versichert hatte, wie sehr sie sich freuen würde, wenn sie sich bald entweder auf Netherfield oder in Longbourn wiedersehen könnten, brachte sie es sogar über sich, Elizabeth die Hand zu geben.

Zu Hause wurde ihnen kein übermäßig warmes Willkommen zuteil: Mrs. Bennet war erstaunt, sie schon wieder zurück zu sehen, schalt sie wegen der Mühe, die sie den Bingleys dadurch bereitet hätten, und bat Jane, sich nicht zu wundern, wenn ihre Erkältung sich wieder verschlimmern sollte. Nur ihr Vater freute sich aufrichtig, wenn er seine Freude auch nicht in viele Worte kleidete; er hatte ihre Anwesenheit in dem Familienkreis besonders vermisst, die abendliche Unterhaltung war ohne Jane und Elizabeth sehr langweilig gewesen.

Mary befand sich wie gewöhnlich in höheren Regionen und machte ihre Schwestern sogleich mit ihren letzten Auszügen und ihren neuesten, fadenscheinigen Weisheitssprüchen bekannt. Catherine und Lydia wussten von nicht minder wichtigen, wenn auch andersartigen Dingen zu berichten: Einige neue Offiziere waren bei ihrem Onkel zu Gast gewesen; ein Gemeiner war öffentlich ausgepeitscht worden, und man munkelte tatsächlich, dass Oberst Forster demnächst heiraten wolle.

13

»Hoffentlich hast du heute Abend etwas Gutes zum Essen vorgesehen«, sagte Mr. Bennet am nächsten Morgen beim Frühstück zu seiner Frau. »Ich glaube, unser Kreis wird einen Zuwachs erfahren.«

»Durch wen denn? Ich wüsste nicht, dass wir jemanden erwarten; höchstens Charlotte Lucas, und für sie genügt mein Essen doch wohl immer noch. Zu Hause wird sie bestimmt nicht oft etwas ähnlich Gutes vorgesetzt bekommen.«

»Nein, ich meine einen Herrn, und zwar einen fremden Herrn.«

Mrs. Bennets Augen leuchteten auf. »Ein Herr? Ein Fremder? Doch nicht Mr. Bingley? Jane, du hast ja nicht ein Sterbenswörtchen davon gesagt, du Geheimniskrämerin! Das freut mich aber sehr, Mr. Bingley wieder bei uns zu sehen. Aber, du lieber Gott, so ein Unglück! Wir kriegen so schnell keinen Fisch ins Haus!«

»Es ist nicht Bingley«, sagte Mr. Bennet, »ich habe unseren Gast noch niemals gesehen.«

Diese Mitteilung erweckte natürlich größtes Erstaunen; und zu seinem heimlichen Vergnügen bestürmten ihn seine sechs Damen von allen Seiten mit Fragen. Erst nachdem er sich genügend an ihrer großen Neugierde geweidet hatte, bequemte er sich zu einer Erklärung: »Vor etwa einem Monat erhielt ich diesen Brief, auf den ich vor vierzehn Tagen antwortete; denn die Angelegenheit schien es mir wertzusein, dass man sie mit Takt handhabte. Der Brief ist von meinem Vetter Collins; wie ihr wohl wisst, kann er euch nach meinem Tode hier vor die Tür setzen, wenn es ihm Spaß macht.«

»Ach, sprich nicht davon«, rief Mrs. Bennet aus. »Sprich nicht von diesem gräßlichen Menschen. Schrecklich, wenn ich daran denke, dass dein ganzer Besitz in fremde Hände übergehen soll. Wäre ich du gewesen, ich hätte längst irgendetwas dagegen unternommen.«

Jane und Elizabeth versuchten, sie auf die Zwecklosigkeit hinzuweisen, etwas gegen eine Erbbestimmung unternehmen zu wollen. Es war nicht das erste Mal, dass sie einen derartigen Versuch machten, aber Mrs. Bennets Verstand hatte noch jedesmal aller Vernunft gespottet. Und sie musste sich auch jetzt bitterlich über die Grausamkeit beklagen, mit der man ihre Kinder zugunsten eines Menschen enterbte, mit dem man gar nichts zu schaffen haben wollte.

»Die Sache ist allerdings höchst peinlich«, sagte Mr. Bennet, »und nichts kann Mr. Collins von der schweren Schuld, Longbourn zu erben, reinwaschen. Aber wenn du einen Augenblick zuhören wolltest, würden dich vielleicht Inhalt und Ton seines Schreibens ein wenig versöhnlicher stimmen.«

»Ganz gewiss nicht! Ich finde es unverschämt von ihm, dir überhaupt zu schreiben, reine Heuchelei. Ich verabscheue falsche Freunde.

Warum streitet er sich nicht lieber mit dir, wie sein Vater es auch schon getan hat?«

»Höre zu, du wirst sehen, dass gerade dieser Punkt ihm einige Sorge macht.«

Hunsford bei Westerham, Kent 15. Oktober.

Sehr geehrter Herr,
die Unstimmigkeiten, die zwischen Ihnen und meinem verehrten Vater bestanden, sind mir von jeher ein Quell tiefsten Unbehagens gewesen. Seitdem das Schicksal ihn mir entrissen hat, ist mir oft der Wunsch gekommen, diesen Bruch wieder zu heilen. Aber Zweifel hemmten lange Zeit meine Schritte. Ich fürchtete, es könnte als mangelnde Ehrerbietung gedeutet werden, wenn ich mich mit jemandem gutstellte, mit dem es ihm sein Leben lang beliebte, schlecht zu stehen. Indessen, ich bin jetzt zu einem Entschluss gekommen; denn, nachdem ich zu Ostern ordiniert wurde, habe ich das Glück gehabt, mit dem Wohlwollen der Ehrenwerten Lady Catherine de Bourgh, Witwe des Sir Lewis de Bourgh, ausgezeichnet zu werden, durch deren Güte mir das wertvolle Pastorat dieser Gemeinde zugefallen ist, aus welchem Grunde es mein ernstes Bestreben sein soll, mich einer achtungsvollen Dankbarkeit gegen Lady de Bourgh zu befleißigen, sowie jederzeit bereit zu sein, die ehrwürdigen Bräuche zu zelebrieren, die die Kirche von England vorschreibt. Als Seelsorger betrachte ich es zudem als meine Aufgabe, die Segnungen der Friedfertigkeit in sämtlichen Familien, die unter meinem Einfluss stehen, zu fördern und zu verbreiten. Deswegen schmeichle ich mir, dass die Hand der Freundschaft, die auszustrecken ich im Begriff stehe, gern ergriffen wird, und ich hoffe, die Tatsache, dass ich nächster Erbe von Longbourn bin, wird von Ihnen großmütig übersehen werden, so dass diese, meine Hand den Ölzweig nicht vergeblich angeboten haben muss. Ich kann natürlich nicht umhin, tief bekümmert darüber zu sein, dass Ihre verehrten Töchter durch mich einmal einen Schaden erfahren sollen, und ich bitte, meine Entschuldigung annehmen zu wollen, zugleich mit der Versicherung meiner Bereitwilligkeit zu jeder erdenklichen Genugtuung – doch hiervon später mehr.

Wenn Sie nichts gegen meinen Besuch haben sollten, werde ich mir das große Vergnügen bereiten, Ihnen und Ihrer Familie Montag, den 18. November, gegen vier Uhr meine Aufwartung zu machen; ich dürfte dann vielleicht Ihre Gastfreundschaft bis zum übernächsten Sonnabend in Anspruch nehmen, was ich ohne Ungelegenheiten tun kann, da Lady Catherine weit davon entfernt ist, mir eine gelegentliche Abwesenheit über Sonntag zu verübeln, vorausgesetzt, dass jemand anderes zur Stelle ist, um die Predigt zu halten.

Damit verbleibe ich, geehrter Herr, mit den ergebensten Empfehlungen an Ihre Frau Gemahlin und an Ihre Töchter! Ihr wohlgeneigter Freund William Collins

»Ab vier Uhr dürfen wir also diesen Friedensengel erwarten«, sagte Mr. Bennet und schob den Brief wieder in den Umschlag zurück. »Er scheint ein sehr gewissenhafter und höflicher junger Mann zu sein, weiß Gott! Zweifellos ein wertvoller Zuwachs unseres Bekanntenkreises, falls Lady Catherine noch öfters so gütig ist und ihn uns besuchen lässt.«

»Na ja, was er da von den Mädchen schreibt, klingt gar nicht so dumm. Wenn er wirklich die Absicht hat, irgendein gutes Werk an ihnen zu tun, werde ich ihn bestimmt nicht davon zurückzuhalten versuchen.«

»Wenn es auch nicht ganz ersichtlich ist, wie er sich eine solche Vergütung denkt«, sagte Jane, »so ist doch sein guter Wille sehr anzuerkennen.«

»Er muss sehr merkwürdig sein«, meinte Elizabeth, »ich werde daraus nicht recht klug. Sein Brief klingt so feierlich. Und was meint er wohl damit, wenn er sich wegen seines Erbes entschuldigt? Sollen wir etwa glauben, dass er sich dagegen sträuben und dass er etwas dagegen unternehmen würde, wenn es in seiner Macht läge? Sollte er so feinfühlig sein, Vater?«

»Nein, meine Liebe, das glaube ich kaum. Im Gegenteil, ich glaube, er ist alles andere eher. Dieses Gemisch von Kriecherei und Wichtigtuerei in seinem Brief klingt sehr vielversprechend. Ich kann es schon gar nicht mehr erwarten, ihn zu sehen.«

»Was den stilistischen Aufbau der Epistel anbetrifft«, sagte Mary, »so kann man ihn als nicht ganz uneben bezeichnen. Die Wendung mit dem Ölzweig scheint mir nicht sehr originell zu sein, aber die Phrasierung ist wohl abgerundet.«

Catherine und Lydia konnten weder dem Brief noch dem Schreiber irgendein Interesse abgewinnen. Es war wohl so gut wie ausgeschlossen, dass ihr Verwandter im roten Rock auftreten würde, und es lag schon sehr weit zurück, dass ihnen ein irgendwie anders gefärbter Mann hatte den Hof machen dürfen.

Mrs. Bennet hatte sich wider Erwarten durch den Brief in ihrem Groll beschwichtigen lassen und sah dem Besuch mit einem Gleichmut entgegen, der ihren Mann und ihre Töchter in Erstaunen setzte.

Mr. Collins war auf die Minute pünktlich und wurde mit der größten Freundlichkeit von der gesamten Familie empfangen. Mr. Bennet sagte nicht viel; seine Damen dagegen umso mehr, und auch Mr. Collins schien weder zum Reden einer langen Ermunterung zu bedürfen, noch überhaupt dem Schweigen sehr geneigt zu sein. Er war ein großer, schwerfällig wirkender junger Mann von etwa fünfundzwanzig Jahren. Er hatte eine gewichtige, würdige Haltung und übertrieben korrekte Manieren. Er saß noch nicht lange, da sagte er der Dame des Hauses schon Artigkeiten über ihre Töchter; meinte, er habe zwar viel von deren Schönheit gehört, aber das Gerücht werde in diesem Fall der Wahrheit bei weitem nicht gerecht; und fügte hinzu, er könne gar nicht daran zweifeln, dass Mrs. Bennet binnen kurzem schon das Vergnügen haben werde, sie alle gut verheiratet zu sehen. Dieses Kompliment war zwar nicht nach dem Geschmack der Mehrzahl seiner Zuhörer, doch Mrs. Bennet, die keine Kostverächterin war, antwortete sehr herzlich: »Sie sind wirklich sehr freundlich; und hoffentlich haben Sie recht mit Ihren Worten, andernfalls wird es ja den Ärmsten schlecht genug ergehen in Anbetracht einer gewissen Angelegenheit.«

Mrs. Bennet ist zunächst empfänglich für die Schmeicheleien von Mr. Collins.

»Sie spielen auf die Vererbung ihres Besitztums an?«

»Ach ja, Sie haben meinen Gedanken erraten. Sie müssen doch selbst zugeben, dass diese Regelung für meine Töchter höchst besorgniserregend ist. Nicht, dass ich Ihnen etwas vorwerfen möchte, ich weiß, die Welt ist voller Ungerechtigkeit; aber kein Mensch kann je seines Besitzes unter solchen Umständen froh werden.«

»Ich versichere Ihnen, gnädige Frau, dass ich das vollste Verständnis für Ihre Sorge um meine schönen Cousinen aufbringe, und ich hätte noch vieles zu diesem Thema zu sagen, würde mir nicht meine Scheu davor, naseweis und voreilig zu sprechen, eine gewisse Zurückhaltung auferlegen. Und den jungen Damen möchte ich meine tiefempfundene Zusicherung geben, dass ich in der Absicht hierher gekommen bin, ihnen meine unbegrenzte Bewunderung zu bezeugen. Ich will nicht zu viel sagen noch nicht; aber wer weiß, wenn wir uns längere Zeit kennengelernt haben …« Der Gong, der zum Essen rief, unterbrach ihn; und die fünf Schwestern konnten endlich ihr unterdrücktes, belustigtes Lächeln zeigen. Aber Mr. Collins bewunderte nicht bloß sie. Die große Halle, durch die sie schritten, das Esszimmer mit allen seinen Möbeln wurden eingehend betrachtet und in gebührender Weise bestaunt. Mrs. Bennet hätte all die schönen Lobsprüche und Schmeicheleien weitaus besser genossen, wenn sie sich von dem Gedanken hätte freimachen können, dass er sich ja nur über seinen künftigen Besitz so wohlwollend auslasse. Auch das Essen entging seiner Lobpreisung nicht; und in seinem Eifer beging er den Fehler, zu fragen, welche von seinen schönen Cousinen wohl ihre Kunst an diesen ausgezeichneten Speisen bewiesen habe. Wie grundverkehrt seine Höflichkeit angebracht war, verriet eine gewisse Schärfe in Mrs. Bennets Stimme, als sie ihn darüber aufklärte, dass sie über ausreichendes Hauspersonal verfüge und dass ihre Töchter in der Küche gar nichts zu suchen hätten. Er bat sogleich um Entschuldigung für die unwissentliche Kränkung. Worauf ihm in einem milderen Tonfall bedeutet wurde, man fühle sich wirklich in keiner Weise verletzt. Seine Entschuldigungsrede nahm nichtsdestoweniger eine gute Viertelstunde in Anspruch.

14

Während des Essens hatte Mr. Bennet kaum einmal sein Schweigen gebrochen; aber nachdem abgeräumt worden war, hielt er die Zeit für gekommen, auch etwas zur Unterhaltung beizusteuern, und brachte daher das Gespräch auf ein Thema, das, wie er annahm, seinen Gast zu rhetorischen Glanzleistungen hinreißen musste. Er warf leicht hin, Mr. Collins scheine ganz ungewöhnlich glücklich in der Wahl seiner Gönnerin gewesen zu sein; Lady Catherine de Bourghs Willfährigkeit gegenüber seinen Wünschen, ihre Rücksichtnahme auf sein Wohlergehen seien doch überaus bemerkenswert. Er hätte keinen besseren Gesprächsstoff finden können: Mr. Collins setzte seine ganze Beredsamkeit zu ihrem Lobe ein. Seine feierliche Würde wurde noch feierlicher und würdiger, und mit einem Gesicht, als ob er den Schleier von den letzten Dingen zu heben im Begriff war, gab er seiner Begeisterung Ausdruck: Er habe in seinem ganzen Leben noch nie eine solche Behandlung von einer so hochgestellten Dame erfahren. Diese Güte und die freundliche Herablassung, die Lady Catherine ihm entgegenbringe! Sie habe sich auf das gnädigste über die beiden Predigten ausgesprochen, die er vor ihr zu halten bereits die Ehre gehabt habe. Schon zweimal sei er zum Essen auf Rosings geladen gewesen, und erst am vergangenen Sonnabend habe sie ihn hinübergebeten, um die Quadrille vollzählig zu machen. Es sei ihm wohl zu Ohren gekommen, dass viele Menschen Lady Catherine für hochfahrend hielten, aber er könne nur von ihrer großen Liebenswürdigkeit Zeugnis ablegen. Sie spreche zu ihm nicht anders als zu den anderen vornehmen Herren ihrer Bekanntschaft; sie habe nicht den geringsten Widerspruch dagegen erhoben, dass er sich in der Gesellschaft der Nachbarschaft bewege oder dass er hin und wieder auf ein, zwei Wochen seine Gemeinde verlasse, um zu seinen Verwandten auf Besuch zu fahren. Sie habe ihm sogar in einer höchst freundschaftlichen Weise bedeutet, dass sie es gern sähe, wenn er bald heirate, vorausgesetzt, dass er seine Wahl mit Sorgfalt treffe; und sie habe ihn sogar einmal in seinem bescheidenen Pfarrhause mit ihrem Besuch beehrt, in dessen Verlauf sie sich vollkommen mit allen Änderungen, die er getroffen hatte, einverstanden erklärte, und sie habe selbst noch weitere Vorschläge vorgebracht, nämlich Borde in den Schränken der oberen Zimmer anzubringen.

»Sehr freundlich und äußerst liebenswürdig«, meinte Mrs. Bennet, »sie muss eine ungewöhnlich angenehme Dame sein. Zu schade, dass nicht alle vornehmen Damen ihr ähnlich sind. Wohnt sie in Ihrer Nähe?«

»Nur ein schmaler Weg trennt den Garten, in dem mein bescheidenes Häuschen steht, von Rosings Park, dem Besitztum Lady Catherines.«

»Sagten Sie nicht, sie sei verwitwet? Wie groß ist ihre Familie?«

»Sie hat eine einzige Tochter, die Erbin von Rosings und eines beträchtlichen Vermögens.«

»Ach«, seufzte Mrs. Bennet und schüttelte den Kopf, »dann ist sie allerdings bedeutend besser gestellt als viele andere Kinder. Und wie ist das junge Fräulein? Sieht sie gut aus?«

»Das junge Fräulein ist eine ganz reizende junge Dame. Lady Catherine selbst meint, dass Miss de Bourgh den schönsten ihrer Altersgenossinnen überlegen sei. Denn außer Schönheit zeigt ihr Gesicht auch noch die unverkennbaren Zeichen ihrer vornehmen Herkunft. Leider kränkelt sie leicht, wodurch es ihr unmöglich gemacht wird, die Vollkommenheit in den verschiedenen, weiblichen Künsten zu erlangen, die zu erreichen sie sonst gewiss nicht verfehlt haben würde. Dieses erfuhr ich von der Dame, in deren Händen Miss de Bourghs Erziehung lag und die noch auf Rosings wohnt. Aber sie ist eine sehr liebenswerte, junge Dame und erweist mir oft die Ehre, in ihrem kleinen Ponywagen an meiner bescheidenen Behausung vorüberzufahren.«

»Ist sie bei Hofe vorgestellt? Ich erinnere mich nicht, ihren Namen in der ›Times‹ gelesen zu haben.«

»Nein, ihre angegriffene Gesundheit verbietet ihr ja den Aufenthalt in London; und dadurch ist, wie ich mich gelegentlich Lady Catherine gegenüber ausdrückte, der britische Hof seines leuchtendsten Schmuckes verlustig gegangen. Lady Catherine schien Gefallen an dieser Wendung zu finden. Und Sie können sich wohl denken, welche Freude es mir macht, bei allen Gelegenheiten solch feinsinnige, kleine Komplimente zu äußern, die ihren Eindruck bei den Damen nie verfehlen. Mehr als einmal habe ich mir erlaubt, Lady Catherine zu versichern, dass ihre entzückende Tochter zur Herzogin geboren scheint und dass sie dem höchsten Titel nicht nur keine Unehre bereiten, sondern im Gegenteil erhöhten Glanz verleihen würde. Solche kleinen Artigkeiten bereiten Lady Catherine ein großes Vergnügen, und ich fühle in mir die Begabung, sie auf das delikateste präsentieren zu können.«

»Und Ihr Gefühl täuscht Sie wahrlich nicht«, sagte Mr. Bennet. »Sie können sich glücklich preisen, dieses Talent, Schmeicheleien nur zart anzudeuten, in so hohem Maße zu besitzen. Darf ich fragen, ob diese angenehmen, kleinen Aufmerksamkeiten der Regung des Augenblicks entspringen, oder sind sie das Ergebnis eines eingehenden Studiums?«

»Im allgemeinen lasse ich mich von meiner Eingebung leiten, aber es macht mir auch bisweilen Vergnügen, elegante Wendungen für mich auszudenken und zurechtzulegen, wenn ich auch immer bemüht bin, sie in einer möglichst natürlichen Weise, sozusagen aus dem Stegreif, vorzubringen.«

Mr. Bennets Erwartungen wurden noch übertroffen: Sein Vetter war weitaus komischer, als er ihn sich vorgestellt hatte, und er hatte seinen Spaß an ihm, ohne seine Miene indes anderes als korrekteste Höflichkeit verraten zu lassen. Nur hin und wieder schweifte sein Blick für einen Augenblick zu Elizabeth hinüber, sonst brauchte er keinen Gefährten in seinem Vergnügen.

Später jedoch, als der Tee serviert wurde, freute er sich fast ebenso über die willkommene Unterbrechung: Für den ersten Tag, fand er, reichte es ihm. Daher beeilte er sich auch, nach dem Tee seinen Gast zu bitten, den Damen etwas vorzulesen. Mr. Collins erklärte sich gern dazu bereit, und Lydia holte ein Buch. Als er es aber in die Hand nahm, verwandelte sich sein Eifer in Bestürzung, und er bat, ihn entschuldigen zu wollen, aber Romane lese er grundsätzlich nicht. Kitty sah ihn entgeistert an, und Lydia konnte einen erstaunten Ausruf nicht unterdrücken. Man legte ihm dann andere Bücher vor, und nach sorgfältiger Prüfung entschied er sich für eine Sammlung ›Erbaulicher Gespräche‹. Lydia riss Augen und Mund vor Entsetzen auf, als er den Band öffnete, und unterbrach ihn schon, bevor er noch drei Seiten mit eintöniger Feierlichkeit hatte zu Ende lesen können.

»Weißt du was, Mutter? Onkel Philips wird vielleicht Richard entlassen. Und wenn er es tut, möchte Oberst Forster ihn bei sich anstellen. Tante hat es mir selbst am Sonnabend erzählt. Ich will gleich morgen früh nach Meryton hinübergehen, um zu hören, was weiter geschehen ist; vielleicht kann ich auch in Erfahrung bringen, ob Mr. Denny bald aus London zurückkommt.« Lydia wurde von ihren beiden älteren Schwestern gebeten, den Mund zu halten; aber Mr. Collins legte schon das Buch schwergekränkt beiseite und sagte: »Ich habe schon häufig die Gelegenheit gehabt, das geringe Interesse junger Damen für Bücher ernsthaften Inhalts zu bemerken, obgleich solche doch gerade für sie geschrieben sind. Es erstaunt mich, ich muss es offen gestehen; denn wahrlich, was könnte mehr in ihrem Interesse liegen, als ihre Bildung zu fördern? Aber ich möchte meinen jungen Cousinen nicht länger lästigfallen.« Und damit wandte er sich an Mr. Bennet und forderte ihn zu einer Partie Dame auf. Mr. Bennet nahm die Aufforderung an und bemerkte dabei, Mr. Collins tue gut daran, die Mädchen ihren eigenen, kindischen Vergnügungen zu überlassen. Mrs. Bennet und ihre anderen Töchter baten sehr herzlich für die erlittene Störung um Entschuldigung und versprachen, es solle nicht wieder vorkommen, wenn er die Liebenswürdigkeit habe, mit dem Vorlesen fortzufahren. Aber Mr. Collins versicherte, dass er seiner jungen Cousine nichts nachtrage und nicht daran denke, ihr Betragen als persönliche Kränkung aufzufassen. Er setzte sich dann mit Mr. Bennet an einen anderen Tisch, an dem sie ungestört Dame spielen konnten.

15

Mit Mr. Collins' Verstand war es von Geburt an nicht weit her gewesen, und diese stiefmütterliche Behandlung seitens der Natur war durch seine Erziehung und seinen späteren Umgang nur unmerklich berichtigt worden. Den größten Teil seines Lebens hatte er unter der Aufsicht seines ungebildeten, geizigen Vaters verbracht. Und wenn er auch eine Universität besucht hatte, zu mehr als den notwendigsten Vorlesungen war er nie gegangen, noch hatte er die Gelegenheit benutzt, sich einem anregenden, gebildeten Kreise anzuschließen. Infolge der kleinen Verhältnisse, in denen er aufgewachsen war, zeichnete er sich zunächst durch eine große Bescheidenheit aus. Aber ein Schwachkopf, der fernab von der Welt lebt, bildet sich leicht etwas ein; und gesellt sich dazu noch eine frühzeitige und ungewohnte Wohlhabenheit, um das Gefühl der eigenen Bedeutung zu stärken, dann wird die Bescheidenheit einen sehr schweren Stand haben. Mr. Collins' Bescheidenheit war es jedenfalls so ergangen. Ein glücklicher Zufall hatte ihn Lady de Bourgh empfohlen, als gerade die Pfarrstelle frei war; und die Hochachtung, die er ihrer Vornehmheit zollte, und die Ehrerbietung, die er ihr gegenüber empfand, zusammen mit seiner hohen Meinung von sich und seiner geistlichen Würde zeitigten in ihm eine eigenartige Mischung von Unterwürfigkeit und Stolz, von Überheblichkeit und Bescheidenheit. Er besaß jetzt ein schönes Haus; sein Einkommen war reichlich – also beschloss er, zu heiraten. Als er der Familie in Longbourn den Ölzweig anbot, hatte er das im Sinne gehabt; denn er beabsichtigte, eine seiner Cousinen zur Frau zu nehmen, wenn er sie so liebenswert und hübsch finden sollte, wie sie ihm allgemein geschildert worden waren. Das war es auch, was er mit der Entschädigung für sein Erbe und einer Wiedergutmachung meinte, und seiner Ansicht nach war der Plan ganz vorzüglich, nicht nur passend und angemessen, sondern überdies höchst edelmütig und selbstlos.

So gut sein Plan ihm schon von vornherein erschienen war, beim Anblick seiner schönen Cousinen fand er ihn geradezu unübertrefflich. Janes liebliches Gesicht bekräftigte ihn in seinem Edelmut und enthob ihn zudem noch der Schwierigkeit, seiner Überzeugung von den Vorrechten der Ältesten zuwiderhandeln zu müssen. Jane war die feste Wahl seines ersten Abends auf Longbourn, und daran sollte sich für alle Zeiten nichts mehr ändern. Wider Erwarten musste er sich indessen bereits am nächsten Morgen zu einer Änderung bequemen: Ein viertelstündiges Gespräch unter vier Augen mit Mrs. Bennet, das seinen natürlichen Gang von den Vorzügen seines bescheidenen Heims bis zur mehr oder weniger offenen Erklärung seiner Hoffnungen auf eine aus Longbourn stammende Hausfrau nahm, gipfelte unter billigendem Kopfnicken und ermunterndem Lächeln in einer Warnung vor eben der Jane seiner Wahl. Was ihre jüngeren Töchter betreffe – so könne sie natürlich noch nicht ja oder nein sagen – doch beständen ihres Wissens da keine Bindungen. Ihre älteste Tochter aber – das wolle sie ihm lieber gleich anvertrauen, sie empfinde es als ihre Pflicht, es ihm wenigstens anzudeuten – werde sich voraussichtlich schon binnen kurzem verloben! Es blieb Mr. Collins daher nichts weiter übrig, als Jane zu vergessen und durch Elizabeth zu ersetzen. Das war denn auch schnell getan. Mr. Collins brauchte dazu weniger Zeit, als Mrs. Bennet gebrauchte, um ein neues Scheit in das Feuer zu legen. Elizabeth kam dem Alter und Äußeren nach an zweiter Stelle; Mr. Collins wurde also die nächstfolgende Wahl nicht schwer.

Das Gespräch war so recht nach Mrs. Bennets Herzen gewesen; sie wiegte sich jetzt in der Hoffnung, in Bälde zwei verheiratete Töchter zu haben. Und der Mann, von dem sie tags zuvor nichts hatte hören wollen, war jetzt hoch in ihrer Achtung gestiegen.

Mr. Wickham stellt sich vor.

Lydias Spaziergang nach Meryton wurde zu einem Spaziergang aller Schwestern außer Mary. Auch Mr. Collins folgte der überaus liebenswürdigen Aufforderung Mr. Bennets, der seine Bibliothek endlich wieder für sich allein haben wollte, und schloss sich seinen Cousinen an. Seit dem Frühstück hatte Mr. Bennet es sich gefallen lassen müssen, von seinem Vetter, der zum Schein den umfangreichsten Band aus der ganzen Sammlung vor sich hatte, endlose Beschreibungen seines Hauses und Gartens anzuhören. Mr. Bennets Gleichmut war bedenklich ins Wanken geraten: er war es gewohnt, in seiner Bibliothek ungestört und in Ruhe zu arbeiten und zu lesen; er wolle es gern auf sich nehmen, wie er einmal zu Elizabeth sagte, in jedem anderen Zimmer seines Hauses ausschließlich Dummheit und Einbildung anzutreffen, aber seine Bibliothek wolle er davon frei wissen. Seine höfliche Aufforderung an seinen Vetter entsprang also einem übervollen Herzen, das sich endlich Luft machen konnte. Und Mr. Collins, der seinerseits weit mehr ein Spaziergänger als ein Bücherfreund war, verschob seine weiteren Studien auf einen späteren Zeitpunkt, schloss sein gewichtiges Buch und folgte seinen Cousinen auf die Landstraße.

Mit hochtrabend klingenden Nichtigkeiten von seiner Seite und einsilbigen Entgegnungen ihrerseits verging die Zeit, bis sie in Meryton anlangten. Nun konnte nicht einmal das Gebot der Höflichkeit die jüngeren Schwestern länger zwingen, ihm zuzuhören. Ihre Augen wanderten hierhin und dorthin, in der Hoffnung, einen roten Offiziersrock zu entdecken. Sie waren die Hauptstraße noch nicht weit entlanggegangen, als der Anblick eines unbekannten Herrn, der an der Seite eines Offiziers ging, die Neugierde aller Schwestern erregte. Der Offizier war eben jener Mr. Denny, nach dessen Verbleib Lydia sich hatte erkundigen wollen, und er verbeugte sich höflich, als er ihrer ansichtig wurde. Aber alle Aufmerksamkeit hatte sich dem Fremden zugewandt; alle hätten gar zu gern gewusst, wer er wohl sein könne. Fest entschlossen, wenn möglich nicht zu lange in Ungewissheit zu bleiben, kreuzten Lydia und Kitty, gefolgt von den anderen, die Straße und trafen am gegenüberliegenden Bürgersteig zu ihrer großen Freude in demselben Augenblick ein wie die beiden Herren, die den Weg wieder zurückgegangen waren. Mr. Denny begrüßte sie und bat um die Erlaubnis, seinen Freund, Mr. Wickham, vorstellen zu dürfen, der am Tage zuvor mit ihm von London eingetroffen sei, um, wie er sich freue ihnen mitteilen zu können, in sein Regiment einzutreten.

Das hätte auch gar nicht anders sein dürfen: Eine Uniform war nämlich genau das, was dem jungen Mann noch fehlte, um ihn vollkommen zu machen. Aussehen, Haltung und Manieren schienen sonst tadellos zu sein. Er knüpfte sogleich mit größter Selbstverständlichkeit ein Gespräch an, ohne jedoch den Eindruck zu erwecken, sich vordrängen zu wollen. Und so stand die ganze Gesellschaft in lebhaftester Unterhaltung beieinander, als Pferdegetrappel laut wurde und Darcy und Bingley aus einer Seitenstraße auftauchten. Als sie die Damen erkannten, ritten sie an die Gruppe heran und beteiligten sich mit den üblichen, höflichen Redensarten am Gespräch. Bingley führte dabei das Wort, und seine Worte galten in der Hauptsache Jane. Er sei gerade auf dem Wege nach Longbourn begriffen, um sich nach ihrem Befinden zu erkundigen. Darcy bestätigte dies mit einer schweigenden Verbeugung, während er sich selbst innerlich ermahnte, Elizabeth nicht allzuviel Aufmerksamkeit zu schenken. Als er seinen Augen daraufhin eine andere Richtung zu geben versuchte, fiel sein Blick unwillkürlich auf den Fremden, und Elizabeth, die zufällig die Gesichter der beiden Herren betrachtete, erstaunte höchlich über beider Mienenspiel: Beide verfärbten sich, der eine wurde rot, der andere blass. Mr. Wickham fasste zögernd wie zum Gruß an seinen Hut, eine Geste, die Darcy nur sehr knapp erwiderte. Was mochte dahinterstecken? Unmöglich, es zu erraten – unmöglich auch, es nicht brennend gern in Erfahrung bringen zu wollen. Gleich darauf verabschiedete sich Bingley, der anscheinend nichts bemerkt hatte, und die beiden Freunde setzten ihren Ritt fort.

Mr. Denny und Mr. Wickham begleiteten die jungen Damen bis vor Onkel Philips' Haus; dort trennten sie sich von ihnen, obgleich Lydia sie auf das herzlichste aufforderte, doch miteinzutreten, und Mrs. Philips vom Wohnzimmerfenster aus laut und nicht minder herzlich die Einladung ihrer Nichten unterstützte. Mrs. Philips sah ihre Nichten immer gern bei sich; über den Besuch der beiden älteren, die so lange abwesend gewesen waren, freute sie sich jetzt besonders, und sie würde ihrem lebhaften Erstaunen über die plötzliche Rückkehr nach Longbourn noch des längeren Ausdruck gegeben haben, wenn sie sich nicht genötigt gesehen hätte, sich Mr. Collins zuzuwenden, den Jane ihr eben vorstellte. Sie empfing ihn mit größter Freundlichkeit, die er mit verdoppelter Artigkeit erwiderte, indem er für sein Eindringen um Vergebung bat, das, obwohl er ein Fremder sei, doch insofern eine gewisse Berechtigung habe – wenigstens schmeichele er sich, so folgern zu dürfen –, als er sich ebenfalls einer näheren Verwandtschaft zu diesen jungen Damen rühmen dürfe. Mrs. Philips hatte nicht Zeit genug, sich von einer solchen Wohlerzogenheit so erschlagen zu fühlen, wie sie es für passend empfunden hätte; denn die immer dringlicher klingenden Ausrufe und Fragen ihrer Nichten lenkten ihre Aufmerksamkeit von diesem Fremden auf jenen anderen, über den sie allerdings leider auch nichts weiter zu berichten wusste, als wir schon erfahren haben: dass er mit Mr. Denny aus London angekommen sei und das Leutnantspatent des in Meryton liegenden Regiments erwerben wolle. Sie habe ihn gerade eine Stunde lang mit Denny die Straße auf und ab gehen sehen, sagte sie, und wäre Mr. Wickham noch zu entdecken gewesen, hätten Lydia und Kitty sie sicherlich in dieser Beschäftigung abgelöst; aber zu ihrem Leidwesen passierten jetzt nur vereinzelte Offiziere das Haus, die im Vergleich zu dem Neuankömmling zu ›blöden, unsympathischen Kerlen‹ degradiert wurden. Einige von diesen ›Kerlen‹ waren am folgenden Abend bei den Philips zu Gast, und Tante Philips versprach, dafür Sorge zu tragen, dass ihr Mann noch vorher Mr. Wickham seine Aufwartung mache, um die Einladung auch auf ihn auszudehnen; selbstverständlich sollten sich die Nichten ebenfalls dazu einfinden. Die Schwestern stimmten diesem Vorschlag begeistert zu, und Mrs. Philips meinte, man könne sich zuerst mit einigen Partien Lotto vergnügen, bei denen es immer lustig und ein wenig ausgelassen zuging, und danach werde sie für ein kleines, warmes Essen Sorge tragen. Die Aussicht auf ein derartiges Fest weckte Begeisterungsstürme, und man schied voneinander in aufgeräumtester Laune. Mr. Collins trug noch einmal seine Entschuldigungen vor, zu denen gar kein Anlass vorlag, wie ihm auf das herzlichste versichert wurde.

Auf dem Heimweg berichtete Elizabeth Jane von dem Zwischenfall, dessen Zeuge sie geworden war; auch Jane hatte keine befriedigendere Erklärung zur Hand als ihre Schwester.

Mr. Collins' bewundernde Schilderung von Mrs. Philips' Lebensart und Zuvorkommenheit ließ ihn noch höher in Mrs. Bennets Ansehen steigen. Er erklärte, außer Lady Catherine und deren Tochter noch niemals in seinem ganzen Leben eine feinere Dame getroffen zu haben; denn nicht genug damit, dass sie ihn mit der größten Liebenswürdigkeit empfing, habe sie ihn auch noch ausdrücklich in ihre Einladung für den nächsten Abend miteingeschlossen, ungeachtet der Tatsache, dass er ihr vollkommen fremd sei. Zu einem gewissen Teil, glaube er annehmen zu können, möchte dies auf seine nahe Verwandtschaft zu Mr. Bennet zurückzuführen sein, aber selbst das mit in Betracht gezogen, wisse er nicht, wann er in seinem ganzen Leben mit so viel Aufmerksamkeit bedacht worden sei.

16

Da niemand der Einladung bei der Tante widersprach und Mr. Collins' Besorgnis, ob er wohl seine Gastgeber den ganzen Abend alleinlassen dürfe, von diesen ganz entschieden für gegenstandslos erklärt wurde, brachen er und seine fünf Cousinen zu gegebener Zeit im Wagen nach Meryton auf. Mrs. Philips empfing sie sogleich mit der erfreulichen Nachricht, dass Mr. Wickham die Einladung angenommen habe und schon im Hause sei. Diese Mitteilung ermöglichte es Mr. Collins, sich in Muße im Empfangsraum umzusehen, und dessen Größe und Einrichtung machten solchen Eindruck auf ihn, dass er sich zu der Erklärung verstieg, man könne beinahe meinen, sich im Frühstückserkerzimmer auf Rosings zu befinden. Ein Vergleich, der zunächst nicht zu verstehen war; aber nachdem Mrs. Philips erfuhr, was Rosings war und wer dort residierte, und nachdem sie sich das Empfangszimmer dort hatte beschreiben lassen, in dem allein der Kaminsims an die 800 Pfund kostete, ging ihr die Bedeutung dieses Kompliments in seiner ganzen Größe auf, und sie hätte jetzt selbst einen Vergleich ihres Salons mit einer Mägdekammer auf Rosings mit stillem Stolz angehört.

Mit der Beschreibung der Pracht von Rosings und des Glanzes, den Lady Catherine ihrem Besitztum verlieh, sowie gelegentlichen Abschweifungen zum Lobe seines eigenen, bescheidenen Heims und der Änderungen, die er durchzuführen beabsichtige, vertrieb er zum Mindesten sich selbst und Mrs. Philips auf das angenehmste die Zeit, bis die anderen Herren sich zu ihnen gesellten; Mrs. Philips erwies sich als eine Zuhörerin, wie er sie sich besser nicht hätte wünschen können, und während sie ihm lauschte, wuchs in ihrer Vorstellung ihr Gast zu immer größerer Bedeutung, und sie überlegte sich bereits, wie sie, vielleicht schon morgen, ihren Nachbarinnen über ihn berichten wollte.

Die jungen Mädchen fanden das Warten weniger unterhaltend; die Beschreibung von Rosings mochten sie nicht mehr hören, und so vertrieben sie sich denn die Zeit, indem sie sich die mittelmäßigen Handarbeiten ansahen, die auf dem Kaminsims lagen und von ihnen selbst stammten; sie langweilten sich sehr.

Aber schließlich war es so weit; die Herren traten ein; und als Mr. Wickham in der Tür erschien, versuchte Elizabeth sich einzureden, sie habe ihn noch nie gesehen und könne daher auch nicht inzwischen mit einer unbegründeten Bewunderung an ihn gedacht haben.

Die Offiziere des Regiments gehörten ganz allgemein zu den vornehmsten ihres Berufes, und die vornehmsten von ihnen wieder bildeten die heutige Gesellschaft. Aber Mr. Wickham war ihnen allen an Auftreten, Aussehen und Haltung so weit überlegen, wie sie ihrerseits dem dicken, behäbigen Mr. Philips überlegen waren, der den Zug schweratmend und nach Portwein duftend beschloss.

Mr. Wickham war der Glückliche, dem sich fast jedes weibliche Auge zuwandte, und Elizabeth war die Glückliche, neben der er Platz nahm; und die sympathische Art, mit der er sogleich ein Gespräch begann, mochte es als Thema auch nur den abendlichen Regen und die Aussicht auf weiteres schlechtes Wetter haben, verlieh ihr die Überzeugung, dass der gewöhnlichste, albernste und älteste Gesprächsstoff im Munde eines Könners anregend wirkte.

Neben Rivalen wie Mr. Wickham und den Offizieren, wenn es galt, die Aufmerksamkeit der anwesenden Schönheiten auf sich zu ziehen, schien Mr. Collins in bodenlose Bedeutungslosigkeit zu versinken. Für die jüngeren Damen war er einfach nicht vorhanden; hin und wieder lieh Mrs. Philips ihm ein williges Ohr, sie war auch darauf bedacht, ihn ständig reichlich mit Kaffee und Gebäck zu versorgen.

Als die Kartentische aufgestellt wurden, fand er seinerseits Gelegenheit, ihr gefällig zu sein, indem er sich an einer Partie Whist beteiligte. »Ich beherrsche das Spiel zwar nur unvollkommen«, sagte er, »aber ich freue mich über die Möglichkeit, mich darin fortbilden zu können, denn in meiner Stellung –« Mrs. Philips fand seine Bereitwilligkeit höchst dankenswert, doch musste sie aus Zeitmangel darauf verzichten, sich die Begründung anzuhören.

Mr. Wickham beteiligte sich nicht am Whist, und Elizabeth und Lydia machten ihm bereitwillig an einem anderen Tisch zwischen sich Platz. Zunächst sah es so aus, als ob Lydia, die unermüdlich zu plaudern verstand, ihn ganz mit Beschlag belegen würde; aber da Lotto ihr fast ebensoviel Spaß machte, nahm das Spiel sie bald so gefangen, dass sie über den Nummern, die sie überwachen musste, jegliches Interesse an ihrem Nachbarn verlor. Mr. Wickham stand es daher frei, sich mit Elizabeth zu unterhalten, und sie hatte nichts dagegen einzuwenden, von ihm unterhalten zu werden, wenn sie auch nicht hoffen durfte, das zu hören, was sie am meisten beschäftigte, nämlich die Geschichte seiner Bekanntschaft mit Darcy. Sie ihrerseits wagte natürlich nicht, den Namen auch nur zu erwähnen. Ihre Neugierde wurde aber dennoch unerwarteterweise befriedigt: Mr. Wickham schnitt von selbst das Thema an. Er fragte sie zunächst, wie weit Meryton von Netherfield entfernt sei; und als sie ihm geantwortet hatte, erkundigte er sich vorsichtig, wie lange Darcy sich dort schon aufhalte. »Einen Monat etwa«, erwiderte Elizabeth; und besorgt, er könne auf etwas anderes zu sprechen kommen, fügte sie hinzu: »Er soll, soweit ich weiß, einen großen Besitz in Derbyshire haben.«

»Ja«, antwortete Wickham, »sein Besitz ist wirklich ungewöhnlich groß und dürfte ihm jährlich gut und gern seine zehntausend Pfund einbringen. Sie könnten keinen berufeneren Menschen finden als mich, um Ihnen über Mr. Darcy und seine Verhältnisse Auskunft zu geben; denn ich habe seiner Familie in besonderer Weise seit meiner Kindheit nahegestanden.« Das Erstaunen in Elizabeths Gesicht war ungekünstelt. »Eine solche Behauptung kann Sie wohl verwundern, Miss Bennet, nachdem Sie erst gestern, wie ich annehme, die kühle Begrüßung zwischen uns gesehen haben. Sie sind sehr gut mit Mr. Darcy bekannt?«

»Besser bekannt zu sein wünsche ich mir nicht«, versetzte Elizabeth. »Vier Tage habe ich mit ihm unter einem Dach zubringen müssen, und ich fand ihn äußerst unangenehm.«

»Ob er angenehm ist oder nicht, darüber zu urteilen darf ich mir nicht das Recht nehmen«, sagte Wickham. »Ich habe ihn zu lange und zu gut gekannt, um unparteiisch zu sein. Aber ich glaube doch, dass Ihre Ansicht über ihn draußen einiges Erstaunen wecken würde; und

Sie würden sich vielleicht auch nicht so deutlich ausdrücken, wenn Sie sich hier nicht inmitten Ihrer Angehörigen befänden.«

»Nein, wirklich, ich sage hier nichts anderes, als ich überall, außer in Netherfield, sagen würde. Er ist in der ganzen Gegend alles andere, nur nicht beliebt; jedermann wird von seinem Hochmut abgestoßen. Sie werden hier schwerlich ein freundliches Wort über ihn hören.«

»Ich will nicht vorgeben, es zu bedauern«, sagte Wickham nach einer kurzen Pause, »wenn er oder irgendwer nicht nach seinen Verdiensten beurteilt wird. Auf ihn trifft das aber kaum zu: alle Welt ist von seinem Reichtum und seiner Stellung geblendet oder durch sein hochfahrendes Wesen eingeschüchtert, und man sieht ihn nur so, wie er gesehen sein will.«

»Ich musste ihn schon nach meiner kurzen Bekanntschaft mit ihm für einen sehr schlechten Charakter halten.«

Wickham schüttelte nur den Kopf. »Ich möchte gern wissen«, sagte er nach einer Weile, »ob er noch längere Zeit in dieser Gegend bleiben wird.«

»Darüber weiß ich gar nichts; als ich auf Netherfield war, hörte ich nichts von einer baldigen Abreise. Aber Ihre Pläne mit dem hiesigen Regiment werden doch hoffentlich nicht von seinem Hiersein berührt«

»O nein, ich habe keinen Grund, ihm aus dem Wege zu gehen. Wenn er mich nicht treffen will, muss eben er es tun. Wir sind heute nicht mehr miteinander befreundet, und es ist mir immer peinlich, ihm zu begegnen. Aber weshalb ich mich bemühe, ein häufigeres Zusammentreffen möglichst zu vermeiden, das darf die ganze Welt erfahren: weil ich mich nämlich von ihm hintergangen fühle und weil es mich tief kränkt, dass er so ist, wie er ist. Sein Vater, der alte Darcy, war einer der besten Menschen, die je gelebt haben, mein treuester Freund auch; daher erweckt der Anblick des jungen Darcy in mir immer tausend schmerzlich liebevolle Erinnerungen. Er hat sich gegen mich in der unglaublichsten Weise benommen; aber ich könnte ihm alles vergeben, nur das eine nicht, dass er die Erwartungen seines Vaters enttäuscht und seinen Namen entehrt hat.« Je mehr Elizabeth hörte, desto mehr wuchs ihre Spannung; aber ihr Zartgefühl verbot es ihr, Fragen zu stellen. Mr. Wickham begann, über andere Dinge zu reden, über Meryton, die Umgebung, die Gesellschaft; er schien mit allem, was er bisher davon gesehen hatte, sehr zufrieden zu sein, und sprach davon mit einer Achtung, die umso angenehmer wirkte, als sie nicht übertrieben klang. »Die Aussicht, ständig in den besten Kreisen verkehren zu können, hat mich hauptsächlich bewogen, hier um mein Patent einzukommen. Das Regiment war mir schon als eines der vornehmsten bekannt, und mein Freund Denny überredete mich vollends durch seine Erzählungen von dem schönen Quartier und der Aufmerksamkeit, die ihm in Meryton zuteilgeworden sei. Geselligkeit ist für mich eine Lebensnotwendigkeit geworden. Die Enttäuschung, die ich erfahren habe, lässt mich die Einsamkeit fliehen. Ich brauche eine Beschäftigung, die mich ausfüllt, und Freunde, die mich ablenken. Eine militärische Laufbahn war nicht mein Ziel, aber Umstände haben mich sie jetzt wählen lassen. Ich hätte Geistlicher werden sollen und bin im Hinblick darauf erzogen worden; jetzt wäre ich in einer der einträglichsten Gemeinden im Amt, wenn es dem Herrn, von dem wir eben sprachen, nicht anders gefallen hätte.«

»Tatsächlich?«

»Tatsächlich – der alte Darcy hatte mich für die beste Pfarre seines Patronats bestimmt. Er war mein Pate und mir überaus liebevoll gesonnen. Er wollte mich gutversorgt wissen und glaubte, das auf diese Weise erreicht zu haben; aber als die Pfarre frei wurde, erhielt sie ein anderer.«

»Mein Gott!« rief Elizabeth aus, »wie war das nur möglich? Wie konnte man so seinem letzten Willen zuwiderhandeln?«

»Das Testament enthielt eine geringfügige Ungenauigkeit, die dem Gesetz jede Möglichkeit genommen hätte, einzuschreiten. Der wirkliche Sinn stand für einen rechtlich denkenden Menschen außer jedem Zweifel. Mr. Darcy jedoch sah sich bemüßigt, seinem Zweifel nachzugeben; er erklärte, das Testament enthalte nur eine bedingte Empfehlung und ich habe alle Ansprüche durch mein lockeres Leben, durch meine Verschwendungssucht, überhaupt aus allen erdenklichen Gründen verloren. Feststeht, dass die Stelle vor zwei Jahren frei wurde und dass ein anderer sie zugesprochen bekam; und nicht weniger steht fest, dass ich mir in aller Aufrichtigkeit nichts vorzuwerfen wüsste, weswegen ich ihrer hätte verlustig gehen müssen. Wahrscheinlich bin ich zu wenig vorsichtig in meinen Äußerungen, und es ist möglich, dass ich über Darcy und zu ihm selbst allzu freimütig gesprochen habe. Etwas anderes kann ich mir nicht denken. Die Sache ist eben die, dass wir grundverschiedene Charaktere sind und dass er mich hasst.«

»Das ist wirklich abscheulich! So etwas müsste öffentlich gebrandmarkt werden!«

»Früher oder später wird das auch geschehen, aber ich will nicht der Anlass dazu sein. Die Erinnerung an seinen Vater hindert mich, den Sohn bloßzustellen.«

»Aber«, fragte Elizabeth nach einer Weile, »was mag ihn zu einer so gemeinen Handlungsweise getrieben haben?«

»Vermutlich eine gewisse Eifersucht. Wäre der Vater mir weniger zugetan gewesen, dann hätte der Sohn mich vielleicht mehr geschätzt. Aber die Liebe, die der alte Mr. Darcy mir bewies, hat ihn wohl schon als Kind gereizt. Er war nicht so veranlagt, dass er eine Bevorzugung, wie ich sie genoss, mit Gleichmut hätte ertragen können.«

»So schlecht hatte nicht einmal ich von Mr. Darcy gedacht, wenn ich ihn auch von Anfang an nicht gemocht habe; für so schlecht hätte ich ihn nie gehalten! Ich nahm wohl an, dass er alle Welt verachtet, aber ich ahnte nicht, dass er zu einer so gemeinen Niedertracht, einer solchen Ungerechtigkeit und Unmenschlichkeit herabsinken könnte!« Nach einigen Augenblicken schweigenden Nachdenkens fügte sie hinzu: »Ich erinnere mich allerdings, dass er in Netherfield eines Tages mit seinem unversöhnlichen Charakter prahlte. Er muss ein abscheulicher Mensch sein!«

»Ich möchte mich darüber lieber nicht äußern«, entgegnete Wickham. »Ich kann darüber schwerlich unbefangen reden.«

Elizabeth schwieg wieder, tief in Gedanken versunken; dann rief sie aus: »Das Patenkind, den Liebling seines Vaters, den eigenen Freund in einer solchen Weise zu behandeln! Einen Freund noch dazu, der von frühester Kindheit an sein bester Gefährte gewesen ist!«

»Ja, den größten Teil unserer Kindheit verbrachten wir zusammen; wir wohnten im selben Haus, spielten die gleichen Spiele, von derselben väterlichen Liebe behütet. Mein Vater übte anfänglich denselben Beruf aus, dem Ihr Onkel hier mit so großem Erfolg nachgeht; aber dann gab er alles auf, um dem alten Mr. Darcy dienen zu können, und verwandte seine ganze Arbeitskraft und seine große Erfahrung auf die Verwaltung des Darcyschen Besitzes. Er stand in hohem Ansehen bei Mr. Darcy und war sein vertrauter Freund. Mr. Darcy hob immer wieder die große Dankbarkeit hervor, zu der ihn meines Vaters tätige Hilfe verpflichtete, und als er meinem Vater kurz vor dessen Tode freiwillig das Versprechen gab, für mich sorgen zu wollen, da tat er es bestimmt ebensosehr, um seine Dankesschuld seinem alten Freunde gegenüber abzutragen, wie aus Liebe zu mir.«

»Wie hässlich von Mr. Darcy«, rief Elizabeth aus. »Wenn er schon keiner besseren Regung nachgeben wollte, hätte er doch zu stolz sein müssen, um so unehrenhaft zu handeln; anders kann man das nicht nennen!«

»Ja, es ist wirklich unerklärlich«, erwiderte Wickham, »denn seine ganze Handlungsweise wird doch sonst von diesem Stolz beherrscht, und der Stolz hat sich oft als sein bester Freund bewiesen; keine andere Regung hätte es je vermocht, ihn auf der geraden Bahn zu halten. Aber wir sind alle zu Zeiten unberechenbar, und sein Verhalten gegen mich wurde eben von einem noch stärkeren Gefühl bestimmt, als es sein Stolz ist.«

»Dieser abscheuliche Hochmut sollte sein Freund gewesen sein?«

»Ja, denn er hat es bewirkt, dass Darcy häufig freigebig und großzügig auftritt. Dann gibt er den Bedürftigen mit vollen Händen, unterhält ein gastfreundliches Haus, erlässt seinen Mietern die Zahlung und hilft den Armen. Familienstolz ist das und auch Sohnesstolz; denn er ist sehr stolz auf die Stellung, die sein Vater einnahm. Der Wunsch, der Familie Ehre zu machen und der eigenen Beliebtheit keinen Abbruch zu tun, ist eine starke Triebkraft. Er besitzt auch noch einen Bruderstolz, der ihn zusammen mit einer gewissen brüderlichen Liebe zu einer starken Stütze seiner Schwester macht; Sie werden von ihm nie anders als von einem guten und liebevollen Bruder sprechen hören.«

»Wie ist Miss Darcy?«

Wickham schüttelte den Kopf. »Ich wünschte, ich könnte antworten: sehr liebenswert. Es schmerzt mich tief, von einer Darcy nichts Gutes sagen zu können. Aber sie ähnelt ihrem Bruder zu sehr; sie ist stolz, allzu stolz. Als Kind war sie freundlich und zutraulich und mir äußerst zugetan; aber jetzt ist sie mir ganz fremd geworden. Sie sieht gut aus, ist etwa sechzehn Jahre alt und, soviel ich gehört habe, sehr gebildet. Seit dem Tode ihres Vaters wohnt sie in London bei einer Dame, die ihre Erziehung leitet.«

Sie versuchten danach, von diesem und jenem zu reden, aber nach einer längeren Pause kehrte Elizabeth zu dem Thema zurück, das sie am meisten beschäftigte. »Wie mag es nur kommen, dass Mr. Bingley, der doch die Liebenswürdigkeit in Person ist, sich zu einem solchen Menschen hingezogen fühlt? Kennen Sie Mr. Bingley?«

»Nein, gar nicht.«

»Er ist ein reizender, geselliger und fröhlicher Mensch. Ob er Mr. Darcy vielleicht noch nicht durchschaut hat?«

»Das ist sehr gut möglich. Mr. Darcy versteht sich darauf, gefällig zu erscheinen, wenn er sich etwas davon verspricht. An Fähigkeiten mangelt es ihm ja durchaus nicht. Er kann ein unterhaltsamer Gesellschafter sein, wenn es sich für ihn lohnt. Unter seinesgleichen ist er ja ein ganz anderer Mensch, als wenn er mit Leuten zusammen ist, denen er sich überlegen fühlt. Sein Dünkel bleibt immer der gleiche; aber unter Umständen hält er es für richtig, je nachdem den Freimütigen, den Rechtlichen, den Ernsten, den Vernünftig-Kalten und sogar den Liebenswürdigen zu spielen. Das richtet sich ganz nach der Stellung und dem Vermögen des anderen.«

Bald darauf ging die Partie Whist zu Ende, und die Spieler versammelten sich um den Lottotisch; Mr. Collins nahm zwischen Elizabeth und Mrs. Philips Platz. Viel Glück habe er nicht gehabt, vertraute er seiner Gastgeberin auf ihre höfliche Nachfrage hin an; das heißt, er habe nicht ein einziges Spiel gemacht. Aber als Mrs. Philips ihn deshalb bedauerte, versicherte er ihr mit großer Würde, das spiele gar keine Rolle, Geld bedeute ihm nichts; er bäte sie, sich deshalb keine Gedanken zu machen. »Ich bin mir dessen wohl bewusst«, sagte er, »dass man mit den Launen des Spiels rechnen muss, wenn man sich an einen Kartentisch setzt. Glücklicherweise erlaubt mir mein Einkommen, einen Verlust von fünf Schilling als nicht der Rede wert zu erachten. Zweifellos gibt es manch einen, der nicht dasselbe von sich sagen könnte, aber dank Lady Catherines Güte bin ich nunmehr in weitestem Maße der Notwendigkeit enthoben, auf Kleinigkeiten achthaben zu müssen.« Wickham horchte auf; er betrachtete Mr. Collins einige Augenblicke und wandte sich dann leise an Elizabeth mit der Frage, ob ihr Verwandter in näheren Beziehungen zur Familie de Bourgh stehe.

»Lady Catherine hat ihm kürzlich eine Pfarre verschafft«, entgegnete Elizabeth. »Wie sie auf Mr. Collins gekommen ist, weiß ich nicht; aber lange hat er sie bestimmt noch nicht gekannt.«

»Sie wissen doch wohl, dass Lady Catherine de Bourgh und Lady Anne Darcy Schwestern waren? Dass sie also die Tante des jungen Mr. Darcy ist?«

»Nein, das habe ich nicht gewusst. Ich kannte Lady Catherine überhaupt nicht, bis ich vorgestern zum ersten Mal ihren Namen hörte.«

»Miss de Bourgh wird ein ausgedehntes Vermögen erben, und man nimmt allgemein an, dass sie und ihr Vetter einmal ihren Herrschaftsbesitz vereinigen werden.«

In Gedanken an Miss Bingley musste Elizabeth bei diesen Worten lächeln: Wie eitel waren ihre Bemühungen und ihre Schmeicheleien, wenn er sich schon für eine andere entschieden hatte!

»Mr. Collins spricht zwar mit den wärmsten Worten sowohl von Lady Catherine wie von ihrer Tochter«, sagte sie. »Aber ich habe den Verdacht, dass die Dankbarkeit sein Urteil getrübt hat; denn nach allem, was ich gehört habe, scheint sie mir eine eingebildete, hochmütige Frau zu sein.«

»Ja, das ist sie beides in einem nicht geringen Maße«, erwiderte Wickham. »Ich habe sie jetzt viele Jahre lang nicht mehr getroffen, aber ich erinnere mich, dass ich sie nie geschätzt habe und dass ihr Auftreten herrisch und unhöflich war. Sie steht in dem Rufe, ungewöhnlich klug und erfahren zu sein; aber ich nehme an, dass dieser Ruf zur Hauptsache auf ihrer Stellung und auf ihrem Reichtum beruht, zum Teil auch auf ihrem hochmütigen Wesen. Vielleicht hat nur ihr Neffe sie mit all den guten Eigenschaften ausgestattet, da er es ja nicht ertragen kann, dass irgendjemand, der mit ihm verwandt ist, nicht für ungewöhnlich und überragend gilt.«

Elizabeth fand, dass diese Erklärung sehr gut mit ihrer eigenen Ansicht übereinstimmte, und sie setzten das Gespräch angeregt fort, bis das Essen dem Lottospiel ein Ende machte und den anderen Damen

Gelegenheit gab, auch ein wenig von Mr. Wickhams angenehmer Gesellschaft zu profitieren. Von Unterhaltung konnte zwar bei Mrs. Philips' Abendgesellschaften nicht die Rede sein, dazu ging es immer zu ausgelassen und laut zu, aber Wickhams Auftreten und Benehmen genügte, um ihm die Beachtung aller Anwesenden zu sichern. Was er sagte, war geschickt ausgedrückt; und was er tat, wurde mit weltmännischer Eleganz getan.

Elizabeth hatte auf dem Heimweg keinen anderen Gedanken im Kopf als an ihn. An ihn und an das, was er ihr erzählt hatte; aber es bot sich ihr keine Möglichkeit, auch nur seinen Namen auszusprechen, denn weder Lydia noch Mr. Collins waren einen Augenblick ruhig. Lydia redete in einem fort von Lottokarten und von dem, was sie gewonnen und was sie wieder verloren hatte. Und Mr. Collins, der sich bemühte, in einem Atem Mrs. Philips' Aufmerksamkeit zu rühmen, die einzelnen Gänge der Mahlzeit aufzuzählen, seinen Verlust beim Whist als geringfügig hinzustellen und seine Cousinen um Verzeihung zu bitten, dass sie durch seine Anwesenheit im Wagen allzusehr beengt würden, musste es erleben, nur halb mit alledem fertiggeworden zu sein, als sie in Longbourn anlangten.

17

Elizabeth berichtete am folgenden Tage Jane von ihrer Unterhaltung mit Mr. Wickham. Jane hörte ihr voll Staunen und mit einer gewissen Bestürzung zu. Sie wollte es nicht glauben, dass Mr. Darcy der Freundschaft Mr. Bingleys nicht würdig sein sollte; und ebensowenig lag es in ihrer Art, die Wahrhaftigkeit eines so sympathischen Menschen wie Mr. Wickham anzuzweifeln. Sie konnte nicht anders, als von beiden das Beste zu denken, beider Verhalten zu verteidigen und alles, was sich auf diese Weise nicht erklären ließ, auf das Schuldkonto eines Irrtums oder eines Zufalls zu setzen. »Beide sind sie getäuscht worden«, sagte sie. »Wieso und wodurch, das wissen wir nicht. Vielleicht haben falsche, selbstsüchtige Freunde den einen beim anderen in Verruf gebracht.«

»Ausgezeichnet! Und jetzt, meine liebe Jane, hoffe ich, dass du auch ein gutes Wort für die falschen Freunde wirst finden können; ich bitte dich, versuch es, sonst müssten wir ja doch von einigen Menschen etwas Schlechtes denken!«

»Spotte du nur, soviel du Lust hast; von meiner Ansicht kann mich dein Spott nicht abbringen. Liebste Lizzy, überleg dir doch einmal, in welch schrecklich schlechtes Licht es Mr. Darcy setzen würde, wollte man annehmen, dass er seines Vaters Liebling, für den zu sorgen sein Vater versprochen hatte, so übel behandelt habe. Nein, nein, unmöglich! Niemand kann so wenig menschlich, so wenig auf seinen eigenen Wert bedacht sein, dass er einer solchen Tat fähig wäre. Und seine besten Freunde sollten sich so in ihm getäuscht haben? Oh, gewiss nicht!«

»Auf jeden Fall fällt es mir leichter, anzunehmen, dass Mr. Bingley sich täuschen lässt, als dass Mr. Wickham die Geschichte gestern Abend erdichtet haben soll. Die Namen, die Ereignisse, alles, was er sagte, klang ganz natürlich. Mr. Darcy soll das Gegenteil beweisen, wenn er es kann!«

»Du hast recht, es ist eine verzwickte Sache und bedauerlich ist sie obendrein; man weiß wirklich nicht, was man von all dem halten soll.«

»Entschuldige, meine Liebe, man weiß sehr wohl, was man davon halten soll!« Aber Jane wusste nur eines mit Bestimmtheit: dass Mr. Bingley, wenn er wirklich das Opfer einer Täuschung sein sollte, darunter leiden würde, sobald die Geschichte ruchbar wurde.

Die beiden jungen Mädchen wurden in ihrer Unterhaltung, die im Garten stattfand, durch die Ankunft einiger der Personen, von denen die Rede gewesen war, unterbrochen: Mr. Bingley und seine Schwestern waren selbst nach Longbourn gekommen, um die Einladung für den langerwarteten Ball auf Netherfield zu überbringen. Der kommende Dienstag war dafür ausersehen. Die beiden Damen waren überglücklich, ihre liebste Freundin wiederzusehen, nannten die Tage, die sie sich nicht mehr getroffen hatten, eine Ewigkeit und erkundigten sich wiederholt, was sie in der ganzen Zeit seit ihrer Trennung getrieben habe. Der übrigen Familie schenkten sie kaum Beachtung. Sie vermieden nach Möglichkeit, in Mrs. Bennets Nähe zu kommen, richteten hier und da ein Wort an Elizabeth und übersahen alle anderen vollkommen. Sie brachen bald wieder auf und nahmen so hastig Abschied, als flüchteten sie vor Mrs. Bennets überschwänglicher Höflichkeit.

Die Aussicht auf den Ball in Netherfield rief allgemeinen Jubel unter den Damen der Familie hervor. Mrs. Bennet fühlte sich berechtigt, darin eine besondere Artigkeit gegenüber ihrer ältesten Tochter zu sehen, und empfand es als besonders schmeichelhaft, dass Mr. Bingley die Einladung selbst überbracht hatte. Jane malte sich einen fröhlichen Abend in Gesellschaft der Geschwister Bingley aus. Elizabeth freute sich darauf, den ganzen Abend mit Mr. Wickham tanzen zu dürfen und in Mr. Darcys Gesicht die Bestätigung alles Gehörten zu entdecken. Das frohe Vorgefühl von Lydia und Kitty richtete sich weniger auf irgendetwas oder irgendjemanden im besonderen; wenn sie auch ebenso wie Elizabeth beabsichtigten, den ganzen Abend mit Mr. Wickham zu tanzen, so war er doch beileibe nicht der einzige, mit dem zu tanzen ihnen Spaß gemacht hätte: Schließlich war ein Ball, von welcher Seite man es auch betrachten mochte, ein Ball. Und sogar Mary glaubte, ihrer Familie versichern zu können, dass sie eine Teilnahme an dem Fest durchaus in Erwägung ziehe. »Solange ich meine Vormittage ungestört für mich haben kann«, meinte sie, »genügt mir das. Ich halte es nicht für berechtigt, die gelegentliche Teilnahme an einer Abendunterhaltung als ein Opfer zu bezeichnen. Genaugenommen hat die Gesellschaft einen Anspruch auf uns alle; und ich muss mich offen zu der Meinung bekennen, dass Mußestunden und Vergnügungen in gewissen Grenzen einen wohltuenden Einfluss ausüben können.«

Elizabeth war so gut gelaunt, dass sie, die Mr. Collins anzureden sonst möglichst vermied, ihn fragte, ob er ebenfalls die Einladung annehmen wolle und, falls ja, ob er seine Teilnahme an dem abendlichen Tanzvergnügen für schicklich halte. Sie war recht erstaunt zu erfahren, dass er keinerlei Bedenken in dieser Beziehung hegte, und dass er weder einen Verweis seines Bischofs, noch einen Tadel von Lady Catherine de Bourgh fürchtete, wenn er sich am Tanzen beteiligte. »Ich versichere Ihnen, liebe Cousine, dass ich durchaus nicht der Ansicht bin, ein Ball dieser Art, von einem vortrefflichen jungen Mann für seine nicht weniger ehrbaren Freunde veranstaltet, könne einem verwerflichen Zweck dienen. Nichts könnte mir ferner sein, als einen Einwand gegen das Tanzen vorzubringen, und ich hoffe sehr, im Laufe des Abends die Ehre zu haben, meine sämtlichen schönen Cousinen auffordern zu dürfen. Ich möchte auch gleich die Gelegenheit ergreifen und Sie, Miss Elizabeth, um die beiden ersten Tänze bitten. Ich hoffe, dass meine Cousine Jane diese Bevorzugung ihrer jüngeren Schwester nicht unrichtig deutet und darin nicht etwa ein ungebührliches Übergehen ihrer Person sieht.« Elizabeth war erschlagen. Sie hatte sich schon darauf gefreut, diese beiden ersten Tänze Mr. Wickham reservieren zu dürfen – und statt seiner nun dieser Mr. Collins! Noch nie hatte ihre gute Laune ihr einen solchen Streich gespielt. Aber da war nun einmal nichts mehr zu machen. Mr. Wickhams Glück und ihr eigenes musste eben ein wenig warten, und sie dankte Mr. Collins mit so guter Miene, wie das schlechte Spiel es ihr gestattete. Der Gedanke, dass seine Höflichkeit gar etwas mehr als Höflichkeit bedeuten könnte, war alles andere als ein Trost. Denn jetzt erst ging es ihr auf, dass offenbar sie von allen ihren Schwestern der Ehre für würdig befunden wurde, Hausfrau im Hunsforder Pfarrhaus zu werden und in Abwesenheit von passenderem Ersatz die Quadrille auf Rosings zu vervollständigen. Diese Vermutung verwandelte sich schnell in Gewissheit, als sie Mr. Collins' zunehmende, unablässige Aufmerksamkeit ihr gegenüber beobachtete und seine häufigen Anläufe zu Komplimenten über ihren Witz und ihren Verstand anhören musste. Das belustigte sie ungemein, auch als Mrs. Bennet sie merken ließ, dass die Möglichkeit einer Heirat wenigstens ihr eine große Freude bereite. Elizabeth zog es jedoch vor, den Wink nicht zu beachten; sie wusste sehr wohl, dass ihre Antwort einen heftigen Streit zur Folge haben würde. Vielleicht unterblieb Mr. Collins' Antrag doch noch, und auf jeden Fall war es sinnlos, sich schon vorher aufzuregen.

18

Bis zu dem Augenblick, wo Elizabeth das große Gesellschaftszimmer von Netherfield betrat und vergeblich Mr. Wickham in einem der vielen anwesenden, roten Röcke zu entdecken versuchte, war ihr nie der Gedanke gekommen, er könne sich vielleicht nicht einfinden. Sie hatte besondere Sorgfalt auf ihr Aussehen verwandt und hatte die Absicht, die letzten Verschanzungen seines Herzens zu überwinden; sie traute sich durchaus zu, diese Aufgabe bequem im Laufe des Abends zu lösen. Und nun war er nicht zu entdecken. Der schreckliche Verdacht erwachte sogleich in ihr, er sei absichtlich, Mr. Darcy zuliebe von der Einladung an die Offiziere ausgenommen worden. Dies stimmte zwar nicht; aber die unumstößliche Tatsache seiner Abwesenheit wurde von seinem Freund Mr. Denny mitgeteilt und damit erklärt, Wickham sei in dringlicher Angelegenheit nach London gerufen worden und noch nicht zurückgekehrt; er fügte mit einem vielsagenden Lächeln hinzu: »Die Angelegenheit wäre wohl nicht so dringlich gewesen, hätte er nicht das Zusammentreffen mit einem der anwesenden Herren vermeiden wollen.« Elizabeth hörte das und gewann dadurch die Überzeugung, dass Darcy für Wickhams Fernbleiben nicht weniger verantwortlich zu machen sei, als wenn ihr erster Verdacht richtig gewesen wäre. Ihre Enttäuschung verschärfte ihre ursprüngliche Abneigung gegen den Schuldigen in einem solchen Maße, dass sie es nicht über sich bringen konnte, auf seine höflichen Fragen, die er ihr bald darauf stellte, wenigstens mit einem Schein der notwendigen Freundlichkeit zu antworten. Aufmerksamkeit und Geduld einem Darcy gegenüber wären ihr wie Verrat an Wickham vorgekommen. Sie war fest entschlossen, keinerlei Unterhaltung mit ihm zu beginnen und wandte sich ziemlich brüsk ab.

Aber schlechte Laune hielt bei Elizabeth nie lange vor; und wenn der Abend ihr auch verdorben worden war, lange ließ sich ihre natürliche Heiterkeit nicht unterdrücken. Nachdem sie ihren Kummer ihrer Freundin Charlotte Lucas, mit der sie seit einer Woche nicht mehr zusammengekommen war, hatte mitteilen können, verflog ihr Ärger.

Die beiden ersten Tänze brachten erneuten Kummer. Mr. Collins war die Steifheit und Ungeschicklichkeit in Person; er war so damit beschäftigt, sich immer wieder bei ihr zu entschuldigen, dass er auf seine Schritte, die sich nur selten dem Takt anpassten, nicht im geringsten achtgab; sie litt Tantalusqualen unter der Beschämung, der sie, eine gute Tänzerin, durch einen solchen Tolpatsch ausgesetzt wurde. Der Augenblick, in dem sie von ihm loskam, war ein Augenblick reinsten Glückes. Den nächsten Tanz hatte sie einem der Offiziere versprochen; sie konnte sich dabei erholen und von Wickham sprechen, der sich, wie sie erfuhr, allgemeiner Beliebtheit erfreute. Danach gesellte sie sich wieder zu Charlotte und unterhielt sich mit ihr. Plötzlich wurde sie von Darcy angesprochen; eine Bitte um einen der nächsten Tänze kam ihr so überraschend, dass sie, ohne zu überlegen, einwilligte. Er ging sogleich weiter und überließ sie ihrem Zorn über ihren Mangel an Geistesgegenwart. Charlotte versuchte, sie zu trösten »Du wirst sehen, er ist bestimmt sehr nett.«

»Gott behüte! Das wäre erst ein Unglück! Jemanden nett zu finden, den zu verabscheuen man fest entschlossen ist! Wünsche mir bloß das nicht!«

Der Tanz begann. Elizabeth hätte sich nicht träumen lassen, dass die einfache Tatsache, Mr. Darcy als Tänzer zu haben, ihr ein solches Ansehen verschaffen werde, wie sie es in den erstaunten und neidischen Blicken ihrer Nachbarinnen lesen konnte. Eine Zeitlang sagten sie beide nichts; und Elizabeth, die hoffte, dass sich daran während des ganzen Tanzes nichts ändern werde, gedachte zunächst nicht, das Schweigen von sich aus zu brechen. Dann kam ihr aber plötzlich der Gedanke, Mr. Darcy würde es vielleicht als eine größere Strafe empfinden, wenn sie ihn zwinge zu sprechen, und so ließ sie irgendeine nichtige Bemerkung über den Tanz fallen. Er antwortete kurz und schwieg wieder. Nach einigen Minuten redete sie ihn von neuem an.

»Jetzt sind Sie an der Reihe, etwas zu sagen, Mr. Darcy. Ich habe über den Ball gesprochen und würde Ihnen daher empfehlen, sich über die Größe des Raumes oder über die vielen Gäste auszulassen.«

»Reden Sie immer nach diesem Schema, wenn Sie tanzen?«

»Bisweilen schon. Etwas muss man doch sagen, finden Sie nicht auch? Es würde merkwürdig aussehen, wollte man eine halbe Stunde lang sich stumm gegenüberstehen; andererseits muss man mit Rücksicht auf gewisse Leute darauf achten, dass die Unterhaltung nicht allzu schwierig wird, damit sie auch etwas von sich aus dazu beisteuern können.«

»Bezieht sich diese Rücksichtnahme jetzt auf Sie, oder denken Sie mehr an meine Bequemlichkeit?«

»Beides trifft zu«, erwiderte Elizabeth schnell. »Wir sind nämlich beide ähnlich veranlagt: Wir sind beide ungesellig und schweigsam, das heißt, schweigsam nur, solange wir nicht überzeugt sind, dass unsere Worte alle Anwesenden in Ehrfurcht verstummen lassen und der Nachwelt als geistsprühende Gedankenblitze hinterlassen werden.«

»Diese Beschreibung wird Ihrem Charakter bestimmt nicht gerecht«, antwortete Darcy. »Inwieweit Sie den meinen getroffen haben, kann ich selbst natürlich nicht beurteilen. Sie glauben zweifellos, ein genaues Ebenbild von mir entworfen zu haben.«

»Ich will meine eigenen Fähigkeiten nicht loben.«

Er erwiderte nichts, und sie tanzten eine längere Weile schweigend, bis er sie fragte, ob sie und ihre Schwestern häufiger nach Meryton gingen. Sie bejahte und konnte der Versuchung nicht widerstehen, hinzuzufügen: »Als Sie uns neulich dort trafen, hatten wir gerade eine neue Bekanntschaft gemacht.« Die Wirkung war verblüffend. Sein Gesicht wurde um noch einen Grad abweisender und hochmütiger, aber er sprach kein Wort, und auch Elizabeth wagte nichts mehr zu sagen, wenn sie sich auch innerlich wegen ihrer Feigheit schalt. Schließlich sagte Darcy kühl: »Mr. Wickham ist mit einem so vorteilhaften Auftreten gesegnet, dass er sich überall schnell Freunde erwirbt. Ob er die gleiche Geschicklichkeit beweist, wenn es gilt, sich die Freunde zu bewahren, ist sehr viel weniger gewiss.«

»Er hat ja leider das Unglück gehabt, Ihrer Freundschaft verlustig zu gehen«, entgegnete Elizabeth mit Nachdruck, »und das in einer Weise, unter der er sein ganzes Leben lang wird leiden müssen.« Darcy erwiderte hierauf nichts und schien keine Lust zu haben, das Thema weiter zu verfolgen. Elizabeth ließ sich aber nicht davon abbringen, den angefangenen Faden weiterzuspinnen. »Ich erinnere mich, dass Sie einmal sagten, Sie seien unversöhnlich, wenn erst einmal Ihr Unwille erregt worden sei. Sie sind in solchen Fällen natürlich immer ganz sicher, dass Sie Grund zu dem Unwillen gehabt haben?«

»Selbstverständlich«, antwortete er mit fester Stimme.

»Sie lassen sich nie durch ein Vorurteil beeinflussen?«

»Ich hoffe doch nicht!«

»Leute, die eine einmal gefasste Meinung nicht wieder ändern können, sollten besonders bemüht sein, niemanden ungerecht zu verurteilen.«

»Wollen Sie mir nicht sagen, was Sie mit allen Ihren Fragen bezwecken?«

»Nichts anderes, als Ihren Charakter zu ergründen«, sagte sie mit einem Versuch, ihre Heiterkeit wiederzugewinnen. »Ich möchte zu gern dahinterkommen, was es mit Ihnen auf sich hat.«

»Und welchen Erfolg haben Sie zu verzeichnen?«

Sie schüttelte den Kopf. »Ich fürchte, gar keinen. Man hört so viel Verschiedenes über Sie, dass ich jetzt überhaupt nicht weiß, was ich denken soll.«

»Das glaube ich Ihnen gern«, meinte er ernsthaft, »dass die Gerüchte über mich sehr weit voneinander abweichen. Und ich möchte Sie bitten, Miss Bennet, den Versuch, ein Bild von meinem Charakter zu entwerfen, auf einen späteren Zeitpunkt zu verschieben; denn ich fürchte, das Ergebnis würde gegenwärtig keinem von uns beiden eine Freude machen.«

»Aber wenn ich mir jetzt nicht ein Bild von Ihnen mache, werde ich vielleicht nie wieder eine Gelegenheit dazu bekommen.«

»Nun, ich will natürlich kein Spielverderber sein«, erwiderte er kühl.

Danach sprachen sie nicht mehr, und der Tanz ging im Schweigen zu Ende. Als sie sich getrennt hatten, blieb bei beiden ein Gefühl des Unbefriedigtseins zurück, wenn es auch verschiedenen Ursprungs war; denn Darcy verspürte eine Zuneigung zu ihr, die stark genug war, um bald ihre Verzeihung zu gewinnen, während sein Zorn sich gegen jemand anderes richtete.

Elizabeth stand nicht lange für sich allein; Miss Bingley eilte auf sie zu und redete sie mit einer Miene höflich verdeckten Unwillens an: »Was höre ich, Miss Elizabeth, Sie sind ganz begeistert von George Wickham? Ihre Schwester hat mit mir über ihn gesprochen und mich tausenderlei gefragt. Dabei fiel mir auf, dass der junge Mann trotz aller Mitteilsamkeit vergessen hat, Ihnen zu berichten, dass sein Vater Verwalter bei dem alten Mr. Darcy war. Aber lassen Sie sich von mir als Ihrer guten Freundin den Rat geben, nicht zu blind allen seinen Behauptungen zu vertrauen. Dass Mr. Darcy ihn schlecht behandelt haben soll, ist zum Beispiel vollständig unwahr; Mr. Darcy ist im Gegenteil immer von einer ungewöhnlichen Langmut und Freundlichkeit gewesen, obwohl Wickham es ihm nie anders als mit der übelsten Undankbarkeit gelohnt hat. Ich kenne die näheren Einzelheiten nicht, aber ich weiß genau, dass Mr. Darcy in keiner Weise Schuld an der Entfremdung trägt, dass er den Namen Wickham in seiner Gegenwart nicht ausgesprochen haben möchte und dass mein Bruder, der ihn von der Einladung an die Offiziere anstandshalber nicht glaubte ausschließen zu können, heilfroh war, als er hörte, dass Mr. Wickham es vorzog, fern zu bleiben. Dass er es überhaupt wagte, hierher aufs Land zu kommen, ist der Gipfel der Unverschämtheit, und ich staune, dass sogar seine Unverfrorenheit sich nicht davor gescheut hat. Es schmerzt mich tief, meine liebe Elizabeth, Ihnen die Illusionen von Ihrem neuen Verehrer so grausam rauben zu müssen. Aber wenn man seine Herkunft bedenkt, dann wundert einen nichts mehr.«

»Seine Herkunft scheint in Ihren Augen sein größtes Verbrechen zu sein«, entgegnete Elizabeth aufgebracht, »denn die schlimmste Anschuldigung, die Sie vorbringen konnten, war die, dass er der Sohn von Mr. Darcys Verwalter ist – und diesen großen Fehler hat er mir sogleich selbst eingestanden.«

»Ach, ich muss Sie um Verzeihung bitten«, sagte Caroline und wandte sich mit einem spöttischen Lächeln zum Gehen. »Entschuldigen Sie meine Naseweisheit; sie war gut gemeint.«

»Eingebildete Pute«, dachte Elizabeth bei sich. »Du irrst dich aber gewaltig, wenn du meinst, mich mit solchen Lächerlichkeiten beeinflussen zu können. Das einzige, was mir daraus immer klarer wird, ist, wie dumm du bist und wie boshaft dein Darcy.« Danach ging sie auf die Suche nach ihrer älteren Schwester, die Bingley über dasselbe Thema ausgefragt hatte. Sie traf Jane in einer Heiterkeit und Zufriedenheit, die keinen Zweifel über den guten Verlauf ihres Abends lassen konnten. Elizabeth konnte sich unschwer in die Stimmung ihrer Schwester versetzen, und augenblicklich verschwanden ihre Unruhe um Wickham, ihr Ärger über seine Feinde vor der Freude, Jane so glücklich zu sehen. »Jetzt musst du mir berichten«, sagte sie mit einem Gesicht, das nicht weniger heiter und zufrieden aussah als das ihrer Schwester, »was du über Wickham in Erfahrung bringen konntest. Aber vielleicht hast du dich zu gut unterhalten, um noch an einen dritten zu denken.«

»Nein«, antwortete Jane, »ich habe wohl an ihn gedacht. Aber viel kann ich dir nicht erzählen. Mr. Bingley kannte weder die ganze Vergangenheit von Wickham, noch wusste er, weswegen die Freunde sich verfeindeten. Aber er ist bereit, seine Hand für die Rechtlichkeit, den Anstand und die Wahrheitsliebe seines Freundes ins Feuer zu legen, und er zweifelt nicht einen Augenblick daran, dass Mr. Wickham nicht die Hälfte von all dem verdient hat, was er von Mr. Darcy an Freundlichkeit erfahren hat. Es tut mir sehr leid, aber sowohl nach Mr. Bingleys Darstellung wie nach der seiner Schwester scheint Mr. Wickham keineswegs eine sehr wünschenswerte Bekanntschaft zu sein. Ich fürchte, er hat sich sehr unklug betragen und Mr. Darcys Freundschaft mit Recht verloren.«

»Mr. Bingley kennt Mr. Wickham nicht selbst?«

»Nein, vor dem Morgen in Meryton hatte er ihn nie gesehen.«

»Dann ist sein Bericht also nur eine Wiedergabe dessen, was Mr. Darcy ihm erzählt hat. Das genügt mir. Sagte er noch etwas über diese Geschichte mit der Pfarre?«

»Er konnte sich nicht genau an die näheren Umstände erinnern, obgleich Mr. Darcy sie ihm mehr als einmal erklärt hat; aber er glaubte, dass das Testament sie nur unter einer gewissen Bedingung Wickham zusicherte.«

»Mr. Bingleys Aufrichtigkeit steht natürlich ganz außer Zweifel«, sagte Elizabeth, »aber du musst schon entschuldigen, dass ich mich nicht überzeugen lasse von dem, was er glaubt und meint. Dass Mr. Bingley so tatkräftig für seinen Freund eintritt, ist gewiss sehr schön; aber da er bloß Bruchstücke der Geschichte kennt und diese nur durch

Mr. Darcy, ziehe ich es vor, meine Meinung über die beiden Herren nicht zu ändern.« Sie ging dann auf ein anderes Thema über, das beiden mehr Freude machte und über das sie auch nur einer Meinung waren. Elizabeth vernahm mit herzlicher Anteilnahme, wie glücklich und hoffnungsfroh der Verlauf des Abends Jane gestimmt hatte, und sie tat alles, was sie konnte, um die Zuversicht der Schwester zu stärken. Als Bingley auf sie zutrat, wollte Elizabeth wieder ihre Freundin Charlotte aufsuchen. Da tauchte plötzlich Mr. Collins auf und teilte ihr freudig erregt mit, er habe eben durch einen ungewöhnlich glücklichen Zufall eine wichtige Entdeckung gemacht. »Nämlich, ein naher Verwandter meiner verehrten Brotherrin befindet sich in diesem Augenblick mit mir unter einem Dach. Ich fing zufällig ein paar Worte im Vorbeigehen auf, die eben dieser Herr an die junge Dame richtete, die das Amt der Hausfrau versieht, und hörte dabei zu meinem Erstaunen, wie er von Miss de Bourgh als von seiner Cousine sprach. Wie seltsam ist doch dieses Zusammentreffen! Wer hätte je gedacht, dass ich auf diesem Fest einen Neffen von Lady Catherine treffen würde. Es erfüllt mich mit tiefster Befriedigung, dass mir diese Entdeckung noch rechtzeitig gelungen ist, so dass ich in der Lage bin, dem Herrn meine Reverenz zu machen, was ich unverzüglich tun werde; ich glaube und hoffe, er wird es mir verzeihen, dass ich es nicht schon eher getan habe. Die Tatsache meiner völligen Unkenntnis dieser verwandtschaftlichen Beziehung muss meine Lässigkeit entschuldigen.«

»Sie werden Mr. Darcy nicht anreden!«

»Aber selbstverständlich. Ich werde ihn bitten, Nachsicht mit meiner Versäumnis zu haben. Er ist höchstwahrscheinlich wirklich ein Neffe von Lady Catherine. Ich bin in der glücklichen Lage, ihm auf das Bestimmteste versichern zu können, dass Lady Catherine sich vor vierzehn Tagen äußerst wohl befunden hat.« Elizabeth ließ nichts unversucht, um ihn von seinem Vorhaben abzubringen: sie versuchte, ihm klar zu machen, dass Mr. Darcy seine unerwünschte Vorstellung viel eher als eine unverschämte Aufdringlichkeit ansehen würde denn als eine Artigkeit gegenüber seiner Tante; dass es höchst überflüssig sei, dass sie sich beide kennenlernten, und dass es überdies Mr. Darcy zustehe, den ersten Schritt zu tun, wenn es ihm so beliebe. Mr. Collins hörte mit höflicher, aber fest entschlossener Miene zu, und als sie nichts mehr zu sagen wusste, erwiderte er: »Meine liebe Elizabeth, Sie wissen, dass ich mich auf keines Menschen Worte lieber verließe als auf die Ihren, solange sie sich auf die Beurteilung von Dingen beziehen, die in Ihrem Erfahrungskreis liegen; aber erlauben Sie mir, Sie darauf hinzuweisen, dass notwendigerweise für die Geistlichkeit andere Formen des gesellschaftlichen Umganges richtunggebend sind als die, die Sie wohl eben meinten. Denn, wenn Sie mir die Bemerkung gestatten wollen, das schwarze Gewand des Seelenhirten steht in keiner Weise dem Purpurmantel des Königs an Würde nach – vorausgesetzt, dass es stets mit einer gebührenden Bescheidenheit des Herzens getragen wird. Sie werden es mir daher nicht verübeln, wenn ich in diesem Fall der Stimme meiner inneren Überzeugung folge, die mich meine Pflicht zu tun heißt, wie ich es Ihnen soeben auseinandersetzte. Verzeihen Sie, dass ich davon absehe, Ihrem Rat Folge zu leisten, wie ich es sonst und in Zukunft zu tun immer bemüht sein werde, aber ich glaube, durch meine Erziehung und mein unermüdliches Studium besser in der Lage zu sein, in dieser Situation eine Entscheidung zu treffen, als eine junge Dame wie Sie.« Und damit verbeugte er sich vor ihr und schritt würdevoll auf Darcy zu.

Feierlich, wie es eben die Art von Mr. Collins ist, verbeugt er sich vor Mr. Darcy.

Elizabeth beobachtete gespannt, was erfolgen würde. Darcys Erstaunen, als er sich plötzlich von einem wildfremden jungen Mann angeredet fand, war genau das, was sie erwartet hatte. Ihr Vetter sandte seiner Ansprache eine feierliche Verbeugung als Vorwort voraus, und obwohl sie keine Silbe vernehmen konnte, wusste sie genau, was gesprochen wurde; bisweilen glaubte sie, von den Lippen des Sprechers das eine oder andere Wort lesen zu können, wie ›Entschuldigung‹, ›Behausung‹ und ›Lady Catherine‹. Aber es ärgerte sie doch, dass ihr Vetter sich vor einem solchen Menschen derart bloßstellte. Darcy hörte ihn mit wachsendem und unverhohlenem Staunen an, und als Mr. Collins ihm schließlich Gelegenheit gab, etwas zu erwidern, tat er es mit einer Miene kühlster Höflichkeit.

Mr. Collins ließ sich dadurch nicht entmutigen, und im Laufe seiner zweiten Rede verwandelte sich Darcys anfängliches Staunen in abweisende Verachtung; er nahm sich nicht einmal mehr die Mühe zu antworten, sondern wandte sich mit einem unhöflichen Kopfnicken ab und Mr. Collins kam zu Elizabeth zurück. »Mein Empfang hat mich auf das höchste befriedigt«, sagte er. »Mr. Darcy schien die kleine Aufmerksamkeit sehr zu schätzen. Er antwortete mit größter Zuvorkommenheit und machte mir sogar das Kompliment, dass er Lady Catherines Art zu gut kenne, um nicht zu wissen, dass sie ihre Freundschaft immer dem Richtigen zuwende. Ich muss sagen, ich finde das sehr freundlich gedacht. Ich bin sehr von ihm angetan.«

Nun, da Elizabeths Aufmerksamkeit nicht mehr anderweitig abgelenkt wurde, konnte sie umso mehr auf ihre Schwester und Mr. Bingley achten; und was sie sah, stimmte sie fast ebenso fröhlich wie Jane. Sie schaute sie im Geiste schon als Frau in diesem Hause und so glücklich, wie eben nur eine wirkliche Liebesheirat einen Menschen zu machen vermag; unter solchen Umständen fühlte sie sich sogar bereit, Bingleys beide Schwestern gern zu haben. Sie sah auch die Gedanken ihrer Mutter dieselben Wege gehen, und sie nahm sich vor, ihr nicht zu nahe zu kommen, um nicht so viel davon hören zu müssen. Sie empfand daher den Zufall besonders tückisch, als Mrs. Bennet bei Tisch in ihrer unmittelbaren Nähe Platz nahm. Natürlich sprach ihre Mutter laut und angeregt zu ihrer Freundin Lady Lucas von nichts anderem als von ihrer Hoffnung, Jane in Bälde mit Bingley verheiratet zu sehen. Das Thema wie auch Mrs. Bennets Redefluss schienen unerschöpflich zu sein, während sie die Vorzüge einer solchen Partie einen nach dem anderen aufzählte und besprach. Zunächst dürfe man sich dazu gratulieren, dass er ein so reizender, junger Mann sei und dazu noch so reich und dass er nur knapp drei Meilen von Longbourn entfernt wohne; und dann: Sei es nicht sehr beruhigend zu wissen, dass seine Schwestern Jane so tief in ihr Herz geschlossen hätten und die Verbindung mit nicht geringerer Freude erwarteten als sie, Mrs. Bennet, selbst? Weiterhin verspreche doch eine so vorteilhafte Heirat viel für die Zukunft auch ihrer jüngeren Kinder, indem sie dadurch natürlich leichter Gelegenheit finden würden, gute Partien zu machen. Und schließlich und endlich, wie sehr freue sie sich nicht darauf, ihre ledigen Töchter nun der Ältesten anvertrauen zu können, so dass es ihr selbst erspart bliebe, in ihrem Alter noch so häufig Gesellschaften geben und besuchen zu müssen! Diesen Punkt mit einem Seufzer der Erleichterung als besonders erfreulich hervorzuheben, gehörte bei einem solchen Anlass zum guten Ton; im übrigen gab es wohl keine Frau, ganz gleich welchen Alters, der die Aussicht, ruhig zu Hause bleiben zu dürfen, weniger Freude bereitet hätte als Mrs. Bennet. Sie schloss ihre Hymne mit den besten Wünschen, Lady Lucas möge bald von einem ähnlichen Glück sprechen können, wobei allerdings ihr Gesicht deutlich die siegesfreudige Überzeugung verriet, dass nichts sie mehr in Erstaunen versetzen würde. Vergeblich versuchte Elizabeth, den Wortstrom ihrer Mutter einzudämmen oder sie doch wenigstens zu veranlassen, ihr Glück in einem Flüsterton zu verkünden; denn zu ihrer größten Beschämung bemerkte sie, dass Darcy, der ihnen gegenüber saß, aufmerksam zuhörte. Ihre Mutter aber schalt sie nur, sie solle doch keinen Unsinn reden. »Wer ist denn Mr. Darcy, ich bitte dich, dass ich mich vor ihm in acht nehmen sollte? Ich bin der Meinung, dass wir ihm gegenüber in keiner Weise verpflichtet sind, darauf Rücksicht zu nehmen, was er hören will oder nicht.«

»Um Himmels willen, Mutter, sprich doch bitte leiser! Was hast du davon, Mr. Darcy zu beleidigen? Seinem Freund wirst du dadurch nicht besser gefallen!« Aber sie konnte sagen, was sie wollte, nichts wirkte. Ihre Mutter gab ihren Ansichten und Hoffnungen weiter in der hörbarsten Weise Ausdruck. Elizabeth kam vor Scham und Ärger aus dem Erröten nicht heraus. Sie konnte es nicht lassen, hin und wieder zu Darcy hinüberzuschielen, obgleich ihr jeder ihrer Blicke bestätigte, was sie fürchtete; er sah zwar nicht immer zu ihrer Mutter hin, aber er schien mit größter Aufmerksamkeit auf ihre Worte zu lauschen. Sein Gesichtsausdruck veränderte sich allmählich von ärgerlicher Verachtung zu gefasster Ruhe. Zu guter Letzt jedoch fand selbst Mrs. Bennet nichts mehr zu sagen; und Lady Lucas, die schon lange innerlich gegähnt hatte, durfte sich endlich in Ruhe dem kalten Huhn und dem Schinken widmen. Elizabeth begann wieder aufzuatmen.

Als nach dem Essen die Rede vom Musizieren war, ließ sich Mr. Collins also vernehmen: »Wenn ich die Gottesgabe besäße, singen zu können, würde es mir ein großes Vergnügen sein, den Anwesenden mit einem Liedchen zu dienen. Denn ich betrachte die Musik als eine sehr unschuldige Unterhaltung und in keiner Weise mit dem Beruf eines Geistlichen unvereinbar. Damit will ich jedoch nicht gesagt haben, dass wir zu viel unserer Zeit mit Musik hinbringen sollten; denn es gibt noch mancherlei anderes, das getan sein will. Ein Seelsorger ist Vater seiner Gemeinde und hat als solcher vielerlei Verpflichtungen. Zunächst muss er einmal dafür Sorge tragen, dass die Kirchenabgaben ihm selbst zum Wohl und seinem Patron nicht zum Ärger gereichen. Sodann hat er seine Predigten selbst auszuarbeiten. Und die Zeit, die ihm darüber hinaus noch bleibt, ist nicht allzu reichlich bemessen, wenn er seinen sonstigen Pflichten in der Gemeinde nachgehen und seinem Heim die notwendigen Verbesserungen angedeihen lassen will; denn es gibt keine Entschuldigung für ihn, wenn er sich nicht so wohnlich und gemütlich wie möglich einzurichten versteht. Auch erachte ich es für keine geringe Aufgabe, gegen jedermann ein liebenswürdiges und aufmerksames Betragen an den Tag zu legen, zumal denen gegenüber, denen er seine Stellung verdankt. Ich würde nicht viel von einem Menschen halten, der eine Gelegenheit versäumt, seine Hochachtung irgendeinem Mitglied der Familie seines Gönners zu erweisen.« Und mit einer Verbeugung gegen Darcy hin verstummte er endlich. Er war überall im Zimmer gut verständlich gewesen. Viele starrten ihn erstaunt an, viele lächelten; aber niemand schien sich besser unterhalten zu haben als Mr. Bennet, während seine Frau Mr. Collins ob seiner verständigen Worte lobte und Lady Lucas laut flüsternd mitteilte, das sei ein ungewöhnlich kluger, netter junger Mensch.

Elizabeth kam zu der Auffassung, dass ihre ganze Familie sich verschworen haben musste, sich im Laufe des Abends so nachdrücklich wie möglich bloßzustellen. Ein Glück nur, Bingley schien wenig davon bemerkt zu haben. Dass aber seine beiden Schwestern und Mr. Darcy Gelegenheit hatten, über die Bennets zu lachen, war mehr als schlimm; Elizabeth wusste nur nicht, was sie mehr ärgerte, die schweigende Verachtung Darcys oder das unverschämte Lächeln der beiden Damen.

Der Rest des Abends brachte kaum noch Erfreuliches. Mr. Collins, der ihr nicht von der Seite wich, fiel ihr auf die Nerven; und wenn es ihm auch nicht gelang, einen weiteren Tanz von ihr zu erhalten, so hinderte er sie doch, von jemand anderem gebeten zu werden. Es nützte nichts, dass sie ihn immer wieder ersuchte, eine der anderen Damen aufzufordern, mit denen sie ihn bekanntmachen wollte. Er versicherte ihr, dass ihm am Tanzen überhaupt nicht viel gelegen sei, sondern nur daran, ihr Gefallen zu gewinnen, und dass er daher vorhabe, sie nicht einen Augenblick alleinzulassen. Dagegen ließ sich leider schwerlich etwas sagen oder tun. Ihre einzige Erholung verschaffte ihr Charlotte Lucas, die sie wiederholt aufsuchte und gutmütig einen Teil von Mr. Collins' Unterhaltung auf sich nahm. Wenigstens hatte Elizabeth nichts weiter von Mr. Darcy zu befürchten; obwohl er sich häufig in ihrer Nähe aufhielt, versuchte er doch nie, sie anzureden. Sie schrieb dies ihrem Gespräch über Wickham zu und freute sich darüber.

Die Longbourn-Familie brach als letzte auf. Durch ein geschicktes Manöver hatte Mrs. Bennet es nämlich verstanden, die Vorfahrt ihres Wagens um eine gute Viertelstunde zu verzögern, nachdem sich die übrige Gesellschaft schon verabschiedet hatte; die feinfühligeren Mitglieder der Familie fanden so reichlich Muße, feststellen zu können, wie herzlich einige von den Netherfields sie aus dem Hause wünschten. Mrs. Hurst und ihre Schwester Caroline öffneten den Mund lediglich, um zu gähnen und sich für todmüde zu erklären. Sie erwiesen sich gegenüber jedem Versuch Mrs. Bennets, irgendwelches Gespräch anzuknüpfen, als unzugänglich, und das gelangweilte Schweigen, das sich infolgedessen über die Anwesenden breitete, fand eine eintönige Unterbrechung nur durch eine längere Rede Mr. Collins', in der er Mr. Bingley und seinen Schwestern seine Bewunderung zollte für das gelungene Fest und die Aufmerksamkeit, die sie in so liebenswürdiger Weise ihren Gästen erwiesen hätten. Darcy sagte gar nichts. Mr. Bennet schwieg ebenfalls, genoss aber die Szene innerlich mit großem Behagen. Mr. Bingley und Jane standen ein wenig abseits und unterhielten sich leise miteinander. Elizabeth wetteiferte mit Darcy und ihrem Vater im Schweigen. Und sogar die sonst unermüdliche Lydia war zu abgespannt, um mehr als ein vernehmliches Gähnen zur Unterhaltung beizusteuern. Als es dann endlich so weit war, dass man aufbrechen konnte, gab Mrs. Bennet ihrer Hoffnung beredten Ausdruck, alle Netherfielder auch einmal bei sich in Longbourn als Gäste begrüßen zu dürfen. Sie wandte sich dabei besonders an Bingley und versicherte ihm, sie würden sich alle schrecklich freuen, wenn er einmal an einem ganz zwanglosen Essen im Kreise der Familie teilnehmen wolle; er sei zu jeder Zeit willkommen, einer besonderen Einladung bedürfe es dazu nicht. Bingley dankte ihr erfreut und versprach, bei erster Gelegenheit sie beim Wort zu nehmen, sobald er von London wieder zurückgekehrt sei, wohin er am folgenden Tage auf kurze Zeit fahren müsse. Mrs. Bennet war hochbefriedigt und verließ das Haus mit der festen Überzeugung, dass es jetzt nur eine Frage der Vorbereitungsdauer für die Ausstattung, für eine neue Kalesche und die Brautkleider sei, ob ihre älteste Tochter schon in drei oder erst in vier Monaten auf Netherfield ihren Einzug halten würde. Dass sie eine weitere Tochter an Mr. Collins verheiraten werde, stand für sie gleichfalls fest, was ihr eine zwar nicht ebenso große, aber doch immerhin eine erhebliche Befriedigung verschaffte. Elizabeth war ihr von allen ihren Kindern am wenigsten lieb; und obwohl Mr. Collins sich natürlich nicht im entferntesten mit Mr. Bingley messen konnte, erschien er ihr für diese Tochter als Partie und Ehegatte gut genug.

19

Der nächste Tag brachte eine weitere Entwicklung mit sich: Mr. Collins erklärte sich in aller Form. Nachdem er den Entschluss gefasst hatte, keine Zeit mehr zu verlieren, da sein Urlaub schon am kommenden Sonnabend zu Ende war und seine Siegesgewissheit von keinem Zweifel angefochten wurde, ging er sehr korrekt vor unter Beachtung aller Regeln, die seiner Ansicht nach zu diesem Schritt gehörten. Bald nach dem Frühstück fand er Mrs. Bennet, Elizabeth und eine der jüngeren Schwestern beisammen und redete die Mutter unverzüglich wie folgt an: »Madame, darf ich hoffen, auf ein gutes Wort für mich bei Ihrer Tochter Elizabeth rechnen zu können, wenn ich bei dieser im Laufe des Morgens um die Ehre einer persönlichen Unterredung einkomme?« Elizabeth hatte kaum Zeit, überrascht zu erröten, als ihre Mutter schon antwortete: »Oh ja, gewiss. Ich bin überzeugt, dass Lizzy glücklich sein wird. Ich bin sicher, sie wird sich sehr freuen. Komm, Kitty, du musst mir oben etwas helfen!« Und damit raffte sie ihre Handarbeit zusammen und wollte hinausgehen, als Elizabeth ihr nachrief: »Bitte, Mutter, geh nicht. Ich bitte dich, bleib! Mr. Collins muss mich entschuldigen. Er kann mir nichts zu sagen haben, was ihr nicht auch hören dürft. Ich gehe lieber selbst nach oben!«

»Nein, nein, Unsinn, Lizzy! Ich möchte, dass du bleibst, wo du bist!« Und als sie sah, dass Elizabeth trotzdem Anstalten machte, mit ärgerlichem und verlegenem Gesicht zu flüchten, fügte sie hinzu: »Ich wünsche, dass du bleibst und Mr. Collins anhörst!« Einem solchen Befehl wollte sich Elizabeth nicht widersetzen, und da sie sich außerdem nach kurzer Überlegung sagte, es sei vielleicht am klügsten, dem Unausweichlichen zu begegnen und es so schnell wie möglich hinter sich zu bringen, setzte sie sich wieder hin und bemühte sich, ihre Gefühle zu verbergen: Sie war sich nicht recht klar, ob ihr die Situation peinlich oder nur komisch vorkam. Mrs. Bennet und Kitty verließen das Zimmer, und Mr. Collins begann. »Glauben Sie mir, meine liebe Miss Elizabeth, dass Ihre Bescheidenheit, weit davon entfernt, Ihnen zum Nachteil zu gereichen, Ihre große Tugendhaftigkeit nur noch stärker unterstreicht. In meinen Augen wären Sie eher weniger liebenswert gewesen, hätten Sie nicht dieses Widerstreben gezeigt. Aber bevor ich fortfahre, erlauben Sie mir, Sie darauf hinzuweisen, dass ich die Einwilligung Ihrer verehrten Mutter habe. Sie dürften schwerlich über das Ziel meiner jetzigen Anrede im Zweifel sein, so sehr Ihre natürliche Scheu es Ihnen auch gebietet, sich überrascht und unvorbereitet zu stellen. Die Aufmerksamkeiten, die ich Ihnen erwiesen habe, sind, so meine ich wenigstens, sprechend genug gewesen. Beinahe vom ersten Augenblick meines Hierseins an sah ich in Ihnen meine Lebensgefährtin. Aber ehe ich meinen Gefühlen freien Lauf lasse, ist es vielleicht schicklich, dass ich zunächst meine Gründe darlege, warum ich heiraten will und warum ich mit diesem festen Vorsatz nach Hertfordshire kam.« Der Gedanke, dass Mr. Collins mit all seiner langatmigen Feierlichkeit seinen Gefühlen freien Lauf lassen wollte, erschien Elizabeth so komisch, dass sie die kurze Pause, die er einlegte, nicht ausnutzen konnte, um ihn am Fortfahren zu hindern. »Meine Gründe, heiraten zu wollen, sind also erstens, dass ich es für richtig halte, wenn ein Mann der Kirche, der, wie ich, in guten Verhältnissen lebt, seiner Gemeinde mit gutem Beispiel vorangeht; zweitens, dass ich überzeugt bin, dadurch mein irdisches Glück nicht unbeträchtlich zu mehren; und drittens, und diesen Punkt hätte ich vielleicht eher zur Sprache bringen sollen, dass so der Wunsch und der Rat der hohen Dame lautete, die meine Gönnerin zu nennen ich die große Ehre habe. Zweimal hat sie mich ihrer Ratschläge in dieser Angelegenheit gewürdigt – ungefragt noch dazu! Erst am letzten Sonnabend noch, bevor ich von Hunsford aufbrach, sagte sie zu mir – ich war zur Quadrille nach Rosings gebeten worden, und Mrs. Jenkinson rückte gerade die Fußbank von Miss de Bourgh zurecht: ›Mr. Collins‹, sagte sie, ›Sie müssen heiraten. Ein Pfarrer in Ihrer Stellung braucht eine Frau. Treffen Sie Ihre Wahl sorgfältig; wählen Sie aus Rücksicht auf mich eine vollendete Dame, und um Ihretwillen trachten Sie danach, eine tüchtige, arbeitsame Person zu bekommen, die nicht allzu verwöhnt ist, sondern mit wenig Geld einen ordentlichen Haushalt zu führen versteht. Diesen Rat gebe ich Ihnen. Finden Sie eine derartige Frau und holen Sie sie nach Hunsford, und ich will sie gern besuchen!‹ Lassen Sie mich übrigens noch hinzufügen, meine schöne Cousine, dass ich die Freundlichkeit und Güte Lady Catherines nicht zu den geringsten Vorteilen rechne, die ich zu bieten vermag. Sie werden sie kennenlernen und verstehen, dass Worte allein ihr nicht gerecht werden können; und ein Geist wie der Ihre, so klug und lebhaft, dürfte auch Lady Catherine sehr gefallen, vor allem, wenn er sich in den Schranken respektvollen Schweigens hält, die meiner Gönnerin gegenüber am Platze sind. So weit also meine allgemeinen Gründe, eine Heirat überhaupt für wünschenswert zu halten. Bleibt noch zu berichten, warum ich meine Blicke gerade nach Longbourn wandte, obgleich doch in meiner Nachbarschaft mehr als ein junges Mädchen meiner Werbung würdig ist. Aber damit verhält es sich nun so, dass ich ja nach dem Hinscheiden Ihres verehrten Vaters – der, wie ich hoffe, noch viele Jahre zu leben haben wird – seinen Besitz erben soll und dass ich daher zur Beruhigung meines Gewissens eine seiner Töchter zur Frau zu nehmen gedachte, um sie den Verlust so wenig wie möglich fühlen zu lassen, wenn das traurige Ereignis einmal eintrifft, was, wie ich eben erwähnte, hoffentlich noch lange nicht der Fall sein wird. Dieses waren meine Überlegungen, liebe Cousine, und ich schmeichle mir, dass sie Ihrer Achtung vor mir keinerlei Abbruch zu tun vermögen. Ich habe dem nun nichts mehr hinzuzufügen, außer Ihnen auf das feierlichste die Stärke meiner Zuneigung für Sie zu versichern. Geld ist mir vollständig Nebensache, und ich gedenke in keiner Weise ein Verlangen dieser Art an Ihren Vater zu stellen, schon weil ich überzeugt bin, dass einem solchen doch nicht nachgekommen werden könnte. Weiterhin weiß ich auch, dass alles, was Ihnen sonst zusteht, die tausend Pfund zu vier Prozent sind, die Ihnen aber erst zufallen werden, wenn Ihre Mutter von hinnen scheidet. Über diesen Punkt will ich also kein Wort verlieren; und nehmen Sie meine Versicherung entgegen, dass kein ungerechter Vorwurf dieserhalb über meine Lippen kommen soll, nachdem wir verheiratet sind.«

Mr. Collins macht Elizabeth einen Antrag.

Eine Unterbrechung war nun einfach dringend notwendig. »Sie sind zu vorschnell«, rief Elizabeth verzweifelt. »Sie vergessen, dass ich noch kein Wort zu alledem gesagt habe. Lassen Sie es mich unverzüglich nachholen: Nehmen Sie meinen herzlichsten Dank entgegen für die Ehre, die Sie mir soeben erwiesen haben. Denn als eine solche betrachte ich Ihren Antrag, wenn ich ihn auch nicht annehmen kann.«

»Es ist mir nichts Neues«, sagte Mr. Collins mit einer abwehrenden Handbewegung, »dass es bei jungen Damen Sitte ist, den Mann zunächst abzuweisen, den sie innerlich doch zu erwählen bereit sind, wenn er zum erstenmal mit seinem Antrag vor sie hintritt; ich weiß auch, dass selbst das zweite und dritte Mal zuweilen eine abschlägige Antwort erteilt zu werden pflegt. Ihre Antwort entmutigt mich deshalb keineswegs, und ich hoffe nach wie vor, Sie binnen kurzem zum Altar geleiten zu dürfen.«

»Aber, ich bitte Sie«, rief Elizabeth, »eine solche Hoffnung ist doch sehr merkwürdig nach dem, was ich Ihnen soeben sagte. Ich versichere Ihnen, ich bin nicht eine von diesen jungen Damen – wenn es solche tatsächlich geben sollte –, die ihr Glück aufs Spiel setzen in der Erwartung, ein zweites Mal gefragt zu werden. Meine Ablehnung war im vollsten Ernst gesprochen. Sie könnten mich nicht glücklich machen, und ich bin überzeugt, dass ich die letzte Frau in der Welt wäre, mit der Sie glücklich werden könnten. Und wenn Ihre Freundin Lady Catherine mich kennte, würde sie mich bestimmt in jeder Beziehung höchst unpassend für eine solche Stellung finden.«

»Wenn das allerdings der Fall wäre –«, meinte Mr. Collins ernsthaft. »Aber ich kann mir gar nicht denken, dass Lady Catherine an Ihnen nicht Gefallen fände. Seien Sie versichert, dass ich bei meinem nächsten Zusammentreffen mit ihr in der lobendsten Weise von Ihrer Bescheidenheit, Sparsamkeit und allen anderen Eigenschaften sprechen werde, die Sie so liebenswert machen.«

»Wirklich, Mr. Collins, alle Ihre Lobesworte werden umsonst sein. Erlauben Sie mir, das selbst zu beurteilen, und haben Sie die Freundlichkeit, meinen Worten zu glauben. Ich wünsche Ihnen von ganzem Herzen alles Glück und großen Reichtum, und indem ich Ihnen meine Hand verweigere, tue ich, was in meiner Macht steht, um Ihnen dazu zu verhelfen. Sie haben mir den Antrag gemacht und damit Ihrem Zartgefühl in bezug auf meine Familie Genüge und alle Ehre getan; Sie können also das Erbe antreten, ohne Ihr Gewissen beunruhigen zu müssen. Und jetzt, glaube ich, braucht über diese Angelegenheit kein weiteres Wort mehr gewechselt zu werden!« Und damit erhob sie sich und hätte das Zimmer verlassen, wenn nicht Mr. Collins wieder begonnen hätte. »Wenn ich mir demnächst das Vergnügen bereite, mit Ihnen erneut über diese Angelegenheit zu sprechen, hoffe ich, eine andere

Antwort zu erhalten. Es liegt mir fern, Ihnen im Augenblick Grausamkeit vorwerfen zu wollen, denn ich weiß, dass Sie nur nach den althergebrachten Gewohnheiten Ihres Geschlechtes handeln, wenn Sie mich beim ersten Antrag abweisen, und ich möchte fast vermeinen, aus Ihren Worten trotzdem entnehmen zu können, was der Ermunterung meiner Werbung dienlich sein kann, ohne Ihre Scheu zu verletzen.«

»Sie sind unmöglich«, rief Elizabeth, die ihren Ärger kaum noch beherrschen konnte. »Wenn Ihnen meine Worte als Ermunterung erscheinen, weiß ich wirklich nicht, wie ich mein ›Nein‹ zum Ausdruck bringen soll!«

»Meine liebe Cousine, Sie müssen es mir erlauben, Ihre Worte nur als Worte zu betrachten. Meine Gründe hierfür will ich Ihnen kurz erläutern: Mir scheint, meine Hand ist nicht zu verachten, auch halte ich die Stellung, die ich bieten kann, für sehr erstrebenswert. Meine Position, meine Verbindung zu der Familie Lady Catherines und meine Verwandtschaft mit der Ihren, alles das spricht für mich. Und Sie sollten bedenken, dass trotz der Vielfalt Ihrer liebenswerten Eigenschaften es durchaus nicht so gewiss ist, ob Sie je wieder einen ähnlichen Antrag erhalten werden. Ihre Mitgift ist unglücklicherweise so gering, dass sie aller Wahrscheinlichkeit nach von Ihrer Schönheit und Liebenswürdigkeit in den Augen eines anderen Freiers nicht aufgewogen wird. Aus all dem schließe ich, dass Ihre Ablehnung meiner Hand nicht ernstgemeint sein kann und dass Sie nur meine Liebe zu vertiefen suchen, indem Sie mich hinhalten, wie das so üblich ist bei schönen Frauen!«

»Ich mache durchaus keinen Anspruch auf diese Art Schönheit, die es sich angelegen sein lässt, einen vortrefflichen Mann wie Sie hinzuhalten und zu quälen. Viel lieber wäre mir das Zugeständnis, dass Sie meinen Worten Glauben schenken. Ich kann Ihnen nicht genug danken, aber ich kann ihren Antrag nicht annehmen. Meine Gefühle verbieten es mir in jeder Hinsicht! Kann ich noch deutlicher sprechen? Betrachten Sie mich nicht als eine schöne Frau, die Sie peinigen will, sondern als ein vernünftiges Wesen, das in vollem Ernst zu Ihnen spricht!«

»Sie sind unentwegt reizend!« rief er mit einem ungeschickten Versuch, den Verliebten zu spielen, »und ich weiß, dass meine Bitte mit der ausdrücklichen Unterstützung Ihrer beiden Eltern angehört und erfüllt werden wird!«

An eine solche verzweifelte Selbsttäuschung mochte Elizabeth kein weiteres Wort verschwenden, und sie verließ den Raum, ohne zu antworten. Sie nahm sich vor, ihren Vater um Schutz zu bitten, falls Mr. Collins auch weiterhin ihre Ablehnung als schmeichelhafte Ermunterung zu betrachten gewillt war. Ein Nein von der Seite musste selbst diesen beharrlichen Freier überzeugen, zumal es ihm schwerfallen würde, die Ablehnung auch dann noch als Koketterie einer schönen Frau aufzufassen.

20

Mr. Collins wurde nicht lange mit seinen beglückten Träumen über das so erfolgreich verlaufene Werben alleingelassen. Kaum sah Mrs. Bennet, die sich im Flur zu schaffen gemacht hatte, ihre Tochter die Treppe nach oben gehen, als sie auch schon in das Frühstückszimmer eilte und Mr. Collins und sich selbst in überaus herzlicher Weise zu der Aussicht beglückwünschte, nun bald die verwandtschaftlichen Bande noch fester knüpfen zu können. Mr. Collins erwiderte die freundlichen Worte mit gleicher Wärme und ging dann dazu über, Einzelheiten seiner Unterredung mit Elizabeth wiederzugeben; er könne nicht umhin, schloss er, das Ergebnis in jeder Hinsicht für günstig anzusehen, da er ja wohl nicht fehlgehe, wenn er die hartnäckige Ablehnung, die er von seiner Cousine erfahren habe, einer natürlichen Schamhaftigkeit und einem edlen Zartgefühl zuschreibe. Dieser Bericht gab indessen Mrs. Bennet zu denken. Sie hätte von Herzen gern seine Überzeugung geteilt, Elizabeth habe ihn mit ihrer Ablehnung seines wiederholten Antrages nur ermuntern wollen, doch sie wagte nicht daran zu glauben und gab ihrem Zweifel offen Ausdruck. »Aber verlassen Sie sich darauf, Mr. Collins«, fügte sie hinzu, »ich werde Lizzy den Kopf schon zurechtrücken. Ich will sofort mit ihr sprechen. Sie ist so eigensinnig und töricht, dass sie oft ihren eigenen Vorteil verkennt. Aber ich werde ihr das schon klarmachen!«

»Madame, verzeihen Sie, dass ich Sie unterbreche«, warf Mr. Collins ein, »aber wenn sie wirklich ein so eigensinniges und törichtes Mädchen ist, weiß ich nicht, ob sie für einen Mann in meiner Position, der begreiflicherweise vor allem auf eine harmonische Ehe Wert legt, die geeignete Frau sein würde. Sollte Elizabeth daher tatsächlich weiter auf ihrer Weigerung bestehen, wäre es womöglich ratsamer, sie nicht zu zwingen; denn wenn diese Fehler in ihrem Charakter schlummern, glaube ich kaum, dass das ein Glück für mich sein könnte.«

»Sie haben mich völlig missverstanden, Mr. Collins«, sagte Mrs. Bennet tief erschrocken, »Lizzy ist nur in Fällen wie in diesem so eigensinnig. Sonst ist sie das freundlichste und zuvorkommendste Geschöpf von der Welt. Ich gehe jetzt zu Mr. Bennet, und dann wird bestimmt bald alles zu unser aller Zufriedenheit in Ordnung gebracht sein.« Sie ließ ihm keine Zeit, etwas zu erwidern, sondern eilte, so schnell sie konnte, zu ihrem Mann in die Bibliothek und rief, kaum eingetreten: »Ach, lieber Bennet, du wirst dringend gebraucht! Wir sind alle halb von Sinnen vor Aufregung! Komm bitte sofort und sprich ein

Machtwort, dass deine Tochter deinen Vetter nicht ausschlägt! Sie schwört, ihn nicht nehmen zu wollen, und wenn du dich nicht beeilst, dann wird er es sich anders überlegen und sie nicht mehr wollen!«

Mr. Bennet hatte gleichmütig von seinem Buch aufgeschaut, als seine Frau eintrat, und ließ sich auch durch ihre Aufregung keineswegs aus der Ruhe bringen. »Zu meinem Kummer verstehe ich kein Wort von dem, was du da sagst«, entgegnete er, als sie Atem schöpfte. »Wovon redest du?«

»Von Mr. Collins und Lizzy! Lizzy erklärt, sie will Mr. Collins nicht, und Mr. Collins sagt auch schon, er wolle Lizzy nicht mehr!«

»Und was soll ich dazu tun? Die Sache scheint mir doch ziemlich hoffnungslos zu sein.«

»Du musst mit Lizzy sprechen. Sprich du mit Lizzy! Sag ihr, dass du darauf bestehst, sie solle ihn heiraten!«

»Lass sie rufen. Ich will ihr meine Meinung sagen.«

Mrs. Bennet läutete, und Elizabeth wurde in die Bibliothek zitiert.

»Komm her, mein Kind«, rief Mr. Bennet ihr entgegen. »Ich habe dich in einer wichtigen Angelegenheit zu mir bitten lassen. Ich höre, Mr. Collins hat dir einen Antrag gemacht. Stimmt das?«

»Ja, das stimmt.«

»Schön, und du hast diesen Antrag abgelehnt?«

»Das stimmt auch.«

»So, so, damit kommen wir jetzt zum Kern der Sache. Deine Mutter wünscht auf das bestimmteste, dass du Mr. Collins nehmen sollst. Nicht wahr, Mrs. Bennet?«

»Jawohl, ich werde sie sonst nie wieder ansehen!«

»Dann stehst du vor einer schweren Entscheidung, Elizabeth. Vom heutigen Tage an wird ein Elternteil dich wie eine Fremde behandeln müssen, deine Mutter will dich nie wieder ansehen, wenn du Mr. Collins nicht heiratest, und, was mich anbelangt, mir dürftest du nie wieder vor Augen kommen, wenn du es tust.«

Elizabeth lachte befreit und belustigt auf; sie hatte einen anderen Ausgang befürchtet. Aber Mrs. Bennet, die sich fest eingebildet hatte, ihr Mann betrachte die Angelegenheit mit ihren Augen, fühlte sich schwergekränkt. »Was denkst du dir nur, Bennet, so zu reden? Du hast mir doch versprochen, sie zu zwingen!«

»Meine Liebe«, erwiderte ihr Mann, »ich möchte dich um zwei kleine Gefallen bitten. Erstens, dass du es mir erlaubst, mir meine eigene Meinung über diese Sache zu bilden; und zweitens um Ruhe in meiner Bibliothek. Ich darf wohl darum bitten, mich wieder alleinzulassen.«

Aber Mrs. Bennet gab die Schlacht noch nicht verloren, trotz der Schlappe, die sie soeben durch ihren Mann erlitten hatte. Wieder und wieder sprach sie mit Elizabeth, bat und schalt, drohte und schmeichelte durcheinander. Sie versuchte auch, Jane auf ihre Seite zu ziehen; aber Jane lehnte es ebenso hartnäckig wie freundlich ab, sich einzumischen. Und Elizabeth begegnete allen Angriffen teils mit wirklichem Ernst, meist aber mit übermütigen Scherzen. In ihrem Entschluss wankte sie jedoch nicht einen Augenblick.

Mr. Collins überdachte mittlerweile für sich allein das Geschehene. Er hielt von sich selbst allzuviel, als dass ihm irgendein Grund eingefallen wäre, weswegen seine Cousine ihn nicht haben wollte. Sein Stolz hatte einen leichten Schlag bekommen, aber sonst war er unverletzt geblieben. Seine Zuneigung zu Elizabeth bestand ja nur in seiner Phantasie; und die Möglichkeit, dass ihre Mutter recht hatte mit ihrem Urteil über den Charakter ihrer Tochter, enthob ihn der Mühe, Bedauern über diesen Ausgang zu empfinden.

Mitten in diese Aufregung kam Charlotte Lucas zu Besuch. Lydia stürzte ihr schon im Vorzimmer entgegen. »Gut, dass du gekommen bist; hier ist nämlich mächtig viel los. Was glaubst du wohl, was heute Morgen geschehen ist? Mr. Collins hat Lizzy einen Antrag gemacht, und sie will ihn nicht!« Ehe Charlotte etwas erwidern konnte, eilte auch Kitty aufgeregt herbei, um ihr dieselbe Neuigkeit mitzuteilen; und kaum hatten sie das Frühstückszimmer betreten, in dem sie Mrs. Bennet allein vorfanden, da fing diese auch davon an und beschwor sie, ihre Freundin Lizzy zu überreden, sich den Wünschen der Familie zu fügen. »Ich bitte Sie, Miss Lucas, versuchen Sie es«, fügte sie in weinerlichem Ton hinzu. »Niemand ist sonst auf meiner Seite, niemand unterstützt mich; alle behandeln mich geradezu schändlich, niemand kümmert sich um meine armen Nerven!« Charlotte wurde der Antwort durch das Hinzukommen von Jane und Elizabeth enthoben. »Ja, da kommt sie«, fuhr Mrs. Bennet fort, »tut so unbeteiligt wie nur möglich und kümmert sich den Kuckuck um uns! Hauptsache, alles geht nach ihrem Kopf! Aber lass dir das gesagt sein, mein Fräulein Lizzy, wenn du die Absicht haben solltest, jeden Antrag abzulehnen, dann wirst du nie zu einem Mann kommen; und wer nach dem Tode deines Vaters für dich sorgen soll, das weiß ich wahrhaftig nicht! Ich kann es bestimmt nicht. Also, du bist gewarnt! Von heute an bin ich fertig mir dir! Ich habe dir in Vaters Zimmer gesagt, ich würde nie mehr mit dir sprechen, und du sollst sehen, ich halte Wort! Mir macht es keinen Spaß, mit ungezogenen Kindern zu reden. Mir macht es überhaupt keinen Spaß, mit irgendjemandem zu sprechen! Wer so wie ich unter seinen Nerven zu leiden hat, kann unmöglich zu vielem Reden aufgelegt sein. Wenn ihr wüsstet, was ich ausstehen muss! Aber so ist es ja immer: Wer schweigt und leidet, darf nicht auf Mitleid hoffen!« Ihre Töchter ließen den Wortschwall über sich ergehen; denn sie wussten, jeder Versuch, ihre Mutter zu unterbrechen, würde sie nur noch mehr reizen. Sie sprach also ohne Unterlass weiter, bis Mr. Collins eintrat, womöglich noch würdevoller als sonst. Als Mrs. Bennet seiner gewahr wurde, unterbrach sie sich selbst mit einer Ermahnung an die Mädchen. »Ich möchte euch alle jetzt dringend, ganz dringend bitten, einmal ganz ruhig zu sein. Mr. Collins und ich haben miteinander zu sprechen!« Elizabeth verließ schweigend das Zimmer, Jane und Kitty folgten ihr, aber Lydia blieb sitzen, fest entschlossen, sich nichts entgehen zu lassen. Charlotte, die zunächst durch die höflichen Fragen von Mr. Collins nach ihrem Befinden zurückgehalten wurde und dann auch durch ein wenig Neugierde, fand die befriedigende Lösung, aus dem Fenster zu blicken und zu tun, als höre sie nicht zu.

Mrs. Bennet eröffnete die Unterhaltung mit einem gramerfüllten: »Oh! Mr. Collins!«

»Meine verehrteste gnädige Frau«, begann er sogleich, »lassen Sie uns diesen Vorfall für alle Zeiten mit Schweigen bedecken. Ferne sei es mir«, fuhr er dann nach einer geziemenden Pause mit deutlicher Gereiztheit fort, »mich über das Verhalten Ihrer Tochter zu ärgern. Sich unvermeidlichen Übeln zu fügen, ist unser aller Pflicht; ganz besonders die Pflicht eines jungen Menschen, der wie ich so frühzeitig alle mögliche Bevorzugung erfahren durfte. Seien Sie versichert, gnädige Frau, ich habe mich jetzt bereits damit abgefunden, zu verzichten; nicht zum mindesten wohl auch deshalb, weil mich schon Zweifel zu befallen begannen, ob es mein wahres Glück gewesen wäre, hätte meine schöne Cousine mich ihrer Hand für würdig erachtet. Oft schon habe ich Gelegenheit gehabt, feststellen zu können, dass ein Mensch erst dann zur Einsicht kommt und Verzicht leistet, wenn das Versagte im Rückblick an Vollkommenheit einzubüßen beginnt. Sie werden daher, verehrte Mrs. Bennet, mich nicht der Missachtung Ihrer verehrlichen Familie zeihen, wenn ich meine Ansprüche auf die Gunst Ihrer Tochter schon jetzt zurückziehe, ohne Sie und Mr. Bennet um die Geltendmachung Ihrer elterlichen Autorität gebeten zu haben. Ich gebe zu, mein Verhalten kann Anlass zu gerechtem Tadel bieten, da ich die Ablehnung von den Lippen Ihrer Tochter statt von den Ihrigen angenommen habe. Aber wir sind sämtlich schwache Geschöpfe. Ich habe nur das Beste für alle im Auge gehabt; ich beabsichtigte, eine liebenswerte Lebensgefährtin an meine Seite zu holen und gleichzeitig im Sinne Ihrer ganzen Familie zu handeln. Wenn aber mein Benehmen zu Missfallen Anlass geboten haben sollte, so gestatten Sie mir, gleich jetzt und hier um Verzeihung bitten zu dürfen.«

21

Mr. Collins' Antrag erwies sich als ein ergiebiger Gesprächsstoff, aber allmählich war auch darüber alles gesagt, was gesagt werden konnte; zurückblieben nur das unangenehme Gefühl, das Elizabeth erklärlicherweise darüber empfand, und dann gelegentliche bissige Bemerkungen ihrer Mutter. Was die Hauptperson betraf, so gab Mr. Collins seinen Gefühlen weniger durch Verlegenheit oder Niedergeschlagenheit Ausdruck oder dadurch, dass er Elizabeth aus dem Wege zu gehen suchte, als durch vorwurfsvolles Schweigen und eine übertrieben würdevolle Haltung. Er sprach kaum ein Wort mit ihr; dafür bedachte er jetzt Charlotte Lucas mit den vielen kleinen Aufmerksamkeiten, von denen er sich bisher so viel versprochen hatte, und Elizabeth tat es sehr wohl, dass ihre Freundin bereitwillig darauf einzugehen schien.

Der folgende Tag besänftigte weder Mrs. Bennets schlechte Laune, noch beruhigte er ihre Nerven. Auch Mr. Collins verharrte in beleidigtem Stolz. Elizabeth hatte gehofft, sein Missmut würde ihn wenigstens veranlassen, seinen Besuch abzukürzen, aber seine Pläne schienen merkwürdigerweise keineswegs davon betroffen zu werden. Den kommenden Sonnabend hatte er von vornherein für seine Abreise vorgesehen, und bis zum kommenden Sonnabend gedachte er nach wie vor zu bleiben.

Nach dem Frühstück machten die Schwestern sich auf den Weg nach Meryton, um in Erfahrung zu bringen, ob Mr. Wickham schon zurück sei. Sie trafen ihn gleich, nachdem sie in der Stadt angelangt waren, und er begleitete sie zu ihrer Tante, wo er sein Bedauern und die anderen ihre Enttäuschung über sein Fernbleiben von dem Ball auf das lebhafteste zum Ausdruck brachten. Elizabeth gegenüber jedoch gab er ungefragt zu, dass das ganz aus freien Stücken erfolgt sei. »Ich hielt es für besser«, sagte er, »Mr. Darcy nicht zu begegnen. Einen ganzen Abend lang mit ihm im selben Haus, in derselben Gesellschaft zu sein, das wäre mehr gewesen, als ich hätte ertragen können; es hätte nur zu einem Auftritt geführt, der nicht nur mir unangenehm gewesen wäre.«

Elizabeth billigte durchaus sein Verhalten, und sie hatten Muße, darüber und noch über verschiedenes andere zu sprechen, da Wickham und noch ein Offizier die Schwestern nach Longbourn zurückbegleiteten und Wickham nicht von Elizabeths Seite wich. Dass er sie nach Hause brachte, bot ihr überdies die willkommene Gelegenheit, ihn ihren Eltern vorzustellen.

Kaum waren sie wieder zu Hause eingetroffen, als ein Schreiben aus Netherfield für Jane abgegeben wurde. Elizabeth beobachtete ihre Schwester, wie sie die von Frauenhand weitzügig hingeworfenen Zeilen überflog, und sah ihre Miene sich verändern und ihren Blick an einzelnen Stellen haften bleiben. Jane beherrschte sich jedoch sogleich wieder, steckte den Brief weg und bemühte sich, mit ihrer gewöhnlichen Heiterkeit an der Unterhaltung teilzunehmen. Aber Elizabeth fühlte eine Unruhe, die sie sogar von Wickham ablenkte, und kaum hatten er und sein Begleiter sich verabschiedet, folgte sie einem Wink ihrer Schwester, der sie bat, nach oben zu kommen. In ihrem Zimmer nahm Jane den Brief hervor und sagte: »Er kommt von Caroline. Sein Inhalt hat mich sehr überrascht. Sie haben alle Netherfield verlassen und sind jetzt schon auf dem Weg nach London. Sie wollen überhaupt nicht wieder hierher zurückkommen. Höre zu, was sie schreibt.« Sie las den ersten Satz vor, in dem Caroline den Entschluss mitteilte, ihrem Bruder nach London zu folgen, und von einer Einladung für denselben Abend im Hause Mr. Hursts in der Grosvenor Street sprach. Der Brief ging dann weiter: ›Ich will nicht behaupten, dass mich etwas Besonderes in Hertfordshire zurückhalten könnte; nur Ihre Gesellschaft, meine liebste Freundin, werde ich vermissen; aber wir dürfen hoffen, dass wir in nicht zu ferner Zukunft mit einer Erneuerung unseres reizenden Zusammenseins werden rechnen dürfen. Bis dahin müssen wir unseren Schmerz durch einen regen und herzlichen Briefwechsel zu unterdrücken suchen. Ich darf doch darauf rechnen‹.

Elizabeth hörte diese übertriebenen Phrasen ungerührt und misstrauisch an; die unvermittelte Abreise überraschte auch sie, aber soweit sie sehen konnte, lag kein Anlass vor, bekümmert darüber zu sein. Es war ja nicht anzunehmen, dass die Abwesenheit seiner Schwestern Mr. Bingley hindern würde, auf Netherfield zu wohnen. »Es ist ja schade«, sagte sie nach kurzer Überlegung, »dass du deine Freundinnen nicht mehr vor ihrer Abreise hast treffen können, aber vielleicht liegt das Wiedersehen, auf das Miss Bingley sich so freut, in noch näherer Zukunft, als sie hofft, und das Zusammensein, das ihr als Freundin so reizvoll erschienen ist, wird nur gewinnen, wenn ihr es als Schwägerinnen erneuern könnt. Mr. Bingley wird sich ja durch seine Schwestern nicht in London zurückhalten lassen.«

»Aber Caroline sagt hier auf das bestimmteste, dass keines von ihnen in diesem Winter nach Hertfordshire zurückkommen wird. Höre selbst: ›Als mein Bruder uns gestern verließ, nahm er an, dass das Geschäft, um dessentwillen er nach London fahren musste, in drei, vier Tagen zum Abschluss gebracht werden könne. Da wir aber überzeugt sind, dass es längere Zeit dauern wird, und wir außerdem aus Erfahrung wissen, dass Charles London nicht so leicht wieder verlässt, wenn er erst einmal dort ist, haben wir uns entschlossen, ihm zu folgen, damit er seine freie Zeit nicht in einem ungemütlichen Hotel zubringen muss. Viele meiner Bekannten sind schon zur Saison nach London gekommen; wie sehr würde es mich freuen, zu hören, dass Sie, meine liebste Freundin, auch zu diesen zu zählen wären – aber ich hoffe wohl vergebens. Ich wünsche Ihnen jedoch auf das aufrichtigste, dass die Geselligkeiten und Vergnügungen, die die Weihnachtszeit mit sich bringt, in Hertfordshire einander jagen werden und dass Ihre Verehrer zahlreich genug sein mögen, um Sie den Verlust der drei überwinden zu lassen, deren wir Sie berauben!‹.

»Da siehst du«, unterbrach sich Jane, »diesen Winter kommt Mr. Bingley nicht wieder!«

»Ich sehe nur, dass seine Schwester die Absicht hat, ihn davon abzuhalten.«

»Wieso denkst du das? Er muss es doch selber wollen, er ist doch sein eigener Herr. Aber du hast noch nicht alles gehört; ich will dir die Stellen vorlesen, die mich besonders getroffen haben: ›Mr. Darcy brennt vor Ungeduld, seine Schwester wiederzusehen, und ich muss gestehen, wir freuen uns alle nicht weniger als er darauf. Ich glaube wirklich nicht, dass Georgiana Darcy ihresgleichen hat an Schönheit, Haltung und Bildung. Und die Zuneigung, die sie in mir und Louisa erweckt hat, erhält ihren besonderen Reiz von der Hoffnung, die wir alle hegen, dass sie dereinst unsere Schwägerin werden wird. Ich weiß nicht, ob ich Ihnen je meine Gefühle über diese Angelegenheit offenbart habe, aber ich will auf jeden Fall nicht von hier fortgehen, ohne sie Ihnen anzuvertrauen, und ich denke, Sie werden sie berechtigt finden. Mein Bruder bringt ihr schon jetzt eine große Bewunderung entgegen; er wird von nun an häufig Gelegenheit haben, sie im Familienkreise zu treffen. Ihre Verwandten finden eine Verbindung ebenso wünschenswert wie wir alle, und ich glaube nicht, die Voreingenommenheit einer Schwester zum Ausdruck zu bringen, wenn ich behaupte, dass Charles wohl fähig ist, das Herz einer jeden Frau zu begeistern. Wo alle diese Umstände dafür sprechen und keiner dagegen, ist es da nicht zu verstehen, meine liebste Jane, dass ich mich einer Hoffnung hingebe, deren Erfüllung das Glück so vieler Menschen verbürgen würde?‹

»Und was hältst du von diesem Abschnitt, Lizzy?«, fragte Jane, als sie geendet hatte. »Ist es jetzt nicht klar genug? Sagt Caroline hier nicht rundheraus, dass sie keinen Wert darauf legt, mich zur Schwägerin zu haben? Dass sie sich über die Gleichgültigkeit ihres Bruders gegen mich im klaren ist? Und dass sie – wie gütig von ihr! – darauf bedacht ist, mich zu warnen, da sie mein Gefühl für ihn entdeckt zu haben glaubt? Kann man darüber noch anderer Ansicht sein?«

»Ja, man kann! Ich bin durchaus anderer Ansicht. Ich denke mir, Miss Bingley ahnt, dass du ihren Bruder liebst, und wünscht, dass er Miss Darcy heiraten soll. Sie folgt ihm in die Stadt, um ihn dort festzuhalten, und versucht gleichzeitig, dich davon zu überzeugen, dass er sich nichts aus dir macht.« Jane schüttelte nur den Kopf. »Glaube mir,

Jane, ich bitte dich! Niemand, der euch beide zusammen gesehen hat, kann an seiner Zuneigung zu dir zweifeln. Miss Bingley kann es am allerwenigsten. So dumm ist sie nicht. Hätte sie nur halb soviel Liebe in Mr. Darcys Augen lesen können, wäre ihr Brautkleid schon längst beim Schneider bestellt. Die Sache ist ganz einfach die: Wir sind nicht reich und nicht vornehm genug; und sie bemüht sich umso mehr, Miss Darcy für ihren Bruder zu gewinnen, als sie denkt, dass eine Heirat sehr leicht die zweite nach sich ziehen wird. Gar nicht dumm gerechnet. Aber, kurzum, meine liebe Jane, du meinst doch nicht ernstlich, dass nur, weil Miss Bingley behauptet hat, ihr Bruder bewundere Miss Darcy, er jetzt wirklich anders von dir denkt als am letzten Dienstag, oder dass es in ihrer Hand liegt, ihn dazu zu überreden, dass er nicht dich, sondern ihre Freundin liebt!«

»Wenn wir beide derselben Ansicht über Caroline wären«, sagte Jane, »dann würde mich deine Erklärung sehr beruhigen können. Aber ich weiß, dass du von einer falschen Voraussetzung ausgehst. Caroline ist völlig unfähig, einen Menschen absichtlich zu hintergehen; ich kann nur hoffen, dass sie sich selbst in diesem Fall getäuscht hat.«

»Gut so! Du hättest keine bessere Erklärung haben können, da du ja nicht auf mich hören willst. Glaube du nur, dass sie sich getäuscht hat. Damit hast du getan, was du tun konntest und brauchst dich nicht mehr zu sorgen!«

»Aber, liebe Lizzy, wie sollte ich glücklich werden können, wenn ich, falls es überhaupt dazu kommt, einen Mann heiraten würde, dessen Freunde und Schwestern ihm alle eine andere wünschen?«

»Das musst du selbst entscheiden«, sagte Elizabeth, »und wenn du nach reiflicher Überlegung zu dem Schluss kommen solltest, dass die Enttäuschung seiner Schwestern schwerer wiegt als dein Glück als seine Frau, dann rate ich dir, ihn um Himmels willen laufenzulassen!«

»Aber wenn er diesen Winter nicht wieder zurückkommt, werde ich vielleicht gar nicht die Möglichkeit haben, eine Wahl zu treffen. In sechs Monaten kann doch vieles dazwischenkommen!«

Doch Elizabeth wollte nichts davon hören, dass Mr. Bingley nicht zurückkehren werde. Der Gedanke sei nur Carolines eigennützigen Wünschen entsprungen; und ob sie nun offen oder hintenherum mit ihrem Bruder gesprochen habe, sie, Elizabeth, nehme nicht für einen Augenblick an, dass ein so unabhängiger Mensch wie Mr. Bingley sich danach richten würde. Sie versuchte auf alle erdenkliche Weise, Jane zu ihrem Standpunkt zu bekehren, und durfte bald zu ihrer Freude feststellen, dass ihre Bemühungen nicht vergeblich gewesen waren. Jane neigte von Natur nicht dazu, den Kopf hängenzulassen, und allmählich schöpfte sie neue Hoffnung, die nur noch selten von Zweifeln überschattet wurde, ob Mr. Bingley wohl wirklich nach Netherfield zurückkehren werde, um ihre Träume und Herzenswünsche zu erfüllen.

Sie beschlossen, ihrer Mutter nur mitzuteilen, die Netherfields seien nach London gereist; sie solle sich nicht unnötig wegen Bingleys Verhalten beunruhigen. Aber auch das versetzte sie schon in Erregung; sie war außer sich, dass die netten Damen gerade jetzt abgereist waren, wo man sich doch so nahegekommen war. Als sie sich jedoch genügend ausgejammert hatte, tröstete sie sich mit dem Gedanken, dass ja Bingley bald wieder zurückkehren und mit ihnen speisen werde, und ihre ganze Besorgnis löste sich in der Erklärung auf, sie habe ihn zwar nur zu einem einfachen Essen im Familienkreise geladen, aber sie werde dafür sorgen, dass es trotzdem zwei warme Gänge gebe.

22

Die Bennets waren bei Sir William Lucas zu Gast, und während des Nachmittags übernahm Charlotte wieder freundlicherweise die Aufgabe, sich Mr. Collins zu widmen. Elizabeth dankte ihr herzlich dafür, sobald sie ihre Freundin allein sprechen konnte. »Es lenkt ihn ab und hält ihn bei glänzender Laune«, sagte sie, »ich weiß nicht, wie ich dir danken soll!« Charlotte wiederum versicherte ihr, dass es ihr eine Genugtuung sei, ihr damit einen Gefallen zu tun, und dass das kleine Zeitopfer sich damit reichlich bezahlt mache. Das war wirklich freundlich gedacht und gesagt, aber Elizabeth ahnte noch nicht, wohin Charlottes Liebenswürdigkeit zielte: Sie beabsichtigte nämlich nicht mehr und nicht weniger, als ihre Freundin für immer von Mr. Collins' Aufmerksamkeiten zu befreien, indem sie sie auf sich selbst lenkte. Das war Miss Lucas' Plan; und nach allen Anzeichen zu schließen, gelang ihr seine Durchführung so gut, dass sie an einem endgültigen Erfolg nicht gezweifelt hätte, wäre nicht Mr. Collins' Urlaub so bald schon zu Ende gewesen. Aber da tat sie seinem leidenschaftlichen und zielbewussten Charakter unrecht; denn der trieb ihn am nächsten Morgen dazu, Longbourn in aller Heimlichkeit zu verlassen, um nach Lucas Lodge zu eilen und sich Charlotte zu Füßen zu werfen. Einen besseren Empfang hätte er sich wirklich nicht wünschen können. Charlotte sah ihn von ihrem Fenster aus kommen und beeilte sich, ihm wie zufällig in der Allee zu begegnen. Nie hätte sie auch nur zu träumen gewagt, dass ihrer dort ein solcher Schwall von Liebe und Beredsamkeit wartete.

Dann war aber auch schon alles zwischen ihnen zu ihrer beider Zufriedenheit besprochen und geregelt, so dass er noch vor der Haustür den Tag wissen wollte, der ihn zum glücklichsten aller Menschen machen sollte. Sir William und Lady Lucas wurden unverzüglich um ihre Einwilligung gefragt, die ebenso unverzüglich mit größter Herzlichkeit gewährt wurde. Mr. Collins' gegenwärtige Stellung machte ihn zu einer durchaus beachtlichen Partie für ihre Tochter, der sie nur wenig Vermögen mitzugeben hatten; und in vielleicht nicht zu ferner Zukunft würde er ja überdies richtig wohlhabend sein. Lady Lucas begann mit einer Sorgfalt, die sie bisher nur wenigen Dingen erwiesen hatte, Betrachtungen und Berechnungen über Mr. Bennets Alter anzustellen; und Sir William gab mit allem Nachdruck zu verstehen, Mr. Collins müsse, sobald er Besitzer von Longbourn sei, sich unbedingt mit seiner Frau bei Hofe vorstellen lassen. Die ganze Familie war, kurz gesagt, überglücklich. Die jüngeren Schwestern begannen sich der Hoffnung hinzugeben, schon ein, zwei Jahre früher auf Gesellschaften gehen zu dürfen; und die Brüder sahen sich von der großen Sorge befreit, Charlotte als alte Jungfer ins Grab sinken zu sehen. Charlotte selbst war ziemlich gefasst; sie hatte erreicht, was sie erreichen wollte, und ließ sich jetzt Zeit, ihren Erfolg abzuschätzen. Alles in allem glaubte sie, Grund zur Zufriedenheit zu haben. Gewiss, Mr. Collins war weder klug, noch sehr angenehm; seine Gegenwart fiel einem auf die Nerven, und seine Liebe bestand nur in seiner Einbildung, aber er würde ihr Gatte sein. Ohne dass sie jemals viel von Männern oder der Institution der Ehe gehalten hätte, war die Heirat doch immer ihr Ziel gewesen; es war die einzig ehrbare Möglichkeit, sich zu versorgen, die ein Mädchen aus gutem, aber nicht eben reichem Hause besaß; und mochte auch das Glück, das sich daran knüpfte, höchst zweifelhafter Natur sein, so stellte es doch die annehmbarste Sicherung gegen künftige Not dar. Das hatte sie jetzt erreicht, und mit ihren siebenundzwanzig Jahren und ihrem nicht sehr reizvollen Gesicht durfte sie sich ihres Glückes durchaus bewusst sein. Sorge machte ihr nur, wie Elizabeth die Neuigkeit aufnehmen würde; denn deren Freundschaft schätzte sie höher als die irgendeines anderen Menschen. Elizabeth würde sich nicht allein wundern, sondern sie vielleicht sogar der Berechnung zeihen; und wenn das auch ihren Entschluss nicht zu ändern vermochte, eine Missbilligung von dieser Seite würde ihr schwer aufs Herz fallen. Sie fand es daher besser, ihre Freundin selbst zu unterrichten, und schärfte Mr. Collins bei seinem Abschied ein, der Familie Bennet gegenüber nichts verlauten zu lassen. Natürlich versprach er es feierlichst, aber das Halten fiel ihm sehr schwer; denn wegen seines langen Ausbleibens plagte die Neugierde seine Cousinen, und sie stellten so verfängliche Fragen, dass es wirklich einiger Geistesgegenwart bedurfte, um ihnen auszuweichen, zumal er ja selbst darauf brannte, aller Welt seine erfolgreiche Brautfahrt zu verkünden.

Da er am folgenden Morgen schon in aller Frühe abreisen wollte, verabschiedete er sich, als die Damen sich zur Nachtruhe zurückzogen. Mrs. Bennet lud ihn mit großer Höflichkeit und Herzlichkeit ein,

Longbourn so bald wieder zu besuchen, als sein Beruf und seine sonstigen Verpflichtungen es nur zuließen. »Meine verehrte gnädige Frau«, erwiderte er, »ich bin Ihnen für diese Einladung außerordentlich verbunden, umso mehr, als ich im stillen darauf zu hoffen wagte; seien Sie versichert, dass ich ihr nachkommen werde, sobald es nur irgend geht.«

Mr. Bennet, der von einer baldigen Wiederholung des verwandtschaftlichen Besuches durchaus nicht erbaut war, beeilte sich zu bemerken: »Laufen Sie nicht Gefahr, sich Lady Catherines Unwillen zuzuziehen? Vernachlässigen Sie lieber Ihre Verwandten, als dass Sie Ihrer Gönnerin Grund zur Missbilligung geben!«

»Lieber Vetter«, entgegnete Mr. Collins, »ich danke Ihnen herzlich für diese freundliche Mahnung; verlassen Sie sich indes darauf, dass ich keinen Schritt unternehmen werde, ohne die Zustimmung Lady Catherines eingeholt zu haben.«

»Sie können nicht vorsichtig genug sein; wenn Sie Unzuträglichkeiten durch Ihren neuerlichen Besuch bei uns befürchten müssten, dann bleiben Sie nur ruhig zuhaus; Sie können sicher sein, dass wir es verstehen und nicht übel aufnehmen werden.«

»Ihre besorgte Aufmerksamkeit berührt mich wirklich äußerst angenehm. Ich verspreche Ihnen, Sie werden sehr bald schon einen Brief von mir erhalten, in dem ich Ihnen meinen Dank für diese Worte und für alles andere Gute, das ich in Ihrem Hause erfahren durfte, zum Ausdruck bringen werde. Und meinen schönen Cousinen will ich jetzt, obwohl meine baldige Wiederkehr dies wohl überflüssig erscheinen lässt, meine tiefgefühlten Wünsche für ihr Wohlergehen aussprechen, meine Cousine Elizabeth nicht ausgenommen.«

Mrs. Bennet hoffte bei sich, Mr. Collins so verstehen zu dürfen, dass er sein Augenmerk nun einem von den jüngeren Mädchen zuwenden wolle; Mary würde sie wohl dazu bringen können, ihn zu nehmen. Aber am nächsten Morgen schwand jede Hoffnung dieser Art dahin. Charlotte kam schon früh zu Besuch und erstattete Elizabeth unter vier Augen Bericht über die Ereignisse des vergangenen Tages.

In Elizabeth war schon ein paarmal während der letzten Tage der Gedanke aufgetaucht, ob wohl Mr. Collins sich jetzt einbildete, in ihre Freundin verliebt zu sein; aber dass Charlotte ihn gar noch ermunterte, erschien ihr gänzlich unwahrscheinlich. Ihr Erstaunen war daher auch so groß, dass sie ausrief: »Mit Mr. Collins verlobt? Meine liebe Charlotte, das ist doch unmöglich!«

Charlotte wurde einen Augenblick verlegen, aber da sie das ja schließlich erwartet hatte, fasste sie sich sogleich wieder und erwiderte: »Warum tust du so erstaunt, Lizzy? Hältst du es für so unwahrscheinlich, dass Mr. Collins imstande sein soll, die Neigung einer Frau zu gewinnen, nur weil er nicht so glücklich war, bei dir Erfolg zu haben?«

Aber auch Elizabeth hatte sich wieder in der Gewalt und brachte es sogar mit einiger Anstrengung fertig, ihrer Freundin einigermaßen überzeugend zu versichern, dass die Aussicht auf ihre zukünftige Verwandtschaft sie sehr erfreue und dass sie ihr alles erdenkliche Glück wünsche.

»Ich weiß wohl, was du denkst«, meinte Charlotte, »und warum du so erstaunt bist, nachdem Mr. Collins eben erst dich heiraten wollte. Aber wenn du dir etwas Zeit nimmst, alles genau zu überlegen, wirst du hoffentlich einsehen, dass ich richtig gehandelt habe. Ich bin nicht romantisch veranlagt, das weißt du. Ich will nichts anderes als mein eigenes Heim. Und was Mr. Collins' Charakter, Stellung und Beziehungen anbetrifft, so bin ich überzeugt, dass die Möglichkeit, mit ihm glücklich zu werden, mindestens ebenso groß ist wie die, mit der die meisten Leute ihre Ehe beginnen.«

Elizabeth antwortete leise: »Zweifellos!« und nach einer verlegenen Pause kehrten sie zu den anderen zurück. Charlotte blieb nicht mehr sehr lange, und Elizabeth fand dann Muße, über das Gehörte nachzudenken. Aber es dauerte lange, bis sie sich mit der Vorstellung von dieser seltsamen Ehe abfinden konnte. Dass Mr. Collins in drei Tagen zwei Anträge vorgebracht hatte, war nicht so verwunderlich, wie dass er einmal damit Erfolg hatte. Sie hatte schon immer gewusst, dass ihre und Charlottes Ansichten über die Ehe verschieden waren, aber sie hätte es nicht für möglich gehalten, dass ihre Freundin, wenn es wirklich darauf ankam, alle ihre Gefühle einem nüchternen Vorteil geopfert haben würde. Charlotte die Frau von Mr. Collins ein beschämender, beleidigender Gedanke! Und zu dem Schmerz über die Freundin, die sie enttäuscht hatte und in ihrer Achtung gesunken war, fügte sich noch die traurige Überzeugung, dass die Freundin kaum auf sonderliches Glück rechnen dürfe bei der Wahl, die sie selbst für sich getroffen hatte.

23

Elizabeth saß noch in Gedanken über das Gehörte und überlegte, ob sie den anderen etwas davon erzählen dürfe, als Sir William selbst erschien, um auf Wunsch seiner Tochter die Verlobung bekanntzugeben. Zu seinem Erstaunen begegnete er bei seinen Zuhörern weniger der erwarteten Überraschung als unverhohlenem Zweifel. Mrs. Bennet beteuerte mit weit mehr Hartnäckigkeit als Höflichkeit immer wieder, er müsse sich da doch gründlich geirrt haben, und Lydia, die von Natur taktlos und vorlaut war, rief laut: »Du lieber Gott, Sir William, wie können Sie uns so ein Märchen erzählen? Wissen Sie denn nicht, dass Mr. Collins Lizzy heiraten will?« Eine derartige Aufnahme hätte selbst die

Geduld eines Höflings aus der alten Zeit auf eine harte Probe gestellt, aber Sir Williams Weltgewandtheit ließ ihn den Proteststurm überstehen; er hörte sich mit größter Zuvorkommenheit all die Taktlosigkeiten an und bat die Damen nur, ihm doch erlauben zu wollen, seiner Sache vollkommen gewiss zu sein.

Elizabeth hielt es jetzt an der Zeit, ihn aus seiner peinlichen Lage zu befreien und bestätigte seine Worte, indem sie von dem letzten Gespräch zwischen ihr und Charlotte berichtete. Sie bemühte sich auch, den schlechten Eindruck zu verwischen, den Sir William von seinem Empfang haben musste; sie beglückwünschte ihn aufrichtig und sprach ihre Überzeugung aus, dass der ausgezeichnete Charakter Mr. Collins' gewiss Charlottes Glück gewährleiste.

Glücklicherweise war Mrs. Bennet von der Neuigkeit so erschlagen, dass sie verhältnismäßig wenig zu sagen fand, solange Sir William noch da war; aber kaum hatte er sich verabschiedet, gab sie ihren Gefühlen freien Lauf: Erstens weigere sie sich, auch nur ein Wort von der ganzen Geschichte zu glauben; zweitens könne ihr niemand einreden, Mr. Collins sei etwa nicht nach allen Regeln der Kunst eingefangen worden; drittens wisse sie, dass die beiden nicht glücklich miteinander werden würden; viertens sehe sie voraus, dass die Verlobung auseinandergehen werde. Zwei Dinge vor allem wurden jedoch mit unleugbarer Deutlichkeit klar: dass Elizabeth Schuld an allem habe und dass sie, Mrs. Bennet, geradezu schändlich von aller Welt behandelt worden sei. Diese beiden Themen wurden nun ausschließlich und ergiebig im Laufe des Tages noch weiterbehandelt. Nichts konnte sie besänftigen, nichts trösten. Ein Tag genügte ihrem Ärger gar nicht, sich auszutoben: eine ganze Woche lang konnte sie Elizabeth nicht sehen, ohne zu schelten; ein Monat musste verstreichen, bevor sie zu Sir William und Lady Lucas sprechen konnte, ohne bissig zu werden; und was Charlotte betraf, da mussten noch viele Monate vergehen, ehe sie auch nur daran denken konnte, ihr zu verzeihen.

Mr. Bennet stand der Angelegenheit sehr viel gelassener gegenüber. Wenn er sich überhaupt Gedanken darüber machte, so nur höchst angenehme, wie er behauptete. Es sei ihm eine große Genugtuung, festzustellen, dass Charlotte Lucas, die er bislang immer für einigermaßen vernünftig gehalten habe, ebenso töricht sei wie seine Frau und noch dümmer als seine eigenen Töchter!

Jane gestand ein, etwas Erstaunen bei der Nachricht empfunden zu haben, aber sie sprach weniger über ihre Überraschung als über ihren Wunsch, die beiden glücklich zu sehen – und Elizabeth konnte sie nicht zu der Ansicht bekehren, dass das doch ganz ausgeschlossen sei. Kitty und Lydia waren weit davon entfernt, Charlotte zu beneiden: Mr.

Collins war ja bloß ein Geistlicher! Als Neuigkeit für Meryton hatte die Sache wohl einen Wert, aber sonst war sie höchst belanglos.

Lady Lucas genoss selbstverständlich von Herzen den Triumph, ihrer Nachbarin nun eine demnächst gutverheiratete Tochter entgegenhalten zu können, und sie machte jetzt häufiger als früher Besuche auf Longbourn, um zu erzählen, wie glücklich sie sei, obgleich Mrs. Bennets sauertöpfische Miene und unfreundliche Bemerkungen eigentlich jedes Glück hätten davontreiben müssen.

Zwischen Elizabeth und Charlotte entstand seit der Verlobung eine Entfremdung, die eine Aussprache verhinderte; Elizabeth war überzeugt, dass die alte Vertraulichkeit zwischen ihnen nie wieder aufkommen könne. In ihrer Enttäuschung über die Freundin wandte sie sich jetzt mehr und mehr der Schwester zu, an deren Ehrlichkeit und Feingefühl sie nie zu zweifeln brauchte und um deren Herzensangelegenheit sie sich von Tag zu Tag mehr Sorge machte, da Bingley jetzt schon eine Woche fort war, ohne etwas von sich hören zu lassen.

Jane hatte Caroline umgehend auf ihren Brief geantwortet und zählte jetzt die Tage, bis sie wieder Nachricht von ihr erhielte.

Das versprochene Schreiben von Mr. Collins an Mr. Bennet kam am Dienstag nach seiner Abreise und enthielt einen Überschwang an Dankesbezeugungen, wie sie kaum nach einem zwölfmonatigen Aufenthalt in der Familie berechtigt gewesen wären, geschweige denn nach zwölf Tagen. Nachdem er sein Gewissen so entlastet hatte, fuhr er begeistert fort, von seinem Glück zu sprechen, die Liebe ihrer liebenswürdigen Nachbarin, Miss Lucas, gewonnen zu haben. Schließlich erklärte er dann auch, dass er sich nur deswegen so schnell bereitgezeigt habe, ihrer freundlichen erneuten Einladung zu entsprechen, weil er sich der Gesellschaft seiner Charlotte erfreuen wolle; er hoffe, am Montag in vierzehn Tagen wieder bei ihnen zu sein. Lady Catherine, fügte er in einer Nachschrift hinzu, billige seine Heirat von Herzen und habe den Wunsch ausgesprochen, die Trauung doch so bald wie möglich folgen zu lassen, ein Wunsch, dem sich auch Charlotte nicht entziehen könne und der sie veranlassen dürfte, ihm nun den Tag zu nennen, der ihn zum glücklichsten Menschen machen sollte.

Mr. Collins' Besuch in Longbourn war jetzt kein übermäßig erfreulicher Gedanke mehr für Mrs. Bennet; im Gegenteil, sie war sogar geneigt, sich nicht minder heftig darüber zu beklagen als ihr Mann. Es sei doch merkwürdig, dass er nach Longbourn komme, anstatt nach Lucas Lodge zu gehen; für ihn sei das höchst unbequem und für alle anderen äußerst lästig. Außerdem liebe sie es nicht, Gäste zu haben, wenn es ihr nicht gutgehe, und verliebte Leute seien überdies noch besonders unangenehm.

Weit größer war die Besorgnis, dass Bingley immer noch abwesend war. Weder Jane noch Elizabeth wussten, was sie davon denken sollten. Ein Tag nach dem anderen verging ohne Nachricht von ihm; in Meryton war bald darauf das Gerücht aufgetaucht, er beabsichtige, den ganzen Winter über in London zu bleiben, ein Gerücht, das Mrs. Bennet höchst aufgebracht als ganz unverschämte Lüge abtat, wo immer sie ihm begegnete. Sogar Elizabeth machte sich Sorgen. Nicht, dass etwa Bingley gleichgültig gegen Jane geworden sein könnte, aber dass seine Schwestern ihn mit Erfolg von Netherfield fernhalten würden. Sie fürchtete denn auch, die Bemühungen der beiden berechnenden Schwestern und der Einfluss seines Freundes im Verein mit den Reizen Miss Darcys und den Vergnügungen Londons könnten am Ende doch seiner Zuneigung auf die Dauer ernstlich Abbruch tun.

Für Jane war naturgemäß dieser Zustand der Ungewissheit noch bedrückender als für ihre Schwester; aber sie versuchte, ihre Gedanken und Gefühle zu verbergen, und die beiden Schwestern rührten daher nie an dieses Thema. Da Mrs. Bennet jedoch kein solches Feingefühl besaß, brauchte sie sich auch nicht eine solche Zurückhaltung aufzuerlegen, und es verging kaum eine Stunde, in der sie nicht von Bingley sprach, ihre Ungeduld über seine lange Abwesenheit zum Ausdruck brachte und sogar von Jane dazu hören wollte, dass es sie sehr kränken würde, wenn er nicht zurückkäme.

Mr. Collins dagegen kam pünktlich am angekündigten Montag an, aber sein Empfang war dieses Mal um vieles weniger herzlich als bei seinem ersten Besuch. Er fühlte sich indes zu glücklich, um auf das Verhalten seiner Verwandten sehr zu achten. Und zur Erleichterung für die ganze Familie nahm ihn seine neue Würde als Bräutigam so sehr in Anspruch, dass sie den größten Teil des Tages von seiner Gegenwart befreit waren.

Mrs. Bennet befand sich in einem wahrlich beklagenswerten Zustand. Die geringste Bemerkung über irgendetwas, das mit der Heirat zusammenhing, schleuderte sie in eine Hölle von Missgunst und Ärger, und dabei konnte sie hingehen, wohin sie wollte, überall war eben dieses verhasste Thema Hauptgesprächsstoff. Der Anblick von Charlotte Lucas war nicht minder hassenswert; als ihre Nachfolgerin in ihrem Hause betrachtete sie das junge Mädchen mit eifersüchtigem Abscheu. Sooft Charlotte zu Besuch kam und sich etwa mit Mr. Collins unterhielt, meinte sie, jetzt sprächen sie gewiss über Longbourn und überlegten, wie sie Mrs. Bennet und ihre Töchter vor die Tür setzen könnten. Mrs. Bennet klagte ihrem Mann bitterlich ihr Leid. »Es ist doch wirklich zu hart, mein lieber Bennet«, sagte sie, »zu denken, dass Charlotte hier einmal einziehen soll und dass ich gezwungen sein werde, ihr Platz zu machen.«

»Lass den Kopf nicht hängen, meine Liebe. Vielleicht gibt es eine bessere Lösung; ich kann dich ja auch überleben.«

Aber Mrs. Bennet fand an diesen Worten nicht viel Trost.

24

Endlich kam Carolines Brief, er machte allen Hoffnungen und Zweifeln ein Ende. Schon der erste Satz enthielt die Bestätigung, dass die Bingleys sich allesamt für den Winter in London eingerichtet hatten, und der Brief schloss mit einem Ausdruck des Bedauerns, dass ihr Bruder keine Zeit gehabt habe, sich von seinen Freunden in Longbourn zu verabschieden, bevor er Netherfield verließ. Den Hauptinhalt bildete jedoch eine Lobeshymne auf Miss Darcy. Ihre vielen Vorzüge wurden erneut des längeren beschrieben, und Caroline prahlte überglücklich mit der ständig fester werdenden Freundschaft zwischen ihr und dem jungen Mädchen und glaubte sogar, die baldige Erfüllung der Wünsche und Hoffnungen voraussagen zu können, die sie in ihrem letzten Brief erwähnt hatte. Sie berichtete weiter mit offenbarem Vergnügen, dass ihr Bruder fast ständiger Gast in Darcys Haus sei, und flocht bei der Gelegenheit eine entzückte Beschreibung der neuen Wohnungseinrichtung ein, die dieser sich gerade anfertigen ließ.

Elizabeth hörte es sich in schweigender Erbitterung an, als Jane ihr die wichtigsten Stellen des Briefes vorlas. Sie schwankte zwischen Mitleid für Jane und Hass gegen die Bingleys. Carolines Behauptung, ihr Bruder sei von Miss Darcy besonders eingenommen, schenkte sie keinen Glauben; dass er Jane wirklich von Herzen gern hatte, daran zweifelte sie auch jetzt keinen Augenblick; aber so sehr sie früher bereit gewesen war, nur das Beste von ihm zu halten, so wenig konnte sie jetzt ohne Zorn, ja, sogar Verachtung an ihn denken, an ihn und seine Unbeständigkeit und seine Schwächlichkeit, die ihn zum Sklaven seiner hinterlistigen, falschen Freunde machten und ihn sein Glück ihren Einfällen und Wünschen opfern ließen. Wäre es nur die Frage seines eigenen Glückes gewesen, nun gut, damit sollte er spielen dürfen, soviel er wollte; aber das ihrer Schwester wurde ebenfalls davon betroffen, und das musste er so gut wissen wie sie. Aber sie konnte noch so viel hin und her überlegen, einen Ausweg aus den Schwierigkeiten fand sie nicht. Ob Bingleys Gefühle tatsächlich so kurzlebig waren oder dem Eingreifen seiner Freunde weichen mussten, ob er sich Janes Zuneigung bewusst geworden war, oder ob er sie nicht beachtet hatte; welche von diesen Möglichkeiten auch zutreffen mochte, es würde zwar ihre Meinung über ihn beeinflussen, aber für ihre Schwester würde sich in dem einen wie in dem anderen Fall nichts ändern. Ihr Frieden war zerstört.

Jane ließ nicht gern in ihr Inneres blicken; aber als Mrs. Bennet sie einmal nach einer ungewöhnlich ermüdenden Jeremiade über Netherfield mit Elizabeth alleinließ, konnte sie den Stoßseufzer nicht unterdrücken: »Wenn unsere liebe Mutter sich doch ein wenig mehr beherrschen könnte! Wenn sie nur wüsste, wie tief mich ihre ständigen Anspielungen schmerzen! Aber ich will nicht jammern. Es wird nicht lange dauern und er ist vergessen, und alles wird wieder sein wie zuvor!« Elizabeth sah mit bekümmerter und nicht sehr überzeugter Miene zu ihrer Schwester hinüber, sagte jedoch nichts. »Du glaubst mir nicht«, rief Jane errötend, »aber du kannst mir glauben, er wird in meiner Erinnerung als der liebste Mensch weiterleben, den ich je getroffen habe; das ist aber auch alles. Ich habe nichts mehr zu hoffen und nichts mehr zu fürchten und nichts ihm vorzuwerfen. Gott sei Dank bleibt mir dieser Schmerz erspart. Ein wenig Zeit nur – ich werde schon darüber hinwegkommen ...« Mit festerer Stimme fügte sie hinzu: »Den Trost habe ich schon jetzt, dass es weiter nichts als ein Irrtum meiner Einbildung gewesen ist und dass niemand darunter zu leiden gehabt hat außer mir selbst.«

»Meine liebe Jane«, rief Elizabeth, »du bist doch zu gut. Du bist wirklich ein Engel an Sanftmut; ich weiß gar nicht, was ich dir antworten soll. Du willst alle Welt vollkommen finden, und es kränkt dich, wenn man über irgendjemanden Schlechtes denkt. Ich möchte jetzt nur dich als vollkommen betrachten. Je mehr ich von der Welt zu sehen bekomme, umso unzufriedener werde ich mit ihr; jeder Tag bestätigt von neuem meine Überzeugung, dass die Menschen wankelmütig sind und dass man sich weder auf die Vernunft, noch auf die Verdienste anderer verlassen kann. Erst kürzlich habe ich dafür wieder zwei Beweise erhalten: Über die eine Sache will ich nicht sprechen, die andere ist Charlottes Verlobung. Sie ist mir vollkommen unverständlich.«

»Liebe Lizzy, lass dich bitte nicht von solchen Ansichten beherrschen; du wirst dir damit jedes Glück zerstören. Du ziehst nicht genügend in Betracht, wie verschieden jeder Mensch ein und dieselbe Sache betrachten kann: Mr. Collins' Ehrbarkeit wird an Charlottes ruhigem, klugem Wesen Gefallen finden, Charlottes Ausgeglichenheit an seiner Ehrbarkeit. Vergiss überdies nicht, dass sie eines von vielen Kindern ist, dass Mr. Collins, was die Vermögensfrage betrifft, keine schlechte Partie ist; und versuche wenigstens zu glauben, dass sie vielleicht doch so etwas wie Zuneigung und Achtung für ihn verspürt.«

»Um dir einen Gefallen zu tun, Jane, könnte ich beinahe alles glauben. Aber in diesem Falle hätte keiner von meinem Glauben etwas; denn wenn ich überzeugt wäre, dass Charlotte etwas für ihn fühlt, würde ich nur noch schlechter von ihrer Menschenkenntnis denken, als ich es jetzt von ihrem Herzen tue. Liebe Jane, Mr. Collins ist ein eingebildeter, aufgeblasener, engstirniger, höchst dummer Patron, und du weißt es so gut wie ich. Du müsstest ebenso wie ich der Ansicht sein, dass die Frau, die ihn heiratet, nicht ganz bei Trost sein kann. Du brauchst sie nicht zu verteidigen, wenn es auch unsere Freundin Charlotte ist. Du sollst nicht wegen eines einzelnen Menschen die Bedeutung von Ehrlichkeit und Aufrichtigkeit bestreiten und nicht versuchen, dich oder mich zu überzeugen, dass Eigennutz Weisheit und Torheit eine Sicherheit für das Glücklichwerden ist.«

»Ich finde, du urteilst zu hart über beide«, erwiderte Jane, »und ich hoffe, du wirst dich umstimmen lassen, wenn du siehst, wie glücklich sie zusammen werden. Aber lassen wir das. Du sprachst von zwei Fällen: Ich weiß, welchen anderen du meinst, aber ich bitte dich, Lizzy, tu mir nicht den Schmerz an zu glauben, dass er Schuld an allem trage, und sage nicht, er sei ebenfalls in deiner Achtung gesunken. Wir dürfen nicht voreilig den Schluss ziehen, er habe uns absichtlich kränken wollen. Man kann nicht von einem lebenslustigen, jungen Menschen verlangen, er solle sich jeden Schritt vorher überlegen und stets darauf bedacht sein, keines Menschen Gefühle zu verletzen. Außerdem verleitet die Eitelkeit uns Frauen oft dazu, uns einzubilden, dass Bewunderung mehr bedeute, als sie es wirklich tut.«

»Ja, und die Männer haben nichts dagegen einzuwenden!«

»Wenn sie es tatsächlich darauf anlegen, dann ist das natürlich nicht zu entschuldigen. Aber ich kann nicht glauben, dass es so viel Falschheit in der Welt gibt, wie manche Leute anzunehmen scheinen.«

»Ich wollte gewiss nicht sagen, dass Mr. Bingley wissentlich unaufrichtig gehandelt hat«, sagte Elizabeth. »Aber es bedarf ja gar nicht einer bösen Absicht, um jemanden unglücklich zu machen; Gedankenlosigkeit, Rücksichtslosigkeit oder auch mangelnde Willensstärke, das genügt dazu schon.«

»Und du hältst eine von diesen Ursachen für gegeben?«

»Ja, die mangelnde Willensstärke. Aber wenn ich fortfahre, dann könnte ich mit meiner Ansicht über Menschen, die du gern hast, dir wehe tun.«

»Du hältst also an deiner Auffassung fest, dass seine Schwestern ihn zu beeinflussen suchen?«

»Ja, sie und sein Freund!«

»Das glaube ich einfach nicht. Warum sollten sie ihn so beeinflussen wollen? Sie können ja nur sein Glück wünschen, und wenn er mich gern hat, wird keine andere Frau dazwischenkommen können.«

»Was du sagst, stimmt nur zum Teil; sie können noch sehr viel anderes wünschen als nur sein Glück, die Vergrößerung seines Vermögens und seines Ansehens zum Beispiel. Vielleicht wünschen sie, er solle ein Mädchen heiraten, das ihm alle Vorteile von Reichtum, einflussreichen Beziehungen und gesellschaftlicher Stellung zu bieten vermag.«

»Zweifellos würden sie es gern sehen, dass er Miss Darcy heiratet«, antwortete Jane, »aber sie können bessere Gründe dafür haben, als du annimmst. Sie ist ihnen schon viel länger bekannt als ich; kein Wunder, wenn sie sie lieber haben. Aber was auch ihr Wunsch sein mag, es ist doch sehr unwahrscheinlich, dass sie sich dem Wunsche ihres Bruders widersetzt haben sollen. Welche Schwester würde sich dazu berufen fühlen, wenn nicht sehr starke Gründe dafür sprechen? Wenn sie glaubten, dass er mich mag, dann würden sie nicht versuchen, uns auseinanderzubringen; und wenn sie es versuchten, würde es ihnen nicht gelingen. Aber dadurch, dass du eine solche Zuneigung von seiner Seite als gewiss annimmst, wird die Handlungsweise aller unnatürlich und schlecht, und mich machst du sehr traurig. Lass mir die Beruhigung, dass ich mich geirrt habe, ich schäme mich deswegen nicht; mindestens bedrückt mich der Gedanke nicht so sehr, wie es mich bedrücken würde, wenn ich schlecht von ihm und seinen Schwestern denken müsste. Lass mir diese freundliche Erklärung seines Verhaltens, solange deine unfreundliche nicht erwiesen ist.«

Elizabeth konnte nicht anders, als einer so eindringlich vorgebrachten Bitte nachzugeben; und von da an fiel der Name Bingley nur mehr selten zwischen den beiden Schwestern. Mrs. Bennet indes fuhr fort, sich über sein Wegbleiben zu wundern und zu beklagen, und wenn auch kaum ein Tag verging, an dem Elizabeth ihr nicht geduldig seine mutmaßlichen Gründe zu erklären versuchte, bestand doch wenig Hoffnung, dass ihr die Angelegenheit jemals weniger Kopfzerbrechen verursachen würde. Ihre Tochter bemühte sich, sie von dem zu überzeugen, was sie selber nicht wahrhaben wollte, dass nämlich seine Aufmerksamkeit Jane gegenüber nie etwas anderes als eine flüchtige Zuneigung gewesen sei, die natürlich aufhören musste, sobald er sie nicht mehr vor Augen hatte. Das leuchtete zwar Mrs. Bennet jedesmal von neuem ein, musste aber nichtsdestoweniger täglich mindestens einmal wiederholt werden. Mrs. Bennets ganzer Trost war immer noch der, dass Mr. Bingley ja spätestens im Sommer wieder zurückkehren müsse.

Mr. Bennet hatte seine eigene Meinung. »Deine Schwester hat also Pech in der Liebe gehabt, Lizzy, wie ich höre. Ich beglückwünsche sie dazu. Außer der Ehe gibt es ja für ein Mädchen nichts Schöneres, als hin und wieder ein wenig unglücklich verliebt zu sein. Das gibt ihr etwas zu denken auf und verschafft ihr außerdem eine gewisse Sonderstellung unter ihren Freundinnen. Wann bist du an der Reihe, Lizzy? Sehr lange wirst du doch Jane den Vorsprung nicht gönnen. Gelegenheiten genug hast du jetzt; in Meryton gibt es genügend Offiziere, um sämtliche jungen Mädchen hierzulande zu enttäuschen. Ich rate dir zu Wickham; er ist ein netter Kerl, und ich sollte meinen, dass der Korb, den er dir geben wird, dich vollauf befriedigen müsste!«

»Vielen Dank, lieber Vater, aber ein weniger netter Mann würde es auch tun. Wir können nicht alle Janes Glück haben.«

»Stimmt«, erwiderte Mr. Bennet, »und außerdem haben wir ja die beruhigende Gewissheit, dass deine liebe Mutter der Sache die beste Seite abgewinnen wird, ganz gleich, welche Umstände mitgespielt haben mögen.«

Der Umgang mit Mr. Wickham trug nicht unwesentlich dazu bei, die gedrückte Stimmung wieder zu vertreiben, die sich Longbourns seit den letzten Geschehnissen bemächtigt hatte. Er war ein häufiger Gast, und zu seinen vielen anderen Vorzügen gesellte sich bald auch der seiner großen Offenherzigkeit. Die ganze Geschichte, die Elizabeth als erste gehört hatte, sein Verhältnis zu Darcy und was er ihm Böses zu verdanken hatte, alles wurde freimütig besprochen. Und jedermann war froh, dass er Darcy bereits nicht hatte leiden mögen, als man von diesen Dingen noch nichts wusste. Jane war die einzige, die zu der Annahme neigte, es könne auch hier mildernde Umstände geben, die aus irgendeinem Grunde nicht zutagegetreten wären; ihr sanftes, nachsichtiges Wesen scheute sich davor, jemanden ohne sichere Beweise zu verdammen. Sie glaubte auch in diesem Fall an irgendwelche leidigen Missverständnisse, aber alle anderen waren der festen Überzeugung, dass Darcy an Schlechtigkeit nicht seinesgleichen habe.

25

Nach einer Woche voller Liebesschwüre und Pläne für eine goldene Zukunft rief die Pflicht Mr. Collins am Sonnabend aus der geduldigen Gesellschaft seiner Charlotte ab. Der Schmerz der Trennung wurde, wenigstens was ihn anbelangte, dadurch gemildert, dass er in der Folge die nötigen Vorbereitungen für den Empfang seiner Braut treffen konnte; denn er hatte allen Grund zu hoffen, dass bald nach seinem nächsten Besuch der Hochzeitstag festgelegt werden würde. Er verabschiedete sich von seinen Verwandten auf Longbourn mit der gleichen Feierlichkeit wie das erste Mal und stellte seinem Vetter erneut einen Dankesbrief in Aussicht.

Der nächste Montag brachte Mrs. Bennet die Freude, ihren Bruder und seine Frau auf Longbourn begrüßen zu dürfen; wie gewöhnlich kamen sie auch dieses Jahr aus London, um das Weihnachtsfest im Kreise ihrer Verwandten zu verleben. Mr. Gardiner war ein gescheiter, vornehmer Mensch und daher seiner Schwester an Geistesgaben und Bildung durchaus unähnlich. Die Netherfielder Damen hätten es gewiss schwierig gefunden, sich zu erklären, wie jemand, der wie er vom Handel lebte und seinen Wohnsitz in unmittelbarer Nachbarschaft seiner Geschäftshäuser hatte, ein so vornehmes und anziehendes Auftreten besitzen konnte. Mrs. Gardiner, die um einige Jahre jünger war als Mrs. Bennet und Mrs. Philips, war eine liebenswürdige, kluge und gewandte Dame und erfreute sich großer Beliebtheit bei ihren Longbourner Nichten. Besonders zwischen ihr und den beiden älteren bestand eine herzliche Freundschaft, und beide waren schon häufig bei ihr in London zu Gast gewesen.

Zuerst musste Mrs. Gardiner natürlich die mitgebrachten Geschenke verteilen und die letzten Modeneuheiten beschreiben. Sodann kam ihre zweite Aufgabe: Jetzt musste sie zuhören. Mrs. Bennet konnte wieder einmal ihr kummervolles Herz ausschütten. Alle waren sie seit dem letzten Besuch ihrer Schwägerin sehr enttäuscht worden: Zwei ihrer Töchter waren schon so gut wie verheiratet gewesen, aber schließlich fielen ihre ganzen Hoffnungen dennoch ins Wasser. »Jane mache ich keinen Vorwurf«, fuhr sie fort, »denn Jane hätte Mr. Bingley schon genommen, wenn es nur dazu gekommen wäre. Aber Lizzy! Ach, liebste Schwägerin, es ist doch zu bitter, sich vorzustellen, dass sie heute schon Mrs. Collins sein könnte, wäre nicht ihre verdrehte Halsstarrigkeit gewesen! Hier in diesem Zimmer machte er seinen Antrag, und sie sagt einfach ›nein‹! Nun wird Lady Lucas eher als ich eine verheiratete Tochter haben, und meine Kinder werden einmal von Longbourn nichts erben. Diese Familie Lucas, das ist ein ganz berechnendes Volk, liebste Schwester; die nehmen, was sie nur immer bekommen können. So sehr es mich schmerzt, dergleichen von ihnen zu sagen, es stimmt leider. Du glaubst gar nicht, wie sehr meine Nerven und meine Gesundheit darunter leiden, dass ich in meiner eigenen Familie so wenig Verständnis finde und dass unsere Nachbarn so gar keine Rücksicht auf andere nehmen. Deine Ankunft in so schwerer Zeit ist wirklich eine wahre Wohltat, und es hat mich äußerst interessiert, deine Beschreibung der neuen Ärmelmode zu hören.«

Mrs. Gardiner wusste von den verschiedenen Ereignissen schon aus den Briefen ihrer Nichten; sie gab ihrer Schwägerin also nur eine unverbindliche Antwort und fing dann aus Rücksicht auf Jane und Elizabeth ein anderes Gespräch an. Später, als sie mit Elizabeth allein war, kam sie aber wieder auf Jane zu sprechen. »Schade, dass aus Jane und Bingley nichts wurde«, sagte sie. »Nach deinen Beschreibungen müssten sie sehr gut zueinander gepasst haben. Aber dergleichen kommt ja so häufig vor. Ein junger Mann verliebt sich leicht einmal in ein hübsches Mädchen für ein paar Wochen und vergisst sie ebenso leicht, sobald ein Zufall sie trennt.«

»Das mag in den Fällen, wo es zutrifft, ein recht schöner Trost sein«, entgegnete Elizabeth, »aber in unserem Fall trifft es eben nicht zu. Da war es kein Zufall. Und sehr oft dürfte es doch nicht vorkommen, dass ein selbständiger, junger Mann sich durch das Dazwischentreten anderer dazu überreden lässt, ein Mädchen fallen zu lassen, in das er noch ein paar Tage zuvor wahnsinnig verliebt war!«

»›Wahnsinnig verliebt‹ ist ein solcher Gemeinplatz geworden und bedeutet heute so wenig, dass ich mir darunter gar nichts vorstellen kann. Nach einem halbstündigen Gespräch ist man heutzutage nicht weniger ›wahnsinnig verliebt‹ als bei einer auf langer, tiefer Zuneigung beruhenden Liebe. Also sag mir, wie ›wahnsinnig‹ war denn Mr. Bingleys Verliebtheit?«

»Nun, ich jedenfalls habe noch nie eine so offenkundige Zuneigung gesehen: er hatte nur noch Augen für Jane, und wenn sie in seiner Nähe war, beachtete er niemand anderes. Das wurde von Mal zu Mal deutlicher und auffälliger. Auf dem Ball, den er gab, stieß er mehrere junge Damen vor den Kopf, weil er sie nicht ein einziges Mal zum Tanzen aufforderte; und als ich ihn ansprach, schien er geradezu taub zu sein. Könnte es bessere Anzeichen geben? Ist solche Unhöflichkeit nicht geradezu das Kennzeichen von Verliebten?«

»Ja, gewiss, für die Art Liebe, die er meiner Meinung nach für Jane empfand. Arme Jane! Sie tut mir leid: So, wie sie veranlagt ist, wird sie diesen Schlag wohl nicht so bald verwinden können. Es wäre mir viel lieber gewesen, wenn du an ihrer Stelle gewesen wärst, Lizzy; du hättest dich eher von allen traurigen Gedanken freilachen können. Aber was meinst du, ob ich sie überreden kann, mit uns nach London zurückzukehren? Aus der Umgebung fortzukommen, in der sie unglücklich wurde, wird ihr sicher gut tun – und sich von euch zu Hause zu erholen, dürfte auch keine schlechte Idee sein.«

Elizabeth freute sich aufrichtig über diesen Vorschlag und war überzeugt, dass ihre Schwester ihm zustimmen würde.

»Ich will nur hoffen«, setzte Mrs. Gardiner hinzu, »dass Jane sich in London keine dummen Gedanken wegen dieses jungen Mannes in den Kopf setzt. Da wir in einem ganz anderen Viertel wohnen und unsere Freunde einem ganz anderen Kreise angehören und da wir, wie du weißt, sehr wenig ausgehen, ist es mehr als unwahrscheinlich, dass sie sich jemals treffen, es sei denn, dass er kommen sollte, um sie zu besuchen.«

»Und das ist gänzlich ausgeschlossen; denn er befindet sich jetzt unter der Obhut Mr. Darcys, und der erlaubt ihm bestimmt nicht, Jane in London aufzusuchen! Wie kannst du dir nur so etwas einbilden, liebste Tante? Mr. Darcy kennt eure Straße vielleicht vom Hörensagen, aber es wird ihm auch nicht im Traum einfallen, sie zu betreten; und sollte er eines Tages wirklich in diese unappetitliche Gegend verschlagen werden, dann würde er sich hinterher selbst nach monatelangem Waschen noch beschmutzt fühlen. Und das weiß ich genau, ohne seinen Freund tut Mr. Bingley keinen Schritt!«

»Umso besser! Ich hoffe ja nur, dass sie sich nicht zu sehen bekommen. Aber schreibt sich Jane noch mit seiner Schwester? Ja? Dann wird sie wohl kaum umhinkönnen, ihnen einen Besuch zu machen.«

»Eher wird sie die ganze Freundschaft aufgeben!«

Mrs. Gardiner war nicht der gleichen Meinung wie Elizabeth; sie schöpfte sogar bei näherem Nachdenken einige Hoffnung für Jane. Es war doch immerhin möglich, vielleicht gar wahrscheinlich, dass Bingleys Zuneigung zu neuem Leben geweckt werden konnte und dass die Einwirkung seiner Freunde dem weitaus natürlicheren Einfluss von Janes Reizen weichen musste.

Jane nahm die Einladung ihrer Tante mit Freuden an, und an die Bingleys dachte sie dabei nur insofern, als sie hoffte, dass Caroline nicht in demselben Haus wie ihr Bruder wohnte, so dass sie gelegentlich einen Morgen zusammen verbringen könnten, ohne Gefahr zu laufen, ihn zu treffen.

Die Gardiners blieben eine Woche in Longbourn, und nicht ein Tag verging, an dem nicht irgendeine Gesellschaft bei den Philips, den Lucas oder bei einer von den Offiziersfamilien stattgefunden hätte. Mrs. Bennet hatte für ihre Verwandten ein derart umfangreiches Vergnügungsprogramm aufgestellt, dass man nicht ein einziges Mal dazu kam, im engeren Familienkreise zu speisen. Traf man sich auf Longbourn, waren bestimmt auch einige Offiziere mit dabei, und unter denen wiederum durfte Mr. Wickham niemals fehlen.

Bei solchen Gelegenheiten beobachtete Mrs. Gardiner, durch die Wärme, mit der Elizabeth ihr Wickham geschildert hatte, aufmerksam geworden, die beiden aufs genaueste. Nach allem, was sie dabei sah, glaubte sie nicht, auf eine große Zuneigung schließen zu brauchen, aber die Vorliebe, die anscheinend jeder für die Gesellschaft des anderen hatte, kam ihr doch sehr merkwürdig vor. Sie beschloss, mit Elizabeth darüber zu sprechen, bevor sie nach London zurückfuhr, und ihr vorzuhalten, wie töricht es sei, den jungen Mann zu ermutigen.

Wickham verstand es übrigens, auch Mrs. Gardiner zu interessieren. Vor etwa zehn, zwölf Jahren nämlich, noch vor ihrer Ehe, war sie längere Zeit in dem Teil von Derbyshire gewesen, aus dem er stammte. Sie hatten daher viele gemeinsame Bekannte. Zwar war Wickham seit dem Tode des alten Mr. Darcy vor fünf Jahren nur selten dorthin zurückgekehrt, aber er vermochte ihr doch mehr über ihre alten Freunde zu berichten, als sie bisher in Erfahrung hatte bringen können.

Mrs. Gardiner kannte auch Pemberley und den alten Mr. Darcy, vom Hörensagen wenigstens, sehr gut. Daraus ergab sich natürlich ein schier unerschöpflicher Gesprächsstoff. Wickham rief ihr mit seiner eingehenden Schilderung ihre undeutliche Erinnerung an Pemberley wieder wach, und sie konnte seine Lobeshymnen auf den alten Darcy durch allerlei treffende Einzelheiten ergänzen; so bereiteten diese Erinnerungen beiden die gleiche Freude. Als sie von der üblen Behandlung erfuhr, die Mr. Wickham von dem jungen Darcy widerfahren war, glaubte sie sich bestimmt daran erinnern zu können, dass schon damals von Mr. Fitzwilliam Darcy als von einem ungewöhnlich hochnäsigen und üblen Burschen gesprochen wurde.

26

Mrs. Gardiner warnte Elizabeth bei der ersten Gelegenheit in freundschaftlicher Offenheit: »Du bist ein viel zu vernünftiges Mädchen, Lizzy, um dich nun gleich richtig zu verlieben, bloß, weil du davor gewarnt worden bist. Daher kann ich auch ganz offen mit dir sprechen. Ich bitte dich ernstlich, sei auf deiner Hut! Lass dich und auch ihn nicht auf etwas ein, was bei euer beider Vermögenslosigkeit einfach eine Unklugheit wäre. Ich will nichts gegen ihn sagen; im Gegenteil, ich finde, er ist ein sehr netter, junger Mann, und wenn er etwas eigenes Vermögen besäße, würde ich meinen, du könntest keine bessere Wahl treffen. Aber, wie der Fall nun einmal liegt, lass deine Gefühle nicht mit dir durchgehen. Du hast einen klaren Kopf, und wir hoffen alle, dass du ihn zu gebrauchen verstehen wirst. Dein Vater verlässt sich blind auf deine Klugheit und auf dein Taktgefühl; du darfst deinen Vater nicht enttäuschen.«

»Liebe Tante, das klingt ja sehr feierlich ...«

»Jawohl, und ich hoffe, du verstehst, wie ernst es gemeint ist.«

»Gut, du brauchst dich nicht zu beunruhigen. Ich werde auf mich selbst und auf Mr. Wickham achtgeben; er soll sich nicht verlieben, wenn ich es verhindern kann.«

»Lizzy, jetzt sprichst du nicht im Ernst.«

»Entschuldige, Tante. Ich will versuchen, mich klarer auszudrücken. Also, im Augenblick bin ich nicht in Mr. Wickham verliebt; nein, das kann ich ehrlich behaupten. Aber er ist tatsächlich der netteste Mann, den ich je getroffen habe. Wenn er wirklich eine Neigung zu mir fassen sollte ... wirklich, ich glaube, es wäre besser, wenn er es nicht täte. Ich verstehe, wie unklug das wäre! ... Oh, dieser ekelhafte Mr. Darcy! ... Vaters Vertrauen ist eine große Ehre für mich, und ich wäre wirklich sehr traurig, wenn ich es verlieren würde. Aber mein Vater schätzt Mr. Darcy sehr. Kurz, liebe Tante, es täte mir leid, wenn irgendjemand von euch durch meine Schuld betrübt würde. Aber da es ja jeden Tag vorkommt, dass junge Leute, die sich mögen, sich durch das Fehlen eines Vermögens nicht davon abhalten lassen, sich zu verloben, wie sollte ich es dir da versprechen, weiser zu handeln, wenn die Versuchung an mich herantritt? Und wie soll ich es wissen, ob es überhaupt weise ist, ihr zu widerstehen? Alles, was ich dir daher versprechen kann, ist, nichts Übereiltes zu tun. Ich werde nicht länger glauben, dass ich die einzige bin, die seine Gedanken beschäftigt, und wenn wir zusammen sind, werde ich alle heimlichen Herzenswünsche zu unterdrücken versuchen. Kurz, ich werde mein Bestes tun!«

»Es wäre vielleicht gut, wenn du ihn nicht so oft auffordern würdest, nach Longbourn zu kommen; wenigstens solltest du deine Mutter nicht noch daran erinnern, ihn mit einzuladen!«

»Wie zum Beispiel neulich erst«, meinte Elizabeth mit einem schuldbewussten Lächeln. »Sehr wahr; ich will mich bemühen, es nicht wieder zu tun. Aber denke ja nicht, dass er immer so häufig bei uns ist. Er ist letzte Woche nur deinetwegen so oft eingeladen worden. Du weißt doch, Mutter ist der Auffassung, dass ihre Gäste nie ohne Gesellschaft sein dürfen. Aber auf Ehrenwort, ich will versuchen, nur immer das Klügste zu tun. Bist du nun zufrieden?« Ihre Tante war wirklich zufrieden, und nachdem Elizabeth ihr für ihren freundschaftlichen Rat gedankt hatte, trennten sie sich in bestem Einvernehmen.

Mr. Collins kehrte bald nach der Abreise Janes und der Gardiners nach Hertfordshire zurück. Da er aber dieses Mal bei den Lucas wohnte, hatte Mrs. Bennet keinen Grund, sich über ihn zu beklagen. Seine Hochzeit stand jetzt so dicht bevor, dass selbst Mrs. Bennet sie als eine unvermeidliche Tatsache anzusehen begann; sie gab sogar bisweilen in gottergebenem Ton ihrem Wunsche Ausdruck, dass ›sie hoffentlich recht glücklich werden würden‹.

Am Donnerstag sollte die Trauung stattfinden, und am Mittwoch machte Charlotte ihren Abschiedsbesuch. Als sie sich zum Gehen anschickte, folgte Elizabeth ihrer Freundin aus dem Zimmer. Sie schämte sich der wenig freundlichen und nur mit Widerstreben vorgebrachten Glückwünsche ihrer Mutter; sie war selbst aufrichtig gerührt. Als sie die Treppen hinuntergingen, sagte Charlotte: »Ich verlasse mich darauf, Lizzy, oft von dir zu hören.«

»Das verspreche ich dir!«

»Und ich habe noch eine Bitte: willst du mich nicht einmal bald besuchen kommen?«

»Wir werden uns doch öfter hier oder bei deinen Eltern treffen.«

»Ich werde so bald nicht von Hunsford wegkommen können. Versprich mir doch, mich dort zu besuchen!« Elizabeth konnte diese Bitte nicht abschlagen, obwohl sie sich wenig Freude von einem derartigen Besuch versprach. »Vater und meine Schwester Maria wollen im März kommen«, fügte Charlotte hinzu, »ich würde mich freuen, wenn du dich ihnen dann anschließen könntest. Aufrichtig gesagt, Lizzy, du wirst mir nicht weniger willkommen sein.«

Die Trauung wurde vollzogen; das junge Paar brach unmittelbar nach der Feier nach Kent auf, und jedermann hatte über die Hochzeit so viel zu sagen und zu hören, wie es eben bei solchen Anlässen üblich ist. Elizabeth erhielt bald einen Brief von ihrer Freundin, und der schriftliche Gedankenaustausch zwischen ihnen wurde dann so rege, wie der mündliche es früher gewesen war; dass er sich ebenso offen und rückhaltlos gestaltete, war natürlich unmöglich. Elizabeth konnte nie das Gefühl loswerden, dass ein Element der Entfremdung zwischen sie getreten sei, und wenn sie auch fest entschlossen war, ihre Briefe nicht seltener werden zu lassen, so geschah das doch mehr um dessentwillen, was gewesen, als darum, was heute war. Charlottes erste Briefe wurden mit einem gewissen Eifer geöffnet. Die Neugierde war ja auch nur allzu begreiflich; man wollte doch hören, was sie zu ihrem neuen Heim sagte, wie sie über Lady Catherine urteilte und wie weit sie in den Beteuerungen ihres Glückes zu gehen wagte. Elizabeth fand, dass Charlotte sich über alles genau so ausließ, wie sie es von ihr erwartet hatte. Die Briefe klangen vergnügt und zufrieden; sie schien viele Annehmlichkeiten zu genießen und erwähnte nur Dinge, über die sie sich lobend äußern konnte. Das Haus, die Einrichtung, die Umgebung, alles war so richtig nach ihrem Geschmack, und Lady Catherine hatte sie sehr freundlich und wohlwollend empfangen. Kurz, die Briefe wiederholten Mr. Collins' Beschreibung von Hunsford, nur gemildert durch Charlottes maßvollere Ausdrucksweise. Elizabeth musste sich also bis zu ihrem eigenen Besuch bei der Freundin gedulden, wollte sie etwas über die Schattenseiten von Hunsford in Erfahrung bringen.

Jane hatte ihrer Schwester nur kurz von ihrer Reise und der guten Ankunft in London berichtet; Elizabeth hoffte, dass der nächste Brief bereits etwas über die Bingleys enthalten werde. Die Ungeduld, mit der sie diesen zweiten Brief erwartete, wurde so gut gelohnt, wie Ungeduld es gewöhnlich wird: Jane war schon eine Woche in London und hatte Caroline weder gesehen, noch etwas von ihr gehört. Sie erklärte es sich jedoch so, dass ihr letztes Schreiben an ihre Freundin von Longbourn verloren gegangen sein musste. »Tante hat morgen Besorgungen in dem Teil der Stadt zu erledigen«, fuhr der Brief fort, »und ich werde die Gelegenheit benutzen, in Grosvenor Street einen Besuch zu machen.«

Gleich nach dem Besuch schrieb sie wieder: »Ich hatte den Eindruck, dass Caroline nicht so gut aufgelegt war wie sonst, aber sie freute sich sehr, mich zu sehen, und machte mir Vorwürfe, ihr von meinem Kommen nichts verraten zu haben. Siehst du, ich hatte recht: Sie hat meinen Brief gar nicht erhalten. Natürlich erkundigte ich mich nach ihrem Bruder. Es geht ihm gut, aber er sei so viel mit Darcy zusammen, dass man ihn kaum je zu Gesicht bekäme. Sie erzählte noch, dass sie Miss Darcy zum Essen erwarte. Ich wünschte, ich könnte sie einmal treffen. Lange konnte ich mich nicht aufhalten, da Caroline und Mrs. Hurst ausgehen wollten. Ich werde sie aber wohl bald wiedersehen.« Elizabeth schüttelte den Kopf über diese Zeilen. Sie war fester denn je davon überzeugt, dass nur ein Zufall Mr. Bingley von der Anwesenheit ihrer Schwester Kunde geben konnte.

Vier Wochen vergingen, und Jane bekam ihn nicht ein einziges Mal zu sehen; auch Caroline ließ sich nicht blicken. Jane gab sich redlich Mühe, sich einzureden, dass nichts dahinterstecke, aber sogar ihr war es unmöglich, Carolines Unhöflichkeit zu übersehen. Nachdem sie vierzehn Tage lang jeden Morgen in Erwartung ihrer Freundin zu Hause geblieben war und jeden Abend neue Entschuldigungen für ihr Ausbleiben erfunden hatte, kam endlich der langersehnte Besuch. Aber der Besuch war sehr kurz, und mehr noch, Caroline war auffallend kühl, und so hatte Jane keine Möglichkeit, sich noch länger selbst zu täuschen. Der Brief, den sie an Elizabeth schrieb, brachte das deutlich zum Ausdruck. »Meine liebe Lizzy wird bestimmt nicht triumphieren, wenn sie erfährt, dass ich mich in meinem Glauben an Carolines Freundschaft schrecklich getäuscht habe. Aber halte mich nicht für eigensinnig, liebe Schwester, wenn ich immer noch daran festhalte, dass ich, ihrem Benehmen nach zu schließen, ebenso viel Grund zum Vertrauen hatte wie du zu deinem Misstrauen. Ich weiß zwar gar nicht, warum sie meine Freundschaft gesucht hat, aber ich weiß, dass ich mich unter denselben Umständen wieder täuschen lassen würde. Caroline erwiderte meinen Besuch erst gestern und bis dahin – kein Wort, keine Zeile! Und als sie dann kam, war es offenbar, dass sie es ungern tat. Sie entschuldigte sich mit irgendeiner nichtssagenden Floskel, nicht früher gekommen zu sein, ließ nicht ein Wort darüber fallen, ob sie mich wiedersehen wollte, und war überhaupt so von Grund aus verändert, dass ich nach ihrem Weggang den festen Entschluss fasste, die Freundschaft mit ihr nicht weiter fortzusetzen. Schade, aber ich kann sie nicht von jeder Schuld freisprechen. Es war unrecht von ihr, mich zuerst so mit Aufmerksamkeiten zu überschütten und auszuzeichnen, denn ich kann ganz bestimmt versichern, dass die ersten Schritte zu unserer näheren Bekanntschaft von ihr gemacht wurden. Aber sie tut mir auch wieder leid, denn sie muss es selbst fühlen, dass sie nicht richtig gehandelt hat, und ich bin überzeugt, dass sie alles nur aus Sorge um ihren Bruder getan hat. Ich brauche ja nicht deutlicher über diesen Punkt zu schreiben. Wir wissen ja, dass ihre Besorgnis unbegründet ist, doch wenn sie sie nun einmal hat, dann erklärt das ja leicht ihr Betragen gegen mich. Und bei der Liebe, die sie mit Recht für ihren Bruder empfindet, kann man ihre Besorgnis eigentlich nur natürlich finden. Aber es wundert mich, dass sie immer noch so besorgt erscheint; denn wenn er mich wirklich gern hätte, wären wir schon lange, lange zusammengekommen. Er weiß ja nun, dass ich hier bin. Caroline erwähnte so etwas, aber trotzdem habe ich immer das Gefühl, dass sie versucht, sich einzureden, ihr Bruder habe eine Neigung für Miss Darcy. Ich verstehe das alles nicht. Scheute ich mich nicht davor, ungerecht zu erscheinen, so würde ich sagen, dass diese ganze Angelegenheit sehr stark nach Unaufrichtigkeit aussieht. Aber ich will versuchen, jeden schmerzlichen Gedanken von mir zu weisen und nur an das zu denken, was mich froh und glücklich macht, an deine Liebe und an die unveränderte Herzlichkeit meiner lieben Tante und meines Onkels. Schreib mir bald wieder einmal. Caroline sagte übrigens etwas davon, dass er nie wieder nach Netherfield zurückkehren werde und dass er das Haus aufgeben wolle, aber sie wusste nichts Gewisses darüber. Vielleicht ist es besser, noch nichts davon zu erwähnen. Es freute mich übrigens sehr, so gute Nachrichten von unseren Freunden in Hunsford zu erhalten. Es wäre doch sehr nett, wenn du sie mit Sir William und Maria besuchtest. Deine dich liebende Schwester Jane.«

Der Brief stimmte Elizabeth traurig; aber wenigstens hatte sie nun die Gewissheit, dass ihre Schwester sich jetzt nicht mehr länger durch Caroline täuschen lassen werde. Was Mr. Bingley betraf, so mussten nunmehr alle Hoffnungen begraben werden. Jane selbst würde nicht einmal wünschen können, die Beziehungen wieder aufzunehmen, nachdem jetzt sein Charakter auch in ihren Augen so gelitten hatte. Elizabeth hatte nur das einzige Verlangen, er möchte als gerechte Strafe diese Miss Darcy wirklich heiraten, da sie aufgrund von Wickhams Bericht der festen Überzeugung war, dass diese junge Dame ihm oft Anlass geben werde zu bereuen, was er sich verscherzt hatte.

Mrs. Gardiner erinnerte Elizabeth gelegentlich an das Versprechen, das sie ihr gegeben hatte, und bat um einen Bericht. Und Elizabeth schrieb einen Brief, der ihrer Tante mehr Freude bereitete als ihr selbst. Wickhams vermeintliche Zuneigung hatte sich inzwischen abgekühlt, seine Aufmerksamkeiten gehörten der Vergangenheit an; eine andere erregte jetzt seine Bewunderung. Elizabeth war offen genug gegen sich selbst, um sich diese Tatsache einzugestehen, und sie konnte darüber schreiben, ohne ernstlichen Kummer dabei zu verspüren. Ihr Herz hatte an ihren Gefühlen kaum Teil gehabt, und ihre Eitelkeit beruhigte sich bei dem Gedanken, dass sie bestimmt seine Wahl gewesen wäre, wenn seine Vermögenslage das zugelassen hätte. Eine unerwartete Erbschaft von zehntausend Pfund stellte den Hauptreiz der jungen Dame dar, der jetzt seine Ritterdienste galten. Aber Elizabeth erlaubte es sich, in diesem Fall weniger kritisch zu sein als ihrer Freundin Charlotte gegenüber, und sie trug es in ihrem Inneren Wickham nicht nach, dass er seinerseits den Wunsch nach Unabhängigkeit verspürte. Im Gegenteil, das war doch die natürlichste Sache von der Welt, und solange sie glauben konnte, dass es ihm nicht leicht gefallen war, sie aufzugeben, ließ sie seine Handlungsweise als höchst vernünftig gelten und konnte ihm in aller Aufrichtigkeit Glück wünschen. Alles dieses wurde Mrs. Gardiner mitgeteilt; und der Brief schloss folgendermaßen: »Ich weiß jetzt genau, meine liebste Tante, dass ich nicht sehr verliebt gewesen sein kann. Denn hätte wirklich jenes erhebende und reine Gefühl von mir Besitz genommen, dann würde ich heute seinen Namen verabscheuen und ihm alles erdenkliche Schlechte wünschen. Aber so, wie es ist, fühle ich mich immer noch gut Freund mit ihm und habe sogar nichts gegen Miss King. Ich könnte sie nicht hassen, selbst wenn ich es versuchte; ich bin im Gegenteil überzeugt, dass sie ein sehr nettes, junges Mädchen ist. Liebe kann es also bei mir nicht gewesen sein. Gewiss, es wäre allen meinen Freunden sehr viel lieber, wenn ich ihn ›wahnsinnig‹ geliebt hätte, aber ich kann nicht behaupten, dass ich meinen gegenwärtigen, gleichmütigen Zustand bedauere. Der Preis für Mitleid kann sehr hoch sein. Kitty und Lydia nehmen sich seine Wankelmütigkeit viel mehr zu Herzen als ich. Sie sind beide noch zu jung, um die demütigende Erfahrung gemacht zu haben, dass auch die stattlichsten jungen Männer, ebenso wie die weniger stattlichen, von irgendetwas leben müssen.«

27

Ohne dass sich etwas Neues in Longbourn zugetragen hätte und ohne andere Abwechslung als gelegentliche, manchmal regnerische, immer aber kalte Spaziergänge nach Meryton vergingen der Januar und der Februar. Im März wollte Elizabeth nach Hunsford fahren. Zuerst hatte sie gar nicht ernstlich daran gedacht, die Reise zu machen; aber sie merkte bald, dass Charlotte viel daran gelegen war, und je näher der vorgesehene Termin rückte, umso mehr freute sie sich bei dem Gedanken, die Freundin wiederzusehen. Die lange Trennung ließ sie sowohl Charlottes Handlungsweise wie auch Mr. Collins' Person in einem freundlicheren Licht sehen. Außerdem war eine solche Reise einmal etwas anderes. Das ständige Zusammensein mit ihrer Mutter und ihren Schwestern, zu denen sie mit Ausnahme von Jane nie ein rechtes Verhältnis gefunden hatte, war wirklich kein ganz ungetrübtes Vergnügen, und die kleine Abwechslung war ihr wahrhaftig zu gönnen. Vor allem würde sie auf der Durchfahrt in London Jane wiedersehen. Kurz, als es so weit war, hätte es ihr leid getan, wenn irgendeine Verzögerung eingetreten wäre. Aber es gab keine Verzögerung, und Charlottes Plan wickelte sich wie vorgesehen reibungslos ab.

Der einzige bittere Tropfen war die Trennung von ihrem Vater. Mr. Bennet, der sie immer sehr vermissen würde, bat sie, ihm doch hin und wieder zu schreiben, und versprach fest, ihre Briefe zu beantworten.

Elizabeth und Wickham verabschiedeten sich voneinander mit größter Freundlichkeit. Gewiss ging er gegenwärtig andere Wege; aber das konnte nicht verhindern, dass er an Elizabeth immer noch als an die erste dachte, die seine Aufmerksamkeit erregt hatte und ihrer auch würdig gewesen war, dass sie als erste Anteil an ihm genommen hatte und als erste mit seiner Bewunderung ausgezeichnet wurde. In der Art, wie er ihr »Auf Wiedersehen« sagte, ihr Lady Catherine nochmals schilderte und die Hoffnung aussprach, dass ihre Ansicht über diese Dame, wie überhaupt über alle Menschen und Dinge, stets mit der seinen übereinstimmen möchte, in allem lag ein liebevolles Besorgtsein, das ihm für immer in ihrem Herzen eine aufrichtige Freundschaft zusicherte. Sie schied von ihm mit der Gewissheit, dass er, ob verheiratet oder nicht, für sie stets das Muster eines lieben und sympathischen Menschen bleiben würde.

Ihre Reisegefährten am nächsten Morgen gaben ihr keinen Anlass, ihre Meinung über Wickham zu ändern. Sir William und seine Tochter Maria, ein freundliches und, wie ihr Vater, ziemlich einfältiges Wesen, hatten nichts zu sagen, dem man mit größerem Vergnügen zugehört hätte als dem Quietschen und Knarren der Wagenräder.

Am ersten Tag fuhren sie nur 24 Meilen, und sie waren so früh aufgebrochen, dass sie London schon am frühen Mittag erreichten. Als sie vor dem Haus der Gardiners anhielten, winkte Jane ihnen schon vom Wohnzimmerfenster aus zu, und als sie eintraten, war sie die erste, die die Ankömmlinge begrüßte. Elizabeth konnte zu ihrer Freude auf den ersten Blick feststellen, dass ihre Schwester so wohl und lieblich aussah wie immer. Oben auf dem Treppenflur wartete eine ganze Schar kleiner Cousinen, deren Neugierde sie nicht im Wohnzimmer hatte stillsitzen lassen, während ihre Schüchternheit es ihnen andererseits wieder verbot, der fremden Cousine noch näher entgegenzukommen. Freude und Wohlwollen herrschten überall. Bald hallte das ganze Haus von den aufgeregten Stimmen der Kleinen und von der sich etwas gedämpfter äußernden Fröhlichkeit der Erwachsenen wider. Der Tag verging nur allzu schnell; den Nachmittag brachte man mit Einkäufen und Besorgungen zu, und am Abend wurde ein Theater besucht. Elizabeth verstand es, den Platz neben ihrer Tante zu erwischen. Das Wichtigste – Jane – wurde zuerst besprochen; und so sehr es sie schmerzte, es erstaunte sie nicht, auf ihre eindringlichen Fragen erfahren zu müssen, dass trotz Janes heldenhaftem Bemühen, sich nichts anmerken zu lassen, ihre Niedergeschlagenheit sie doch bisweilen überwältigte. Aber man durfte wohl annehmen, dass sie ihren Kummer bald ganz verwunden haben würde. Dann begann Mrs. Gardiner ihre Nichte mit Wickham aufzuziehen; sie freue sich außerordentlich, dass Elizabeth mit ihrer Enttäuschung so gut fertiggeworden sei. »Aber, meine liebe Lizzy«, fügte sie hinzu, »was für ein Mädchen ist denn diese Miss King? Es täte mir sehr leid, wenn bei unserem Freund dabei eine Berechnung mitgespielt hätte.«

»Ich bitte dich, liebe Tante, kannst du mir etwa sagen, worin der Unterschied zwischen einer Geldheirat und einer Vernunftheirat besteht? Zu Weihnachten warst du sehr besorgt, er könnte mich heiraten wollen; denn das wäre unklug. Und jetzt nennst du ihn plötzlich berechnend, nur weil er versucht, ein Mädchen mit knapp zehntausend Pfund zu gewinnen.«

»Sage du mir bloß, was für ein Mädchen Miss King ist, dann weiß ich schon, woran ich bin.«

»Ich glaube, sie ist ein sehr nettes, ordentliches Mädchen. Ich habe wenigstens noch nie etwas anderes von ihr gehört.«

»Aber er schenkte ihr doch nicht die geringste Beachtung, bevor sie durch den Tod ihres Großvaters in den Besitz dieses Vermögens gelangte?«

»Nein – warum sollte er denn auch? Wenn es ihm schon versagt sein sollte, meine Liebe zu gewinnen, weil ich kein Geld habe, was hätte er dann davon gehabt, sich um ein Mädchen zu bemühen, aus dem er sich nichts machte und das eher noch weniger als ich mit in die Ehe bringen konnte?«

»Aber mir scheint das doch ein Mangel an Feingefühl zu sein, dass er ihr seine Aufmerksamkeit so unmittelbar nach dem Todesfall beziehungsweise der Erbschaft zuwendet.«

»Wenn sich ein Mann in einer Zwangslage befindet, dann hat er nicht die Zeit, auf alle Formen zu achten, auf die andere Leute Wert legen mögen. Und wenn sie nichts dagegen einzuwenden hat, warum sollte er sich dann Gedanken machen?«

»Ihre Gleichgültigkeit entschuldigt ihn nicht. Sie beweist höchstens, dass es ihr auch an irgendetwas fehlt, an Verstand oder an Herz!«

»Nun gut«, meinte Elizabeth, »halte es, wie es dir Spaß macht: Soll er denn berechnend sein und sie dumm!«

»Nein, Lizzy, das würde mir gar keinen Spaß machen. Ich möchte nicht gern etwas Schlechtes von einem Menschen denken, der so oft bei euch verkehrte.«

»Ach, wenn es weiter nichts ist! Ich habe all diese jungen Leute bis dahin satt! Gott sei Dank! Wenn man es sich genau überlegt, sind dumme Männer die einzigen, die sich wirklich lohnen!«

»Lizzy, Lizzy, das schmeckt aber sehr nach sauren Trauben!«

Bevor der Abend um war, hatte sie die unerwartete Freude, von ihrer Tante und ihrem Onkel zu einer Vergnügungsreise eingeladen zu werden, die für den Sommer geplant war. »Wir sind uns noch nicht ganz klar, wie weit wir fahren wollen«, meinte Mrs. Gardiner, »aber wir denken, wir werden bis in den Seen-Distrikt kommen.«

Der bloße Gedanke daran erschien Elizabeth schon unwahrscheinlich schön, und sie nahm die Einladung voller Freude und Dankbarkeit an. »Meine liebe, liebste Tante«, rief sie überglücklich aus, »was für eine Überraschung! Lebt wohl, Enttäuschungen und dumme Gedanken! Was bedeuten Männer neben Wäldern und Bergen? Ach, was für eine herrliche Reise das werden wird! Und wenn wir zurückkehren, dann nicht so wie alle anderen, die niemals wissen, wo sie gewesen sind und wie es dort ausgesehen hat. Wir werden uns immer an alles erinnern, was wir gesehen und was wir erlebt haben! Ach, was werden wir alles von unterwegs zu erzählen haben!«

28

Am nächsten Tag befand sich Elizabeth in einer strahlenden Verfassung, in der ihr alles herrlich erschien. Janes Aussehen hatte alle ihre Befürchtungen vertrieben, und der Gedanke an die Sommerreise nach dem Norden entzückte sie immer wieder aufs neue.

Als sie schließlich am Ende ihrer Reise von der Landstraße in den Seitenweg nach Hunsford einbogen, hielten alle gespannt Ausschau nach dem Pfarrhaus, das sie hinter jeder Wegbiegung vermuteten. Auf der einen Seite begleitete sie die Hecke von Rosings Park, und Elizabeth musste lächeln, als sie sich an alle Beschreibungen erinnerte, die sie vom Herrenhaus und seinen Bewohnern erhalten hatte.

Endlich kam der Pfarrhof in Sicht. Der Garten, der sich zum Weg herabneigte, das Haus, der gepflegte Rasen, die Lorbeerhecke – alles deutete darauf hin, dass sie am Ziel waren. Charlotte und Mr. Collins wurden im Hauseingang sichtbar, und der Wagen hielt vor dem Gartentor, hinter dem ein kurzer Kiesweg zum Hause führte. Es gab eine lebhafte, freudig erregte Begrüßung. Mrs. Collins empfing ihre Freundin überaus herzlich, und Elizabeth war froh, gekommen zu sein, als sie sah, welcher Freundlichkeit und Liebe sie begegnete. Sie entdeckte sogleich, dass die Ehe ihren Vetter nicht im geringsten verändert hatte: Seine würdevolle Gemessenheit war dieselbe wie zuvor, und er hielt sie eine ganze Weile an der Pforte zurück, um sich eingehend nach dem

Wohlergehen ihrer Familie zu erkundigen. Danach führte er seine Gäste ohne weiteren Aufenthalt ins Haus – er machte sie nur noch schnell auf den wohlangelegten Kiesweg aufmerksam –, und sobald sie alle im Wohnzimmer versammelt waren, hieß er sie noch einmal in aller Form in seiner bescheidenen Behausung willkommen und zählte dann seinerseits alle Erfrischungen auf, zu denen seine Frau schon eingeladen hatte. Elizabeth hatte sich schon darauf gefreut, ihn in all seiner Pracht und Herrlichkeit zu sehen. Sie war überzeugt, dass seine sämtlichen Beschreibungen der wohlausgewogenen Proportionen des Hauses, seiner Einrichtung und seiner Umgebung ausschließlich an ihre Adresse gerichtet seien, wie wenn er ihr zu verstehen geben wollte, was sie sich verscherzt hatte, als sie seinen Antrag ausschlug. Aber obwohl sie alles sehr nett und gemütlich fand, konnte sie ihm doch nicht den Gefallen tun, irgendwelche Reue zur Schau zu tragen; im Gegenteil, sie war voller Bewunderung für ihre Freundin, dass sie mit diesem Mann an ihrer Seite so vergnügt und zufrieden aussehen konnte. So oft Mr. Collins irgendetwas gesagt hatte, was in seiner Frau ein Gefühl der Verlegenheit hervorrufen konnte – und solche Gelegenheiten waren nicht eben selten –, wandte Elizabeth unwillkürlich ihren Blick zu Charlotte. Einmal, zweimal glaubte sie ein leichtes Erröten bemerken zu können, aber im allgemeinen schien ihre Freundin klugerweise nichts zu hören.

Nachdem sie lange genug im Wohnzimmer verweilt hatten, um jedes Möbelstück, vom Anrichtetisch bis zum Kaminvorsatz, eingehend bewundert zu haben, und nachdem sie einen genauen Bericht über ihre Reise und ihren kurzen Aufenthalt in London gegeben hatten, lud Mr. Collins sie zu einem Gang in seinen schönen, großen Garten ein, der so sorgfältig angelegt war und dessen Bepflanzung und Pflege unter Mr. Collins' persönlicher Obhut standen. Seine Gartenarbeit sei seine liebste Beschäftigung, und Elizabeth musste wieder die Beherrschung Charlottes bewundern, als sie von der kräftigenden und gesundheitsfördernden Arbeit sprach, zu der sie ihren Mann so viel wie möglich ermuntere. Mr. Collins führte seine Gäste über alle Wege und Seitenwege, machte sie auf alles und jedes so deutlich aufmerksam, dass die Schönheit der Blumen darüber zu kurz kam, und ließ ihnen kaum Zeit, in alle Lobpreisungen einzustimmen, zu denen er selbst immer den Einsatz gab. Er wusste genau, wie viele Felder in jeder Himmelsrichtung zu sehen waren, was dieses Jahr auf ihnen stehen sollte und wie viele und welche Bäume sich in den entfernsten Winkeln befanden. Aber keine Aussicht in seinem ganzen Garten, ja, im ganzen Königreich ließ sich mit der Aussicht vergleichen, die man durch einige Bäume unmittelbar vor seinem Hause auf Rosings hatte, ein modernes, inmitten eines sanft ansteigenden Parks schön gelegenes, riesiges Schloss. Nach dem Garten wollte Mr. Collins seinen Gästen auch noch seine beiden angrenzenden Felder zeigen, aber der Boden war für die leichten Damenschuhe zu aufgeweicht. Während die beiden Herren ihren Rundgang fortsetzten, zeigte Charlotte ihrer Schwester und ihrer Freundin die übrigen Räume des Hauses. Das Haus war nicht sehr groß, aber geschickt entworfen und gemütlich eingerichtet; alles verriet einen Geschmack und eine Ordnung, für die schwerlich Charlottes Mann verantwortlich gemacht werden konnte. Überhaupt, sobald man es fertigbrachte, Mr. Collins zu vergessen, nahm das ganze Haus ein neues Gesicht von Ruhe und Zufriedenheit an.

Elizabeth war nicht lange in Unkenntnis davon gelassen worden, dass Lady Catherine sich zur Zeit auf Rosings aufhalte, und während des Essens kam das Gespräch wieder darauf zurück. »Ja, Miss Elizabeth«, meinte Mr. Collins, »Sie werden am nächstfolgenden Sonntag die große Ehre haben, Lady Catherine de Bourgh in der Kirche zu sehen, und ich brauche wohl nicht hinzuzufügen, dass Sie von ihr entzückt sein werden. Sie ist ganz Leutseligkeit und Wohlwollen, und ich hege nicht den geringsten Zweifel, dass auch Ihnen nach der Predigt die Ehre ihrer Aufmerksamkeit zuteil werden wird. Ich glaube, nicht zu viel zu versprechen, wenn ich meiner Meinung Ausdruck gebe, dass sowohl Sie wie meine Schwägerin Maria in jede Einladung mit eingeschlossen sein werden, die während Ihres Aufenthaltes in meinem bescheidenen Heim entgegenzunehmen wir die Ehre haben werden. Ihr Verhalten gegenüber meiner lieben Charlotte ist ganz reizend. Wir speisen zweimal wöchentlich auf Rosings, und nie will Lady Catherine auch nur etwas davon hören, dass wir zu Fuß nach Hause zurückkehren. Pünktlich erwartet uns jedesmal ihr Wagen vor dem Eingang. Oder ich sollte vielleicht besser sagen, einer ihrer Wagen, denn Lady Catherine besitzt selbstverständlich deren mehrere.«

»Lady Catherine ist wirklich eine sehr vornehme und kluge Dame«, fügte Charlotte hinzu, »und eine höchst liebenswürdige Nachbarin.«

»Ganz recht, meine Liebe, ganz recht; genau, was ich immer zu sagen pflege. Sie gehört zu den Menschen, denen man gar nicht genügend Ehrerbietung bezeugen kann.«

Man verbrachte den Abend damit, alle Neuigkeiten aus Hertfordshire zu berichten, auch die schon brieflich erwähnten. Und als Elizabeth später in ihrem Zimmer allein war, stellte sie noch einmal Betrachtungen über Charlottes große Zufriedenheit an, bedachte den Takt, mit dem sie ihren Mann führte, den Gleichmut, mit dem sie ihn ertrug; und sie musste zugeben, dass ihre Freundin in all dem großes Geschick bewies. Sie stellte sich danach vor, wie ihr weiterer Aufenthalt sich hier abspielen würde: die ruhige Muße allein und das heitere Zusammensein mit ihrer Freundin, die lästigen und langweiligen Unterbrechungen durch ihren Gastgeber und den Glanz der Feste auf

Rosings. In Elizabeths lebhafter Phantasie verschmolz das alles zu einem farbenfrohen Bild. Als sie sich am folgenden Vormittag zu einem Spaziergang zurechtmachte, ertönte plötzlich von unten ein Lärm, als befinde sich das ganze Haus in höchster Aufregung. Gleich darauf hörte sie jemand den Flur entlanglaufen und laut ihren Namen rufen. Sie öffnete die Tür und fand Maria davor, die ihr atemlos vor Erregung zurief: »Ach Lizzy, mach schnell und komm ins Esszimmer herunter; du ahnst nicht, was du da zu sehen bekommen wirst! Ich will nichts verraten. Komm, so schnell du kannst!« Elizabeth fragte vergebens, Maria wollte nichts weiter sagen, und so eilten sie denn beide hinunter ins Esszimmer. Vom Fenster aus konnten sie das Wunder sehen. Es bestand in zwei Damen, die in einem niedrigen Zweispänner vor der Tür hielten. »Weiter ist es nichts?«, rief Elizabeth. »Ich dachte mindestens, die Schweine wären in den Garten geraten, und hier zeigst du mir bloß Lady Catherine und ihre Tochter!«

Charlotte und Mr. Collins sprechen mit ihrem »hohen Besuch«.

»Aber Lizzy«, sagte Maria, ganz entsetzt über Elizabeths Irrtum, »das ist doch nicht Lady Catherine; die alte Dame ist Mrs. Jenkinson, Miss de Bourghs Erzieherin, die noch auf Rosings lebt; und die andere ist allerdings Miss de Bourgh selbst. Sieh sie dir doch nur einmal an, wie klein sie ist. Ich hätte nicht gedacht, dass man so zierlich sein könnte!«

»Ob klein oder nicht, es ist abscheulich unhöflich und rücksichtslos von ihr, Charlotte da draußen in der Kälte stehenzulassen. Warum kommt sie nicht herein?«

»Oh, Charlotte sagt, das tut sie fast niemals. Das ist eine ganz große Ehre, wenn Miss de Bourgh hier einen Besuch macht.«

»Aber so gefällt sie mir«, verfolgte Elizabeth plötzlich einen neuen Gedanken, »sie sieht kränklich und mürrisch aus. Ja, das ist gerade das Richtige für ihn: sie wird eine höchst passende Frau für ihn abgeben!«

Charlotte und Mr. Collins standen nebeneinander an der Gartenpforte und sprachen mit den beiden Damen. Und zu ihrer großen Erheiterung entdeckte Elizabeth auch Sir William am Hauseingang, wo er in würdevoller Haltung den erhebenden Anblick der beiden vornehmen Damen genoss und jedesmal eine tiefe Verbeugung machte, so oft Miss de Bourgh ihre Augen in seine Richtung wandte.

29

Die Einladung vervollständigte Mr. Collins' Triumph. Die Möglichkeit, seinen staunenden Gästen die ganze Vornehmheit seiner Patronin zeigen zu können und sie die Aufmerksamkeit erleben zu lassen, mit der man ihn und seine Frau auf Rosings behandelte, das war gerade das, was er sich noch gewünscht hatte. Und dass die Gelegenheit dazu so bald schon gegeben wurde, war in seinen Augen ein solcher Beweis für die besondere Güte Lady Catherines, dass er nicht Worte genug zu ihrem Lobe finden konnte. »Ich muss zugeben«, sagte er, »dass es mich nicht weiter überrascht haben würde, hätte Lady Catherine uns am Sonntagabend zu einer Tasse Tee gebeten. Soviel glaubte ich, so wie ich sie nunmehr kenne, erwarten zu dürfen. Aber wer hätte eine solche Liebenswürdigkeit erträumen können? Wer hätte gedacht, dass eine Einladung zum Essen, noch dazu für meinen ganzen Hausbesuch mit, so bald schon nach eurer Ankunft ergehen würde?«

»Ich meinerseits vermag nicht das gleiche Erstaunen wie du zu empfinden«, sagte Sir William, »da meine Stellung mir manchen Einblick in die besten Kreise gewährt hat. Bei Hofe zum Beispiel habe ich das Gleiche erlebt.«

Im Laufe des Tages und noch am nächsten Morgen konnte kein anderer Gesprächsstoff neben der Einladung bestehen. Mr. Collins bereitete alle sorgfältig darauf vor, was sie zu sehen bekommen würden: die Größe und Pracht der Räumlichkeiten, die Anzahl von Bedienten, das Essen mit all seinen Herrlichkeiten – nur, damit sie dort nicht gänzlich von allem erschlagen werden sollten. Als die Damen sich zurückzogen, um mit ihrer Toilette zu beginnen, sagte er zu Elizabeth: »Sie brauchen sich wegen Ihrer Erscheinung keine Sorgen zu machen, liebe Cousine. Lady Catherine erwartet keineswegs, dass wir so modern und elegant sein sollen, wie sie und ihre Tochter es sind. Ich möchte Ihnen raten, einfach das Beste anzuziehen, was Sie mithaben; mehr ist nicht nötig. Lady Catherine wird nicht schlechter von Ihnen denken, bloß weil Sie ohne Aufwand gekleidet sind. Sie liebt es im Gegenteil, wenn der Standesunterschied auch in der Kleidung gewahrt bleibt.« Während sie sich anzogen, machte er nochmals einen Rundgang vor die verschiedenen Türen und forderte alle auf, sich zu beeilen, da Lady Catherine es nicht schätze, mit dem Essen warten zu müssen.

All das Drum und Dran hatte Maria eine heillose Angst eingejagt, und da sie sowieso noch nicht viel in Gesellschaften gekommen war, sah sie ihrer Einführung auf Rosings mit Gefühlen entgegen, die genau denen ihres Vaters anlässlich seiner Vorstellung bei Hofe glichen.

Da das Wetter klar war, machten sie den kurzen Weg quer durch den schönen Park zu Fuß. Ein Park hat überall seine Schönheiten, seine herrlichen Aussichten; und obwohl Elizabeth vieles entdeckte, was ihr ausnehmend gefiel, konnte sie sich doch nicht zu solcher Verhimmelung aufschwingen, wie sie nach Mr. Collins' Ansicht geboten war; selbst seine Aufzählung der Vorderfenster von Rosings und der Kosten, die das Einsetzen der Scheiben verursacht hatte, ließ sie enttäuschend kalt.

Als sie die Stufen zur Empfangshalle hinaufstiegen, nahm Marias Aufregung bei jedem Schritt zu; sogar Sir William schien nicht so selbstsicher wie sonst. Elizabeth dagegen war beherzt wie immer. Soviel sie auch von Lady Catherine gehört hatte, kein Bericht hatte etwas von ungewöhnlichen Fähigkeiten und übermäßigen Tugenden verlauten lassen, und Geld und Rang berührten sie nicht weiter.

Von der Halle, auf deren fein geschnörkelte, schön proportionierte Ornamentik Mr. Collins natürlich wieder besonders aufmerksam machte, führte sie ein Diener durch ein Vorzimmer in den Raum, wo Lady Catherine und ihre Tochter ihre Gäste erwarteten. Mit vollendeter Höflichkeit erhob sich Lady Catherine bei ihrem Eintritt; und da Mrs. Collins schon vorher mit ihrem Mann abgemacht hatte, dass sie die Vorstellung übernehmen sollte, geschah dies in einer vernünftigen, ruhigen Weise ohne all die Entschuldigungen und Dankesbezeugungen, die Mr. Collins zweifellos wieder angebracht hätte.

Trotz seiner Vorstellung bei Hofe war Sir William von der ihn umgebenden Pracht völlig überwältigt, so dass er gerade noch den Mut zu einer sehr tiefen Verbeugung aufbringen konnte, bevor er stumm auf einen Sessel niedersank. Seine Tochter war erst ganz entgeistert; sie balancierte auf dem äußersten Rande ihres Stuhles und wusste nicht, wohin sie blicken sollte. Elizabeth dagegen blieb gelassen und nahm die drei Damen vor ihr ohne jede Befangenheit in Augenschein.

Lady Catherine war eine große, kräftige Frau, mit allzu harten Linien in einem Gesicht, das früher vielleicht einmal recht schön gewesen sein mochte. In ihrem Blick lag keine Spur von Güte und Entgegenkommen, und die Art, wie sie ihre Gäste begrüßt hatte, herrisch und von oben herab, war durchaus nicht dazu angetan gewesen, Sir William und seiner Tochter ihre Befangenheit zu nehmen. Elizabeth musste sogleich an Wickhams Beschreibung denken: Lady Catherine entsprach genau dem Bild, das sie sich danach von ihr gemacht hatte, und in Haltung und Wesen glaubte sie eine gewisse Ähnlichkeit mit Darcy entdecken zu können. Die Tochter war jedoch ganz das Gegenteil. Miss de Bourgh sah bleich und kränklich aus; ihre Züge waren, obzwar nicht gerade hässlich, so doch völlig nichtssagend; sie redete fast gar nicht, außer mit einer kaum hörbaren Stimme zu Mrs. Jenkinson. Mrs. Jenkinson hatte keine besonderen Eigenschaften, wenn sie überhaupt welche besaß; sie war ausschließlich damit beschäftigt, Miss de Bourgh zuzuhören und mit einem Schirm das Licht von den empfindlichen Augen ihres Schützlings fernzuhalten.

Zuerst mussten die Gäste die Aussicht bewundern, wobei Mr. Collins es übernahm, auf alle Schönheiten hinzuweisen, während Lady Catherine, ohne sich von ihrem Sitz zu rühren, sich herabließ zu bemerken, dass der Park im Sommer noch viel schöner sei.

Das Essen war wirklich ganz ausgezeichnet und wurde von den zahlreichen Dienern auf vornehmem Geschirr serviert, ganz wie Mr. Collins es versprochen hatte. Auch seine andere Voraussage, dass er auf Lady Catherines Wunsch die Rolle des Hausherrn am anderen Ende der Tafel ihr gegenüber übernehmen werde, ging in Erfüllung, und man sah es ihm an, dass er mit sich und der Welt zufrieden war. Er zerteilte den Braten, aß, und eine Lobrede folgte der anderen; jeder Gang rief bei ihm neue Begeisterung hervor. Sir William aber, der sich inzwischen genügend gefasst hatte, war das Echo für den Wortschwall seines Schwiegersohnes. Elizabeth wunderte sich nur, wie Lady Catherine das alles aushalten konnte. Doch Lady Catherine schien im Gegenteil höchst erbaut von der hemmungslosen Bewunderung der beiden und lächelte huldvoll, besonders wenn irgendein Gericht ihren Gästen unbekannt zu sein schien. Eine andere Unterhaltung gab es bei Tisch nicht. Elizabeth hätte wohl über dies oder jenes gesprochen, wenn sich eine Gelegenheit dazu geboten hätte; aber sie saß zwischen Charlotte und Miss de Bourgh, und Charlotte war vollauf mit Lady Catherine beschäftigt, und deren Tochter redete sie nicht ein einziges Mal während des ganzen Essens an. Mrs. Jenkinson hatte nur Augen für Miss de Bourgh, jammerte, wenn sie zu wenig auf ihren Teller nahm, bat sie flehentlich, doch noch ein bisschen von dieser oder jener Speise zu versuchen, und fragte sie ständig, ob sie sich etwa nicht ganz wohl befinde. Recht viel unterhaltsamer wurde es auch nicht, als die Damen sich ins Wohnzimmer zurückzogen und die Herren ihrem Portwein überließen; denn bis der Kaffee kam, redete allein Lady Catherine und in einer so bestimmten Weise über alles und jedes, dass eine Antwort überflüssig, wenn nicht gar unhöflich gewesen wäre. Sie erkundigte sich eingehend nach Charlottes häuslichen Angelegenheiten, beriet sie ungebeten über alles mögliche und erklärte ihr, wie sie sich am besten in einem so kleinen Haushalt einrichten müsse, wie Kühe zu pflegen und Hühner zu züchten seien und noch viel mehr dazu. Sie konnte gar nicht anders, sie musste immerzu Befehle und Anweisungen geben. Dazwischen fragte sie Maria und Elizabeth aus, wollte wissen, wie viele Geschwister Elizabeth habe, ob ältere oder jüngere, ob irgendeine von ihren Schwestern Aussicht habe zu heiraten, wie sie aussähen, welche Erziehung sie genossen hätten, ob ihr Vater sich einen Wagen halte und was für einen und wie der Mädchenname ihrer Mutter laute. Elizabeth fand diese Fragen zwar durchaus ungehörig, beantwortete sie jedoch ruhig und höflich. Lady Catherine bemerkte sodann: »Der Besitz Ihres Vaters fällt also an Mr. Collins. Das freut mich ja natürlich um Ihretwillen«, meinte sie zu Charlotte, »im übrigen begreife ich nicht, wieso die weibliche Linie bei der Erbfolge übergangen werden soll. In Sir Lewis de Bourghs Familie ist es jedenfalls nicht üblich gewesen. Können Sie Klavier spielen und singen, Miss Bennet?«

»Ein wenig.«

»Ausgezeichnet! Dann soll es uns freuen, wenn wir Sie gelegentlich einmal hören dürfen. Unser Instrument ist ganz hervorragend, wahrscheinlich weitaus besser als … Können Ihre Schwestern auch spielen und singen?«

»Nur eine.«

»Warum haben Sie es nicht alle erlernt? Sie hätten es alle lernen sollen. Alle Webbs spielen Klavier, und deren Vater ist nicht so wohlhabend wie der Ihre. Können Sie zeichnen?«

»Nein, leider gar nicht.«

»Was? Keine von Ihnen allen?«

»Nein, nicht eine.«

»Das verstehe ich nicht! Aber Sie hatten vielleicht keine Gelegenheit dazu. Ihre Mutter hätte Sie jedes Frühjahr nach London schicken müssen, um Unterricht zu nehmen.«

»Meine Mutter hätte das schon gern getan, aber Vater verabscheut London.«

»Wohnt Ihre Erzieherin noch bei Ihnen?«

»Wir hatten nie eine Erzieherin.«

»Keine Erzieherin?! Wie ist denn so etwas möglich?! Fünf Töchter und keine Erzieherin! Das ist mir noch nie vorgekommen! Ihre Mutter muss sich ja gerade zu einer Sklavin Ihrer Erziehung erniedrigt haben!«

Elizabeth konnte schon kaum noch ihr Lächeln unterdrücken, als sie versicherte, dass es nicht ganz so schlimm gewesen sei.

»Liebes Fräulein, wenn ich Ihre Mutter gekannt hätte, wäre ich bestimmt in sie gedrungen, eine Erzieherin für ihre Töchter anzustellen. Meiner Meinung nach ist keine Erziehung ohne regelmäßigen und gründlichen Unterricht möglich, und den zu geben, ist nur eine gute Erzieherin befähigt. Gehen Ihre jüngeren Geschwister schon in Gesellschaft, Miss Bennet?«

»Jawohl, gnädige Frau, alle.«

»Alle?! Alle fünf schon? Sehr seltsam! Und sie sind doch gewiss noch sehr jung?«

»Ja, die Jüngste ist noch nicht ganz sechzehn. Sie ist vielleicht wirklich noch etwas jung, um auszugehen. Aber offen gestanden, gnädige Frau, schließlich hat doch die Jüngste ein ebensogutes Recht, ihre Jugend zu genießen wie die Älteste!«

»Mein Gott«, sagte Lady Catherine, »für Ihr Alter haben Sie aber eine sehr sichere, eigene Meinung! Sagen Sie, wie alt sind Sie?«

»Mit drei jüngeren, aber erwachsenen Geschwistern können gnädige Frau nicht erwarten, dass ich mein Alter verrate«, erwiderte Elizabeth lächelnd. Lady Catherine war offensichtlich höchst überrascht, keine genaue Antwort zu erhalten. Elizabeth schloss daraus, dass sie wohl die erste war, die es gewagt hatte, soviel hochgeborene Unverfrorenheit für nichts zu achten. »Über zwanzig können Sie doch bestimmt nicht sein – da haben Sie es doch noch nicht nötig, Ihr Alter zu verheimlichen.«

»Über zwanzig bin ich schon, aber noch nicht über einundzwanzig.« Der Tee war getrunken; die Herren gesellten sich wieder zu den Damen, und die Kartentische wurden aufgestellt. Lady Catherine, Sir William und Mr. und Mrs. Collins nahmen an dem einen Tisch Platz; und die beiden jungen Mädchen durften mit Mrs. Jenkinson an dem anderen Tisch mit Miss de Bourgh spielen. Sehr geistvoll ging es hier nicht zu; gesprochen wurde nur, soweit das Spiel es erforderte, außer wenn Mrs. Jenkinson ihrer Besorgnis Ausdruck verlieh, es könne Miss de Bourgh zu warm oder zu kalt, zu hell oder zu dunkel sein.

Am anderen Tisch führte Lady Catherine das große Wort, rügte die Fehler, die die anderen machten, und erzählte allerlei Geschichten, in denen sie die Hauptrolle spielte. Mr. Collins erfüllte seine gewöhnliche Aufgabe, das heißt, er sagte ja zu allem, was Lady Catherine sagte, dankte ihr für jedes gewonnene Spiel und bat um Entschuldigung, wenn er glaubte, zu oft gewonnen zu haben. Sir William hatte keine Zeit zum Reden; er war bemüht, sich alles, was er hörte, vor allem die erlauchten Namen genau zu merken.

Als Lady Catherine und ihre Tochter genug hatten, wurde das Spiel abgebrochen, Mrs. Collins der Wagen angeboten, das Angebot dankbar angenommen und der Befehl zum Vorfahren gegeben. Man stand noch eine Weile am Feuer, um Lady Catherine das Wetter für morgen bestimmen zu hören. Dann wurde der Wagen gemeldet, und unter allen Dankesphrasen, die Mr. Collins zu Gebote standen, und ebensovielen Verbeugungen von Sir William verabschiedete man sich. Kaum saß man im Wagen, als Elizabeth von ihrem Vetter aufgefordert wurde, ihr Urteil über alles Gesehene und Erlebte abzugeben. Aber so sehr sie auch mit Rücksicht auf Charlotte vorgab, von allem entzückt zu sein, Mr. Collins war keineswegs zufrieden, und bald sah er sich genötigt, seiner Cousine das Wort zu entziehen, um selbst Lady Catherines Lob in gebührlicher Weise zu singen.

30

Sir William blieb nur eine Woche in Hunsford; aber die Woche genügte ihm, um zu der Überzeugung zu gelangen, dass seine Tochter es ausgezeichnet getroffen habe und dass sie einen Gatten und eine Nachbarschaft besaß, die ihresgleichen suchten. Solange Sir William noch da war, pflegte Mr. Collins ihn in seinem kleinen zweirädrigen Wagen spazierenzufahren; nach seiner Abreise kehrte das Haus zu seinen alltäglichen Gewohnheiten zurück. Elizabeth hatte gefürchtet, dies könnte ein häufigeres Zusammensein mit Mr. Collins mit sich bringen, das aber war nicht der Fall: Ihr Gastgeber verbrachte die meiste Zeit zwischen Frühstück und Abend mit Gartenarbeiten, Lesen und Schreiben oder auch nur damit, die Aussicht von seinem Fenster zu genießen. Seine Bibliothek lag nach vorne, das Zimmer, in dem sich Charlotte meist aufhielt, nach hinten. Zunächst wunderte es Elizabeth, dass ihre Freundin nicht das Esszimmer als Wohnzimmer benutzte, war es größer und auch gemütlicher; aber sie bemerkte bald, dass Charlotte einen guten Grund hierfür hatte, ihr Mann hätte sich bestimmt nicht so viel in seinem eigenen Zimmer aufgehalten, wäre ihm das hintere Zimmer nicht zu unfreundlich gewesen.

Kaum ein Tag verging, an dem Mr. Collins nicht nach Rosings hinübergegangen wäre; meist begleitete ihn seine Frau. Elizabeth konnte sich das zunächst nicht erklären, bis ihr einfiel, dass Rosings ja wohl außer Lady Catherine auch noch andere Pfründen zu vergeben hatte. Hin und wieder beehrte Lady Catherine die Collins mit ihrem Besuch. Während dieser Besuche entging ihrem kritischen Auge auch nicht die geringste Kleinigkeit. Sie wollte wissen, was jeder tat und trieb, prüfte alles, mäkelte an allem und wollte alles anders gemacht haben. Sie bemängelte die Aufstellung der Möbel und stellte fest, dass das Hausmädchen nicht genug zu arbeiten hatte; und wenn sie einmal zum Essen blieb, dann offenbar nur, um nachzuschnüffeln, ob Charlotte nicht zu große Braten für ihren Haushalt eingekauft hatte, was nach Lady Catherines Ansicht meistens der Fall war. Die hochgeborene Dame übte neben ihren anderen Beschäftigungen, wie Elizabeth bald bemerkte, mit großer Energie auch die Polizeigewalt in ihrem Gutsbezirk aus; selbst das unbedeutendste Vorkommnis erschien ihr wichtig genug, um sich darüber von Mr. Collins Bericht erstatten zu lassen. Und so oft es bei den Bauern Streit gab, Unzufriedenheit drohte oder jemand in Not geriet, machte Lady Catherine sich auf in das Dorf, um selbst einzugreifen und nötigenfalls so lange zu räsonieren, bis alles wieder in Ordnung war.

Die Abendunterhaltung auf Rosings wurde zweimal in der Woche wiederholt, und abgesehen davon, dass infolge Sir Williams Abreise nur ein Kartentisch besetzt werden konnte, wurde jedesmal das gleiche Programm abgewickelt. Im übrigen verließ man das Pfarrhaus nur selten zu einem Besuch, da ein geselligeres Leben Mr. Collins' Börse zu sehr beansprucht hätte. Elizabeth war es ja aber um Geselligkeit gar nicht zu tun, und sie freute sich, dass ihre Tage so geruhsam und ohne aufregende Ereignisse dahingingen; ein gelegentlicher kleiner Schwatz mit Charlotte und an schönen Tagen ausgedehnte Spaziergänge auf einsamen Wegen, das war alles. So verstrichen die ersten beiden Wochen ihres Besuches sehr schnell. Ostern stand vor der Tür, und in der Woche davor erwartete man auf Rosings Gäste; das versprach natürlich ein wichtiges Ereignis zu werden. Elizabeth hatte schon bald nach ihrer Ankunft erfahren, dass Darcy im Laufe der nächsten Wochen eintreffen werde. Jeden anderen hätte sie zwar lieber wiedergesehen, aber da er nun einmal kam, war sie wenigstens darüber froh, endlich einmal wieder ein neues Gesicht auf Rosings zu sehen. Noch neugieriger war sie darauf, wie er sich gegenüber Miss de Bourgh verhalten würde; denn daraus konnte man wohl auf die Hoffnungslosigkeit von Caroline Bingleys Plänen schließen. Lady Catherine wenigstens schien festentschlossen, die Partie zustande zu bringen, und sprach von Darcys bevorstehendem Besuch mit erwartungsvoller Zufriedenheit und von ihm selbst in den lobendsten Tönen und ärgerte sich unverhohlen darüber, dass Elizabeth und Maria bereits früher seine Bekanntschaft gemacht hatten.

Seine Ankunft auf Rosings wurde gleichzeitig im Pfarrhaus bekannt; denn Mr. Collins war den ganzen Morgen in seinem Garten hin und her gegangen und spähte mit einem Auge immer auf die Parkeinfahrt. Er wollte sich später nicht vorwerfen müssen, er habe diesem wichtigen Ereignis nicht genügend Beachtung gewidmet. Als der Wagen sich näherte, machte er eine tiefe Verbeugung und eilte dann stracks zurück ins Haus, um die große Neuigkeit bekanntzugeben. Er konnte kaum den nächsten Morgen erwarten, an dem er mit dem Frühesten in Rosings erschien, um seine Aufwartung zu machen. Er traf dort nicht nur einen, sondern zwei Neffen Lady Catherines; denn in Darcys Begleitung befand sich Oberst Fitzwilliam, ein jüngerer Sohn seines Onkels.

Als Mr. Collins zurückkehrte, begleiteten ihn die beiden Herren. Charlotte sah sie zufällig kommen und eilte, aufs höchste überrascht, zu ihren beiden Gästen, um sie auf den Besuch vorzubereiten. »Diese Artigkeit haben wir gewiss dir zu verdanken, Lizzy. Mr. Darcy hätte sonst nie so bald Besuch bei uns gemacht.« Elizabeth fand keine Zeit mehr, sich dagegen zu verwahren; denn die Torglocke ertönte soeben, und kurz darauf traten die Herren ein. Oberst Fitzwilliam war ein vornehmer, aber nicht sehr ansehnlicher Mann von etwa dreißig Jahren. Mr. Darcy sah aus wie immer und begrüßte Mrs. Collins mit seiner üblichen Zurückhaltung. Was immer er beim Anblick Elizabeths denken mochte, sein Gesicht verriet nichts als gleichgültige Höflichkeit. Sie selbst grüßte nur kurz, ohne etwas zu sagen. Oberst Fitzwilliam begann sogleich ein Gespräch mit der Leichtigkeit und Selbstverständlichkeit eines Weltmanns; sein Vetter äußerte nur ein paar allgemeine Bemerkungen über das Haus und den Garten zu Mrs. Collins und saß eine ganze Weile stumm, ohne sich am Gespräch zu beteiligen. Schließlich ließ er sich aber doch dazu herbei, Elizabeth nach ihrem Befinden und dem ihrer Familie zu fragen. Sie antwortete so, wie solche Fragen immer beantwortet werden, und fügte nach einer kleinen Pause hinzu: »Meine älteste Schwester hält sich schon seit drei Monaten in London auf. Sie haben sie wohl nicht zufällig einmal getroffen?« Sie wusste genau, dass das nie der Fall gewesen war; aber vielleicht ließ er irgendwie erkennen, dass er in das eingeweiht war, was sich zwischen den Bingleys und Jane abgespielt hatte. Er schien wirklich etwas verlegen zu werden, als er antwortete, er habe noch nicht das Vergnügen gehabt, Miss Bennet zu begegnen. Danach schwiegen sie beide wieder, und bald verabschiedeten sich die Herren.

31

Oberst Fitzwilliams weltmännisches Auftreten hatte großen Eindruck im Pfarrhaus hinterlassen, und vor allem die Damen waren überzeugt, seine Anwesenheit werde den Reiz der Abende auf Rosings bedeutend erhöhen. Allerdings dauerte es eine ganze Zeit, bis sie wieder dorthin gebeten wurden; nun, da man im Herrenhaus selbst Besuch hatte, schien man gut auch ohne die Collins und ihre Gäste auszukommen. Erst am Ostersonntag, fast eine Woche danach, wurde ihnen wieder die Ehre einer Einladung zuteil und auch das nur insofern, als sie nach der Predigt aufgefordert wurden, abends hinaufzukommen. In der Zwischenzeit hatten sie weder Lady Catherine noch ihre Tochter zu Gesicht bekommen. Oberst Fitzwilliam dagegen sprach öfters im Pfarrhause vor; Darcy jedoch hatten sie nur in der Kirche getroffen.

Man nahm die Einladung selbstverständlich an, und zur angegebenen Stunde fand sich die Gesellschaft in Lady Catherines Empfangszimmer ein. Sie wurden freundlich begrüßt, aber Elizabeth merkte sogleich, dass sie dieses Mal keineswegs so willkommen waren wie sonst, wo man niemand anders zur Unterhaltung hatte. Lady Catherine beschäftigte sich fast ausschließlich mit ihren Neffen, vor allem mit Darcy, und sprach kaum ein Wort mit den anderen. Oberst Fitzwilliam zeigte sich jedoch aufrichtig erfreut, sie alle bei seiner Tante wiederzusehen; ihm war jede Unterbrechung des eintönigen Lebens auf Rosings willkommen, vor allem jedoch hatte die hübsche Freundin von Mrs. Collins es ihm angetan. Er setzte sich sofort neben Elizabeth und sprach so angeregt mit ihr über seine Reisen und sein Zuhause, über neue Bücher und Musik, dass sie sich besser unterhielt, als sie es je in diesem Hause für möglich gehalten hatte. Ihr Gespräch lenkte schließlich sogar Lady Catherines Aufmerksamkeit von Darcy ab, und dieser wiederum hatte längst wiederholt seine Blicke mit einem Ausdruck des Erstaunens auf Elizabeth gerichtet. Lady Catherine teilte seine Verwunderung und gab sich im Gegensatz zu ihm keine Mühe, ihre Neugierde zu verbergen, denn sie rief laut quer durch das ganze Zimmer: »Was sagtest du da, Fitzwilliam? Wovon sprecht ihr? Was erzählst du Miss Bennet? Lasst es mich auch hören!«

»Wir unterhalten uns gerade über Musik«, erwiderte er, als ihre Fragen zu eindringlich wurden, als dass man sie übergehen könnte.

»Über Musik? Dann redet bitte lauter! Musik, das ist gerade etwas für mich. Wenn ihr davon sprecht, dann muss ich mich an eurer Unterhaltung beteiligen dürfen. Es gibt wenige Menschen in England, darf ich wohl behaupten, die Musik mehr lieben und ein besseres Verständnis dafür haben als ich. Wenn ich je spielen gelernt hätte, wäre ich bestimmt eine hervorragende Künstlerin geworden. Anne ebenso, wenn ihre Gesundheit es ihr erlaubt hätte, sich damit abzugeben. Macht Georgiana Fortschritte, Darcy?« Darcy sprach mit liebevoller Anerkennung von dem Können seiner Schwester. »Es freut mich, so Gutes von ihr zu erfahren«, erwiderte Lady Catherine. »Sag ihr doch bitte von mir, dass sie nicht hoffen kann, eine wirkliche Meisterin zu werden, wenn sie nicht sehr fleißig übt!«

»Sie können versichert sein, liebe Tante«, entgegnete er, »dass sie einer solchen Ermahnung nicht bedarf. Sie übt regelmäßig und mit größter Gewissenhaftigkeit.«

»Wollen Sie mich einschüchtern, Mr. Darcy?«

»Nun, umso besser. Üben kann man gar nicht genug. Wenn ich ihr das nächste Mal schreibe, darf ich nicht vergessen, ihr das auf die Seele zu binden. Ohne Fleiß kein Preis, das predige ich stets und ständig. Auch Miss Bennet habe ich schon wiederholt darauf hingewiesen, dass sie nie ordentlich spielen wird, wenn sie nicht häufiger übt. Mrs. Collins besitzt zwar kein Instrument, aber Miss Bennet ist herzlich willkommen, wenn sie herüberkommen will, um auf dem Klavier in Mrs. Jenkinsons Zimmer zu spielen, so viel sie will. Dort wird sie niemanden stören.« Das war natürlich wieder eine grobe Taktlosigkeit von Lady Catherine, und Mr. Darcy war so verlegen, dass er es lieber unterließ, etwas dazu zu sagen.

Nach dem Kaffee erinnerte Fitzwilliam Elizabeth an ihr Versprechen, ihm etwas vorzusingen; sie setzte sich, ohne sich zu zieren, an das Klavier, und Fitzwilliam rückte seinen Stuhl neben sie. Lady Catherine hörte sich eine halbe Strophe an und unterhielt sich dann weiter ganz laut mit ihrem anderen Neffen, bis dieser sich erhob und sich in seiner bedächtigen Art dem Instrument näherte, wo er sich so aufstellte, dass er jede Bewegung und jede Miene Elizabeths beobachten konnte. Sie bemerkte es, wandte sich nach Beendigung des Liedes an ihn und sagte lächelnd: »Wollen Sie mich einschüchtern, Mr. Darcy, indem Sie sich in all Ihrer Würde hierhin stellen? Aber ich habe keine Angst, obgleich Ihre Schwester so gut spielen kann. Ich bin viel zu unempfindlich, als dass ich dadurch verlegen gemacht würde. Im Gegenteil, je mehr man sich bemüht, mich ängstlich zu machen, umso weniger Angst habe ich.«

»Ich will Ihnen nicht widersprechen«, entgegnete er, »denn ich nehme nicht an, dass Sie mich wirklich der Absicht, Sie einzuschüchtern, verdächtigen. Ich kenne Sie lange genug, um zu wissen, dass es Ihnen Spaß macht, gelegentlich Meinungen zu äußern, die Sie gar nicht haben.« Elizabeth lachte herzlich über diese offene Kritik und sagte zu Fitzwilliam: »Ihr Vetter wird Ihnen noch ein so schlechtes Bild von mir entwerfen, dass Sie mir später kein Wort mehr glauben werden. Es ist wirklich mein Pech, dass ich den einzigen Menschen, der mich derart durchschauen kann, ausgerechnet hier wiedertreffen muss, während ich doch gehofft hatte, meine Rolle mit einiger Glaubwürdigkeit spielen zu können. Ich muss schon sagen, Mr. Darcy, ich finde es nicht hübsch von Ihnen – und unhöflich noch dazu –, dass Sie alle meine schlechten Eigenschaften, die Sie in Hertfordshire kennenlernten, nun öffentlich preisgeben. Wenn ich Ihnen mit gleicher Münze heimzahlen wollte, würden wohl Sachen zum Vorschein kommen, über die Ihre Verwandten sich etwas wundern möchten!«

»Ich habe auch keine Angst vor Ihren Eröffnungen«, erwiderte er lächelnd.

»Bringen Sie also bitte Ihre Anschuldigung gegen ihn vor«, lachte Oberst Fitzwilliam. »Ich möchte zu gern wissen, wie er sich unter Fremden aufführt.«

»Nun gut – aber ich warne Sie, es wird schrecklich! Zum ersten Mal traf ich ihn auf einem Ball; und was glauben Sie wohl, was er auf diesem Ball tat? Er tanzte nur viermal! Es tut mir leid, Ihnen dies sagen zu müssen, aber es stimmt, er tanzte nur viermal; dabei gab es nicht genug Herren, und ich weiß ganz genau, dass mehr als ein junges Mädchen Mauerblümchen spielen musste, weil es von niemandem aufgefordert wurde. Mr. Darcy, Sie können diesen Tatbestand unmöglich leugnen!«

»Ich kannte damals keine von den anwesenden Damen außer den Schwestern meines Freundes.«

»Natürlich – und es ist ja nicht üblich, sich auf einem Ball vorstellen zu lassen!«

»Sie haben wohl recht«, meinte Darcy, »aber ich bin viel zu schüchtern, um mich ohne weiteres fremden Damen vorstellen zu lassen.«

»Wollen wir Ihren Vetter nach dem Grund dafür fragen?«, sprach Elizabeth, noch immer an Fitzwilliam gewandt. »Wollen wir ihn fragen, wie es kommt, dass ein Mann, der gebildet und gar nicht dumm ist und der die Welt gesehen hat, sich scheut, mit Fremden bekannt zu werden?«

»Ich kann Ihnen die Frage beantworten«, erwiderte Fitzwilliam, »ohne sie an meinen Vetter weiterzuleiten. Der Grund ist ganz einfach der, dass er keine Lust dazu hat.«

»Nein, ich habe ganz bestimmt nicht das Talent, das viele Menschen zu besitzen scheinen«, warf Darcy ein, »das Talent, mich mit allen Leuten über ihre Sorgen und Freuden zu unterhalten, wie ich es andere tun sehe.«

Lady Catherines Stimme unterbrach das Gespräch. Sie wollte wissen, worüber man sich unterhalte. Elizabeth fing daraufhin sogleich wieder an zu spielen, und Lady Catherine kam herüber, hörte einige Augenblicke zu und sagte dann zu Darcy: »Miss Bennet würde gar nicht so übel spielen, wenn sie erstens fleißiger übte und zweitens sich einen Londoner Klavierlehrer leisten könnte. Ihre Fingerhaltung geht an, wenn auch ihr musikalisches Gefühl nicht so stark entwickelt ist wie Annes. Anne hätte bestimmt entzückend gespielt, wenn ihre schwächliche Gesundheit sie nicht am Üben verhinderte.«

Elizabeth betrachtete Darcy heimlich, ob ihm bei solchen Lobsprüchen eine Spur von Neigung für seine Cousine anzumerken sei. Nichts dergleichen war an ihm zu entdecken. Und so kam denn Elizabeth zu dem für Miss Bingley tröstlichen Schluss, dass er Caroline genau so gern geheiratet haben würde, wäre sie seine reiche Cousine gewesen.

Lady Catherine fuhr derweil in ihren Bemerkungen über Elizabeths Spiel fort, würzte sie hier und da mit Ermahnungen und bedauerte, dass nicht jeder ihr eigenes Musikverständnis besaß. Elizabeth ertrug dies alles mit größter Gleichgültigkeit; sie begann wieder zu spielen, und die Herren ließen sie nicht eher von dem Instrument fort, als bis der Wagen vor der Tür stand, um die Gäste nach Hause zu bringen.

32

Elizabeth saß am nächsten Morgen allein zu Haus und schrieb an Jane, während Charlotte und Maria ins Dorf gegangen waren, um Besorgungen zu machen, als ein plötzliches Läuten an der Tür sie hochfahren ließ. Da sie keinen Wagen hatte kommen hören, vermutete sie, dass es Lady Catherine sein könnte, und steckte gerade ihren halbfertigen Brief fort, um allen naseweisen Fragen darüber zu entgehen, da öffnete sich die Tür und zu ihrer nicht geringen Überraschung trat Darcy ein. Darcy, ohne jede Begleitung. Er schien ebenfalls erstaunt zu sein, sie allein vorzufinden, und entschuldigte sein Eindringen damit, dass er angenommen habe, alle Damen zu Hause anzutreffen. Er setzte sich, und nachdem Elizabeth sich an niemanden mehr erinnern konnte, nach dessen Wohlbefinden sie sich noch hätte erkundigen können, drohte die Unterhaltung aufzuhören, eine Unterhaltung zu sein. Sie musste daher irgendetwas finden, und bei ihrem verzweifelten Nachdenken fiel ihr plötzlich ein, wann sie ihn zuletzt in Hertfordshire gesehen hatte, und da gleichzeitig mit der Erinnerung auch die Neugierde in ihr wach wurde, fragte sie: »Wie hastig Sie doch vergangenen November alle von Netherfield fortgingen, Mr. Darcy. Mr. Bingley war gewiss sehr freudig überrascht, dass Sie alle so bald nach ihm in London ankamen? Denn, wenn ich mich recht erinnere, fuhr er ja nur einen Tag vorher ab. Ihm und seinen Schwestern ging es hoffentlich gut, als Sie sie zuletzt in London sahen?«

»Ja, sehr gut, danke.«

Es enttäuschte sie etwas, keine ausführlichere Antwort zu erhalten; und nach einer Pause fügte sie deshalb hinzu: »Ich habe gehört, dass Mr. Bingley keine große Lust haben soll, jemals wieder nach Netherfield zurückzukehren?«

»Ich weiß davon nichts. Aber es ist schon möglich, dass er nur wenig Zeit in Zukunft dort verbringen wird. Er hat viele Freunde, und in seinem Alter nimmt der Freundeskreis und nehmen die gesellschaftlichen Verpflichtungen ständig zu.«

»Wenn er nur selten nach Netherfield zu kommen gedenkt, dann wäre es doch besser, wenn er das Haus wieder loszuwerden versuchte; vielleicht käme dann eine Familie dorthin, die sich für immer da niederlassen würde. Aber Mr. Bingley hat das Haus natürlich nicht der Nachbarn wegen genommen, sondern aus anderen Gründen, und dieselben Gründe werden ihn wohl weiterhin dazu veranlassen, Netherfield zu behalten oder aufzugeben.«

»Es sollte mich nicht wundern«, meinte Darcy, »wenn er das Haus ganz aufgäbe, sobald er ein vernünftiges Angebot erhält.« Elizabeth antwortete nicht; sie scheute sich, weiter über seinen Freund zu sprechen. Und da sie nichts mehr zu sagen wusste, überließ sie jetzt ihm die Mühe, einen Gesprächsstoff ausfindig zu machen. Er verstand den unausgesprochenen Wink und begann nach kurzer Pause wieder: »Das Haus hier scheint recht gemütlich zu sein. Hat Lady Catherine nicht sehr viele Neuanschaffungen machen lassen, als Mr. Collins in Hunsford seinen Einzug hielt?«

»Ich glaube wohl, und ich weiß, dass kein Gönner sich einen dankbareren Bewunderer hätte aussuchen können.«

»Mr. Collins scheint mir sehr glücklich in der Wahl seiner Gattin gewesen zu sein.«

»Ja, sehr! Seine Freunde haben allen Grund, ihn dazu zu beglückwünschen, dass er eines von den bestimmt nicht zahlreichen vernünftigen Mädchen getroffen hat, die ihn genommen und ihn außerdem noch glücklich gemacht hat. Charlotte versteht sich bestimmt sehr gut darauf, sich auf Menschen einzustellen, doch ich kann trotzdem nicht behaupten, dass ich ihre Heirat mit Mr. Collins für eine ihrer klügeren Handlungen ansehe. Sie macht aber einen durchaus zufriedenen Eindruck, und vom Standpunkt der Vernunft aus gesehen, hat sie ja auch keine schlechte Partie gemacht.«

»Es muss ein sehr angenehmer Gedanke für sie sein, ihren eigenen Hausstand in einer solch bequemen Entfernung von ihrer Familie und ihren Freunden zu haben.«

»Das nennen Sie eine bequem? Fünfzig Meilen sind es!«

»Und was sind schon fünfzig Meilen auf diesen guten Straßen? Wenig mehr als eine halbe Tagesreise. Ich nenne das eine bequeme Entfernung.«

»Nun, ich würde diese Entfernung nicht gerade als einen der Vorteile ihrer Ehe bezeichnet haben«, rief Elizabeth aus. »Ich habe nie das Gefühl gehabt, dass Charlotte in unserer Nähe wohnt!«

»Das beweist nur, wie sehr Sie an Hertfordshire hängen; alles, was nicht unmittelbare Nachbarschaft von Longbourn ist, erscheint Ihnen gewiss als ferne Fremde.« Er sagte dies mit einem Lächeln, von dem Elizabeth glaubte, es deuten zu können – er vermutete wahrscheinlich, sie habe mit einem Gedanken an Jane und Netherfield so gesprochen – , und sie errötete, als sie antwortete: »Ich wollte damit nicht sagen, dass man nicht auch zu nahe bei seinen Angehörigen leben kann. Aber Nah und Fern sind unbestimmte Begriffe und können unter verschiedenen Umständen Verschiedenes bedeuten. Wenn man so reich ist, dass die Kosten einer Reise keine Rolle spielen, ist Entfernung durchaus kein Nachteil. Aber das ist bei unseren Freunden nicht der Fall: Mr. Collins hat zwar ein recht schönes Einkommen, aber zu häufigen Reisen langt es denn doch nicht. Charlotte würde sich selbst bestimmt nicht als ihrer Familie nahe bezeichnen, auch wenn sie nur halb so weit entfernt lebte wie jetzt.«

Mr. Darcy zog seinen Stuhl etwas näher an den ihren heran und sagte: »Sie können doch aber keinen Grund haben, so sehr an Longbourn zu hängen. Sie machen so gar nicht den Eindruck, als ob Sie ständig dort gewohnt hätten.« Elizabeth sah ihn erstaunt an. Darcy fasste sich wieder, rückte etwas ab und fragte, indem er eine Zeitung vom Tisch nahm und in ihr zu blättern begann, in beherrschterem Tone: »Wie gefällt Ihnen Kent?«

Ein auf beiden Seiten ruhig und sachlich geführtes Gespräch über die Schönheiten der Landschaft folgte, bis es durch den Eintritt von Charlotte und ihrer Schwester unterbrochen wurde, die gerade von ihrem Gang zurückgekehrt waren. Auf ihren Gesichtern stand die Verwunderung über den unerwarteten Besuch deutlich zu lesen. Darcy beeilte sich, die Geschichte von seinem Irrtum zu wiederholen, durch den er Miss Bennet gestört habe; und nachdem er noch einige Augenblicke schweigend dagesessen hatte, erhob er sich und ging.

»Was soll denn das bedeuten?«, sagte Charlotte, als er fort war. »Meine liebe Lizzy, er muss sich in dich verliebt haben, sonst hätte er uns niemals einen so zwanglosen Besuch gemacht!« Als Elizabeth aber berichtete, wie er sich die ganze Zeit ausgeschwiegen habe, glaubte selbst Charlotte nicht mehr recht daran, dass etwas Wahres an ihrer Vermutung sein könne. Schließlich einigten sie sich dahingehend, dass sein Besuch erfolgt sei, weil er sich langweilte. Das war auch bei der gegenwärtigen Jahreszeit das wahrscheinlichere. Für Sport war das Wetter zu unsicher, und auf Rosings gab es zwar Bücher, einen Billardtisch und Lady Catherine, um ihm und seinem Vetter die Zeit zu verkürzen, aber ein junger Mensch kann ja nicht den ganzen Tag in ein und denselben vier Wänden hocken.

So kamen denn in der Folge die beiden Vettern fast jeden Tag zum Pfarrhaus, sei es, dass der Weg dorthin oder die Schönheit seines Gartens oder die Liebenswürdigkeit seiner Bewohner sie zu diesen Besuchen veranlasste. Manchmal kam nur einer, manchmal waren sie beide dort, und bisweilen wurden sie sogar von ihrer Tante begleitet. Es wurde bald allen klar, dass Oberst Fitzwilliam ihre Gesellschaft besonders gern genoss, was sein Ansehen in ihren Augen natürlich nur verstärkte. Er erinnerte Elizabeth oft an ihren früheren Verehrer Wickham; zwar besaß Oberst Fitzwilliam nicht dessen freundliches Wesen, aber an Bildung schien er ihm weit überlegen. Weswegen Darcy aber fast ebensooft zu Besuch kam, das war bedeutend schwieriger zu erraten. Der Unterhaltung und Gesellschaft zuliebe tat er es sicher nicht, denn er sprach oft eine Viertelstunde lang kein Wort; und wenn er etwas sagte, erweckte er den Eindruck, als ob er es nur tat, um nicht unhöflich zu erscheinen, und nicht etwa deshalb, weil es ihm vielleicht Freude machte. Innerlich beteiligt an der Unterhaltung schien er nie zu sein. Mrs. Collins konnte nicht klug aus ihm werden. Sie kannte ihn zwar nicht genügend, um zu wissen, dass er sonst anders war, aber seines Vetters gutmütiger Spott über seine Langweiligkeit ließ sie das immerhin vermuten. Und da sie hoffte, dass sein verändertes Wesen den Grund in einer Verliebtheit und diese Verliebtheit wiederum ihren Grund in der Person ihrer Freundin Lizzy habe, machte sie sich mit allem Ernst daran, sich darüber Gewissheit zu verschaffen. Sie beobachtete Darcy, so oft sie auf Rosings war, und sie beobachtete ihn, wenn er nach Hunsford kam, und verglich dann sein Benehmen dort mit dem in ihrem eigenen Hause, aber richtig daraus klug wurde sie nicht. Er ließ zwar ihre Freundin kaum aus den Augen, aber seinen Gesichtsausdruck dabei zu deuten, erschien ihr als ein höchst zweifelhaftes Unterfangen; bald deutet sein offener, ruhiger Blick auf beherrschte Bewunderung und im nächsten Augenblick schien er wieder völlig geistesabwesend zu sein.

Ein paarmal hatte sie Elizabeth gegenüber von der Möglichkeit gesprochen, er könne für sie eine besondere Vorliebe haben. Aber Elizabeth hatte sie nur ausgelacht; und Mrs. Collins meinte danach, es sei wohl am klügsten, das Thema nicht weiter zu verfolgen, sonst könne man Gefahr laufen, Hoffnungen zu erwecken, die mit einer Enttäuschung endeten. Denn sie zweifelte nicht einen Augenblick daran, dass die Abneigung ihrer Freundin wie Rauch zergehen würde, sobald es ihr zum Bewusstsein komme, dass sie sein Herz erobert habe. Einer von den freundschaftlichen Plänen, die Charlotte für Elizabeths Zukunft schmiedete, sah auch eine Heirat mit Oberst Fitzwilliam vor. Er war ohne Zweifel der nettere der beiden Vettern; seine Bewunderung für die Freundin war offensichtlich, und seine gesellschaftliche Stellung machte ihn zu einer guten Partie. Zu bedenken war allerdings für Mrs. Collins auch, dass Darcy als Patronatsherr in kirchlichen Fragen einen Einfluss besaß, wie Fitzwilliam ihn niemals erreichen würde. Und Mrs. Collins war nun einmal jetzt die Gattin eines Pfarrers.

33

Mehr als einmal begegnete Elizabeth auf ihren ziellosen Spaziergängen kreuz und quer durch den Park Mr. Darcy. Sie empfand das als einen weiteren Beweis für die Bosheit des Zufalls, der Darcy ausgerechnet dorthin führen musste, wo sonst kein Mensch zu gehen pflegte. Das störte sie; sie wollte ihm nicht begegnen, und deshalb gab sie ihm mit aller Deutlichkeit zu verstehen, dass sie sich diese Wege mit besonderer Vorliebe aussuche. Und nun lief er ihr da immer wieder in den Weg. Das konnte nur entweder absichtliche Bosheit oder auch eine Art freiwilliger Buße sein; denn es blieb jedesmal nicht bei ein paar höflichen Fragen, er hielt es stets für unerlässlich, sie bis nach Hause zu begleiten. Er sagte nicht viel, und sie nahm sich nicht die Mühe, ihm genau zuzuhören oder gar selbst etwas zu reden; aber bei ihrem dritten Zusammentreffen fiel es ihr doch auf, dass er recht merkwürdige und unzusammenhängende Fragen stellte: Wie es ihr in Hunsford gefalle, weswegen sie immer allein spazierengehe, was sie von Mr. und Mrs. Collins halte und ob sie wohl glücklich miteinander seien. Und als er von Rosings sprach, erhielt sie den Eindruck, als ob er erwarte, dass sie bei ihrem nächsten Besuch in Kent dort wohnen werde. Seine Worte waren gar nicht anders zu verstehen. Ob er wohl dabei an Fitzwilliam dachte? Er musste etwas Ähnliches meinen, wenn er überhaupt etwas meinte. Das beunruhigte sie ein wenig, und sie fühlte sich richtig erleichtert, als sie endlich vor dem Gartentor des Pfarrhauses anlangten.

Eines Tages, als sie während ihres Spaziergangs einen Brief von Jane las, der offenbar in sehr gedrückter Stimmung geschrieben war, hörte sie wieder Schritte sich nähern, und als sie aufsah, erblickte sie nicht Darcy, sondern Fitzwilliam, der ihr entgegenkam. Sie steckte den Brief sogleich fort und zwang sich zu einer heiteren Miene: »Ich wusste gar nicht, dass Sie auch gern hier spazierengehen.«

»Ich habe mir soeben, wie jedes Jahr, den ganzen Park genau angesehen und wollte meinen Weg im Pfarrhaus enden lassen. Wollen Sie noch sehr viel weitergehen?«

»Nein, ich wäre sowieso bald umgekehrt.«

Sie ging mit ihm den Weg, den sie gekommen war, zurück.

»Wollen Sie wirklich schon Sonnabend abreisen?«, fragte Elizabeth.

»Ja, falls Darcy sich nicht wieder anders besinnt. Ich richte mich ganz nach ihm und lasse ihn tun, was ihm Spaß macht.«

»Und wenn er auch nicht alles so tut, dass es ihm Spaß macht, so hat er doch jedenfalls das Vergnügen, bestimmen zu dürfen. Ich kenne niemanden, dem es mehr Vergnügen macht, zu tun oder zu lassen, was er will, als Mr. Darcy.«

»Ja, er liebt es sehr, seine eigenen Wege zu gehen«, erwiderte Oberst Fitzwilliam. »Aber das ist ja der Wunsch eines jeden. Er kann ihn sich nur leichter als andere befriedigen, weil er reicher ist als die meisten. Ich spreche aus eigener Erfahrung; denn Sie werden wissen, dass ein jüngerer Sohn sich daran gewöhnen muss, seine Wünsche zu unterdrücken, weil er von jemand anderem abhängig ist.«

»Ich weiß nur, dass der jüngere Sohn eines Grafen meiner Meinung nach sich weder an das eine noch an das andere zu gewöhnen braucht. Ernstlich, was verstehen Sie unter unterdrückten Wünschen und unter Abhängigkeit? Dass Sie aus Geldmangel nicht überallhin reisen können, wohin Sie gerade wollen, oder sich nicht gleich alles kaufen können, wozu Sie Lust haben?«

»In dieser Beziehung kann ich mich allerdings nicht beklagen, aber es gibt ja noch schwierigere Fragen, die das Fehlen eines eigenen Vermögens mit sich bringen kann. Zum Beispiel dürfen jüngere Söhne nicht heiraten, wen sie wollen.«

»Falls sie nicht zufälligerweise eine reiche Frau lieben, was ja sehr häufig der Fall zu sein scheint.«

»Die Art unserer Erziehung macht uns zu sehr vom Geld abhängig, und ich kenne nicht viele Menschen in meiner Stellung, die es sich leisten können, ohne jede Rücksicht auf die Vermögensfrage zu heiraten.«

»Zielt das auf mich?«, dachte Elizabeth und errötete bei dem Gedanken. Aber sie beherrschte sich und fragte in scherzendem Ton: »Sagen Sie bitte, wieviel kostet denn im allgemeinen der jüngere Sohn eines Grafen? Falls der ältere Bruder nicht gerade sehr kränklich veranlagt ist, dürfte der Preis sich wohl auf nicht unter fünfzigtausend Pfund stellen?« Er antwortete ebenfalls mit einem Scherz, und damit war der Fall erledigt. Um die Pause, die danach eintrat, zu unterbrechen, bevor er auf den Gedanken kommen konnte, sie fühle sich von dem Gesagten betroffen, bemerkte sie gleich darauf: »Ich nehme an, Ihr Vetter hat Sie nur aus dem Grunde mithergebracht, um jemanden zu haben, den er herumkommandieren kann. Ich wundere mich nur, weshalb er eigentlich nicht heiratet; denn dann würde er doch ständig einen Menschen um sich haben, an dem er seine Herrschsucht auslassen kann. Aber vorläufig begnügt er sich vielleicht mit seiner Schwester; denn da er ihr alleiniger Vormund ist, darf er wohl für sie schalten und walten, wie es ihm gefällt?«

»Nein«, entgegnete Oberst Fitzwilliam, »in dieses Vergnügen muss er sich mit mir teilen. Ich trage zur Hälfte die Verantwortung für Miss Darcy mit.«

»Ach, wirklich? Und sind Sie ein strenger Vormund? Macht Ihr Schützling Ihnen viel Kummer? Junge Damen in ihrem Alter sind oft nicht ganz leicht zu behandeln, und wenn sie eine richtige Darcy ist, so wird sie wohl recht häufig ihre eigenen Wege gehen wollen.« Sie bemerkte, dass er sie ernsthaft ansah, während sie sprach, und die Art, in der er sogleich fragte, wie sie darauf komme, dass Miss Darcy ihm Kummer bereiten könne, bewies ihr die Richtigkeit ihrer Vermutung. »Oh, Sie brauchen sich nicht zu beunruhigen«, meinte sie zu seiner Frage, »ich habe noch nie etwas Schlechtes über sie gehört; sie ist bestimmt das liebenswerteste Geschöpf in der Welt. Zwei Damen, die ich kenne, sind ganz entzückt von ihr, Miss Bingley und Mrs. Hurst. Sagten Sie nicht einmal, dass Sie sie kennen?«

»Ja, ich kenne sie flüchtig. Ihr Bruder ist ein feiner, wohlerzogener Mensch; er ist Darcys bester Freund, glaube ich.«

»Ja, sein allerbester«, erwiderte Elizabeth trocken. »Mr. Darcy ist die Liebenswürdigkeit selbst gegen Mr. Bingley und kümmert sich ganz erstaunlich viel um dessen Angelegenheiten.«

»Nun, Bingley scheint auch oft jemanden zu brauchen, der sich um ihn kümmert. Auf der Herfahrt erzählte mein Vetter mir etwas, das mich veranlasst zu glauben, dass Bingley ihm sehr verpflichtet ist. Das heißt, ich weiß nicht genau, ob Bingley gemeint war. Aber ich entnahm es aus seinen Worten.«

»Worum handelte es sich denn?«

»Es ist eine Geschichte, die Darcy natürlich nicht allgemein bekannt werden lassen möchte; denn wenn die Familie der betreffenden Dame davon hörte, könnte es Unannehmlichkeiten geben.«

»Ich erzähle bestimmt nichts weiter.«

»Schön! Vergessen Sie aber nicht, dass ich keinen Grund habe, anzunehmen, dass Bingley gemeint war. Er sagte nur, dass er sich freue, einen Freund vor einer unvernünftigen Heirat bewahrt zu haben, nannte aber keine Namen und erzählte auch keine Einzelheiten; ich schloss nur auf Bingley, weil ich ihn zu der Sorte junger Männer zähle, die leicht in eine solche Situation geraten können, und weil ich weiß, dass mein Vetter und er den ganzen Sommer über zusammengewesen sind.«

»Erzählte Mr. Darcy auch, warum er sich da eingemischt hatte?«

»Mir wurde nur so viel klar, dass zwingende Gründe gegen die Wahl dieser Dame vorliegen mussten; welche, weiß ich aber nicht.«

»Und durch welche List gelang es ihm, die beiden zu trennen?«

»Er erwähnte nichts von irgendeiner List«, antwortete Fitzwilliam lächelnd, »er sagte nichts weiter, als was ich Ihnen jetzt berichtet habe.«

Elizabeth sagte nichts darauf und ging stumm weiter; sie war voll Erbitterung. Fitzwilliam fiel ihr plötzliches Schweigen auf, und er fragte sie, weswegen sie so nachdenklich aussähe. »Ich muss an das denken, was Sie mir da eben erzählt haben«, sagte sie. »Ich kann das Verhalten Ihres Vetters nicht billigen. Wer erlaubte ihm, sich in dieser Weise einzumischen?«

»Sie finden sein Verhalten wahrscheinlich sehr anmaßend?«

»Ich begreife nicht, woher Mr. Darcy sich das Recht nahm zu entscheiden, ob die Neigung seines Freundes vernünftig oder unvernünftig sei, und ich begreife auch nicht, wie er es wagen konnte, von sich aus zu bestimmen, in welcher Weise sein Freund glücklich werden solle. Aber«, fuhr sie fort und versuchte, ihre Erregung zu meistern, »da wir ja nichts Genaues wissen, wäre es ungerecht, ihn voreilig zu verurteilen. Man muss wohl annehmen, dass die Neigung, die die beiden füreinander hatten, nicht sehr groß gewesen sein kann.«

»Darin dürften Sie nicht so unrecht haben«, meinte Fitzwilliam, »wenn die Annahme auch den Erfolg meines Vetters erheblich schmälert.« Er sagte dies in scherzendem Ton, aber Elizabeth war so überzeugt davon, dass Darcy triumphierend an seinen Erfolg dachte, dass es ihr unmöglich wurde, darauf einzugehen. Sie ließ also den Gegenstand fallen und sprach von anderen, gleichgültigen Dingen, bis sie am Pfarrhaus anlangten. Nachdem sie sich verabschiedet hatten, fand sie in der Einsamkeit ihres Zimmers die nötige Ruhe, um sich ungestört das Gehörte noch einmal durch den Kopf gehen zu lassen. Es war unmöglich, dass irgendwelche anderen zwei Menschen gemeint sein konnten als ihre Schwester und Bingley, und es war ebenso ausgeschlossen, dass es in der Welt noch einen Menschen gab, der so unter Darcys Einfluss stand. Dass er bei der Trennung der beiden seine Hand im Spiel hatte, daran war niemals ein Zweifel in ihr aufgetaucht; aber bisher hatte sie geglaubt, dass diese Verschwörung von Caroline ausgegangen sei. Und nun stellte es sich heraus, dass er und sein Dünkel und seine prinzlichen Launen der eigentliche Anlass waren für alles, was Jane hatte erdulden müssen und noch erduldete; es müsste denn sein, dass auch in diesem Fall seine Einbildung ihn die Rolle, die er dabei gespielt hatte, überschätzen ließ. Jedenfalls hatte er auf unabsehbare Zeit jede Hoffnung auf Glück und Zufriedenheit für den warmherzigsten, liebsten aller Menschen zerstört. Wie lange das Unheil, das er angerichtet hatte, sich auswirken werde, konnte niemand vorhersagen. »Es lagen zwingende Gründe gegen sie vor«, waren Fitzwilliams Worte gewesen; und diese Gründe bestanden wahrscheinlich darin, dass sie einen Onkel hatte, der Anwalt in einer kleinen Provinzstadt war, und einen anderen, der in London ein Geschäft besaß. »Gegen Jane selbst kann doch kein Mensch etwas haben? So freundlich und gut, wie sie ist! So vernünftig, ruhig und lieb! Und auch gegen meinen Vater lässt sich doch nichts Nachteiliges vorbringen«, dachte Elizabeth, »denn er besitzt trotz all seiner Eigenheiten so viele gute Seiten, dass sich selbst ein Darcy ihrer nicht zu schämen brauchte, und dazu noch einen so grundanständigen Charakter, wie Darcy ihn niemals haben wird!« Der Gedanke an ihre Mutter stimmte Elizabeth allerdings nachdenklich; aber mochte man auch an ihr vieles auszusetzen haben, so konnte das ihrer Meinung nach für Darcys Urteil nicht maßgebend gewesen sein; war sie doch überzeugt, dass der Mangel an gesellschaftlichen Verbindungen bei seiner hochmütigen Gesinnung weitaus schwerer ins Gewicht fiel als der Mangel an Intelligenz, den man ihrer Mutter wohl zu Recht vorwerfen konnte. Und so kam Elizabeth endlich zu dem Schluss, dass seine Handlungsweise zum Teil von übermäßigem Standesdünkel, seiner hervorstechendsten Eigenschaft, bestimmt war, zum Teil aber auch von dem Wunsch, seine Schwester mit Bingley zu verheiraten. Sie war schließlich so erbittert und so durchwühlt vom vielen Grübeln, dass es ihr den Kopf zu sprengen drohte. Und da sie jetzt am wenigsten Darcy begegnen konnte, bat sie ihre Gastgeber, sie möchten sie heute auf Rosings entschuldigen. Charlotte sah auch sofort, dass sie sich nicht gutfühlte, und drängte sie daher nicht weiter; aber Mr. Collins konnte seine Besorgnis nicht verhehlen, dass Lady Catherine ihr Fortbleiben vielleicht unfreundlich aufnehmen werde.

34

Als die anderen gegangen waren, beschäftigte sich Elizabeth, als wollte sie ihre Wut auf Darcy noch auf alle erdenkliche Weise steigern, mit den Briefen, die Jane ihr hierher nach Hunsford geschrieben hatte. Sie enthielten weder Klagen über das, was hinter ihr lag, noch eine Schilderung ihres gegenwärtigen Kummers. Aber auf keiner Seite, in keiner Zeile fand sich jene ruhige Fröhlichkeit wieder, die sonst Janes Briefe ausgezeichnet hatte und die ihrem ausgewogenen Gleichmaß, ihrer freundlichen Gesinnung gegen jedermann entsprungen war. Elizabeth glaubte beim erneuten Lesen aus jedem Satz eine Unruhe und eine Traurigkeit herauszuhören, die ihrer Aufmerksamkeit anfangs entgangen waren; dass Darcy obendrein noch so schamlos sich brüstete, solches Leid verursacht zu haben, ließ Elizabeth nur noch stärker den Kummer ihrer Schwester empfinden. Es war ein Trost, wenn auch nur ein kleiner, dass der Besuch dieses Menschen auf Rosings morgen zu Ende ging, und ein großer war es, dass sie selbst in weniger als zwei Wochen wieder bei Jane sein würde, um ihr mit aller Liebe, deren sie fähig war, zu neuer Fröhlichkeit zu verhelfen. Der Gedanke an Darcys Abreise erinnerte sie auch daran, dass sein Vetter ihn begleiten werde; das tat ihr leid, aber Fitzwilliam hatte ihr ja deutlich zu verstehen gegeben, dass er in bezug auf sie keinerlei Absichten habe, und wenn sie ihn auch sehr nett fand, sie hatte nicht vor, sich etwa einzubilden, dass sie seinetwegen unglücklich sei. Während sie so noch mit ihren Gedanken beschäftigt war, hörte sie plötzlich die Türglocke läuten, und einen Augenblick dachte sie mit einer trotz aller guten Vorsätze freudigen Erwartung, es könne Fitzwilliam sein, der schon einmal so spät am Abend herübergekommen war und der jetzt vielleicht die Gelegenheit benutzen wolle, um sich ohne Zeugen von ihr zu verabschieden. Aber dieser Hoffnung durfte sie sich nicht lange hingeben, und ihre frohe Stimmung schlug in das Gegenteil um, als sie zu ihrem unaussprechlichen Erstaunen Darcy eintreten sah. Er begann sogleich sich auffallend hastig nach ihrem Befinden zu erkundigen; das klang so, als wollte er den Eindruck erwecken, dass sein Besuch nur den Zweck verfolge, von ihr persönlich zu hören, dass es ihr wieder besser gehe. Sie antwortete ihm höflich, aber kalt. Er setzte sich für ein paar Augenblicke, sprang dann wieder auf und ging im Zimmer auf und ab. Elizabeth wusste sich sein sonderbares Benehmen nicht zu deuten, sagte aber kein Wort. Nach einigen Minuten kam er mit seltsam erregter Miene auf sie zu und sagte: »Vergeblich habe ich mit mir gerungen; es geht nicht mehr so weiter. Meine Gefühle lassen sich nicht länger unterdrücken. Ich muss Ihnen jetzt sagen, wie sehr ich Sie bewundere, wie sehr ich Sie liebe.« Elizabeth war viel zu überrascht, um auch nur ein Wort erwidern zu können; sie starrte ihn nur an, errötete – und schwieg. Das genügte, um ihn zu ermutigen, und was er für sie empfand und längst schon empfunden hatte, das brach jetzt in einem Strom von Beteuerungen und Schwüren ungehemmt über sie herein. Er sprach mit einem Ton aufrichtigster Wärme; aber da war noch ein anderes Gefühl, das nicht minder Ausdruck finden wollte, sein unmäßiger Standesdünkel. Die Tatsache ihrer Unebenbürtigkeit, sein Verlust an Ansehen, die Einwendungen und Einsprüche seiner Familie, alles, was seine Vernunft immer seiner Neigung entgegengehalten habe, nichts ließ er aus, so wenig geeignet gerade solche Hemmungslosigkeit auch war, um seinem Antrag Gehör zu verschaffen.

Trotz ihrer tiefen Abneigung gegen ihn empfand Elizabeth eine gewisse Befriedigung darüber, dass ein Mann von solchem Rang und Stand sich ihr erklärt hatte, und obgleich ihre Antwort vom ersten Augenblick an feststand, tat er ihr deshalb doch zunächst leid; aber als der Dünkel wieder bei ihm durchbrach, rief das wieder ihren ganzen Zorn gegen ihn wach, und das Mitleid verschwand so schnell, wie es gekommen war. Sie bemühte sich jedoch, sich so weit zu fassen, dass sie ihm in Ruhe antworten konnte, sobald er fertig war. Er schloss dann auch endlich mit einer erneuten Beteuerung der Tiefe und Stärke seiner Liebe, die ihn trotz seines langen Widerstrebens nun völlig überwältigt habe und deren Lohn er jetzt mit ihrer Hand zu erhalten hoffe. Er sagte dies in einer Weise, als zweifle er keine Sekunde daran, dass ihre Antwort seine Hoffnung erfüllen werde. Er sprach wohl von Befürchtungen und Besorgnissen, aber seine Miene verriet nur völlig überzeugtes Selbstbewusstsein. Das brachte sie nur noch mehr auf, und als er geendet hatte, sagte sie mit blitzenden Augen: »In einem Fall wie diesem ist es, glaube ich, üblich, für die bezeugte Zuneigung zu danken, mag das Gefühl auch nicht im geringsten erwidert werden. Und wenn ich es fertigbrächte, auch nur eine Spur von Dankbarkeit zu empfinden, dann würde ich es Ihnen jetzt sagen. Aber ich kann es nicht –, ich habe nie auf Ihre gute Meinung von mir Wert gelegt, und Sie haben sie auch nur höchst ungern zugestanden. Es betrübt mich immer, wenn ich irgendjemandem wehtun muss, aber es lag dieses Mal ganz bestimmt nicht in meiner Absicht, und ich denke, Ihr Schmerz wird nur von kurzer Dauer sein. Die Gefühle, die, wie Sie sagen, so lange das Geständnis Ihrer Neigung verhindert haben, werden Ihnen auch dabei behilflich sein.«

Mr. Darcy, der gegen den Kaminsims gelehnt dastand und sie unentwegt ansah, schien ihre Worte ebenso verwundert wie ärgerlich zu vernehmen. Er wurde merklich blasser, seine ganze Haltung drückte stärkste Erregung aus. Er kämpfte sichtlich mit sich, um seine Ruhe zu bewahren, und öffnete seinen Mund nicht eher zum Sprechen, bevor er sich nicht wieder ganz in der Gewalt hatte. Das lange Schweigen wurde Elizabeth zur Qual. Schließlich sagte er mit erzwungener Ruhe: »Das ist also die Antwort, mit der Sie mich zu beehren gedenken! Ich darf aber, wenn das allerdings auch nicht mehr sehr ins Gewicht fällt, vielleicht doch noch erfahren, warum ich mit einem so geringen Aufwand von Höflichkeit abgewiesen werde.«

»Vielleicht darf ich dagegen fragen, warum Sie es für richtig hielten, mir – doch in der ausgesprochenen Absicht, mich zu verletzen – mitzuteilen, dass Sie gegen jede Vernunft und gegen Ihre eigene Überzeugung eine Neigung zu mir gefasst haben? Hatte ich da nicht allen Grund, unhöflich zu sein, falls ich es wirklich gewesen bin? Aber ich hatte auch noch andere Gründe, und das müssen Sie gewusst haben. Hätte sich mein Gefühl nicht gegen Sie entschieden, wären Sie mir nur gleichgültig oder auch sogar sympathisch – ja, glauben Sie denn wirklich, dass mich irgendetwas dazu hätte bringen können, den Mann zu heiraten, der das Glück meiner Schwester, und das vielleicht für immer, zerstört hat?«

Bei diesen Worten verfärbte sich Darcy wieder, aber er unterdrückte seine Bewegung sogleich und hörte sie ohne Unterbrechung an, als sie nun fortfuhr: »Ich habe allen Grund, Sie zu verabscheuen. Keine noch so gute Absicht kann Sie von dem Unrecht und dem Schimpf freisprechen, den Sie meiner Schwester angetan haben. Versuchen Sie es zu leugnen, wenn Sie es wagen, dass Sie der Hauptschuldige, wenn nicht der einzige, waren, dass die beiden auseinandergekommen sind, dass der eine nun vor der ganzen Welt als unbeständig und charakterlos dasteht, dass die andere sich wegen ihrer enttäuschten Hoffnungen verspotten lassen muss und dass alle beide jetzt tief unglücklich sind.«

Sie hielt inne und sah zu ihrer nicht geringen Entrüstung, dass er ihr zuhörte, ohne irgendeine Spur von Beschämung erkennen zu lassen. Er wagte es sogar, sie mit einem Lächeln gespielter Verständnislosigkeit anzusehen. »Können Sie irgendetwas von dem, was ich sagte, abstreiten?« wiederholte sie.

»Ich habe gar nicht die Absicht zu leugnen«, erwiderte er ruhig, »dass ich alles getan habe, was in meiner Macht stand, um meinen Freund und Ihre Schwester auseinanderzubringen, und auch nicht, dass ich mich über das Ergebnis freue. Gegen ihn habe ich eben freundschaftlicher gehandelt als gegen mich selbst.«

Elizabeth hielt es für unter ihrer Würde, auf diese »höfliche« Bemerkung einzugehen, sie hatte sie jedoch wohl verstanden und wurde dadurch nicht versöhnlicher gestimmt. »Aber das«, fuhr sie fort, »ist nicht der einzige Grund für meine Abneigung. Schon lange vorher hatte ich mir meine Meinung von Ihnen gebildet, als ich mir durch die Erzählung von Mr. Wickham über Ihren Charakter klarwurde. Was können Sie wohl zu diesem Vorwurf zu sagen haben? Welchen Freundesdienst kann Ihre Einbildungskraft hier zu Ihrer Entschuldigung erfinden? Oder wie wollen Sie sonst diese Sache verdrehen?«

»Die Angelegenheiten jenes Herrn beschäftigen Sie offenbar ungewöhnlich stark«, meinte Darcy in etwas weniger ruhigem Tonfall.

»Wer würde nicht an ihm Anteil nehmen, wenn er von seinen Schicksalsschlägen erfährt?«

»Schicksalsschläge«, sagte Darcy verächtlich, »ja, das Schicksal hat ihm wahrhaftig übel mitgespielt!«

»Und durch Ihre Schuld«, rief Elizabeth aufgebracht aus, »ist er so arm geworden, verhältnismäßig arm wenigstens. Sie haben ihn während seiner besten Jahre der Unabhängigkeit beraubt und der Zukunftsmöglichkeiten, die ihm nicht nur zukamen, sondern die er auch verdient hatte. Alles das haben Sie getan! Und dann wagen Sie es noch, über sein Geschick mit Spott und Verachtung zu sprechen!«

»Das ist also das Bild, das Sie von mir haben?!«, rief Darcy aus und schritt von neuem erregt im Zimmer auf und ab. »In diesem Ruf stehe ich bei Ihnen?! Ich danke Ihnen für Ihre offene Erklärung! Nach Ihrer Rechnung sind meine Fehler allerdings nicht wieder gutzumachen. Aber glauben Sie nicht«, wandte er sich ihr wieder zu, »glauben Sie nicht, dass alle meine Verfehlungen milder beurteilt worden wären, hätte ich nicht Ihren Stolz durch das offene Geständnis meiner Bedenken gekränkt, die mich so lange abhielten, Ihnen meine Gefühle für Sie zu verraten? Sie hätten Ihre bitteren Anklagen vielleicht unterdrückt, wäre ich schlauer gewesen, hätte ich meine inneren Kämpfe verschwiegen und Ihnen stattdessen mit der Behauptung geschmeichelt, meine Neigung zu Ihnen sei niemals durch irgendwelche vernünftigen Erwägungen beeinträchtigt worden! Aber solche Schauspielerei liegt mir ganz und gar fern. Und der Gefühle, die ich Ihnen darlegte, schäme ich mich nicht im geringsten; sie waren durchaus natürlich und berechtigt. Oder erwarteten Sie etwa, ich sollte mich über Ihre kleinbürgerliche Verwandtschaft freuen? Mich dazu beglückwünschen, in eine Familie zu heiraten, die so weit unter meiner eigenen steht?«

Elizabeth fühlte ihre Empörung und Erbitterung jeden Augenblick größer werden, aber sie bemühte sich doch, mit größter Gelassenheit zu antworten: »Sie irren sich sehr, Mr. Darcy, wenn Sie glauben, dass die Art Ihres Antrages irgendeinen anderen Einfluss hatte, als dass sie mich der Mühe enthob, das Mitleid mit ihnen zu haben, das ich sonst wahrscheinlich empfunden hätte, hätten Sie sich etwas feinfühliger und taktvoller aufgeführt.« Sie bemerkte, wie er bei diesen Worten zusammenfuhr; doch er sagte nichts, und sie fuhr fort: »Aber ganz gleich, in welcher Weise Sie Ihren Antrag auch vorgebracht hätten, es wäre mir doch niemals eingefallen, ihn anzunehmen.« Ihre Worte versetzten ihn in offensichtliches Erstaunen; er sah sie an, als könne er seinen Ohren nicht trauen. Aber sie war noch nicht zu Ende. »Von Anfang an, vielleicht sogar schon vom ersten Augenblick unserer Bekanntschaft an überzeugte mich Ihr Auftreten von Ihrem anmaßenden Dünkel, Ihrer Einbildung und Ihrer eigensüchtigen Nichtachtung der Gefühle anderer Menschen; schon damals fasste ich eine Abneigung gegen Sie, die durch alles, was später noch geschah, immer stärker und unerschütterlicher geworden ist. Ich kannte Sie noch nicht lange, da wusste ich schon, dass Sie der letzte Mann in der Welt seien, der mich dazu überreden könnte, ihn zu heiraten.«

»Sie haben sich deutlich genug ausgedrückt, Miss Bennet. Ihre Gefühle sind mir jetzt völlig klar, und es bleibt mir nun nichts anderes übrig, als mich meiner eigenen zu schämen. Verzeihen Sie, dass ich so viel von Ihrer Zeit in Anspruch genommen habe, und nehmen Sie meine besten Wünsche für Ihr weiteres Wohlergehen und für eine glückliche Zukunft entgegen!«

Damit verließ er hastig das Zimmer, und Elizabeth hörte ihn gleich darauf die Haustür zuschlagen. Jetzt erst merkte sie, in welchen Zustand von Erregung sie geraten war; die widersprechendsten Gedanken und Gefühle stürmten auf sie ein, und sie wusste sich keinen anderen Rat, als sich hinzusetzen und zunächst einmal eine halbe Stunde lang zu weinen. Dass dieser Darcy ihr einen Antrag gemacht hatte! Dass er sie liebte! Und zwar seit Monaten und so sehr, dass er sie hatte heiraten wollen, obwohl er bemüht war, seinen Freund vor einem ähnlichen Schicksal zu bewahren: Es war kaum zu glauben! Und wie schmeichelhaft war es doch eigentlich für sie, ohne ihr Zutun und Wissen ein so tiefes Gefühl erweckt zu haben. Aber das Mitleid, das sie in Anbetracht dieser Ehre und seiner Enttäuschung einen Augenblick zu überkommen drohte, schwand sogleich wieder, als sie an sein hochfahrendes Wesen dachte, an sein schamloses Eingeständnis dessen, was er Jane angetan hatte, an die beleidigende Selbstsicherheit, mit der er behauptete, richtig gehandelt zu haben, ohne sich jedoch rechtfertigen zu können, und dann auch an die herzlose Art, mit der er von Mr. Wickham geredet hatte, ohne den geringsten Versuch, seine brutale Handlungsweise gegen ihn zu leugnen –, nein, er war wirklich keines Mitleids wert.

35

Als Elizabeth am nächsten Morgen erwachte, überfielen sie wieder dieselben quälenden Gedanken, mit denen sie am Abend eingeschlafen war. Ihr Staunen über das Vorgefallene hielt sie noch unvermindert gefangen, sie konnte an nichts anderes denken; und da sie auch nach dem Frühstück keine Lust verspürte, sich eine Beschäftigung vorzunehmen oder sich mit Charlotte zu unterhalten, beschloss sie, einen langen Spaziergang zu machen. Ihre Lieblingsplätze im Park aufzusuchen, hinderte sie die Furcht, dass sie dort Darcy begegnen könne, und sie wählte deshalb einen Weg, der sie in eine entgegengesetzte Richtung führte. Sie behielt aber den Park zu ihrer Linken, und als sie an einem der Tore vorüberkam, blieb sie stehen, um hineinzuschauen. Als sie sich wieder umwandte, glaubte sie, jemanden zwischen den Bäumen zu erblicken und beschleunigte ihre Schritte aus Angst, es könne Darcy sein. Aber sie war bereits gesehen worden; sie hörte rasche Schritte hinter sich hereilen und dann auch eine Stimme, die ihren Namen rief. Obgleich sie die Stimme als die Darcys erkannte, drehte sie sich wieder nach dem Tor um, bei dem er gerade angelangt war. In der Hand hielt er einen Brief, den er ihr hinreichte, während er mit hochmütig gelassener Stimme sagte: »Ich bin schon eine Weile im Park umhergegangen in der Hoffnung, Sie anzutreffen. Würden Sie mir wohl die Ehre erweisen, diesen Brief zu lesen?« Elizabeth nahm ihm das Schreiben ab, und Darcy ging nach einer kurzen Verbeugung wieder in den Park zurück.

Voller Neugierde, aber ohne viel Gutes von dem Schreiben zu erwarten, öffnete Elizabeth den Umschlag und entdeckte darin mit immer größer werdendem Erstaunen zwei engbeschriebene Bogen; auch ein Teil des Umschlages war noch beschrieben. Während sie ihren Weg fortsetzte, begann sie zu lesen. Der Brief lautete: ›Fürchten Sie nicht, mein gnädiges Fräulein, dass dieser Brief eine Wiederholung dessen enthält, was Ihnen gestern Abend so großen Abscheu verursachte. Ich beabsichtige mit diesem Schreiben nicht, Sie weiter zu kränken oder mich zu demütigen, indem ich meinen Wünschen, die um unser beider willen möglichst bald vergessen sein mögen, erneut Ausdruck gebe. Die lästige Mühe des Schreibens wie des Lesens wäre uns erspart geblieben, hätte nicht mein Ehrgefühl mir das Schreiben befohlen. Ich muss Sie daher um Verzeihung bitten, dass ich Ihre Aufmerksamkeit noch einmal in Anspruch nehme. Ich weiß, Ihre Gefühle werden mir meine Bitte ungern erfüllen, aber Ihr Sinn für Gerechtigkeit wird Sie mich anhören lassen. Zwei Anschuldigungen brachten Sie gestern Abend gegen mich vor, ebenso verschieden in ihrem Inhalt wie in der Schwere der behaupteten Vergehen. Erstens, dass ich Ihre Schwester und Bingley ohne Rücksicht auf ihre gegenseitige Neigung auseinandergebracht habe; zweitens, dass ich unter Missachtung seiner rechtlichen Ansprüche und unter Missachtung auch jeder moralischen Verpflichtung und jeder Menschlichkeit Mr. Wickham um eine aussichtsreiche Zukunft gebracht haben soll. Einfach aus einer Laune heraus und ohne irgendeinen stichhaltigen Grund meinen Jugendfreund so geschädigt zu haben, einen jungen Menschen, dem sich ohne meine Unterstützung kaum eine nennenswerte Existenzmöglichkeit bot und der als Liebling meines Vaters erwarten durfte, dass man ihm weiterhalf, das wäre allerdings eine Gemeinheit niedrigster Art; ihr gegenüber könnte die Trennung zweier junger Menschen, deren Zuneigung auf einer nur ein paar Wochen alten Bekanntschaft beruht, gar keinen Vergleich aushalten. Aber ich hoffe, nachdem Sie diesen Brief gelesen haben, werde ich in Zukunft von all den Beschuldigungen verschont bleiben, mit denen Sie mich gestern so freigebig in beiden Fällen bedachten. Wenn ich bisweilen in dieser Erklärung offen über Gefühle sprechen muss, die den Ihrigen zuwider sind, so kann ich dazu nur sagen: Es tut mir leid. Aber, was sein muss, muss sein; und weitere Entschuldigungen sind daher überflüssig. Ich war noch nicht lange auf Netherfield, als ich, wie alle übrigen auch, bemerkte, dass Bingley Ihre älteste Schwester jedem anderen jungen Mädchen vorzog. Aber erst am Abend des Balles kam mir der Gedanke, sein Gefühl könne ernsthafter Natur sein: Ich hatte ihn zu oft schon verliebt gesehen. Während ich mit Ihnen tanzte, erfuhr ich zufälligerweise aus Sir William Lucas' Bemerkungen, dass Bingleys Aufmerksamkeit gegenüber Ihrer Schwester schon allgemein Anlass zu Vermutungen und Gerüchten über seine bevorstehende Verlobung mit ihr gegeben hatte. Er sprach davon wie von einer feststehenden Tatsache, nur den genauen Zeitpunkt vermochte er noch nicht anzugeben. Von dem Augenblick an beobachtete ich meinen Freund noch schärfer und musste die Entdeckung machen, dass die Art, in der er Ihrer Schwester den Hof machte, tatsächlich ein viel tieferes Gefühl, als ich es vermutet hatte, erkennen ließ. Auch Ihre Schwester ließ ich jetzt nicht mehr aus den Augen. Ihre Miene und ihr Benehmen waren heiter und liebenswürdig wie stets, verrieten aber keine größere Zuneigung, und ich glaubte, nach diesem Abend die Gewissheit erlangt zu haben, dass seine Aufmerksamkeiten ihr wohl Freude machten, dass sie aber mit keinem, dem seinen ähnlichen Gefühl sie herausforderte. Falls Sie sich nicht geirrt haben, muss der Irrtum bei mir liegen; da Sie Ihre Schwester genauer kennen, kann natürlich das letztere wahrscheinlicher sein. Wenn das der Fall ist, wenn ich mich so geirrt haben sollte, dann ist Ihr Zorn auf mich nicht unberechtigt. Aber ich scheue mich nicht, noch einmal zu behaupten, dass die gleichbleibende Gelassenheit im Ausdruck und in der Haltung Ihrer Schwester auch dem besten Menschenkenner die Überzeugung verliehen hätte, dass sie bei aller Liebenswürdigkeit doch eine kühle Natur und von Bingleys Werbung im Grunde ihres Herzens unberührt geblieben sein müsse. Dass ich persönlich wünschte, er möge ihr gleichgültig sein, das gehört nicht hierher; meine Schlüsse und Entscheidungen haben mit meinen Wünschen und Befürchtungen nicht das Geringste zu tun. Ich glaubte also nicht, dass er ihr gleichgültig sei, weil ich das wünschte, sondern ich war davon nach dem, was ich gesehen hatte, ganz nüchtern und sachlich überzeugt. Meine Einwände gegen eine Heirat waren nicht nur diejenigen, die in meinem eigenen Fall nur von der Leidenschaft meiner Gefühle überrannt werden konnten; für meinen Freund konnte schließlich die niedrigere Herkunft kein so großes Hindernis sein wie für mich. Aber es gab noch andere Gründe, die ich zu vergessen wünschte, die ich aber hier aufzählen muss: Die Verwandtschaft Ihrer Mutter war, wenn auch gerade kein Vorzug, so doch in meinen Augen nicht halb so bedenklich wie der auffällige Mangel an guten Manieren, an Schicklichkeitsgefühl und Takt, den Ihre Mutter und Ihre drei jüngeren Schwestern fortwährend und Ihr Vater gelegentlich bewiesen. Verzeihen Sie, es schmerzt mich, Sie kränken zu müssen. Aber lassen Sie es sich zum Trost gereichen, dass die Art, wie Sie und Ihre ältere Schwester sich benahmen, unter diesen Umständen besonders angenehm auffiel und Ihnen beiden das beste Zeugnis ausstellte. Ich möchte nur noch sagen, dass meine Erfahrungen und Beobachtungen an jenem Abend meinen Entschluss festigten, meinen Freund vor einer Verbindung zu bewahren, die ich für höchst unerwünscht halten musste. Wie Sie sich erinnern werden, verließ er am nächsten Tag Netherfield in der Absicht, bald zurückzukehren. Ich muss jetzt die Rolle, die ich spielte, erklären. Seine Schwestern waren ebenso beunruhigt wie ich; wir entdeckten bald die Übereinstimmung unserer Ansichten und beschlossen, keine Zeit zu verlieren und ihm nach London zu folgen. Als wir dort waren, sprach ich offen mit Bingley über die Nachteile und Gefahren seiner Wahl; ich berichtete ihm von meinen Beobachtungen und machte ihm die ernstlichsten Vorhalte. Aber, wenn ich dadurch auch vielleicht seine Entscheidung hätte verzögern können, schließlich wäre es doch zu der Heirat gekommen, wenn ich ihm nicht auch noch von meiner Überzeugung gesprochen hätte, Ihre Schwester stehe seinen Gefühlen gleichgültig gegenüber. Er hatte bisher gemeint, sie erwidere seine Neigung aufrichtig, wenn auch vielleicht nicht mit der gleichen Stärke. Bingley besitzt eine große natürliche Bescheidenheit, die ihn in fast allem meinem Urteil vertrauen lässt. Ihn zu überzeugen, dass er sich geirrt hatte, war also nicht schwer, und ihn davon abzuhalten, nach Netherfield zurückzukehren, nachdem er einmal überzeugt war, dazu bedurfte es kaum noch eines weiteren Wortes. Für alles, was ich bis dahin getan hatte, habe ich mir nichts vorzuwerfen. Nur, dass ich mich dann später dazu herbeiließ, insofern unaufrichtig zu handeln, als ich ihm die Anwesenheit Ihrer Schwester in London verschwieg, das könnte einen Vorwurf rechtfertigen. Ich wusste von ihrer Ankunft so gut wie seine Schwestern; es ist auch möglich, dass er ihr damals schon ohne Gefahr hätte begegnen können, aber darauf wollte ich es nicht ankommen lassen. Diese Heimlichkeit war möglicherweise meiner nicht würdig, aber es ist nun einmal geschehen, und es ist zu seinem Besten geschehen. Darüber bleibt jetzt also nichts weiter zu sagen, und ich glaube nicht, dass meine Handlungsweise einer besonderen Entschuldigung bedarf. Wenn ich die Gefühle Ihrer Schwester verletzt habe, habe ich es unwissentlich und unbeabsichtigt getan; ich bin nach wie vor überzeugt, dass ich nur getan habe, was getan werden musste. Was nun Ihren zweiten, gewichtigeren Vorwurf betrifft, ich hätte Wickham ein Unrecht zugefügt, so kann ich ihn nur dadurch zurückweisen, dass ich Ihnen die ganze Geschichte seiner Verbindung mit meiner Familie darlege. Die Einzelheiten seiner Anschuldigungen kenne ich nicht; aber für die Wahrheit meines nun folgenden Berichts kann ich mehr als einen glaubwürdigen Zeugen beibringen. Wickham ist der Sohn eines sehr ordentlichen Mannes, der einige Jahre lang den ganzen Pemberleyschen Besitz verwaltete. Mein Vater wollte ihm natürlich seine treuen Dienste vergelten und wandte daher seine ganze große Güte dem Sohn George, seinem Patenkind, zu. Er ließ ihn die Schule besuchen und gab ihm später die Möglichkeit, in Cambridge zu studieren; ohne seine Hilfe hätte Wickham niemals seine vornehme Erziehung erhalten, da sein eigener Vater sich durch die Verschwendungssucht seiner Frau ständig in Geldnot befand. Mein Vater schätzte nicht nur die Gesellschaft dieses jungen Menschen, er hatte auch eine sehr hohe Meinung von ihm, und in der Erwartung, dass er den Beruf eines Geistlichen ergreifen werde, fasste er den Entschluss, ihn auch hierin zu unterstützen. Es ist schon sehr viele Jahre her, dass ich begann, mir eine eigene und ganz andere Meinung über meinen Jugendfreund zu bilden. Die Falschheit und die Unbeständigkeit seines Charakters, die er vor seinem väterlichen Freund geschickt zu verbergen verstand, konnten natürlich nicht auch vor seinem besten Freund geheimgehalten werden, der fast ständig mit ihm zusammenwar und ihn in unbewachten und unbeherrschten Augenblicken zu sehen bekam. Ich muss Ihnen jetzt wieder einen Schmerz bereiten; wie groß er ist, weiß ich allerdings nicht. Aber welcher Natur auch die Gefühle sein mögen, die Wickham in Ihnen geweckt hat, sie werden mich nicht davon abhalten können, Ihnen seinen wahren Charakter zu enthüllen; im Gegenteil, sie sind ein Grund mehr, es zu tun. Mein guter Vater starb vor etwa fünf Jahren, und seine Liebe zu Wickham war bis zuletzt so unerschüttert geblieben, dass er mir auftrug, für seine Zukunft und sein Fortkommen in seinem Beruf auf jede Weise zu sorgen und ihm, falls er die Priesterweihe erhielte, die Pfarre in einer unserer Gemeinden zu übertragen, sobald sie frei würde. Außerdem sollte er gleichzeitig eine Summe von eintausend Pfund erhalten. Wickhams Vater überlebte den meinen nicht lange, und ein halbes Jahr darauf teilte Wickham mir mit, dass er sich doch nicht der geistlichen, sondern der juristischen Laufbahn zuwenden wolle; er hoffe, ich würde es nicht unbescheiden finden, wenn er eine größere, sofortige Zahlung erbäte, da er ja nun nicht mehr Nutznießer der Pfarre werden könne. Er fügte hinzu, dass für sein Studium der Rechte eintausend Pfund kaum ausreichen würden, wie ich wohl einsehen werde. Ich wollte seiner Aufrichtigkeit mehr glauben, als ich ihr wirklich vertraute. Aber wie dem auch sein mochte, ich war gern bereit, auf seine Forderung einzugehen; denn ich wusste, Geistlicher wäre er niemals geworden. Die Angelegenheit war also bald geregelt. Er verzichtete auf jeden Anspruch auf die Pfarre, falls er jemals wieder zum geistlichen Beruf zurückkehren sollte, und nahm dafür dreitausend Pfund entgegen. Damit schien jede Verbindung zwischen uns gelöst. Ich hielt zu wenig von ihm, um ihn nach Pemberley oder zu mir in die Stadt einzuladen. Er hielt sich, glaube ich, zumeist in London auf. Von Studium war natürlich kaum die Rede; er benutzte seine Freiheit zu einem Leben voller Müßiggang und Vergnügungen. Drei Jahre lang hörte ich nichts von ihm. Aber als dann die Pfarre freiwurde, die ihm ursprünglich zugedacht war, schrieb er mir und forderte mich auf, ihn dort einzusetzen. Er versicherte mir – und ich glaubte ihm dies gern –, dass er in sehr dürftigen Umständen lebe. Er habe das Studium der Rechte als aussichtslos aufgegeben und wünsche jetzt trotz allem, Pfarrer zu werden; die Berechtigung zu seiner Forderung stehe wohl außer Zweifel, da ich ja für niemand anders zu sorgen habe und unmöglich den letzten Wunsch meines verehrten Vaters vergessen haben könne. Sie werden mir schwerlich einen Vorwurf daraus machen dürfen, dass ich mich weigerte, seiner Aufforderung nachzukommen, und mir auch jede Wiederholung verbat. Seine Wut war ebenso groß wie seine Notlage; und ich bin sicher, dass er mich seinen Freunden gegenüber nicht weniger heftig beschimpfte als in seinen Briefen an mich selbst. Danach brach ich jede Beziehung zu ihm ab. Wie und wo er lebte, wusste ich nicht. Aber im letzten Sommer tauchte er wieder auf. Ich muss jetzt etwas erwähnen, woran ich mich höchst ungern erinnere und worüber ich niemals zu einem anderen Menschen gesprochen hätte, wenn nicht die Umstände es mich jetzt tun hießen. Ich glaube, es bedarf keiner weiteren Worte, um Ihrer Verschwiegenheit versichert zu sein. Meine um zehn Jahre jüngere Schwester war nach dem Tode meines Vaters meiner Obhut anvertraut; zusammen mit meinem Vetter Fitzwilliam übernahm ich die Vormundschaft über sie. Vor einem Jahr verließ sie die Schule, und in London richteten wir eine Wohnung für sie ein. Im Sommer fuhr sie jedoch mit der Dame, die zugleich ihre Erzieherin und Haushälterin war, zur Erholung aufs Land. Wickham folgte ihnen dorthin, und zwar mit einem festen Plan; denn wir mussten später erfahren, dass er sich mit der Erzieherin verabredet hatte, in deren Charakter wir uns so grausam getäuscht sahen: Mit ihrer Hilfe gelang es ihm, sich Georgiana zu nähern, und da ihr zutrauliches Herz sich noch all der Freundlichkeiten erinnerte, die er ihr als Kind erwiesen hatte, fiel es ihm nicht schwer, ihr einzureden, sie sei in ihn verliebt; so willigte sie in eine Entführung ein. Ihre einzige Entschuldigung ist, dass sie damals erst fünfzehn Jahre alt war, und es freut mich, dass ich alles noch rechtzeitig aus ihrem eigenen Munde erfuhr. Ich besuchte sie unerwartet wenige Tage vor der geplanten Entführung, und meine Schwester gestand mir alles ein. Sie konnte es nicht übers Herz bringen, mir Kummer zu bereiten, da sie mich von jeher fast wie ihren Vater betrachtet hatte. Sie können sich meine Gefühle denken. Aus Rücksicht auf meine Schwester musste ich alles geheimhalten. Ich schrieb Wickham, und er verließ sofort die Gegend. Zweifellos hatte er es bei dieser Schuftigkeit hauptsächlich auf die dreißigtausend Pfund meiner Schwester abgesehen, aber ebenso zweifellos hoffte er, sich auf diese Weise an mir rächen zu können. Seine Rache wäre wahrlich vollkommen gelungen! Dieses, mein gnädiges Fräulein, ist also mein wahrheitsgetreuer Bericht über die beiden Fälle, die wir nun beide kennen. Falls Sie mich nicht einen Lügner nennen wollen, hoffe ich, dass Sie mich in Zukunft von dem Vorwurf der Grausamkeit gegen Wickham freisprechen werden. Ich weiß nicht, auf welche Weise und mit welcher Lüge er Sie für sich gewinnen konnte, aber sein Erfolg ist deshalb nicht so erstaunlich, weil Sie ja von seiner Vergangenheit nichts gehört hatten. Ihn zu durchschauen, war Ihnen kaum möglich, und ihn zu verdächtigen lag Ihrer Natur nicht. Sie werden sich aber mit Recht wundern, warum ich Ihnen dies alles nicht schon gestern Abend erzählt habe. Ich hatte mich indessen nicht genügend in der Gewalt, um zu wissen, was ich sagen durfte und was nicht. Für die Wahrheit alles dessen, was ich hier berichtet habe, kann Ihnen Oberst Fitzwilliam bürgen, der aufgrund der Freundschaft, die uns beide verbindet, und dann auch durch die Tatsache, dass er zusammen mit mir Verwalter des Familienvermögens und Vormund meiner Schwester ist, über alle Einzelheiten so gut Bescheid weiß wie ich selbst. Wenn Ihr Abscheu vor mir meine Versicherung wertlos macht, dann kann Sie wenigstens nicht das gleiche Gefühl der Abneigung an seinen Worten zweifeln lassen. Und um Ihnen Gelegenheit zu geben, ihn zu befragen, will ich versuchen, Ihnen diesen Brief noch heute Morgen zu übermitteln. – Ich möchte nur noch hinzufügen: Gott segne Sie. Fitzwilliam Darcy‹

36

Ob Elizabeth in dem Brief eine schriftliche Wiederholung des Antrages vermutet hatte oder nicht, viel erwartete sie sich bestimmt nicht von dem Schreiben, das ihr da so über das Parktor gereicht worden war. Aber man kann sich denken, mit welchem Eifer sie schon nach den ersten Worten die Zeilen überflog und welch widerstreitende Gefühle das Gelesene in ihr erweckte. Mit hellem Erstaunen stellte sie gleich zu Anfang fest, dass Darcy glaubte, eine hinreichende Erklärung für seine Handlungsweise abgeben zu können; war sie doch fest davon überzeugt, dass er darüber nichts werde sagen können, was seine Schande nicht noch offensichtlicher werden lasse. Und so begann sie denn auch seinen Bericht über die Ereignisse auf Netherfield mit tiefem Misstrauen, dann aber packte sie ein solcher Eifer, dass sie gar nicht schnell genug weiterlesen konnte.

Seine Behauptung im ersten Teil des Briefes, er habe geglaubt, Bingley sei ihrer Schwester gleichgültig gewesen, tat sie sogleich als unwahr ab. Und die Aufzählung der Gründe, die seiner Ansicht nach gegen eine Heirat Bingleys mit Jane sprachen, versetzte sie wieder in eine solche Wut, dass jede Regung, ihm wenigstens Gerechtigkeit widerfahren zu lassen, schon im Keim erstickt wurde. Er war doch zu selbstgefällig: kein Wort der Reue über das, was er angestiftet hatte; der ganze Ton des Briefes bestätigte nur von neuem seine grenzenlose, unverschämte Überheblichkeit. Aber als danach seine Eröffnungen über Wickham folgten, als sie dann wieder etwas ruhiger und aufmerksamer diesen Bericht über ihren früheren Verehrer las, der, wenn er der Wahrheit entsprach, alle ihre Vorstellungen von seinem Wert zunichtemachte, da empfand sie einen fast körperlichen Schmerz und fühlte sich von aller Welt verraten. Ein furchtbares Entsetzen bemächtigte sich ihrer. Sie wollte das alles nicht glauben, sie konnte das gar nicht glauben. Wiederholt rief sie, ohne es selbst zu merken, aus: »Das ist nicht wahr! Das kann doch nicht stimmen! Das muss doch eine niederträchtige Lüge sein!« Als sie den ganzen Brief durchgelesen hatte, ohne jedoch von der letzten Seite auch nur ein einziges Wort wirklich begriffen zu haben, steckte sie ihn eilig fort und nahm sich vor, sich nicht im geringsten durch ihn beeinflussen zu lassen und ihn nie wieder anzusehen. Aber es nützte nichts: Nach einigen Augenblicken holte sie den Brief wieder hervor, versuchte, so gut sie es vermochte, ihre Fassung wiederzuerlangen, und begann von neuem den niederschmetternden Bericht über Wickham zu lesen, indem sie sich selbst befahl, bei jedem Satz so lange zu verweilen, bis sie seinen Inhalt und seine Bedeutung vollständig aufgenommen habe. Was Darcy da über Wickhams Beziehungen zu der Familie in Pemberley sagte, stimmte genau mit dem überein, was dieser selbst ihr erzählt hatte; von der Zuneigung des alten Mr. Darcy zu dem Knaben, davon hatte sie auch durch Wickham selbst gehört, obschon nicht mit so vielen Einzelheiten wie hier. So weit bestätigte also ein Bericht den anderen. Aber in bezug auf das Testament des alten Mr. Darcy gingen die beiden Erzählungen auseinander. Sie konnte sich noch genau an das erinnern, was Wickham ihr darüber mitgeteilt hatte. Eine der beiden Fassungen musste demnach bewusst erlogen sein; und einen Augenblick lang redete sie sich ein, dass ihr Gefühl sie in diesem Fall nicht getäuscht haben konnte. Aber als sie die fragliche Stelle in dem Briefe noch einmal durchlas, in der von Wickhams Verzicht auf die Pfarre gegen eine Abfindung von dreitausend Pfund die Rede war, wurde sie wieder unsicher. In dem Wunsche – und auch in der Überzeugung –, alles unparteiisch zu betrachten, wog sie alles das, was sie nun wusste, gegeneinander ab und versuchte, die größere Wahrscheinlichkeit dieser oder jener Behauptung zu ergründen; doch sie kam zunächst zu keinem Ergebnis. Behauptung stand gegen Behauptung, bewiesen war nichts. Sie las die Stelle noch ein drittes Mal, und nun erschien ihr plötzlich, was sie eben noch als völlig ausgeschlossen von sich gewiesen hatte, durchaus nicht mehr so unmöglich: dass nämlich Darcys Verhalten in diesem Fall vielleicht doch gerechtfertigt gewesen sei. Der leichtfertige Lebenswandel und die allgemeine Charakterlosigkeit, deren Darcy seinen Jugendgefährten so unumwunden bezichtigte, entsetzten sie zutiefst, umso mehr, als sie keinen Anhalt dafür hatte, dass die Anschuldigung zu Unrecht erfolgte. Sie hatte ja von Wickham, bevor er auf Dennys Anraten in dessen Regiment eingetreten war, noch nie etwas gehört, und auch von Denny erfuhr sie nur, dass er ihn zufällig nach Jahren in London wiedergetroffen und dort die frühere flüchtige Bekanntschaft mit ihm erneuert hatte. Von Wickhams Vergangenheit wusste sie nur das, was er selbst ihr erzählt hatte. Sie wäre niemals auf den Gedanken gekommen, der Wahrheit seiner Worte nachzugehen, selbst wenn das in ihrer

Macht gelegen hätte. Die Art seines Auftretens, sein Aussehen, seine Stimme, nichts hatte je einen Zweifel an seiner Lauterkeit in ihr hervorgerufen. Sie versuchte jetzt, sich irgendeines Beispiels zu erinnern, das seinen guten Charakter unbestreitbar erweisen und Darcys Angriffe auf ihn widerlegen könnte; oder das es ihr wenigstens ermöglichte, in seinen Fehlern und Vergehen, die Darcy einer inneren Haltlosigkeit zuschrieb, nur Irrtümer und jugendlichen Leichtsinn zu sehen. Aber keine solche Erinnerung wollte ihr zu Hilfe kommen. Sie vermochte ihn zwar deutlich vor sich zu sehen mit seinem gewinnenden Wesen und seiner glänzenden Erscheinung, aber sie hätte nicht eine einzige Gelegenheit nennen können, bei der er die vielen guten Eigenschaften, die man ihm allgemein und ohne Zögern beigelegt hatte, durch die Tat wirklich bewiesen hätte.

Nachdem Elizabeth in ihren Überlegungen so weit gekommen war, kehrte sie wieder zu dem Brief zurück. Tatsächlich! Die Geschichte seines Anschlags gegen Miss Darcy, die jetzt folgte, wurde in gewisser Weise durch gewisse Andeutungen Oberst Fitzwilliams am Tage zuvor bestätigt. Und hier, am Schlusse seines Briefes, wies Darcy sie auf denselben Fitzwilliam als Zeugen für die Wahrheit seiner Behauptungen hin – auf Fitzwilliam, der ihr schon selbst erzählt hatte, wie gut er mit allen Angelegenheiten seines Vetters vertraut war, und an dessen Aufrichtigkeit zu zweifeln sie gar keinen Anlass sah. Fast hätte sie den Entschluss gefasst, sich jetzt an den Obersten zu wenden, aber das wäre doch allzu peinlich gewesen, und so kam sie wieder von dem Gedanken ab. Außerdem sagte sie sich, dass Darcy ihr diesen Zeugen nicht genannt hätte, wenn er nicht wüsste, dass er wirklich jedes einzelne seiner Worte bestätigen würde.

Sie rief sich ihr erstes Zusammentreffen mit Wickham bei ihrer Tante ins Gedächtnis. Sie konnte sich noch genau an einzelne Ausdrücke, ja sogar an ganze Sätze von ihm erinnern. Mit einem Mal kam es ihr zum Bewusstsein, dass die Art seiner Unterhaltung eigentlich sehr unpassend gewesen war, und sie wunderte sich, dass ihr nicht schon damals aufgefallen war, wie er sich und seine Lebensgeschichte sogleich in den Vordergrund gestellt hatte. Sie erkannte jetzt auch, dass sein Handeln fast immer seine Worte Lügen gestraft hatte: Er prahlte damit, keine Angst vor einer Begegnung mit Darcy zu haben – Darcy könne ihm ja aus dem Wege gehen, er selbst habe ihn nicht zu scheuen –, und am nächsten Abend blieb er trotzdem dem Ball auf Netherfield fern. Vor der Abreise der Netherfielder hatte er nur ihr seine Leidensgeschichte eröffnet; aber kaum war Darcy fort, führte jeder sie im Munde. Und obwohl er versicherte, dass seine Verehrung für den Vater ihn niemals schlecht über den Sohn sprechen lasse, machte es ihm ganz offensichtlich keine großen Gewissensbisse, Darcy durch seine abfälligen Äußerungen in aller Ansehen herabzusetzen. Wie anders sah jetzt alles aus, wenn sie zurückdachte! Seine Aufmerksamkeiten Miss King gegenüber erschienen ihr jetzt als verabscheuenswerte Berechnung; und dass er sich mit einem so geringen Vermögen wie dem ihren zufriedengeben wollte, bewies nun in ihren Augen nicht etwa eine Mäßigung seiner Wünsche, sondern bloß seinen Eifer, seine Gier, möglichst bald wieder zu Geld zu kommen. Auch auf sein Benehmen gegen sie selbst konnte sie sich jetzt nichts mehr einbilden; entweder hatte er ihr Vermögen falsch eingeschätzt, oder aber hatte er nur seine Eitelkeit befriedigen wollen, indem er die Neigung, die sie zu ihm gefasst und – leider! – zu offen gezeigt hatte, stärker zu entfachen suchte. Je länger sie nachdachte, umso schwächer wurde ihr Widerstand gegen Darcys Anschuldigungen. Auch das sprach ja für Darcy, dass Bingley damals auf Janes Fragen das korrekte Verhalten seines Freundes in der bewussten Angelegenheit ausdrücklich betont hatte; dass sie, so stolz und hochmütig er auch sein mochte, doch niemals während der ganzen Zeit ihrer Bekanntschaft mit ihm – und sie war doch in den letzten Wochen so häufig mit ihm zusammengekommen, dass sie darüber wohl urteilen durfte – irgendetwas an ihm bemerkt hatte, was auf einen unaufrichtigen oder wankelmütigen Charakter schließen ließ. Alle seine Freunde liebten ihn und schätzten ihn hoch. Sogar Wickham hatte zugeben müssen, dass er ein vorbildlicher Bruder sei. So zärtlich hatte er immer von seiner Schwester geredet, wie ein Mensch ohne jede liebenswerte Eigenschaft es bestimmt nicht fertiggebracht hätte. Er hätte unmöglich seine wahre Natur so lange verbergen können, wäre sie wirklich so gewesen, wie Wickham sie hingestellt hatte. Schließlich war es doch auch undenkbar, dass ein Mensch, der solcher Gemeinheiten, wie er sie begangen haben sollte, fähig war, mit einem Mann wie Bingley befreundet sein konnte. Elizabeth fing an, sich vor sich selbst zu schämen; ob sie nun an Darcy oder an Wickham dachte, sie wusste, dass sie blind, parteiisch, voreingenommen und ganz und gar töricht gehandelt hatte. »Wie dumm habe ich mich benommen«, rief sie aus. »Ich, die ich mir immer etwas auf meine Menschenkenntnis eingebildet habe, die ich immer auf meine Fähigkeiten so stolz war. Ich, die die Hochherzigkeit und Güte meiner Schwester so oft verspottete und auf meinem eitlen, dummen Misstrauen verharrte! Wie ich mich schämen muss! Und wie recht geschieht mir! Wäre ich verliebt gewesen, ich hätte nicht blinder sein können. Aber ich war nicht verliebt; ich war einfach verbohrt! Eingebildet, eitel war ich! Freute mich über die Aufmerksamkeiten des einen, kränkte mich über die Vernachlässigung durch den anderen! Gleich von Anfang an habe ich mich an Vorurteile geklammert und die Vernunft nicht zu Worte kommen lassen. Bis zu diesem Augenblick habe ich mich selbst nicht gekannt!«

Von sich selbst wanderten ihre Gedanken zu Jane, von ihr zu Bingley und von ihm zu der Erinnerung, dass Darcys Erklärungen ihr in dieser Hinsicht sehr oberflächlich und ungenügend vorgekommen waren. Aber auch da – wie verschieden war ihr Eindruck beim neuerlichen Lesen! Wie sollte sie ihm auch in dem einen Fall Glauben schenken können, wenn sie ihm in dem anderen mit Zweifeln und Misstrauen begegnete? Er sagte, er habe von Janes Gefühlen, von ihrer Zuneigung zu Bingley nichts geahnt – und Elizabeth musste unwillkürlich an Charlottes Meinung über ihre Schwester denken. Auch konnte sie ehrlicherweise seiner Beschreibung von Jane nicht unrecht geben. Sie selbst hatte immer das Gefühl gehabt, dass die Zuneigung ihrer Schwester, so tief empfunden sie auch sein mochte, doch zu sehr hinter ihrer gleichmäßig freundlichen Miene und Haltung verborgen blieb, als dass Außenstehende sie hätten erkennen können.

Als sie wieder zu dem Teil des Briefes kam, in dem er in so kränkender und doch auch berechtigter Weise von ihrer Familie sprach, vertiefte sich ihre Beschämung noch. Sie wusste, dass sie sich selbst belog, wenn sie seine Behauptungen abstritt; der Abend auf dem Ball in Netherfield, der so sehr dazu beigetragen hatte, ihn gleich zu Anfang in seinem Urteil zu bestärken, hätte auch in seinem Gedächtnis keine peinlicheren Erinnerungen wachrufen können als in ihrem. Das Kompliment für sie und ihre Schwester klang aufrichtig gemeint. Es konnte sie aber nur wenig über die Geringschätzung hinwegtrösten, die ihre übrige Familie selbst verschuldet hatte; und als sie sich überlegte, dass Janes ganzer Kummer und Schmerz ihr tatsächlich von ihren eigenen nächsten Verwandten zugefügt worden war und dass ihrer beider Ansehen unter dem Benehmen ihrer Familie leiden musste, überkam sie eine derart bedrückte Stimmung, wie sie sie nie zuvor empfunden hatte. Zwei Stunden lang wanderte sie so den Weg auf und ab, verfolgte jeden neu auftauchenden Gedanken, versuchte, alles Geschehene zu Ende zu überlegen, wog Möglichkeiten und Wahrscheinlichkeiten gegeneinander ab und gab sich Mühe, sich mit der so plötzlichen und vollständigen Umstellung ihrer Ansichten und Urteile abzufinden, bis Erschöpfung sie zwang, wieder nach Hause zurückzukehren. Mit dem festen Entschluss, den anderen ein heiteres Gesicht zu zeigen und jeden Gedanken zu unterdrücken, der sie daran hindern konnte, an der allgemeinen Unterhaltung teilzunehmen, betrat sie das Wohnzimmer.

Sie erfuhr sogleich, dass die beiden Herren in ihrer Abwesenheit einen Besuch gemacht hatten, Mr. Darcy nur kurz, um sich zu verabschieden, während Oberst Fitzwilliam fast eine Stunde auf sie gewartet habe. Elizabeth brachte es zwar fertig, ein gewisses Bedauern darüber vorzutäuschen, dass sie ihn verpasst hatte, aber innerlich freute sie sich dessen: Oberst Fitzwilliam bedeutete ihr nichts mehr; sie konnte nur noch an ihren Brief denken.

37

Die beiden Herren reisten am anderen Morgen ab, und Mr. Collins, der sich rechtzeitig am Weg aufgestellt hatte, um ihnen seine Abschiedsreverenz zu machen, kehrte mit der erfreulichen Nachricht zurück, dass beide sich in bester gesundheitlicher Verfassung befunden zu haben schienen, wenn auch nicht gerade in glänzender Laune, was man ja allerdings nach einem so schmerzlichen Abschied wie dem von Rosings auch nicht erwarten könne. Dann eilte er zu Lady Catherine, um ihr und ihrer Tochter Trost zu spenden, und überbrachte bei seiner Rückkehr eine Einladung Lady Catherines, die der Abschied so mitgenommen habe, dass sie zu ihrer Zerstreuung etwas Gesellschaft bei ihrer Abendtafel wünsche.

Lady Catherine de Bourgh

Elizabeth konnte Lady Catherine nicht anschauen, ohne daran denken zu müssen, dass es in ihrer Macht gelegen hatte, ihr heute als ihre künftige Nichte vorgestellt zu werden; und bei dem Gedanken an die Entrüstung der hohen Dame musste sie lächeln. Was hätte sie wohl gesagt? Wie hätte sie sich verhalten? Mit solchen Fragen vertrieb Elizabeth sich die Zeit.

Zunächst sprach man von der Abreise der beiden Gäste. »Ich versichere Ihnen«, sagte Lady Catherine, »ich bin aufs tiefste betrübt. Es kann ja niemand den Schmerz eines Abschieds so sehr empfinden wie ich. Und gerade diesen beiden, jungen Menschen bin ich besonders zugetan und weiß, wie sehr sie mich lieben. Sie waren beide außerordentlich traurig, dass sie abreisen mussten. Der liebe Fitzwilliam beherrschte sich ja noch einigermaßen, aber Darcy schien es sehr nahe zu gehen, mehr noch als vergangenes Jahr. Er hängt von Jahr zu Jahr mehr an Rosings.«

Mr. Collins hatte ein Kompliment und eine höfliche Anspielung bei der Hand, die er geschickt einwarf, wofür er ein freundliches Lächeln von Mutter und Tochter ernten durfte.

Lady Catherine bemerkte nach dem Essen, dass Miss Bennet nicht so gut aufgelegt erscheine wie sonst, und gab auch gleich selbst als vermutliche Ursache an, sie bedauere wohl, ebenfalls so bald Abschied nehmen zu müssen. »Wenn ich recht habe, müssen Sie an Ihre Mutter schreiben und um die Erlaubnis bitten, noch ein wenig bleiben zu dürfen«, riet sie Elizabeth. »Mrs. Collins wird sich bestimmt sehr freuen, Sie noch eine Zeitlang behalten zu können.«

»Ich danke Ihnen herzlich für diese freundliche Aufforderung«, erwiderte Elizabeth, »aber leider kann ich ihr nicht nachkommen, da ich am nächsten Sonnabend unbedingt in London sein muss.«

»Ach, dann sind Sie ja kaum sechs Wochen hier gewesen; ich dachte, Sie wollten wenigstens zwei Monate bleiben. – Nicht wahr, Mrs. Collins, das sagte ich doch schon vor Miss Bennets Ankunft zu Ihnen? – Was wollen Sie denn so bald wieder zu Hause? Mrs. Bennet kann Sie bestimmt noch vierzehn Tage entbehren.«

»Ja, aber Vater nicht. Er schrieb schon letzte Woche und bat mich, möglichst bald heimzukommen.«

»Oh, wenn Ihre Mutter Sie entbehren kann, dann wird Ihr Vater es auch können. Töchter spielen bei Vätern nie eine so große Rolle. Und wenn Sie gar noch einen ganzen Monat bleiben wollten, dann könnte ich eine von Ihnen beiden bis nach London mitnehmen, wo ich Anfang Juni für eine Woche hinwill. Wenn das Wetter nicht zu warm ist, könnte ich sogar beide mitnehmen; Sie sind ja beide schlank.«

»Sie sind zu gütig, gnädige Frau. Aber ich glaube, wir müssen bei unserem ersten Entschluss bleiben.«

Lady Catherine schien sich geschlagen zu geben.

»Mrs. Collins, Sie müssen unbedingt einen Diener zur Begleitung mitschicken. Sie wissen, ich sage immer, was ich denke, und ich kann mich nicht an den Gedanken gewöhnen, dass zwei junge Mädchen allein in der Postkutsche fahren sollen. Es ist höchst unpassend. Sie müssen jemanden finden, der sie begleitet. Ich verabscheue nichts in der Welt so sehr wie solche Ungehörigkeit. Junge Mädchen sollten immer ordentlich behütet sein, wie es ihrer gesellschaftlichen Position entspricht. Als meine Nichte Georgiana voriges Jahr verreist war, achtete ich genauestens darauf, dass sie ständig von zwei Dienern begleitet wurde. Miss Darcy, Tochter von Mr. Darcy auf Pemberley, und Lady Anne hätten nicht anders auftreten können, ohne Sitte und Anstand zu verletzen. Solche Dinge liegen mir immer sehr am Herzen. Sie müssen unbedingt John den beiden Mädchen zur Begleitung mitgeben, Mrs. Collins. Ich freue mich wirklich sehr, dass ich noch rechtzeitig daran dachte; denn es würde auch auf Sie ein schlechtes Licht geworfen haben, wenn Sie die beiden allein hätten fahren lassen.«

»Mein Onkel wollte einen Diener schicken, um uns abzuholen.«

»Ah so! Ihr Onkel! Er hält sich einen Diener? Das freut mich sehr, dass jemand in Ihrer Familie an so etwas denkt. Wo werden Sie die Pferde wechseln? Ach, natürlich in Bromley. Wenn Sie dem Gastwirt dort meinen Namen nennen, wird er sich Ihrer besonders annehmen.«

Lady Catherine hatte noch manche Frage wegen der Reise zu stellen, und da sie doch nicht alle selbst beantwortete, durfte man seine Aufmerksamkeit nicht einschlafen lassen. Zum Glück, dachte Elizabeth; sonst hätte sie, so voller Gedanken, wie sie war, bestimmt vergessen, wo sie sich befand. Aber die Gedanken mussten warten, bis sie eine ruhige Stunde für sie fand. Wann immer in der nächsten Zeit sie sich allein sah, überließ sie sich ihnen wie einer Erholung. Mr. Darcys Brief kannte sie nun schon beinahe auswendig, und ihre Gefühle dem Schreiber gegenüber wechselten ständig. Wenn sie an den Ton des Briefes dachte, empörte sie sich immer wieder von neuem; aber wenn sie daran dachte, wie ungerecht sie mit ihren Vorwürfen und Anschuldigungen gewesen war, richtete sich ihr Zorn gegen sie selbst, und Darcys enttäuschte Hoffnungen rührten sie dann zu aufrichtigem Mitleid. Seine Zuneigung erregte ihre Dankbarkeit, seine Haltung ihre Achtung; aber sie konnte ihn nicht gernhaben, sie empfand keinen Augenblick Reue über ihre abschlägige Antwort und verspürte auch keine Lust, ihn so bald wiederzusehen. Ihr früheres Verhalten war ihr ständige Quelle des Ärgers und Bedauerns, aber mehr noch bekümmerte sie der Makel, der ihrer Familie, vor allem infolge der schlechten Manieren ihrer jüngsten Schwestern, anhaftete. Es war alles hoffnungslos.

Ihr Vater begnügte sich damit, die Mädchen auszulachen; er würde sich niemals dazu aufschwingen, etwas gegen die Leichtfertigkeit und Ungezogenheit seiner jüngeren Töchter zu unternehmen. Und ihre Mutter hatte selbst zu eigenartige Begriffe von gutem Benehmen, um irgendetwas Tadelnswertes an Kitty und Lydia entdecken zu können. Elizabeth und Jane waren schon mehr als einmal übereingekommen, dass etwas geschehen müsse; aber was konnten sie schon anfangen, wenn ihre Eltern entweder zu gleichgültig oder zu nachsichtig waren? Kitty, die nicht einen Funken Stolz besaß und in allem ihrer Schwester Lydia die Führung überließ, spielte jedesmal die Beleidigte, wenn Jane oder Elizabeth sie ins Gebet nahmen; und Lydia selbst war viel zu dickköpfig und unvernünftig, um ihre Schwestern auch nur anzuhören. Dumm, faul und eitel, das waren sie! Solange Meryton nur eine kurze Strecke Wegs von Longbourn entfernt lag und solange Meryton auch nur einen Offizier beherbergte, mit dem sie flirten konnten, war ihnen alles andere völlig einerlei.

Seitdem Darcys Erklärung Bingley wieder ganz gerechtfertigt hatte, machte Elizabeth sich noch größere Sorgen um Jane, da sie jetzt erst richtig verstehen konnte, was ihre Schwester an ihm verloren hatte. Seine Zuneigung hatte sich als aufrichtig, sein Verhalten den Umständen nach als begreiflich erwiesen; man konnte ihm höchstens noch seine allzu große Abhängigkeit vom Urteil seines Freundes vorwerfen. Wie schmerzlich war da der Gedanke, dass diese Neigung zwischen den beiden, die einen so glücklichen Ausgang zu nehmen versprochen hatte, der Dummheit und Taktlosigkeit ihrer eigenen Familie zum Opfer gefallen war. Wenn man bedenkt, dass zu all diesem noch die Entdeckung des wahren Charakters Wickhams kam, kann man sich wohl leicht vorstellen, dass Elizabeth, die bis dahin kaum gewusst hatte, was es heißt, bedrückt zu sein, Mühe hatte, auch nur einigermaßen vergnügt zu erscheinen.

Während der letzten Woche ihres Aufenthaltes waren sie so oft auf Rosings zu Gast wie in der ersten Zeit. Auch den allerletzten Abend verbrachten sie dort. Und Lady Catherine stellte noch einmal dieselben Fragen nach allen Einzelheiten ihrer Reise, hielt einen kleinen Vortrag über die Kunst des Packens und ereiferte sich dabei so sehr über die einzig mögliche und richtige Art, ein Kleid zu falten, dass Maria unter diesem Eindruck den Entschluss fasste, ihre ganzen Koffer noch einmal umzupacken. Beim Abschied wünschte Lady Catherine ihnen voll herablassender Freundlichkeit eine gute Reise und lud sie beide für das nächste Jahr wieder ins Pfarrhaus ein; Miss de Bourgh ließ sich sogar zu der Andeutung eines Knickses herbei und reichte den jungen Mädchen die Hand.

38

Am nächsten Morgen erschienen Elizabeth und Mr. Collins zufällig einige Minuten vor den anderen beim Frühstückstisch; er ergriff sogleich die Gelegenheit, die schwülstigen Phrasen hervorzuholen, ohne die er sich einen Abschied nun einmal nicht denken konnte. »Es ist mir nicht bekannt, Miss Elizabeth«, sagte er, »ob meine Frau schon unsere große Dankbarkeit für Ihren freundlichen Besuch zum Ausdruck gebracht hat; ich bin indessen fest davon überzeugt, dass Sie dieses Haus nicht verlassen werden, bevor dies nicht geschehen ist. Die Gunst, die Sie uns erwiesen haben, das versichere ich Ihnen, hat uns beide, meine Frau und mich, tief gerührt. Wir wissen genau, dass unser bescheidenes Heim nicht viel Unterhaltung zu bieten vermag. Unsere einfache Lebensführung, die beengten Räumlichkeiten, unser aufs äußerste eingeschränktes Personal und unsere Weltabgeschiedenheit verursachen gewiss große Langeweile bei einer jungen Dame wie Sie; aber seien Sie überzeugt, dass wir Ihre Liebenswürdigkeit gerade deswegen umso mehr zu würdigen wissen und dass wir getan haben, was in unseren Kräften lag, um Sie die hier verbrachte Zeit nicht allzu unangenehm in der Erinnerung behalten zu lassen.«

Elizabeth beeilte sich jetzt ihrerseits, ihm zu danken und zu versichern, dass sie sich ihm außerordentlich verpflichtet fühle. Sie habe die sechs Wochen von Herzen genossen; das Vergnügen, mit Charlotte zusammensein zu dürfen, und die übergroße Liebenswürdigkeit, die man ihr ständig erwiesen habe, mache nur sie allein zur Schuldnerin.

Mr. Collins nahm ihre Worte mit großer Genugtuung zur Kenntnis und erwiderte mit einem salbungsvollen Lächeln: »Es freut mich über die Maßen, hören zu dürfen, dass Ihnen die Zeit nicht unnütz verstrichen zu sein scheint. Wir haben unser Bestes getan; und da wir glücklicherweise in der Lage waren, durch unsere guten Beziehungen zu Rosings die bescheidene Umgebung unseres Heims häufig gegen jene großartigere zu vertauschen, darf ich mir wohl schmeicheln, dass Ihre Dankbarkeit nicht übertrieben ist. Es gibt wohl wenige Menschen, die sich einer ähnlichen Freundschaft zu Lady Catherine rühmen können wie wir. Wie nahe wir uns stehen, das haben Sie selbst gesehen; Sie haben es selbst erlebt, wie außerordentlich oft wir dort zu Gast sind. Ich kann ganz ehrlich und aufrichtig behaupten, dass ich niemand in ähnlich bescheidenen Lebensverhältnissen bemitleiden würde, wenn ihm die Gunst einer eben solchen Freundschaft zuteil geworden wäre.« Worte vermochten nun seinen Gefühlen keinen Ausdruck mehr zu geben, und vor lauter Begeisterung begann er, im Zimmer auf und ab zu gehen, während Elizabeth versuchte, in ein paar kurzen Sätzen die Gebote der Wahrhaftigkeit und Höflichkeit unter einen Hut zu bringen.

»Sie werden einen günstigen Bericht über uns hier zu Hause abgeben können, meine liebe Cousine«, fuhr er eine Weile später fort. »Ich glaube, das nicht unbilligerweise erwarten zu können. Sie sind fast täglich Zeuge der großen Freundlichkeit und Aufmerksamkeit gewesen, die Lady Catherine meiner Frau zu erweisen pflegt. Sie werden mir recht geben, wenn ich meiner Meinung Ausdruck verleihe, dass Ihre Freundin eine gar nicht so schlechte Wahl … aber vielleicht braucht über diesen Punkt nichts gesagt zu werden. Seien Sie jedoch versichert, meine liebe Miss Elizabeth, dass ich Ihnen von Herzen dereinst ein gleiches Glück in Ihrer Ehe wünsche. Meine liebe Charlotte und ich sind in allem einer Meinung; immer wieder erweist sich die große Ähnlichkeit unserer Charaktere und unserer Gedanken. Wahrlich, man kann wohl sagen, dass wir füreinander bestimmt gewesen sind.«

Elizabeth brauchte ihrer Wahrheitsliebe keine Gewalt anzutun, als sie erwiderte, dass eine derartig harmonische Übereinstimmung ein seltenes Glück sein müsse, und versicherte, dass sie von seiner häuslichen Zufriedenheit überzeugt sei und sich herzlich darüber gefreut habe. Und noch erfreuter war sie, als der Eintritt der Hausfrau diesem höflichen Wechselgesang ein Ende bereitete. Arme Charlotte! Es war wirklich zu traurig, sie in solcher Gesellschaft zurücklassen zu müssen. Aber sie hatte mit offenen Augen gewählt; und wenn sie auch die Abreise ihrer Gäste bedauerte, auf Mitleid schien sie keinen Anspruch zu erheben. Sie war zufrieden und vergnügt mit ihrem Heim und ihrem Haushalt, mit der Gemeindearbeit und ihrer Hühnerzucht und mit allem, was mit dem einen und dem anderen zusammenhing.

Endlich hielt die Kutsche vor dem Tor; die Koffer wurden außen festgeschnallt, das Handgepäck drinnen verstaut, und dann war man wirklich reisefertig. Nach einem herzlichen Abschied zwischen den beiden Freundinnen geleitete Mr. Collins Elizabeth zum Wagen und trug ihr noch Grüße und Empfehlungen an jedes einzelne Mitglied ihrer Familie auf, vergaß auch nicht, noch einmal für alle Freundlichkeit auf Longbourn im letzten Winter zu danken; und bat sie schließlich, auch Mr. und Mrs. Gardiner zu grüßen, obzwar er sie gar nicht kannte. Er half ihr dann hinein, Maria folgte, und die Wagentüre sollte schon zugeschlagen werden, als er die beiden jungen Damen in größter Aufregung daran erinnerte, dass sie es ja versäumt hätten, Grüße für die Damen auf Rosings aufzutragen. »Aber«, fügte er hinzu, »ich weiß schon: Ich werde euren bescheidenen, aber tiefempfundenen Dank überbringen für all die große Liebenswürdigkeit, die euch während eures Aufenthaltes erwiesen worden ist.«

Elizabeth fand das sehr gut so; die Tür durfte jetzt zugemacht werden, und die Fahrt begann. »Lieber Himmel!« rief Maria nach einer

Weile aus, »mir ist es so, als seien wir erst gestern hier angekommen! Und was ist doch alles in diesen Wochen geschehen!«

»Sehr viel, allerdings«, erwiderte Elizabeth mit einem Seufzer. »Neunmal waren wir zum Essen auf Rosings, und zweimal zum Tee. Was werde ich alles erzählen müssen!«

»Und was werde ich alles nicht erzählen dürfen«, fügte Elizabeth für sich hinzu.

Die Reise verging ohne weitere Unterhaltung und ohne Zwischenfall; vier Stunden nach ihrer Abfahrt befanden sie sich in London in Mr. Gardiners Haus, wo sie ein paar Tage bleiben wollten. Jane sah gut aus, und die verschiedenen Gesellschaften und Veranstaltungen, mit denen ihre freundliche Tante den Aufenthalt ihrer Nichten verschönte, ließen es nicht zu, dass Elizabeth die Stimmung ihrer Schwester näher ergründen konnte. Aber Jane würde sie ja nach Hause begleiten, und auf Longbourn würde sie Muße genug haben, um ihre Beobachtungen zu machen.

39

In der zweiten Maiwoche brachen die drei jungen Mädchen nach dem Städtchen auf, in dem sie die Postkutsche mit Mr. Bennets Wagen vertauschen wollten, der ihnen dorthin entgegengeschickt werden sollte. Als sie sich dem verabredeten Treffpunkt, einem kleinen Gasthaus, näherten, entdeckten sie schon von weitem Kitty und Lydia, die ihnen von einem der oberen Fenster lebhaft zuwinkten. Die beiden waren schon eine Stunde früher angekommen und hatten sich die Zeit nutzbringend damit vertrieben, den nahen Putzladen zu besuchen, die stattliche Wache vor der Kaserne in Augenschein zu nehmen und einen Gurkensalat anzurichten. Nach der stürmischen Begrüßung führten sie die drei Ankömmlinge im Triumph vor einen Tisch, der mit all den kalten Platten beladen war, wie sie jedes durchschnittliche Gasthaus in seiner Vorratskammer zu halten pflegt, und riefen ihnen mit offensichtlicher Selbstzufriedenheit zu: »Sieht das nicht gut aus? Was sagt ihr denn zu dieser Überraschung?«

»Und ihr seid alle von uns eingeladen«, fügte Lydia stolz hinzu. »Ihr müsst uns nur das Geld leihen; wir haben unseres nämlich soeben dort drüben in dem Laden ausgegeben.« Und damit zeigte sie ihren Kauf vor. »Seht ihr, diesen Hut habe ich mir erstanden. Er ist zwar gar nicht besonders kleidsam, aber ich fand, ich könnte ihn ebensogut kaufen, wie es auch seinlassen. Zu Hause werde ich ihn natürlich ganz und gar auseinandertrennen und zusehen, dass ich etwas Anständiges daraus mache.« Als ihre Schwestern ihr Entsetzen über das scheußliche Ding ausdrückten, meinte sie ganz gleichgültig: »Ach, es gab noch viel hässlichere in dem Laden! Wenn ich erst ein wenig schöne Seide gekauft habe, um ihn neu zu garnieren, wird er schon erträglich aussehen. Im übrigen spielt es in diesem Sommer leider keine große Rolle, wie und was wir anziehen; unser Regiment wird Meryton nämlich in vierzehn Tagen verlassen!«

»Nein, wirklich?«, rief Elizabeth aus, über diese Nachricht höchlichst erfreut.

»Ja, es ist nach Brighton versetzt worden. Ich wünschte, Vater würde im Sommer mit uns nach Brighton fahren! Das wäre herrlich, und so sehr viel kosten kann es doch nicht! Auch Mutter würde brennend gern dorthin gehen. Denke dir nur einmal, wie schrecklich langweilig der Sommer sonst werden wird!«

»Sehr schön«, dachte Elizabeth. »Das wäre gerade so das Richtige für uns. Du lieber Himmel! Wir in Brighton mit seinem ganzen Truppenlager, nachdem uns schon ein einziges Infanterieregiment und die paar Bälle in Meryton ganz aus dem Häuschen gebracht haben!«

»Ich habe noch eine Neuigkeit für euch«, sagte Lydia, als sie beim Essen waren. »Was meint ihr wohl? Eine gute Neuigkeit, eine hervorragende Neuigkeit – ihr kennt alle die Person, um die es sich handelt.«

Jane und Elizabeth wechselten einen Blick und bedeuteten dann dem Kellner, dass er nicht zu warten brauche.

Lydia lachte: »Diskretion und Anstand – echt Jane und Elizabeth! Als ob der sich um unser Gespräch kümmern würde! Er bekommt bestimmt häufig noch ganz andere Sachen zu hören, als ich euch zu erzählen habe. Aber es ist doch gut, dass er weg ist; er ist so furchtbar hässlich! Ich habe in meinem ganzen Leben noch nie ein so langes Kinn gesehen! Also, jetzt kommt meine Neuigkeit, es handelt sich um unseren lieben Wickham! Das wäre nichts für den Kellner gewesen, nicht wahr? Also Wickham wird Miss King doch nicht heiraten! Na, was sagt ihr dazu? Sie ist zu ihrem Onkel nach Liverpool gereist und wird dort längere Zeit bleiben. Wickham ist gerettet.«

»Und Mary King ebenfalls«, fügte Elizabeth hinzu, »gerettet vor einer höchst unvernünftigen Ehe, wenigstens was das Vermögen anbelangt.«

»Sie ist ein Idiot; wie konnte sie wegfahren, wenn sie ihn wirklich liebte!«

»Ich hoffe, dass beide nicht zu sehr aneinander hängen«, sagte Jane.

»Na, er hat bestimmt nicht an ihr gehangen. Ich könnte schwören, dass er sich überhaupt nichts aus ihr gemacht hat. Wer könnte sich auch schon aus diesem unangenehmen, sommersprossigen, kleinen Scheusal etwas machen?«

Elizabeth erschrak bei dem Gedanken, dass ihre Schwester mit diesen hässlichen Worten, die sie selbst zwar nie in den Mund genommen hätte, im Grunde nichts weiter als ihre eigene Ansicht über Miss King aussprach; eine Ansicht, die sie bisher nur für eine unvoreingenommene Kritik gehalten hatte.

Nachdem sie gegessen hatten, ließen sie den Wagen rufen; es bedurfte einer gewissen Geschicklichkeit, um die ganze Gesellschaft mit Koffern, Körben, Paketen und den unwillkommenen Einkäufen von Lydia und Kitty zu verstauen.

»Wie schön eng wir alle gepackt sind«, rief Lydia. »Ich freue mich doch, dass ich den Hut gekauft habe; schon allein die Hutschachtel lohnt die Ausgabe. Jetzt setzt euch alle zurecht und macht es euch gemütlich, dann wollen wir den ganzen Weg nach Hause reden und lachen. Erzählt ihr erst einmal, was ihr alles erlebt habt, seit ihr von zuhause weggefahren seid. Habt ihr nette Herren kennengelernt? Irgendein netter Flirt? Ich hatte so gehofft, dass wenigstens eine von euch einen Mann mit nach Hause bringen würde. Jane ist ja tatsächlich bald eine alte Jungfer; nächstens wird sie schon dreiundzwanzig! Gott, würde ich mich schämen, wenn ich keinen Mann fände, bevor ich so alt wäre! Ihr könnt euch nicht denken, wie besorgt Tante Philips ist, ihr könntet beide sitzenbleiben. Sie findet sogar, Lizzy hätte Collins doch nehmen sollen; aber ich finde, das wäre gar nicht das Richtige gewesen. Gott, würde ich mich freuen, wenn ich vor euch allen heiratete. Dann könnte ich euch überallhin als Anstandsdame begleiten. Du lieber Himmel, was hatten wir neulich für einen Spaß bei Mrs. Forster. Kitty und ich sollten den ganzen Tag dort bleiben, und am Abend versprach Mrs. Forster, einen kleinen Tanz zu veranstalten – übrigens Mrs. Forster und ich sind sehr gute Freundinnen geworden. Sie lud die beiden Harrington-Mädchen ein, aber Harriet war krank, und Pen musste allein kommen; und da – ratet mal, was wir machten! –, da haben wir Chamberlayne in Frauenkleider gesteckt – denkt euch bloß! Kein Mensch wusste davon, nur die beiden Forsters und Kitty und ich und natürlich Tante Philips, denn sie musste uns ja die Kleider leihen. Ihr ahnt nicht, wie gut er als Frau aussah! Als Denny und Wickham und Pratt und noch ein einige Offiziere eintraten, haben sie ihn gar nicht wiedererkannt. Gott, habe ich gelacht! Und Mrs. Forster auch. Ich dachte, ich würde sterben vor Lachen! Und dadurch kamen die Herren erst darauf, dass etwas los sei, und dann wussten sie natürlich bald Bescheid!«

Mit solchen Geschichten und Berichten versuchte Lydia, von ihrer Schwester Kitty unterstützt, den Weg nach Longbourn kurzweilig zu gestalten. Elizabeth ihrerseits war bemüht, möglichst wenig davon zu hören, aber es konnte ihrer Aufmerksamkeit nicht entgehen, wie oft der Name Wickham fiel.

Auf Longbourn wurden sie mit großer Herzlichkeit empfangen. Mrs. Bennet freute sich, Jane in unverminderter Schönheit wiederzusehen; und Mr. Bennet sagte mehr als einmal während des Essens unvermittelt zu Elizabeth: »Ich bin froh, dass du wieder da bist, Lizzy!«

Eine große Gesellschaft war um den Esstisch versammelt; denn fast die ganze Familie Lucas war gekommen, um Maria abzuholen und alle Neuigkeiten zu vernehmen. Lady Lucas fragte Maria über den ganzen Tisch hinweg, wie es Charlotte und ihren Hühnern ginge. Mrs. Bennet entledigte sich mit großem Geschick zweier Aufgaben auf einmal: Sie erkundigte sich bei Jane über die neueste Mode; und dann gab sie die Neuigkeit umgehend an die jüngeren Schwestern Lucas weiter. Und Lydia berichtete mit einer Stimme, die alle anderen übertönte, jedem, der zuhören wollte, von den verschiedenen Ereignissen des Vormittags. »Oh, Mary«, rief sie, »ich wünschte, du hättest uns begleitet; wir hatten einen Mordsspaß! Als wir hinfuhren, zogen Kitty und ich die Vorhänge vor die Fenster und taten, als ob niemand im Wagen sei. Aber das mussten wir bald seinlassen; denn Kitty wurde es plötzlich schlecht. Und im Gasthaus haben wir uns wirklich höchst nobel benommen; denn wir luden die drei anderen zu den besten kalten Platten ein, die du dir denken kannst, und dich hätten wir auch eingeladen, wärst du dabei gewesen. Als wir abfuhren, das war erst ein Spaß! Ich dachte, ich würde umkommen vor Lachen! Ich hätte nie geglaubt, dass wir alle mit den vielen Sachen im Wagen Platz finden würden. Und auf dem ganzen Heimweg waren wir so ausgelassen. Wir sprachen und lachten so laut, dass man es bestimmt zehn Meilen weit gehört hat.«

»Ferne sei es mir, liebe Schwester«, erwiderte hierauf Mary ernst und gesetzt, »fern sei es mir, ein solches Vergnügen für gering zu erachten. Zweifellos ist es im allgemeinen dem weiblichen Charakter gemäß, sich derartiger Dinge zu erfreuen. Aber ich muss gestehen, ich stehe ihnen fremd und ohne Verständnis gegenüber. Unendlich lieber ist mir ein gutes Buch.« Aber Marys Weisheit war die reine Verschwendung; Lydia hörte grundsätzlich keinem Menschen länger als eine halbe Minute zu, und auf Mary achtete sie überhaupt nie.

Nachmittags drängte Lydia die anderen Mädchen, mit ihr nach Meryton zu gehen; sie wollte hören, wie es allen dort ginge. Doch Elizabeth widersetzte sich dem Vorschlag. Man sollte nicht sagen können, die Bennets sind kaum einen halben Tag zu Hause, da rennen sie schon wieder hinter den Offizieren her. Aber sie hatte noch einen besonders triftigen Grund: Sie fürchtete sich vor einem erneuten Zusammentreffen mit Wickham und war entschlossen, ihm solange wie möglich aus dem Wege zu gehen. Jedenfalls empfand sie bei der Aussicht auf die bevorstehende Versetzung des Regiments eine unbeschreibliche Erleichterung. In vierzehn Tagen sollte es Meryton verlassen, und sie hoffte, danach aller peinlichen Gedanken an Wickham für immer ledig zu sein.

Sie war noch nicht lange wieder zu Hause, als sie merkte, dass der Plan einer Reise nach Brighton, von dem Lydia im Gasthaus gesprochen hatte, tatsächlich häufig von ihren Eltern besprochen wurde. Ihr Vater schien dazu nicht die geringste Lust zu haben; doch seine Antworten waren so unbestimmt und zweideutig, dass ihre Mutter zwar oft sich darüber ärgerte, aber die Hoffnung nicht fahren ließ, ihren Willen zu guter Letzt doch durchsetzen zu können.

40

Elizabeths Ungeduld, Jane von ihrem Erlebnis in Hunsford zu unterrichten, ließ sich schließlich nicht länger unterdrücken. Alles, was Jane selbst anging, musste sie selbstverständlich verschweigen; sie bat sie nur, sich auf eine große Überraschung gefasst zu machen, und erzählte ihr dann, was zwischen ihr und Darcy vorgefallen war.

Janes Erstaunen wäre noch größer gewesen, wenn es ihrer liebevollen, schwesterlichen Voreingenommenheit nicht als die natürlichste Sache auf der Welt vorgekommen wäre, dass Darcy Elizabeth zur Frau begehrt hatte; und ihre Überraschung wurde bald ganz von anderen Gedanken beiseitegedrängt. Es tat ihr leid, dass Darcy seinen Gefühlen in einer so ungeschickten Weise Ausdruck verliehen hatte; und noch größeren Kummer bereitete ihr der Schmerz, den Elizabeths abschlägige Antwort ihm zugefügt haben musste. »Es war nicht richtig von ihm, seiner Sache so sicher zu sein«, sagte sie, »wenigstens hätte er es nicht so deutlich werden lassen dürfen. Aber, stelle dir nur vor, um wieviel größer seine Enttäuschung deshalb auch sein muss!«

»Er tut mir auch aufrichtig leid«, antwortete Elizabeth, »aber so wie er nun einmal ist, wird er mich bald vergessen haben. Du machst mir doch nicht etwa einen Vorwurf daraus, dass ich ihn abwies?«

»Einen Vorwurf? Oh, nein!«

»Aber vielleicht deswegen, weil ich Wickham so warm verteidigte?«

»Nein, ich glaube nicht, dass das falsch von dir war.«

»Du wirst aber anderer Meinung sein, nachdem du gehört hast, was sich am folgenden Tag zugetragen hat.«

Sie erzählte Jane dann von dem Brief und gab ihr seinen Inhalt wieder, soweit er Wickham betraf. Arme Jane! Das war ein Schlag für sie, die ihr Leben so gern in der Überzeugung zugebracht hätte, dass in der ganzen Menschheit nicht so viel Schlechtigkeit vorhanden sei, wie hier in einem einzigen Menschen vereinigt war. Auch die Rechtfertigung, die Darcy dadurch erfuhr, reichte nicht aus, um sie über diese Entdeckung hinwegzutrösten. Sie versuchte auf alle erdenkliche Weise, sich selbst von der Möglichkeit eines Irrtums zu überzeugen und den einen reinzuwaschen, ohne den anderen dadurch wieder zu belasten.

»Das geht nicht«, sagte Elizabeth. »Du wirst es nie fertigbringen, aus beiden gute Menschen zu machen. Meinetwegen wähle, wen du willst, aber du musst dich mit einem zufriedengeben. Die guten Eigenschaften, die beide zusammen besitzen, genügen gerade, um einen einzigen anständigen Menschen damit auszustatten, und in letzter Zeit sind diese Eigenschaften ziemlich viel zwischen ihnen hin und her geschoben worden. Ich für mein Teil bin jetzt überzeugt, dass Darcy alle für sich allein beanspruchen kann, aber du kannst ja denken, was du willst.« Es dauerte jedoch lange, bevor sie Jane wieder ein Lächeln entlocken konnte. »Ich kann mich nicht erinnern, jemals vorher so betroffen gewesen zu sein«, sagte sie. »Wickham ein so schlechter Mensch! Das geht beinahe über meinen Verstand! Und der arme Darcy! Lizzy, denk nur daran, wie ihm zumute gewesen sein muss. Diese Enttäuschung! Und das kränkende Bewusstsein, dass du so schlecht von ihm dachtest! Und dann noch solche Sachen von seiner eigenen Schwester erzählen zu müssen! Es ist wirklich alles zu traurig – du musst es doch auch so empfinden!«

»Ach nein, all mein Bedauern und mein Mitleid sind verschwunden, seit ich dich so erfüllt davon sehe. Ich weiß, du wirst ihm so viel Gerechtigkeit widerfahren lassen, dass mir alles von Minute zu Minute immer gleichgültiger wird. Wenn du noch länger über ihn jammerst, werde ich mich schließlich so unbeschwert und unbekümmert fühlen wie eine Feder im Winde.«

»Ich bin überzeugt, Lizzy, dass du die Angelegenheit nicht so leichtnehmen konntest, als du den Brief zum erstenmal gelesen hast.«

»Allerdings nicht. Ich fühlte mich elend genug, sogar richtig unglücklich war ich! Und niemand war da, mit dem ich mich aussprechen konnte, keine Jane, die mir versicherte, ich sei gar nicht so charakterlos, so eitel und dumm gewesen, wie ich es meiner eigenen Überzeugung nach gewesen bin! Oh, wie ich mich nach dir sehnte!«

»Zu schade, dass du dich Darcy gegenüber so bestimmt über Wickham geäußert hast; denn es sieht ja jetzt tatsächlich so aus, als ob er es nicht verdient hätte!«

»Gewiss – aber die Voreingenommenheit für den einen entsprang ganz natürlich dem Vorurteil gegen den anderen, das ich mir nun einmal gebildet hatte. Aber jetzt brauche ich deinen Rat: Was meinst du: Soll ich unseren Bekannten Wickhams wahren Charakter enthüllen oder nicht?« Jane überlegte eine kleine Weile und meinte dann: »Dafür kann doch bestimmt kein Grund vorliegen, ihn so schrecklich bloßzustellen. Aber wie denkst du selbst darüber?«

»Dass ich es nicht tun darf. Darcy hat mir gar nicht das Recht gegeben, über seine Mitteilungen irgendetwas verlauten zu lassen. Im Gegenteil, er wünschte, dass ich alles, was seine Schwester betraf, für mich behielte. Und wenn ich versuchen wollte, den Menschen die Augen über Wickhams sonstiges Betragen zu öffnen, wer würde mir glauben? Die Stimmung gegen Darcy ist so stark, dass ein Versuch, ihn in ein besseres Licht zu rücken, die halbe Bevölkerung von Meryton todunglücklich machen würde. Nein, es geht über meine Kräfte. Wickham wird ja bald fort sein, und dann ist es gleichgültig, was für ein Mensch er in Wirklichkeit ist. Vielleicht erfährt die Allgemeinheit später einmal die Wahrheit; dann können wir über die Dummen lachen, die es nicht gleich von Anfang an wussten. Aber jetzt will ich meinen Mund halten.«

»Du hast ganz recht. Wenn seine Verfehlungen bekannt würden, könnte es seine Laufbahn für immer zerstören. Vielleicht tut ihm jetzt schon leid, was er alles getan hat, und er bemüht sich, ein neues Leben zu führen. Wir dürfen ihm diese Möglichkeit nicht nehmen.«

Nach diesem Gespräch fühlte Elizabeth ihre unbekümmerte Heiterkeit wiederkehren: sie war zwei von den Geheimnissen losgeworden, die sie seit vierzehn Tagen bedrückt hatten. Aber da war noch ein Punkt, über den zu sprechen die Vernunft ihr untersagte: Sie wagte nicht, ihrer Schwester von der anderen Hälfte des Briefes zu berichten, in der von Bingleys tiefer Zuneigung zu Jane die Rede war. Dieses Geheimnis durfte sie erst lüften, wenn sich die beiden Hauptpersonen wieder zu einer vollkommenen Übereinstimmung ihrer Gefühle zurückgefunden haben würden. »Und dann«, sagte sie zu sich selbst, »wenn dies Unwahrscheinliche Wirklichkeit werden sollte, werde ich ihr auch nichts anderes sagen können, als Bingley es ihr auf eine viel bessere Art und Weise selbst beibringen wird. Ich werde erst sprechen, wenn ich nichts mehr zu sagen haben werde!« In der Ruhe der häuslichen Umgebung fand Elizabeth jetzt Zeit und Gelegenheit, ihre Schwester zu beobachten und ihre wirkliche Gemütsverfassung festzustellen. Jane war nicht glücklich. Sie hegte noch dieselbe, tiefe Neigung zu Bingley wie am Anfang. Da sie niemals vorher – nicht einmal ihrer eigenen Ansicht nach – verliebt gewesen war, hatten ihre jetzigen Gefühle die ganze Tiefe einer ersten ernsten Neigung; und so sehr lebte sie in der Erinnerung an ihn, so viel mehr als alle anderen Menschen hatte er ihr bedeutet, dass es ihrer ganzen Vernunft und der ganzen liebevollen Sorge Elizabeths bedurfte, um sie davon abzuhalten, ihren Gedanken an ihn allzuviel nachzuhängen.

»Nun, Lizzy«, sagte eines Tages Mrs. Bennet zu ihrer zweiten Tochter, »was hältst du jetzt von dieser traurigen Geschichte mit Jane und Bingley? Ich für meinen Teil bin fest entschlossen, nie mehr darüber mit zu sprechen. Erst gestern sagte ich das auch zu meiner Schwester. Aber ich kann nicht dahinterkommen, ob Jane ihn in London gesehen hat. Er ist ein äußerst undankbarer, junger Mann, und ich fürchte, dass Jane jetzt keine Aussicht mehr hat, jemals seine Frau zu werden. Ich habe mich überall umgehört, aber kein Mensch glaubt, dass er in diesem Sommer wieder nach Netherfield kommen wird.«

»Ich glaube nicht, dass er je wieder nach Netherfield zurückkehrt.«

»Nun, das muss er halten, wie er will. Niemand vermisst ihn hier. Aber ich werde mir nicht ausreden lassen, dass er meine Tochter außerordentlich schlecht behandelt hat. Ich an ihrer Stelle hätte mir das nicht so ohne weiteres gefallen lassen. Aber ich tröste mich damit, dass Jane bestimmt an gebrochenem Herzen sterben wird; dann wird ihm schon leid tun, was er angerichtet hat!«

Elizabeth konnte in dem Gedanken nicht den gleichen Trost finden wie ihre Mutter und schwieg daher.

»Die Collins leben also glücklich und zufrieden, sagtest du«, fuhr Mrs. Bennet gleich darauf fort. »Ich hoffe nur, dass das Glück von Dauer sein wird. Was für einen Haushalt führen sie eigentlich? Charlotte ist gewiss eine sehr tüchtige Hausfrau. Wenn sie nur halb so genau rechnen kann wie ihre Mutter, muss sie ganz schön sparen können. Ich möchte darauf schwören, dass es sehr bescheiden bei ihnen zugeht!«

»Ja, das tut es!«

»Das dachte ich mir, darauf passt Charlotte schon auf. Ja, ja, die werden nie über ihr Einkommen leben und sich niemals Geldsorgen machen müssen. Nun, soll es ihnen gut bekommen! Ich nehme an, sie sprechen oft davon, dass Longbourn nach dem Tode deines Vaters ihnen gehören wird? Sie betrachten es wahrscheinlich schon als so gut wie ihr Eigentum, nicht wahr?«

»In meiner Gegenwart haben sie nie davon gesprochen.«

»Nein? Das hätte allerdings auch gerade noch gefehlt! Aber wenn sie allein sind, sprechen sie bestimmt häufig davon. Nun, wenn sie sich ohne Gewissensbisse an einem Besitz erfreuen können, der ihnen rechtmäßigerweise gar nicht zusteht, umso besser! Ich würde mich schämen, etwas zu besitzen, das mir auf solche Weise zugefallen wäre!«

41

Die erste Woche nach ihrer Rückkehr verging wie im Fluge, und die zweite brach an, die letzte für den Aufenthalt des Regiments in Meryton. Die jungen Mädchen der näheren und weiteren Umgebung gingen mit Gesichtern umher, als stehe das Ende der Welt bevor; kaum eine, die sich der allgemeinen Niedergeschlagenheit entziehen konnte. Jane und Elizabeth waren auf Longbourn die einzigen, die noch mit Appetit essen und trinken und nach einem Tage voll der üblichen Beschäftigungen geruhsam schlafen konnten. Kitty und Lydia warfen ihnen häufig ihre Gleichgültigkeit vor; sie selbst erlitten den tiefsten Schmerz ihres jungen Lebens und konnten nicht begreifen, wo die beiden älteren Schwestern ihre Gefühllosigkeit hernahmen. »Mein Gott, was soll aus uns werden? Was sollen wir bloß tun?«, seufzten sie mit bitterer, gramerfüllter Stimme. »Wie kannst du da noch lächeln, Lizzy?«

Ihre besorgte Mutter litt mit ihren Kindern. Sie erinnerte sich, welchen Kummer sie bei einer ähnlichen Gelegenheit fünfundzwanzig Jahre zuvor erlitten hatte. »Ich habe bestimmt nicht weniger als zwei Tage hintereinander geweint«, sagte sie, »als damals Oberst Millers Regiment versetzt wurde. Ich dachte, mir würde das Herz brechen!«

»Meines ist schon beinahe gebrochen«, klagte Lydia.

»Wenn wir doch nur nach Brighton fahren könnten!«, meinte Mrs. Bennet.

»Ach ja, wenn wir doch bloß nach Brighton könnten! Aber Vater ist ja so lieblos und eigensinnig!«

»Die Seeluft würde mir so gut tun!«

»Und Tante Philips meint, mir würde sie auch sehr gut bekommen«, warf Kitty ein. Solcherart waren die Klagen und Seufzer, die ständig durch die Räume von Longbourn House zogen. Elizabeth versuchte, dem allem die humorvolle Seite abzugewinnen, aber ihre Beschämung über das Betragen der Schwestern war doch größer. Ihr fielen die Vorwürfe Darcys ein, und sie musste ihm von neuem recht geben; niemals vorher war sie so geneigt gewesen, seine Einmischung in die Angelegenheiten seines Freundes für entschuldbar zu halten.

Aber die düsteren Wolken der Freudlosigkeit, die Lydia sich schon über ihr zukünftiges Leben ausbreiten sah, sollten sich ebenso schnell wie unerwartet lichten: Mrs. Forster, die Frau des Regimentskommandeurs, lud sie ein, mit nach Brighton zu kommen. Mrs. Forster war eine junge Frau, die erst unlängst geheiratet hatte; als Freundin war sie gar nicht hoch genug einzuschätzen. In der übermütigen und lustigen Lydia hatte sie eine gleichgestimmte Seele entdeckt, und während der drei Monate, die sie sich nun kannten, waren die beiden auf allen Gesellschaften fast unzertrennlich gewesen. Und nun war Lydias Begeisterung, waren Mrs. Bennets Entzücken und Kittys Ärger kaum zu beschreiben. Lydia raste, völlig unbekümmert um die Gefühle ihrer Schwester, in einer wahren Ekstase durch das ganze Haus, forderte jeden auf, sie zu beglückwünschen und lachte und redete durcheinander mit noch weniger Pausen als sonst.

Derweilen saß die unglückliche Kitty höchst beleidigt in ihrem Zimmer und bejammerte ihr Schicksal in ebenso törichten wie mürrischen Worten. »Ich sehe gar nicht ein, warum Mrs. Forster mich nicht ebensogut hätte einladen können wie Lydia«, klagte sie, »wenn ich auch nicht ihre besondere Freundin bin. Ich habe doch den gleichen Anspruch darauf, eingeladen zu werden; eigentlich noch mehr, denn ich bin ja zwei Jahre älter!«

Vergebens versuchten Elizabeth ihr Vernunft und Jane ihr Ergebung beizubringen. Weit davon entfernt, diese Einladung ebenso begeistert aufzunehmen wie ihre Mutter und Lydia, betrachtete Elizabeth sie vielmehr als ein Todesurteil über das bisschen Verstand, das ihre Schwester Lydia ohnehin nur besaß; so wenig ihr eine solche Handlungsweise lag, fühlte sie sich doch verpflichtet, ihrem Vater unter vier Augen zu raten, Lydia nicht mitfahren zu lassen. Sie hielt ihm deren Unreife vor, die die Freundschaft einer Frau wie Mrs. Forster kaum wettmachen dürfte, und bat ihn zu bedenken, dass Lydia in Brighton nur allzu leicht völlig außer Rand und Band geraten könne. Mr. Bennet hörte ihr aufmerksam zu und sagte dann: »Lydia wird erst anders werden, wenn sie sich in aller Öffentlichkeit so blamiert hat, dass sie es selber merkt; und ich meine, billiger und bequemer als unter diesen Umständen können weder sie noch ihre Familie das je erreichen.«

»Wenn du ahntest«, antwortete Elizabeth, »wie sehr wir anderen unter Lydias unbeherrschtem und törichtem Benehmen leiden müssen oder vielmehr schon gelitten haben, dann würdest du bestimmt anders darüber denken.«

»Gelitten haben?«, wiederholte ihr Vater. »Was? Sollte sie etwa schon einige von deinen Verehrern abgeschreckt haben? Arme, kleine Lizzy! Mache dir nichts daraus! Ein junger Mann, der so langweilig ist, dass er ein bisschen Torheit nicht vertragen kann, ist es sowieso nicht wert, dass man ihm eine Träne nachweint. Aber zeige mir doch mal die Liste der zartbesaiteten Burschen, die sich um Lydias Albernheit willen naserümpfend zurückgezogen haben.«

»Du irrst dich; ich habe nichts und niemanden zu beklagen. Ich sprach auch nicht von irgendeinem besonderen Fall, sondern ganz allgemein. Unsere Stellung, unser Ansehen müssen ja unter Lydias Hemmungslosigkeit und ihrer Missachtung jeder Anstandsregel leiden. Entschuldige, aber ich muss offen reden. Wenn du, lieber Vater, dich nicht bald darum bemühst, ihre Maßlosigkeit zu bändigen und ihr beizubringen, dass es mit ihrem derzeitigen Leichtsinn nicht in alle Ewigkeit so weitergehen kann, wird sie dir und jeder Belehrung sehr schnell über den Kopf gewachsen sein. Man wird sie dann nicht mehr ändern können, und sie wird mit sechzehn Jahren das flatterhafteste Geschöpf sein, das jemals sich und seine Familie mit seinen Flirts lächerlich gemacht hat. Und zwar mit Flirts im seichtesten Sinne des Wortes – ein Mann muss bei ihr nur gut aussehen und darf nicht zu alt sein, mehr

Ansprüche stellt sie schon heute nicht. Bei ihrer Unerfahrenheit und Dummheit wird sie es nicht einmal verstehen, dem Spott und der Verachtung vorzubeugen, die ihre hemmungslose Gefallsucht hervorrufen muss. Und mit Kitty ist es nicht viel anders; sie betrachtet Lydia als ihr Vorbild, dem sie folgen muss. Eitel, dumm, nichtsnutzig und ohne jedes Gefühl für Anstand – alle beide! Meinst du nicht auch, Vater, dass man sie überall tadeln und verachten und dass man ihre Schwestern in dieses Urteil miteinbeziehen wird?«

Mr. Bennet sah, dass Elizabeth wirklich aus vollem Herzen sprach; er ergriff ihre Hand und antwortete begütigend: »Mach dir keine Sorgen, Elizabeth. Wer dich und Jane kennt, muss euch lieben und achten; und ihr werdet darum nicht weniger geachtet werden, weil ihr zwei oder vielmehr drei sehr alberne Schwestern habt. Aber wir werden nie auf Longbourn Ruhe bekommen, wenn Lydia jetzt nicht nach Brighton darf. Lassen wir sie also fahren. Oberst Forster ist ein einsichtiger Mensch; er wird schon dafür sorgen, dass sie sich keine ernstliche Dummheit zuschulden kommen lässt. Und Gott sei Dank ist sie zu arm, um irgendeinen dieser Mitgiftjäger wirklich zu interessieren. In Brighton wird sie selbst als Flirt nur eine unbedeutende Rolle spielen können, die Offiziere werden dort viel lohnenswertere Frauen finden. Wir dürfen also vielmehr hoffen, dass ihr Aufenthalt dort sie lehren wird, weniger eingebildet zu sein. Und was auch geschehen mag, sehr viel schlimmer als bisher kann sie es nicht treiben, ohne Gefahr zu laufen, von mir für den Rest ihres Lebens eingesperrt zu werden.«

Mit dieser Antwort musste Elizabeth sich zufriedengeben; aber sie war nichts weniger als beruhigt und verließ ihren Vater traurig und enttäuscht. Es lag jedoch nicht in ihrer Natur, ihrem Kummer oder Ärger unentwegt nachzuhängen. Sie wusste, dass sie getan hatte, was in ihrer Macht stand, und jetzt mussten die Dinge eben ihren Lauf nehmen; sie konnte sie nicht ändern und hatte keine Lust, sich noch mehr Gedanken darüber zu machen.

Hätten Lydia und ihre Mutter den Inhalt ihrer Unterredung mit ihrem Vater auch nur geahnt, ihre vereinigte Redegabe hätte ihrer Empörung schwerlich gerecht werden können. Lydias Vorstellung vom Besuch in Brighton barg alle Möglichkeiten zu unendlichem Glück. Ihre Einbildungskraft erblickte schon die Straßen jenes vornehmen Bades zum Bersten mit Offizieren gefüllt, und sie selbst war darin der Mittelpunkt allgemeiner Aufmerksamkeit. Sie sah den Truppenplatz in all seiner Herrlichkeit, die gerade ausgerichteten, weißen Zelte, das Gewimmel von jungen, fröhlichen Menschen und, alles beherrschend, das Scharlachrot der Uniformen. Als Krönung des Ganzen sah sie sich neben einem großen Zelt sitzen und auf anmutige Weise mit mindestens einem halben Dutzend Hauptleuten auf einmal flirten. Was hätte sie wohl gedacht, hätte sie gehört, dass ihre eigene Schwester bemüht war, sie um all diese Freuden zu bringen? Nur ihre Mutter konnte solches wissen, denn sie hätte sehr ähnliche Gedanken selbst gehegt. Dass wenigstens Lydia nach Brighton fahren sollte, war ihr einziger Trost für den immer stärker werdenden Verdacht, dass ihr Mann nicht einen Augenblick die Absicht gehabt hatte, mit der ganzen Familie dorthin zu reisen.

Mit dem Tag ihrer Abreise rückte auch der Tag heran, an dem Elizabeth Wickham zum letzten Mal zu sehen hoffte. Seit ihrer Rückkehr hatte sie ihn häufig getroffen; sein Anblick hatte sie jedoch in keiner Weise erregt, und von irgendwelcher Sympathie konnte überhaupt keine Rede mehr sein. Im Gegenteil, sie hatte inzwischen in seiner stets gleichbleibenden Höflichkeit und Gewandtheit eine deutliche Verstellung entdeckt und empfand nun die Aufmerksamkeit, mit der er sich ihr wieder zu nähern versuchte und die ihr früher so lieb gewesen war, geradezu als beleidigend. Und erst recht beleidigend war es, dass er überdies anzunehmen schien, sie müsse sich durch seine neuerliche, eitle Werbung geschmeichelt fühlen.

Am Tage vor dem Aufbruch des Regiments waren er und einige Kameraden zu Gast auf Longbourn. Elizabeth spürte eine so geringe Neigung, ihn selbst an diesem letzten Abend freundlich zu behandeln, dass sie ihm auf seine Frage, wie es ihr in Hunsford ergangen sei, erzählte, Darcy und Oberst Fitzwilliam seien gerade während dieser Zeit drei Wochen lang auf Rosings zu Besuch gewesen; und sie knüpfte die Gegenfrage daran, ob er auch den Obersten kenne. Er sah sie einen Augenblick erstaunt, sogar erschreckt und beunruhigt an; aber er hatte sich gleich wieder gefasst und erwiderte lächelnd, er habe Oberst Fitzwilliam früher häufig gesehen; er sei ein sehr vornehmer, wohlerzogener Mensch; wie er ihr denn gefallen habe? Unmittelbar darauf erkundigte er sich mit gespielter Gleichgültigkeit: »Wie lange, sagten Sie, sind die beiden auf Rosings gewesen?«

»Fast drei Wochen.«

»Und Sie haben Fitzwilliam häufig gesehen?«

»Ja, beinahe jeden Tag.«

»Er ist ein ganz anderer Mensch als sein Vetter.«

»Ja, ganz anders. Aber ich habe die Entdeckung gemacht, dass Mr. Darcy umso netter wird, je länger man ihn kennt.«

»Ach, wirklich«, rief Wickham unwillkürlich aus, und seine verlegene Miene entging Elizabeth nicht. »Und darf ich fragen –?« Er hielt inne und fuhr dann in übermütigem Ton fort: »Was wird denn nun netter an ihm? Seine Art, sich zu unterhalten? Lässt er sich vielleicht dazu herab, seinem gewöhnlichen Hochmut ein wenig Höflichkeit beizumengen? Denn ich kann mir nicht vorstellen«, fügte er, wieder ernsthafter, hinzu, »dass er sich in irgendeiner wesentlichen Beziehung ändern kann.«

»Oh, nein«, rief Elizabeth, »in allen wichtigen Punkten, glaube ich, wird er immer so bleiben, wie er ist.«

Wickham sah sie an, als wüsste er nicht, ob er sich über ihre Antwort freuen oder ihr misstrauen solle. In ihrem Gesichtsausdruck lag etwas, das ihn mit einer inneren Unruhe zuhören ließ, als sie nun erklärend hinzufügte: »Als ich sagte, dass er netter würde, meinte ich nicht, dass er irgendeine Eigenschaft besäße, die verbesserungsfähig sei, sondern einfach, dass man seinen Charakter besser zu beurteilen versteht, wenn man ihn genauer kennenlernt.«

Wickham konnte jetzt seine Besorgnis über diese Wendung des Gesprächs nicht mehr ganz unterdrücken; er verfärbte sich leicht, sein Blick wanderte nervös umher, und ein paar Minuten lang sagte er gar nichts. Dann schüttelte er aber mit sichtlicher Anstrengung seine Verlegenheit ab und wandte sich wieder an seine Nachbarin. »Da Sie meine Gefühle Darcy gegenüber kennen, werden Sie verstehen können, wie sehr es mich freut zu hören, dass er wenigstens versucht, den Anschein eines anständigen Menschen zu erwecken. In dieser Hinsicht mag sein Ehrgeiz, wenn auch nicht ihm selbst, so doch anderen Menschen gute Dienste leisten; wenigstens hält er ihn dann davon ab, noch jemanden ebenso gemein zu behandeln, wie er mich behandelt hat. Ich fürchte nur, dass er diesen Anschein, von dem Sie zweifellos eben sprachen, nur so lange aufrechterhält, wie er sich unter den Augen seiner Tante befindet, an deren guter Meinung ihm sehr viel gelegen ist. Sie ist der einzige Mensch, vor dem er sich fürchtet und vor dem er sich deshalb auch zusammennimmt, nicht zum wenigsten wohl auch aus dem Wunsch heraus, seine Heirat mit Miss de Bourgh nicht aufs Spiel zu setzen, die ihm gewiss sehr am Herzen liegt.«

Elizabeth musste hierüber lächeln, antwortete aber nur mit einem leichten Kopfnicken. Sie merkte wohl, dass er das Gespräch wieder auf seine Leidensgeschichte bringen wollte, hatte aber keine Lust, sich darauf einzulassen. Den Rest des Abends verbrachte er damit, den Anschein unbekümmerter Fröhlichkeit aufrechtzuerhalten; er hütete sich jedoch davor, Elizabeth weiter durch seine Aufmerksamkeiten auszuzeichnen. Und als sie sich dann voneinander trennten, da geschah es in aller Form und Höflichkeit und in dem wahrscheinlich beiderseitigen Wunsch, sich niemals wieder zu begegnen. Als die Gesellschaft aufbrach, schloss sich Lydia gleich an; sie musste Mrs. Forster heute noch nach Meryton begleiten, da die Reise schon am nächsten Morgen in aller Frühe angetreten werden sollte. Der Abschied von ihrer Familie war mehr laut als zärtlich. Kitty war die einzige, die dabei ein paar Tränen vergoss, und sie tat es nur aus Neid und Ärger. Mrs. Bennet konnte nicht genug überschwängliche Wünschen für das Wohlergehen ihres Kindes äußern und ermahnte es eindringlich, sich kein Vergnügen entgehen zu lassen – ein Rat, von dem man annehmen durfte, dass er gern und prompt befolgt werden würde.

42

Hätte Elizabeth nur ihre eigene Familie als Vorbild gehabt, ihre Vorstellungen von ehelichem und häuslichem Glück wären nicht gerade ermunternd gewesen. Ihr Vater hatte sich durch Jugend und Schönheit und den Anschein eines frohen Gemüts, den Jugend und Schönheit meistens verleihen, gefangennehmen lassen und hatte eine Frau geheiratet, deren beschränkter und kleinlicher Verstand sehr bald schon jeder wirklichen Liebe ein Ende bereitete. Achtung, Hochschätzung, Vertrauen waren bald geschwunden; und alle seine Aussichten auf eine einigermaßen glückliche Ehe wurden so über den Haufen geworfen. Aber Mr. Bennet gehörte nicht zu den Naturen, die für eine Enttäuschung, die ihre eigene Kurzsichtigkeit verschuldet hat, Trost in irgendwelchen jener zweifelhaften Zerstreuungen suchen, in denen die meisten Menschen so häufig Vergessenheit zu finden hoffen. Er liebte das Land, und er liebte seine Bücher; mehr brauchte er nicht zu seiner Zufriedenheit. Seiner Frau fühlte er sich kaum anders verpflichtet, als dass ihre Dummheit ihm hin und wieder Gelegenheit verschaffte, seinem stark ausgeprägten Sinn für Humor Nahrung zu geben. Ein Mann darf wohl billigerweise beanspruchen, seiner Frau eine andere Art von Glück zu verdanken; aber der wahre Lebenskünstler gibt sich eben mit wenigem zufrieden, wenn mehr nicht zu erreichen ist.

Elizabeth war sich jedoch schon immer klar darüber gewesen, wie wenig auch ihr Vater dem Ideal eines Ehemannes entsprach. Diese Erkenntnis betrübte sie tief; aber sie achtete seine vielen anderen guten Eigenschaften und war ihm dankbar für die Liebe, die er besonders ihr zugewandt hatte. Sie versuchte, darüber alles das zu vergessen, was sie nicht übersehen konnte – zumal die Angewohnheit, seine Frau vor seinen Kindern bloßzustellen und sie ihrem Spott auszusetzen. Indessen hatte sie sich nie zuvor so sehr Gedanken darüber gemacht, welch einen Nachteil eine so schlechte Ehe für die Kinder mit sich bringen musste, und nie war es ihr so deutlich zu Bewusstsein gekommen, dass ihr Vater mit all seinen Fähigkeiten wenigstens seine Töchter richtig für das Leben hätte vorbereiten können, wenn es ihm auch nicht gelungen war, einen guten Einfluss auf seine Frau auszuüben.

Wickhams Abreise erwies sich als der einzige Anlass zur Freude, den Elizabeth dem Abmarsch des Regiments zu verdanken hatte. Die Geselligkeiten bei ihren Freunden wurden langweilig, und zu Hause saßen ihre drei Schwestern und ihre Mutter und klagten über diese Langeweile; das machte die Stimmung vollends unerträglich. Und wenn auch die Hoffnung bestand, dass Kitty allmählich wieder vernünftiger würde, nachdem niemand mehr dawar, der ihr den Kopf verdrehen konnte, so war doch andererseits zu befürchten, dass Lydia, die zur Zeit den doppelten Gefahren eines Seebades und eines Truppenlagers ausgesetzt war, ihren bisherigen Leichtsinn und ihre backfischhafte Albernheit als Dauerzustand behalten würde. Lydia hatte beim Abschied noch versprochen, ihrer Mutter und Kitty oft zu schreiben und ihnen alles genauestens zu berichten; indessen, jede Nachricht aus Brighton ließ lange auf sich warten, und mehr als ein paar eilige Zeilen waren es nie. Die Briefe an ihre Mutter enthielten nur kurze Mitteilungen, dass sie da und dort gewesen sei und dass sie diesen oder jenen neuen Offizier kennengelernt habe, dass sie sich ein neues Kleid gekauft oder einen neuen Sonnenschirm geschenkt bekommen habe und ... Mrs. Forster rufe sie gerade, sie wollten zusammen zum Truppenlager hinaus – nächstes Mal mehr. Die Briefe an Kitty waren wohl bedeutend länger; sie enthielten aber fast nur unterstrichene Worte, waren also nichts für die Allgemeinheit.

Zwei, drei Wochen nach Lydias Abreise begannen gute Laune, Heiterkeit und eine allgemeine Besserung von Mrs. Bennets Nerven sich auf Longbourn wieder bemerkbar zu machen. Alles sah plötzlich freundlicher aus oder wurde freundlicher angesehen. Die Familien, die den Winter über nach London gezogen waren, kehrten jetzt zurück, und die Sommertoiletten und Gartenfeste traten ihre fröhliche Herrschaft an. Mrs. Bennet klagte über ihre Nerven, und Kitty fand ihre Fassung sogar in solchem Maße wieder, dass sie nach Meryton zu gehen vermochte, ohne beim Betreten der Stadt in Tränen auszubrechen. Elizabeth konnte daher hoffen, ihre Schwester werde sich bis Weihnachten so weit beruhigen, dass sie sich ihrer verlorenen Offiziere nur mehr einmal am Tage erinnerte – falls nicht ein boshafter Zufall oder kurzsichtiges Kriegsministerium wieder ein Regiment nach Meryton legte.

Der Tag, der für die Reise Elizabeths mit ihren Verwandten in den Norden Englands vorgesehen war, rückte immer näher. Bald waren es nur noch vierzehn Tage bis dahin; da kam ein Brief von Mrs. Gardiner, der die Abfahrt noch hinauszögerte und die Dauer der Reise einschränkte. Mr. Gardiner konnte sich aus geschäftlichen Gründen erst zwei Wochen später und nur für einen knappen Monat freimachen. Da dieser Zeitraum für eine so ausgedehnte Reise, wie die geplante, zu kurz war, musste der Besuch des Seengebietes fallengelassen werden; nach dem neuen Plan wollte man nur bis Derbyshire fahren. Dort gab es genug Schönes zu sehen, um die drei Wochen, die sie zur Verfügung hatten, auszufüllen. Mrs. Gardiner selbst tat diese Änderung nicht leid, da sie sich sehr darauf freute, bei dieser Gelegenheit einige Tage in der Stadt weilen zu können, in der sie vor ihrer Heirat mehrere Jahre verbracht hatte. Elizabeth war zuerst schrecklich enttäuscht; sie hatte sich so sehr auf das berühmte Seengebiet gefreut, und im stillen dachte sie, dass man die ursprünglich beabsichtigte Fahrt auch gut in der kürzeren Zeit hätte schaffen können. Aber sie war nicht um ihre Meinung gefragt worden, und ihre gute Laune ließ es auch gar nicht zu, dass sie sich nicht bald ebenso über den neuen Plan freute wie über den alten. Der Name Derbyshire rief manchen Gedanken in ihr wach: unmöglich, das Wort geschrieben zu sehen, ohne gleich an Pemberley und seinen Besitzer erinnert zu werden. »Aber ich werde doch gewiss ›seine‹ Heimat ungestraft besuchen können«, meinte sie zu sich selbst, »und dort ein paar Versteinerungen sammeln dürfen, ohne gleich von ihm entdeckt zu werden.« Vier Wochen mussten noch verstreichen, bevor ihre Verwandten sie abholen würden. Aber auch diese Zeit verging, und eines Tages kamen die Gardiners mit ihren vier Kindern auf Longbourn an. Die Kinder, zwei Mädchen von sechs und acht Jahren und zwei jüngere Knaben, sollten über die Ferienzeit der Obhut von Jane anvertraut werden, deren stets gleichbleibende Fröhlichkeit und liebevolles Wesen sie zu ihrer Lieblingscousine gemacht hatten.

Die Gardiners blieben nur eine Nacht auf Longbourn und brachen am nächsten Morgen mit Elizabeth auf, um in den kommenden Wochen nur ihrer Erholung und den Schönheiten der Landschaft nachzugehen. Die erste Freude ließ nicht lange auf sich warten. Die Feststellung, wie gut die Reisegefährten zusammenpassten, die gleiche aufgeschlossene, gute Laune und die frohe Bereitschaft, alles Schöne zu genießen und sich in diesem Genuss auch nicht durch gelegentliche Unbequemlichkeiten der langen Fahrt stören zu lassen.

Die Stadt, in der Mrs. Gardiner einen Teil ihrer Jugend verbracht hatte, hieß Lambton, und dorthin brach man eines Morgens auf. Unterwegs hatte Elizabeth von ihrer Tante erfahren, dass Pemberley nur fünf Meilen von diesem Städtchen entfernt lag. Nicht unmittelbar an dem Weg, den sie nehmen wollten, aber auch nicht mehr als ein, zwei Meilen abseits. Am Abend vorher, als man den nächsten Tagesplan beriet, sprach Mrs. Gardiner den Wunsch aus, diesen alten Besitz einmal wiederzusehen. Ihr Gatte erklärte sich gern einverstanden, und dann wurde Elizabeth gefragt, was sie dazu sage. »Würdest du nicht gern das Haus, von dem du so viel gehört hast, mit eigenen Augen sehen?«, fragte ihre Tante. »Von dort stammen ja einige deiner Bekannten. Du weißt doch, dass Wickham dort seine ganze Jugend verlebt hat.«

Elizabeth wusste nicht, was sie darauf erwidern sollte. Sie fühlte, dass sie dort nichts zu suchen hatte, musste aber ihre Ablehnung damit begründen, dass sie keine große Lust habe, noch ein großes Haus mit schönen Teppichen und alten Gemälden zu sehen, nach den vielen, die man unterwegs schon besucht hatte. Mrs. Gardiner schalt sie töricht: »Wenn es sich um nichts weiter als ein schön eingerichtetes, altes Haus handelte«, sagte sie, »hätte ich gar nicht den Vorschlag gemacht. Aber der Park, der dazu gehört, ist einer der schönsten in ganz England, er ist wirklich entzückend.« Elizabeth zog ihre Einwände zurück, aber in ihrem Inneren konnte sie sich nicht so leicht mit diesem Plan abfinden. Die Möglichkeit, Darcy zu begegnen, während man sich Pemberley ansah, war nur zu naheliegend, und das wäre wirklich mehr als peinlich! Bei dem bloßen Gedanken daran wurde ihr heiß. Sie meinte zuerst, es sei am besten, ganz offen mit ihrer Tante darüber zu sprechen, entschied sich nach kurzer Überlegung aber doch dagegen und entschloss sich, diesen letzten Ausweg erst zu wählen, wenn sie erfahren sollte, dass die Familie wirklich anwesend sei. Als sie sich schlafenlegte, fragte sie daher das Stubenmädchen, ob Pemberley ein schöner Besitz sei, wie der Besitzer heiße und – ganz nebenher und mit klopfendem Herzen – ob die Familie sich wohl schon zu ihrem Sommeraufenthalt dort eingefunden habe. Auf diese letzte Frage erhielt sie die ersehnte verneinende Antwort und konnte sich jetzt unbekümmert und unbesorgt ihrer großen Neugierde hingeben, wie dieses vielgenannte Haus wohl aussehen mochte. Und als am nächsten Morgen das Gespräch wieder auf diesen Abstecher kam, bemerkte sie, es sei vielleicht doch ganz angebracht, dem Wunsche ihrer Tante zu folgen. Also brach man nach Pemberley auf.

43

Elizabeth hielt schon lange vorher Ausschau nach den ersten Anzeichen der Bäume von Pemberley, und als sie endlich das Parktor durchfuhren, konnte sie ihre Aufregung kaum verbergen. Sie war zu sehr mit ihren Gedanken beschäftigt, um viel zu reden, aber sie beobachtete und bewunderte jeden schönen Flecken, jede schöne Aussicht. Der Weg stieg allmählich an, bis sie sich auf einer ziemlich steilen Höhe befanden, von wo aus der Blick über das dazwischenliegende Tal sofort durch das in fast gleicher Höhe befindliche Schloss gefangengenommen. wurde. Es war ein stattlicher, schöner Steinbau; hinter ihm stieg der bewaldete Hügel noch höher, während zu seinen Füßen ein Fluss mit ziemlich reißendem Gefälle dahinströmte. Elizabeth war wie bezaubert. Sie hatte noch nie einen Ort gesehen, der liebevoller von der Natur ausgestattet war. Keine Geschmacklosigkeit hatte die natürliche Schönheit verschandelt. Sie konnten sich alle nicht genug tun in ihrer Bewunderung und Begeisterung; und Elizabeth ertappte sich einen Augenblick bei dem Gedanken, dass es vielleicht doch nicht zu verachten sei, Herrin auf Pemberley zu sein.

Sie fuhren in das Tal hinab, über die Brücke, wieder hinauf, vor das Eingangsportal. Während sie sich dem Hause näherten, kehrten alle Befürchtungen Elizabeths wieder zurück; wie schrecklich, wenn das Stubenmädchen sich geirrt haben sollte!

Sie baten, das Haus besichtigen zu dürfen, wurden eingelassen und höflich ersucht, einen Augenblick zu warten, bis die Haushälterin komme. Elizabeth fand also Muße, ihr Erstaunen darüber auszukosten, dass sie sich ausgerechnet an diesem Ort befand.

Dann kam die Haushälterin, eine würdig aussehende, ältere Frau, die viel weniger vornehm tat und viel freundlicher war, als Elizabeth es sich vorgestellt hatte. Und während sie ihr durch die Zimmer folgten, begeisterte Elizabeth sich immer wieder von neuem an den schönen Ausblicken über Hügel, Fluss und Wälder, die jedes Fenster unverändert herrlich darbot; und sie freute sich innerlich nicht minder, zu sehen, dass die Einrichtung einen vornehmen, ruhigen Geschmack verriet, weniger Pracht, aber weitaus mehr Stilgefühl, als Rosings zeigte. »Und über all dies hätte ich Herrin sein können«, dachte sie. »Mit diesen Räumen könnte ich schon so vertraut sein wie diese nette Frau da. Anstatt sie als Fremde besichtigen zu müssen, könnte ich mich darüber als an meinem Eigentum freuen und dürfte meine Verwandten hier als meine Gäste empfangen! Aber, nein«, erinnerte sie sich ernüchtert, »das wäre ja auf keinen Fall möglich gewesen, er hätte es mir ja niemals erlaubt, sie hierher einzuladen.« Gut, dass sie sich daran erinnert hatte; es ersparte ihr noch manches überflüssige ›hätte‹.

So sehr ihr die Frage auf der Zunge brannte, sie brachte nicht den Mut auf, sich bei der Haushälterin zu vergewissern, dass ihr Herr wirklich nicht anwesend sei. Schließlich stellte aber ihr Onkel diese naheliegende Frage, und Elizabeth musste sich rasch abwenden, um ihre Erregung zu verbergen, während Mrs. Reynolds erwiderte, nein, er sei noch nicht angekommen, sie erwarte ihn aber für morgen mit einer Anzahl seiner Freunde. Wie erleichtert atmete Elizabeth auf; wenn irgendein Zufall nun ihre Reise um noch einen Tag verzögert hätte...!

Ihre Tante wies sie jetzt auf ein Bild hin, ein Miniaturporträt, in dem Elizabeth sogleich ein Jugendbildnis von Wickham erkannte. Die Haushälterin erklärte, das sei ein junger Herr, der Sohn eines früheren Verwalters, der mit dem Sohn des Hauses erzogen worden sei. »Er ist jetzt in ein Regiment eingetreten«, fügte sie hinzu, »ich fürchte aber, er ist auf eine schiefe Bahn geraten.«

Mrs. Gardiner lächelte ihre Nichte an, aber Elizabeth konnte bei all ihrem Sinn für Humor das Lächeln nicht erwidern.

»Und dieses hier«, sagte Mrs. Reynolds, »ist das Bild von unserem Herrn; es wurde gleichzeitig mit dem andern vor etwa acht Jahren gemalt, aber es ist ihm immer noch sehr ähnlich.«

»Ich habe schon viel Gutes über Ihren Herrn gehört«, meinte Mrs. Gardiner, während sie sich das Bild näher betrachtete, »er hat ein sehr hübsches Gesicht. Aber du, Lizzy, wirst uns ja am besten sagen können, ob du ihn hier gut getroffen findest.«

Elizabeth stieg merklich in Mrs. Reynolds Achtung, als diese von ihrer Bekanntschaft mit ihrem jungen Herrn erfuhr.

»Die junge Dame kennt Mr. Darcy?«

»Flüchtig«, antwortete Elizabeth und errötete.

»Und halten Sie ihn nicht auch für einen sehr schönen Mann, gnädiges Fräulein?«

»Ja, er sieht sehr gut aus.«

»Ich weiß bestimmt, dass ich keinen stattlicheren Mann kenne; aber oben in der Galerie werden Sie ein noch besseres und größeres Bild von ihm sehen. Dieses Zimmer hier war der Lieblingsaufenthalt meines verstorbenen Herrn, seines Vaters; er hat die Miniaturen anfertigen lassen und liebte sie sehr.«

Dadurch erklärt es sich auch, dass Wickham immer noch da hängt, dachte Elizabeth.

Mrs. Reynolds wies dann noch auf ein kleines Bild hin, das Miss Darcy im Alter von acht Jahren darstellte.

»Und Miss Darcy sieht auch so gut aus wie ihr Bruder?«, fragte Mr. Gardiner.

»Oh ja! Sie ist die hübscheste junge Dame, die man sich vorstellen kann. Und so klug und gebildet! Am liebsten spielt sie Klavier und singt dazu vom Morgen bis zum Abend! Im Nebenzimmer steht ein ganz neues Instrument, gerade erst angekommen. Ihr Bruder will es ihr schenken; sie wird morgen mit ihm zusammen hier eintreffen.«

Mr. Gardiner, der eine freundliche und natürliche Art besaß, mit fremden Menschen umzugehen, verstand es, Mrs. Reynolds' Mitteilsamkeit wachzuhalten; allerdings schien sie auch ein großes Vergnügen darin zu finden, voll Stolz und Anhänglichkeit von ihrem Herrn und dem jungen Fräulein zu reden.

»Hält Ihr Herr sich viel auf Pemberley auf?«

»Nicht so viel, wie ich es mir wünschen könnte, doch die Hälfte des Jahres bringt er fast immer hier. Und Miss Darcy kommt stets in den Sommermonaten her.«

»Falls sie nicht nach Ramsgate fährt«, konnte Elizabeth sich nicht enthalten, leise für sich hinzuzusetzen.

»Ihr Herr müsste heiraten, dann würden Sie ihn gewiss mehr zu sehen bekommen.«

»Ja, das wohl, aber ich weiß nicht, wann das der Fall sein wird. Ich kenne auch kein einziges junges Fräulein, das gut genug für ihn wäre.«

Mr. und Mrs. Gardiner lächelten. Elizabeth konnte nicht umhin, zu bemerken: »Das spricht ja sehr für ihn, dass Sie so von ihm denken.«

»Ich spreche nur die Wahrheit«, war die Antwort, »und wer ihn so gut kennt wie ich, wird nichts anderes sagen können.«

Elizabeth dachte, dies gehe wohl doch ein wenig zu weit, und vernahm mit steigender Verwunderung, wie die Haushälterin hinzufügte: »Ich habe in meinem ganzen Leben noch nie ein böses Wort von ihm zu hören bekommen, und ich kenne ihn doch nun schon seit seinem vierten Lebensjahr.« Sie hätte kein Lob aussprechen können, das weniger mit Elizabeths eigener Meinung über Darcy übereinstimmte. Wenn sie auch ihre Ansicht über ihn geändert hatte, so war Elizabeth doch felsenfest davon überzeugt geblieben, dass er unmöglich ein gutmütiger Mensch sein könne. Sie wartete gespannt darauf, mehr zu erfahren, und war ihrem Onkel dankbar, weil er sagte: »Das kann man wahrlich nur von den wenigsten Menschen behaupten. Sie haben es offenbar mit Ihrem Herrn sehr glücklich getroffen.«

»Ja, das weiß ich auch, und ich bin sicher, dass ich auf der ganzen Welt keinen besseren finden würde. Aber ich sage immer, ein Kind mit einem guten Charakter wächst auch zu einem Mann mit einem guten Charakter heran. Und einen lieberen und warmherzigeren, kleinen Jungen, als mein Herr es gewesen ist, kann man sich nicht leicht vorstellen.« Elizabeth starrte Mrs. Reynolds fassungslos an. Spricht sie wirklich von Darcy? dachte sie.

»Sein Vater war wohl ein prächtiger Mensch«, warf jetzt Mrs. Gardiner ein.

»Ja, gnädige Frau, das war er. Und sein Sohn wird genau so werden wie er, gerade so hilfsbereit und gütig zu allen armen Leuten.«

Elizabeth hörte, staunte, zweifelte und wartete ungeduldig darauf, noch mehr über Darcy zu hören. Was Mrs. Reynolds sonst von den Zimmern, den Teppichen, den Gemälden zu erzählen wusste, konnte sie durchaus nicht fesseln.

Mr. Gardiner, der seinen Spaß an Mrs. Reynolds' ungewöhnlichem Familienstolz hatte, dem er diese übertrieben klingenden Lobeshymnen auf Darcy zuschrieb, brachte das Gespräch wieder auf den Herrn des Hauses zurück. Nichts konnte der Haushälterin lieber sein, und sie verbreitete sich ausführlich und eifrig weiter über die hervorragenden Eigenschaften ihres jungen Herrn, während man die Treppe zum oberen Stockwerk hinaufstieg. »Er ist nicht nur der beste Herr hier im Hause, er ist auch der vorzüglichste Gutsherr«, sagte sie, »der je gelebt hat. Ganz anders als diese jungen Taugenichtse von heute, die immer nur an sich selbst denken. Da ist auch nicht einer von seiner Dienerschaft, nicht einer von seinen Landarbeitern und Pächtern, der nicht für ihn durchs Feuer gehen würde! Manche Leute sagen, er sei hochmütig, aber ich habe noch nie etwas davon bemerkt. Meiner Meinung nach kommt das nur daher, dass er nicht so viel dummes Zeug redet wie die meisten anderen, jungen Leute heutzutage.«

»Wie liebenswert er einem bei ihrer Beschreibung vorkommt«, dachte Elizabeth.

»Was sie da sagt, stimmt allerdings schlecht mit seinem Verhalten gegen unseren armen Freund überein«, flüsterte die Tante ihr zu, während sie weiterschritten.

»Vielleicht haben wir uns geirrt; vielleicht sind wir sogar getäuscht worden.«

»Das glaube ich nun doch nicht; unser Gewährsmann sprach zu überzeugend.«

Von dem oberen Flur traten sie in ein entzückendes Wohnzimmer, das anscheinend kürzlich erst noch freundlicher und eleganter ausgestattet worden war als die unteren Räume. Hier wurden sie darüber aufgeklärt, dass dieser Raum soeben neu für Miss Darcy hergerichtet sei, die bei ihrem letzten Aufenthalt eine besondere Vorliebe dafür gezeigt hatte. »Er muss ein sehr guter Bruder sein«, sagte Elizabeth, während sie zum Fenster schritt.

Mrs. Reynolds sprach im voraus von der großen Freude, die diese Überraschung bei Miss Darcy hervorrufen werde. »Und so ist es immer gewesen«, fuhr sie fort. »Was er seiner Schwester nur immer an den Augen ablesen kann, wird ihr sofort erfüllt. Es gibt nichts, was er nicht für sie tun würde.«

Jetzt waren nur noch die Galerie und einige Schlafzimmer übrig, die sie noch nicht besichtigt hatten. Die Galerie enthielt eine große Anzahl wirklich guter Gemälde; aber Elizabeth verstand von Malerei nicht viel, und schon im unteren Stock hatte sie ihre Aufmerksamkeit lieber einigen Schwarzweißzeichnungen Miss Darcys zugewandt, die sie mehr ansprachen. Hier oben hingen nun die Ahnenbilder, an denen natürlich für einen Außenstehenden wenig Interessantes zu entdecken war. Elizabeth schritt die Reihe entlang und suchte nach dem einen Gesicht, das sie kannte. Da war es! Sie schaute zu dem überraschend ähnlichen Porträt empor, während Darcys Gesicht von der Leinwand lächelnd auf sie herabsah, mit dem Lächeln, das sie bisweilen an ihm gesehen, wenn er sie schweigend angeblickt hatte. Sie stand einige Minuten in Gedanken versunken davor und kehrte noch einmal zu dem Bild zurück, bevor sie die Galerie verließen. Es war nicht zu leugnen, Elizabeth verspürte während dieser kurzen Betrachtung eine freundlichere Regung für das Original, als sie je zuvor während ihrer Bekanntschaft für ihn empfunden hatte. Das von Herzen kommende Lob, das Mrs.

Reynolds ihm gespendet hatte, trug hierzu nicht wenig bei; denn welches Lob könnte von größerem Wert sein als das einer alten, verständigen Dienerin? Als Gutsherr, als Hausherr, als Bruder, für wie viele und wie verschiedene Menschen war er doch verantwortlich! Wieviel Freude und wieviel Kummer zu bewirken, stand doch in seiner Macht! Wieviel Gutes, wieviel Böses konnte er anrichten! Und doch hatte jedes Wort der Haushälterin zu seinen Gunsten gesprochen. Und wie Elizabeth nun dort vor dem Gemälde stand, aus dem seine Augen auf sie herunterblickten, gedachte sie seiner Werbung mit einem viel tieferen Gefühl, als der Gedanke daran bisher in ihr ausgelöst hatte, und in ihrem Ohr verblieb nurmehr der leidenschaftliche Klang seiner Stimme, der die Schroffheit seiner Sprache übertönte.

Nachdem sie im Hause alles gesehen hatten, was zu sehen war, gingen sie wieder hinab und verabschiedeten sich von Mrs. Reynolds, die nun dem Gärtner, der sie an dem Hausportal erwartete, die weitere Führung der Gäste überließ. Als sie über den Rasen zum Fluss hinunterschritten, wandte Elizabeth sich um, um das Haus noch einmal zu betrachten. Ihr Onkel und ihre Tante blieben ebenfalls stehen. Während Mr. Gardiner Überlegungen über das mutmaßliche Alter des Gebäudes anstellte, tauchte plötzlich auf dem Weg, der nach hinten zu den Stallungen führte, der Besitzer selbst auf.

Sie standen sich kaum zwanzig Schritte voneinander entfernt gegenüber, und sein Erscheinen war so plötzlich gewesen, dass es Elizabeth unmöglich war, ihm auszuweichen. Ihre Augen trafen sich, beider Wangen bedeckte eine tiefe Röte; er fuhr im wahrsten Sinne des Wortes zurück und stand dann wie gebannt vor Erstaunen. Aber sofort fasste er sich wieder, schritt auf Elizabeth zu und sprach sie, wenn auch nicht mit besonderer Beherrschung, so doch mit großer Freundlichkeit an.

Elizabeth hatte sich bei seinem Anblick unwillkürlich halb umgedreht, als wolle sie forteilen; so stand sie da und hörte seinen Gruß mit einer Verlegenheit an, deren sie nicht Herr werden konnte. Wenn die Ähnlichkeit mit dem Bild, das sie soeben betrachtet hatten, nicht genügt hätte, um Mr. Darcy zu erkennen, dann wären die Gardiners schon durch die Überraschung im Gesicht des Gärtners davon unterrichtet worden, dass sie jetzt dem Herrn von Pemberley gegenüberstanden. Sie hielten sich ein wenig abseits, während er mit ihrer Nichte redete, die, immer noch verwirrt, kaum die Augen zu heben wagte und sich später nicht mehr erinnern konnte, was sie auf seine freundlichen Fragen nach ihrer Familie geantwortet hatte. So sehr war sie über die Veränderung, die anscheinend mit ihm vorgegangen war, verwundert, dass jedes Wort von ihm ihre Verlegenheit noch vermehrte. Die wenigen Minuten, die sie so zusammenstanden, zählten zu den ungemütlichsten und peinlichsten ihres ganzen Lebens.

Ihm schien allerdings unter den gegebenen Umständen auch nicht viel wohler zu sein. Seine Stimme verriet nichts von seiner gewöhnlichen, ruhigen Überlegenheit, und er fragte so oft und so viel danach, wann sie von Longbourn abgereist seien und wie lange sie sich in Derbyshire aufhalten wollten, dass an seiner inneren Erregung kein Zweifel bestehen konnte. Schließlich wusste er gar nicht mehr, was er noch sagen sollte; und nachdem sie sich einige Augenblicke stumm gegenübergestanden hatten, fasste er sich endlich und verabschiedete sich in aller Hast.

Die Gardiners traten nun wieder herzu, und während sie ihren Weg fortsetzten, unterhielten sie sich bewundernd von dem stattlichen Wuchs und dem sympathischen Gesicht des jungen Mannes. Elizabeth aber war vielzusehr mit ihren eigenen Gedanken beschäftigt, um auch nur ein Wort davon zu vernehmen oder ein Wort hinzuzufügen. Ärger und Beschämung drohten sie zu überwältigen. Was für ein unglückseliger Einfall ihrer Tante, Schloss Pemberley besichtigen zu wollen – und wie unvorsichtig von ihr, diesem Wunsche nachgegeben zu haben! Was sollte er nur davon denken?! Auf welche beschämenden Gedanken würde ein so eingebildeter Mensch kommen müssen! Die Deutung lag doch so nahe, dass dieses Zusammentreffen von ihr beabsichtigt war! Warum war sie nur hierher gekommen? Oder wieso war er einen Tag früher als erwartet zurückgekehrt? Wären sie nur zehn Minuten eher aufgebrochen, hätte er niemals Gelegenheit gehabt, sich jetzt in irgendwelchen peinlichen Mutmaßungen über ihren Besuch zu ergehen; denn er war fraglos soeben erst angekommen, vor wenigen Minuten erst vom Pferd oder aus dem Reisewagen gestiegen. Bei dem Gedanken an alle diese lächerlich dummen Zufälle, die das Zusammentreffen bewirkt hatten, errötete sie von neuem. Und wie verändert er ihr vorgekommen war! Was konnte es nur damit auf sich haben? Dass er sie überhaupt ansprach, war schon erstaunlich, und dass er sich dann noch mit dieser auffälligen Herzlichkeit nach ihrer Familie erkundigte! Niemals zuvor hatte sie ihn so wenig auf seine Würde bedacht gesehen, niemals ihn freundlicher reden gehört als bei diesem unvermuteten Wiedersehen. Welch ein Gegensatz zu jenen letzten Worten, die er damals, als er ihr den Brief gab, an sie gerichtet hatte! Sie wusste nicht, was sie denken, was sie von all dem halten sollte.

Sie befanden sich jetzt auf einem herrlichen Weg, der sie immer tiefer zum Fluss und immer näher zu jenem Wäldchen führte, das sich am Ufer entlangzog; aber es dauerte eine Weile, bevor Elizabeth irgendetwas von der Schönheit um sie herum gewahr wurde. Sie antwortete wohl auf die Fragen ihrer Verwandten und richtete ihren Blick dorthin, wohin sie wiesen, aber sie sah und hörte nichts. Ihre Gedanken kreisten nur um Pemberley und um Darcy. Sie wünschte sehnlichst zu wissen, was er in diesem Augenblick wohl dachte; ob er überhaupt an sie dachte, und, wenn ja, wie er von ihr dachte; ob sie ihm, trotz allem, immer noch lieb sei. Vielleicht war er nur deshalb so freundlich gewesen, weil er sich nunmehr unbefangen und unbeteiligt fühlte; aber, nein, seine Stimme, seine Haltung hatten keineswegs den Eindruck von Unbefangenheit erweckt. Ob er Freude, Schmerz oder Ärger bei ihrem Anblick empfunden hatte, das hätte sie nicht sagen können; aber dass er nicht gleichgültig gewesen war, daran konnte kein Zweifel bestehen.

Die Bemerkungen ihrer Begleitung rissen sie aus ihren Gedanken, und der fragende Blick ihrer Tante gab ihr deutlich zu verstehen, dass sie sich jetzt zusammennehmen musste, wollte sie sich nicht durch ihre Geistesabwesenheit verdächtig machen.

Ihr Weg führte sie schließlich zu einer kleinen, roh aus Stämmen gezimmerten Brücke, die den Fluss an einer Stelle kreuzte, wo das Tal sich zu einer Schlucht verengte. Elizabeth wäre zu gern drüben auf dem schmalen Fußpfad den Windungen des Flusses gefolgt, aber Mrs. Gardiner, die nicht sehr gut zu Fuß war, begann sich schon nach ihrem bequemen Reisewagen zurückzusehnen. Sie kehrten also um und nahmen den kürzesten Weg am Flussufer entlang in der Richtung zum Schloss. Sie kamen jedoch nur langsam weiter; denn Mr. Gardiner, der leidenschaftlich gern angelte, aber nur selten Zeit und Gelegenheit dazu fand, blieb jedesmal, wenn er eine Forelle in dem klaren Wasser entdeckte, stehen und sprach nach Anglerart eingehend mit dem Gärtner darüber, wie am besten an diese oder jene Stelle mit der Angel heranzukommen sei. Während sie so langsam weiterschritten, wurden sie plötzlich von neuem durch den Anblick Darcys überrascht, der ihnen auf dem Wege entgegenkam. Elizabeth war kaum weniger erstaunt als beim ersten Mal; aber jetzt hatte sie wenigstens so viel Zeit, um sich auf die Begegnung vorzubereiten, und sie war fest entschlossen, sich diesmal keinerlei Erregung anmerken zu lassen, falls er stehenbleiben und sie anreden sollte. Einen Augenblick lang dachte sie nämlich, er werde vorher schon abbiegen und einen der Seitenpfade einschlagen. Aber als sie hinter der Wegbiegung hervortraten, die ihn verborgen hatte, stand er schon fast vor ihr. Sie sah gleich, dass er noch ebenso freundlich wie vorher gestimmt war, und um ihm darin nicht nachzustehen, fing sie an, kaum, dass er bei ihr angelangt war, ihrer Bewunderung über die Schönheiten des Parks Ausdruck zu geben. Sie hatte indes noch nicht die Worte ›reizend‹ und ›entzückend‹ ausgesprochen, da unterbrach sie ein unglückseliger Gedanke vielleicht könnte er ihrem Lob über Pemberley eine falsche Bedeutung beimessen – und errötend verstummte sie wieder.

Mrs. Gardiner stand etwas hinter den beiden jungen Leuten; und als Elizabeth so plötzlich schwieg, bat Darcy, ihn mit ihren Freunden bekanntzumachen. Auf eine solche Liebenswürdigkeit war sie nun völlig unvorbereitet, und sie vermochte kaum ihr Lächeln darüber zu unterdrücken, dass er jetzt gerade die Menschen kennenzulernen wünschte, die er bei seinem Antrag als ein fast unüberwindliches gesellschaftliches Hindernis bezeichnet hatte. »Er wird sich wundern, wenn er erfährt, wer sie sind«, dachte sie. »Noch hält er sie offenbar für irgendwelche Bekannte aus der Londoner Gesellschaft.«

Als sie bei der Vorstellung das nahe verwandtschaftliche Verhältnis zu Mr. und Mrs. Gardiner erwähnte, beobachtete sie ihn heimlich, um zu sehen, wie er das aufnehmen werde. Sie wäre nicht übermäßig erstaunt gewesen, wenn er vor so unebenbürtigen Leuten kurzerhand davongegangen wäre. Überrascht war er jedenfalls zweifellos, aber er trug es mit Fassung und ging nicht nur nicht gleich fort, sondern schloss sich ihnen an und begann ein Gespräch mit ihrem Onkel.

Elizabeth konnte nicht umhin, sich darüber zu freuen. Es war doch gut, wenn er jetzt selbst feststellen musste, dass man sich nicht aller ihrer Verwandten zu schämen brauchte. Sie lauschte auf jedes Wort, das gesprochen wurde, und frohlockte heimlich bei jedem Ausdruck, bei jedem Satz ihres Onkels, durch den er seine Bildung, seinen klugen Verstand und seinen guten Geschmack bewies. Von allgemeineren Dingen kam das Gespräch allmählich auf Forellen und Fischfang, und Elizabeth hörte, wie Darcy ihren Onkel auf das verbindlichste einlud, so oft er Lust habe und solange er in der Gegend bleibe, bei ihm zu fischen; gleichzeitig bot er ihm an, ihm mit allem Nötigen an Gerät auszuhelfen und ihm die besten Stellen im Fluss zu zeigen.

Mrs. Gardiner, die mit ihrer Nichte hinter den beiden Herren ging, warf ihr einen erstaunten Blick zu. Elizabeth sagte nichts, aber die Artigkeit, die in der Einladung lag und nur ihr allein gelten konnte, gab ihr ein tiefes Gefühl der Genugtuung. Auch sie war aufs höchste verwundert. Immer wieder fragte sie sich: Warum hat er sich so verändert? Wie kam das? Meinethalben kann doch unmöglich sein Betragen um so viel liebenswürdiger geworden sein. Das können meine Vorwürfe und Anschuldigungen in Hunsford doch nicht fertiggebracht haben. Es ist doch gar zu unwahrscheinlich, dass er noch etwas für mich empfindet!

Nachdem sie eine Weile gegangen waren, die Herren voran, dahinter die Damen, klagte Mrs. Gardiner über Müdigkeit und bat ihren Mann, ihr seinen Arm als Stütze zu reichen. Darcy nahm also den Platz an der Seite Elizabeths ein, und zusammen gingen sie weiter, den anderen voraus. Nach einer kleinen Weile fing Elizabeth an zu sprechen. Sie wollte ihn unbedingt wissen lassen, dass man sie seiner

Abwesenheit versichert hatte, bevor sie nach Pemberley gefahren waren, und meinte, seine Ankunft sei doch sehr unerwartet gewesen. »Denn Ihre Haushälterin sagte uns«, fügte sie hinzu, »dass Sie bestimmt erst morgen zurückkehren würden; und wir hatten auch in dem Gasthaus, in dem wir übernachteten, gehört, dass Sie noch nicht in Pemberley erwartet wurden.« Er erwiderte, dass eine dringende Unterredung mit seinem Verwalter ihn veranlasst habe, seiner Reisegesellschaft vorauszueilen. »Sie wird morgen früh hier eintreffen«, fuhr er fort. »Übrigens befinden sich auch einige Bekannte von Ihnen dabei, nämlich mein Freund Bingley und seine Schwestern.«

Elizabeth antwortete hierauf nur mit einem leichten Kopfnicken. Ihre Gedanken waren bei der Nennung des Namens Bingley zu dem Abend zurückgeeilt, an dem zuletzt von ihm zwischen ihnen die Rede gewesen war. Und nach seiner Miene zu schließen, beschäftigte auch ihn ein ähnlicher Gedanke. »Es befindet sich aber noch jemand bei der Gesellschaft«, fuhr er nach einer Weile fort, »der ganz besonders wünscht, Ihre Bekanntschaft zu machen. Wollen Sie mir erlauben, Ihnen meine Schwester vorzustellen, solange Sie noch in Lambton bleiben?« Diese Bitte fügte eine neue Überraschung zu all den anderen dieses Tages, eine so große Überraschung, dass Elizabeth nachher nicht mehr wusste, in welcher Weise sie ihm geantwortet hatte. Sie war überzeugt, dass dieser Wunsch Miss Darcys ursprünglich von ihrem Bruder ausgegangen sein musste; weiter wollte sie jetzt nicht denken, das genügte ihr vollauf. Sie freute sich aufrichtig, dass er demnach trotz aller verletzten Eitelkeit nicht gar zu schlecht von ihr denken konnte.

Sie gingen jetzt stumm nebeneinander her, beide tief mit den eigenen Gedanken beschäftigt. Elizabeth fühlte sich begreiflicherweise nicht gerade behaglich, aber gleichzeitig war ihr wohl und froh zumute. Seine Bitte, ihr seine Schwester vorstellen zu dürfen, empfand sie als besonderen Vorzug. Bald hatten sie die anderen weit hinter sich gelassen, und als sie am Wagen anlangten, waren Mrs. Gardiner und ihr Mann gut eine viertel Meile zurückgeblieben.

Er bat sie, ins Haus hineinzukommen und sich ein wenig auszuruhen, aber sie versicherte, gar nicht müde zu sein, und so standen sie denn zusammen auf dem Rasen und warteten. Vieles hätte in der Zeit gesagt werden können, und das Schweigen fing an, peinlich zu werden; aber jedesmal, wenn Elizabeth zum Sprechen ansetzte, fiel ihr etwas ein, was ihr das Thema als ungeeignet erscheinen ließ. Schließlich erinnerte sie sich, dass sie ja eine längere Reise gemacht hatte, und danach unterhielten sie sich mit betonter Beharrlichkeit über die Landschaften und Städte, durch die sie gekommen war. Aber die Zeit sowohl wie Elizabeths Tante, beide schienen sich langsamer denn je fortzubewegen, und ihr Vorrat an malerischen Städtchen und Geduld war schon beinahe erschöpft, als das Beisammensein endlich sein Ende fand.

Darcy bat auch Mr. und Mrs. Gardiner, doch noch einmal das Haus zu betreten und ein paar Erfrischungen zu sich zu nehmen. Die Einladung wurde aber dankend abgelehnt, und man schied voneinander mit größter Freundlichkeit. Darcy half den Damen beim Einsteigen, und Elizabeth sah ihn dann, als sie sich aus dem fahrenden Wagen lehnte, langsam ins Haus gehen.

Auf der Fahrt tauschten ihre Tante und ihr Onkel ihre Ansichten über den jungen Mann aus; beide stimmten überein, dass sie ihn sich nicht halb so angenehm und liebenswürdig vorgestellt hatten. »Er ist außerordentlich wohlerzogen, höflich und zuvorkommend«, meinte Mr. Gardiner. »Sicher tut er etwas sehr vornehm; vielleicht ist es auch nur Zurückhaltung«, sagte seine Frau, »aber das mag an seinem Ausdruck liegen und steht ihm recht gut. Ich kann jetzt auf jeden Fall mit seiner Haushälterin sagen, dass ich von seinem angeblichen Dünkel nichts bemerkt habe.«

»Mich hat kaum je etwas so sehr in Erstaunen versetzt wie sein Verhalten gegen uns. Er war richtig aufmerksam, obwohl er doch für eine solche Aufmerksamkeit gar keinen Anlass hatte. Schließlich kennt er ja Elizabeth nur sehr flüchtig.«

»Das eine stimmt allerdings«, sagte Mrs. Gardiner zu Elizabeth, »er sieht nicht so gut aus wie Wickham, oder wenigstens besitzt er nicht dessen Eleganz; denn an seinem Gesicht ist ja eigentlich nichts auszusetzen. Aber wie bist du nur darauf gekommen, uns ihn als so unfreundlich zu schildern?«

Elizabeth versuchte, sich, so gut es ging, herauszureden und meinte, er habe auch ihr schon in Kent besser gefallen als früher und heute Morgen habe er sich von einer ungewöhnlich netten Seite gezeigt.

»Es scheint mir immerhin zweifelhaft, dass er es mit seiner höflichen Einladung ernstgemeint hat, so liebenswürdig sie auch klang«, sagte Mr. Gardiner. »Das ist oft so die Art dieser vornehmen Herren. Ich werde mich jedenfalls hüten, ihn mit seiner Einladung zum Fischen beim Wort zu nehmen; morgen kann er schon anders darüber denken und mir womöglich den Eintritt in seinen Park verbieten.«

Elizabeth wusste, dass ihr Onkel sich jetzt in Darcys Charakter völlig geirrt hatte, aber sie sagte trotzdem nichts.

»Nach dem, was ich heute an ihm beobachtete«, setzte Mrs. Gardiner das Gespräch fort, »würde ich niemals glauben, dass er sich so gemein gegen irgendjemand betragen könnte wie gegen den armen Wickham. Dazu hat er einen viel zu offenen Blick und, wenigstens wenn er redet, einen gewissen, weichen Zug um den Mund. Auch die Vornehmheit, die aus seiner ganzen Haltung spricht, lässt eigentlich nicht auf eine kleinliche Gesinnung schließen. Und mit welchem Feuer und Eifer die gute Alte sein Lob sang! Ich hätte ein paar Mal beinahe laut gelacht! Er ist wahrscheinlich ein freigebiger Herr, und in den Augen von Untergebenen pflegt das der Inbegriff aller Tugenden zu sein.«

Elizabeth fühlte sich gezwungen, etwas zu seiner Verteidigung zu sagen, und gab ihren Verwandten daher in einer vorsichtigen Art zu verstehen, dass nach allem, was sie in Kent über ihn erfahren habe, seine Handlungsweise von einem ganz anderen Gesichtspunkt aus betrachtet werden könne und dass weder sein Charakter ganz so schlecht, noch jener Wickhams ganz so einwandfrei sei, wie man immer angenommen habe. Zur Bekräftigung ihrer Worte erzählte sie alles, was sie über die Geldgeschichten zwischen den beiden wusste, ohne über ihren Gewährsmann mehr verlauten zu lassen, als dass sie ihn für durchaus vertrauenswürdig halte.

Diese Mitteilung erstaunte Mrs. Gardiner sehr, und sie wäre, um mehr zu erfahren, wohl hartnäckiger in Elizabeth gedrungen, hätte sich der Wagen nicht inzwischen zusehends der Stadt ihrer Jugendjahre genähert. Die Erinnerungen, die bei ihrem Anblick in ihr auftauchten, verdrängten jeden anderen Gedanken. Eifrig deutete sie dahin und dorthin, wo damals dieses und jenes geschehen war. So sehr sie der Spaziergang am Morgen auch ermüdet hatte, nach dem Essen ruhte sie nicht eher, bis sie ihre sämtlichen, alten Bekannten aufgesucht hatte, und den Abend verbrachte man auf das anregendste mit der Erneuerung von jahrealten, jahrelang unterbrochenen Freundschaften.

Elizabeth dagegen war von den Ereignissen des Morgens zu sehr erfüllt, um hieran besonderen Anteil nehmen zu können; sie hatte für nichts anderes Gedanken als für Darcy und immer wieder Darcy.

44

Für Elizabeth galt es als ausgemacht, dass Darcy sie mit seiner Schwester frühestens am ersten Tag nach deren Ankunft auf Pemberley besuchen werde; folglich beschloss sie, sich am Vormittag dieses Tages nicht aus dem Gasthaus zu rühren. Aber ihre Rechnung erwies sich als falsch; schon am Morgen des Tages nach ihrer eigenen Ankunft in Lambton trafen die erwarteten Besucher ein. Elizabeth war mit ihrer Tante und einigen von deren Jugendfreunden in der Stadt gewesen und gerade in deren Begleitung zum Gasthause zurückgekehrt. Sie waren dabei, sich zum gemeinsamen Essen umzuziehen, als sie vom Fenster aus auf einen offenen Wagen aufmerksam wurden, in dem eine Dame und ein Herr sich näherten. Elizabeth erkannte sofort die Livree des Kutschers und bereitete ihrem Onkel und ihrer Tante eine freudige

Überraschung, als sie ihnen mitteilte, welche Ehre ihrer warte. In ihrem Erstaunen wussten die beiden zuerst nicht, was sie davon halten sollten; doch Elizabeths offensichtliche Verlegenheit, zusammen mit der einen und anderen Beobachtung vom Vortage, über die sie sich allerdings bisher weiter keine Gedanken gemacht hatten, ließ plötzlich die Vermutung in ihnen auftauchen, die ungewöhnliche Aufmerksamkeit Darcys lasse nur einen einzigen Schluss zu: dass ihm nämlich ihre Nichte nicht ganz gleichgültig sei. Während diese neue Idee in ihren Köpfen entstand und zu teilweiser Gewissheit reifte, wuchs Elizabeths Verwirrung von Minute zu Minute. Was sie am meisten beunruhigte, war der Gedanke, Darcy könne der Schwester ihr Bild in zu leuchtenden Farben entworfen haben; und jetzt, wo sie mehr denn je Gefallen erwecken sollte, fühlte sie, dass sie dieser Aufgabe weniger denn je gewachsen sei. Sie zog sich vom Fenster zurück aus Angst, von unten gesehen zu werden; und während sie aufgeregt auf und ab ging in der Hoffnung, dadurch ihr Gleichgewicht wiederfinden zu können, trafen sie die erstaunten Blicke ihrer Tante und ihres Onkels, die alles natürlich nur noch schlimmer machten.

Miss Darcy und ihr Bruder wurden angemeldet, und man stellte sich einander vor. Zu ihrer Überraschung bemerkte Elizabeth sogleich, dass ihre neue Bekannte die gleichen Qualen der Verlegenheit zu erleiden schien wie sie selbst. Sie hatte so oft, zuletzt noch hier in Lambton, gehört, wie ungewöhnlich stolz Miss Darcy sei; nach wenigen Minuten kam Elizabeth jedoch zu der Überzeugung, dass das junge Mädchen nur ungewöhnlich schüchtern war. Es hielt schwer, ihr mehr als ein gelegentliches Ja oder Nein zu entlocken. Miss Darcy war hochgewachsen und von kräftigerem Körperbau als Elizabeth. Obwohl sie nicht mehr als sechzehn Jahre zählte, besaß sie doch schon die vollen Formen einer jungen, graziösen Frau. Sie sah nicht so gut aus wie ihr Bruder, aber aus ihren Augen sprach ein lebhafter Verstand, und ihr Auftreten war angenehm und bescheiden. Elizabeth, die in ihr einen ebenso scharfen und selbstsicheren Beobachter zu finden geglaubt hatte, wie Darcy einer war, fühlte sich sehr erleichtert, als sie diesen großen Unterschied zwischen den Geschwistern wahrnahm.

Sie hatten sich noch nicht lange unterhalten, da sagte Darcy, dass auch Bingley auf dem Wege hierher sei, um ihr und ihren Verwandten seine Aufwartung zu machen; und Elizabeth fand kaum Zeit, höflich ihre Freude darüber auszudrücken, als sie auch schon seinen schnellen Schritt auf der Treppe hörten. Gleich darauf betrat er das Zimmer. Elizabeths Zorn auf ihn war längst vergangen; aber selbst wenn das nicht der Fall gewesen wäre, hätte sie der Aufrichtigkeit und natürlichen Herzlichkeit wohl kaum widerstanden, mit der er seiner Freude über das Wiedersehen Ausdruck gab. Er erkundigte sich nach ihrer Familie, ohne jedoch irgendwen besonders zu erwähnen, und redete mit der gleichen, heiteren Unbefangenheit, wie er es stets zu tun pflegte.

Mr. und Mrs. Gardiner waren sehr erfreut, Bingley kennenzulernen; sie hatten sich das schon immer gewünscht. Überhaupt erregte die ganze Gesellschaft junger Menschen da vor ihnen ihre lebhafteste Aufmerksamkeit. Sie versuchten, eine Bestätigung für ihre kurz zuvor entstandene Vermutung zu finden, und beobachteten ihre Nichte sowohl wie Darcy heimlich aufs schärfste. Elizabeth ihrerseits war vollauf beschäftigt. Sie wollte über die Gefühle jedes einzelnen ihrer Gäste Klarheit haben, sie wollte ihrer eigenen Herr werden und sie wollte auf alle Besucher einen guten Eindruck machen. Und während sie an dem Erfolg dieser letzteren Bemühung schon zweifelte, hätte sie sich dessen am sichersten fühlen dürfen; denn alle drei waren bereits für sie eingenommen; Bingley war bereit, Georgiana eifrig bemüht und Darcy sich längst bewusst, Gefallen an ihr zu finden.

Beim Anblick Bingleys flogen Elizabeths Gedanken natürlich sofort zu Jane, und was hätte sie nicht darum gegeben, erfahren zu können, ob seine Gedanken denselben Flug angetreten hatten. Bisweilen glaubte sie zu bemerken, dass er schweigsamer war als sonst, und mehrmals machte sie sich selbst die Freude, seine Blicke so zu verstehen, als bemühe er sich, in ihrem Gesicht eine Ähnlichkeit mit ihrer Schwester zu lesen. Jedenfalls, mochte es nun Einbildung sein oder nicht, sein Verhalten Miss Darcy, Janes Rivalin, gegenüber ließ keinen Zweifel zu. Nicht ein Blick wurde zwischen den beiden gewechselt, der etwas anderes als lediglich gute Freundschaft verraten hätte. Einige Male meinte sie sogar, aus seinen Worten eine zärtliche Erinnerung an Jane herauszuhören sowie den Wunsch, das Gespräch auf sie zu bringen. So sagte er, während die anderen sich miteinander unterhielten, einmal zu ihr in einem Ton, in dem ein leises Bedauern mitzuschwingen schien, dass es schon sehr lange her sei, seit er das Vergnügen gehabt habe, mit ihr plaudern zu können, und er fügte, bevor sie noch etwas darauf erwidern konnte, hinzu: »Mehr als acht Monate sind es her; wir haben uns zum letzten Mal am 26. November gesehen, als wir alle in Netherfield tanzten.« So fest also hatte sich das Datum jenes Tages seinem Gedächtnis eingeprägt. Nachher fragte er sie noch, ob zur Zeit alle ihre Schwestern zu Hause in Longbourn seien. In der Frage selbst schien keine tiefere Bedeutung zu liegen, aber der Blick, der diese Worte begleitete, schien ihnen, so meinte wenigstens Elizabeth, einen besonderen Sinn zu verleihen.

Sie fand nicht oft Gelegenheit, ihre Aufmerksamkeit Darcy zuzuwenden; aber so oft sie hinsah, hatte sie den Eindruck größter Liebenswürdigkeit, und was er sagte, wurde in einem Ton so frei von jedem Dünkel oder irgendwelcher Geringschätzung seiner Umgebung gesagt, dass sie die Gewissheit gewann, sein freundliches Wesen von gestern, von so kurzer Dauer es auch sein mochte, habe doch wenigstens den einen Tag überlebt. Als sie ihn dort so sitzen sah und hörte, wie er sich um die Freundschaft, um die gute Meinung von Menschen bemühte, deren Bekanntschaft zu machen er noch vor wenigen Monaten verächtlich abgelehnt hätte, fiel ihr der Unterschied so stark auf, dass es ihr schwer wurde, ihre Verwunderung zu verbergen. Niemals zuvor, weder in der Gesellschaft seiner Freunde in Netherfield noch in der seiner vornehmen Verwandten auf Rosings, hatte sie ihn so sehr bemüht gesehen, Gefallen zu erwecken, so frei von jedem übertriebenen Selbstbewusstsein, so ungezwungen und natürlich wie jetzt; dabei waren doch alle seine Bemühungen höchstens dazu angetan, sich mit Leuten auf guten Fuß zu stellen, deren Bekanntschaft ihn sowohl dem Spott der Damen von Netherfield wie von Rosings aussetzen würde.

Die Besucher blieben fast eine halbe Stunde; und als sie sich verabschiedeten, bat Darcy seine Schwester, seinem Wunsch, Mr. und Mrs. Gardiner und Miss Bennet vor ihrer Abreise zum Essen bei sich auf Pemberley zu sehen, durch den ihren Nachdruck zu verleihen. Miss Darcy folgte seiner Aufforderung bereitwillig, wenn auch ihre Schüchternheit bewies, wie wenig sie es gewohnt war, Einladungen ergehen zu lassen. Mrs. Gardiner blickte auf ihre Nichte, um zu sehen, wie Elizabeth sich dazu stellte, die diese Einladung doch in erster Linie betraf; aber Elizabeth hatte sich abgewandt. Da Mrs. Gardiner jedoch überzeugt war, dass diese scheinbare Gleichgültigkeit mehr einer Verlegenheit entsprang, und da sie wusste, wie sehr ihr Mann Geselligkeit liebte, sagte sie dankend zu, worauf man sogleich den übernächsten Tag dafür festsetzte. Bingley zeigte sich sehr erfreut, Elizabeth schon so bald wiederzusehen, da er noch vieles mit ihr zu bereden habe und noch viele Fragen nach den gemeinsamen Freunden in Hertfordshire stellen wolle. Elizabeth verstand dies alles so, dass er offenbar hoffe, das Gespräch möge früher oder später auf ihre Schwester kommen. Hauptsächlich deswegen hatte sie das Gefühl, der halbstündige Besuch sei doch alles in allem recht zufriedenstellend verlaufen. Eifrig bestrebt, möglichst bald mit sich und ihren Gedanken allein zu sein, und voller Angst, ihre Tante und ihr Onkel könnten allerlei unbequeme Fragen stellen, blieb sie nur gerade noch so lange bei ihnen, um ihr begeistertes Urteil über Bingley zu hören, und eilte dann auf ihr Zimmer. Aber sie hätte die Neugierde ihrer Verwandten nicht zu fürchten brauchen: Keiner von beiden beabsichtigte, sie durch Fragen in die Verlegenheit zu bringen, mehr zu sagen, als sie selbst wollte. Sie wussten jetzt, dass ihre Nichte Darcy offenbar viel besser kannte, als sie angenommen hatten; und das glaubten sie ebenfalls zu wissen, dass er sie liebte. Jedoch sich einzumischen, das lag ihnen fern. Sie hätten nur Sorge empfunden, wenn sie einen ungünstigen Eindruck von Darcy gewonnen hätten; aber so weit sie ihn nun schon kannten, hatten sie nichts an ihm auszusetzen. Das Bild entsprach völlig den Schilderungen der alten Haushälterin. Auch Gardiners Freunde in Lambton hatten nichts zu erzählen gehabt, was Mrs. Reynolds' Worte Lügen gestraft hätte. Man erwähnte wohl Darcys großen Stolz; stolz war er ja auch, und selbst wenn er es nicht gewesen wäre, hätten ihn die Bewohner dieser kleinen Stadt wahrscheinlich dafür angesehen, weil er sich nicht um ihre Gesellschaft bemühte. Aber es wurde auch allgemein anerkannt, dass er sehr freigebig war und viel Gutes für die Armen tat. Was Wickham anbetraf, so fanden die Gardiners sehr bald heraus, dass er sich nirgends großer Beliebtheit erfreute; denn wenn man auch von seinen Zwistigkeiten mit dem Besitzer von Pemberley nur munkeln gehört hatte, so war es doch eine überall bekannte Tatsache, dass er seinerzeit, als er von Derbyshire wegging, eine Unzahl von Schulden hinterließ, die dann von Darcy stillschweigend beglichen worden waren.

Elizabeth weilte an diesem Abend mehr noch als an jenem zuvor mit ihren Gedanken in Pemberley; doch so lang sich der Abend auch hinzuziehen schien, er war bei weitem nicht lang genug, als dass sie sich über ihre Gefühle für Darcy klarwerden konnte. Sie lag noch stundenlang wach in ihrem Bett und versuchte, mit sich selbst ins reine zu kommen. Hassen – nein, hassen tat sie ihn schon lange nicht mehr, und fast ebenso lange hatte sie sich im stillen ihrer einstigen Abneigung gegen ihn geschämt. Die Achtung, die ihr die Erkenntnis seiner guten Eigenschaften zuerst sehr gegen ihren Willen aufgezwungen hatte, erregte auch schon längst keinen Widerwillen mehr in ihr; und das lobende Urteil, das sie tags zuvor über ihn gehört hatte und das ihn in einem so unvermutet vorteilhaften Licht zeigte, verwandelte jetzt diese Achtung in eine sehr viel herzlichere Regung. Aber mehr noch als Achtung und Wohlwollen sprach noch ein anderes Gefühl für ihn: ihre Dankbarkeit. Nicht deshalb, weil er sie einmal geliebt hatte, sondern weil er sie noch so zu lieben schien, um die Ungehörigkeit und Schärfe, mit der sie ihn abgewiesen hatte, und alle ihre ungerechten Anschuldigungen zu vergessen und zu verzeihen. Er, der, wie sie meinte, sie als seine unerbittlichste Feindin hätte meiden müssen, zeigte sich bei diesem zufälligen Zusammentreffen eifrig bestrebt, die Bekanntschaft wieder anzuknüpfen und aufleben zu lassen; er bemühte sich, ohne sie durch ein Wort oder eine Miene in Verlegenheit zu bringen, die Freundschaft ihrer Verwandten zu gewinnen; und nicht zuletzt wünschte er, dass seine Schwester sich mit ihr anfreunde. Eine so tiefgehende Veränderung in dem Wesen eines Mannes von seiner stolzen Gesinnung konnte nicht bloß Verwunderung, sie musste Dankbarkeit erwecken. Nur einer großen Liebe durfte man ein derartiges Wunder zuschreiben. Ohne sich über die Bedeutung dieser Schlussfolgerung klarzuwerden, empfand Elizabeth doch ein befriedigendes Gefühl, dessen Reichweite sie nur noch nicht deutlich zu erkennen vermochte. Sie achtete und schätzte ihn, sie war ihm dankbar, sein Glück und Wohlergehen lagen ihr am Herzen. Sie war sich lediglich im Zweifel, wie weit sie wünschte, dass dieses Glück von ihr abhängen möge, und ob es wirklich zu ihrer beider Wohl sei, wenn sie die Macht, die sie – wie eine innere Stimme ihr zuflüsterte – über ihn besitzen musste, dazu benutzte, um ihn wieder ganz für sich zu gewinnen.

Tante und Nichte waren am Abend noch zu der Meinung gekommen, dass die ungewöhnliche Aufmerksamkeit Miss Darcys, ihnen fast unmittelbar nach ihrer eigenen Ankunft auf Pemberley ihre Aufwartung zu machen, nur durch eine ähnliche Höflichkeit beantwortet, wenn auch nicht übertroffen werden konnte, und hatten daher beschlossen, schon am nächsten Morgen ihren Gegenbesuch auf Pemberley zu machen. Elizabeth freute sich schon sehr darauf; als sie sich allerdings fragte, warum und worauf sie sich eigentlich freue, musste sie sich selbst die Antwort schuldig bleiben.

Mr. Gardiner brach schon gleich nach dem Frühstück nach Pemberley auf. Er war gestern noch einmal dringlich und herzlich zum Forellenfang eingeladen worden, und man hatte abgemacht, dass er sich mit noch einigen anderen Herren am heutigen Vormittag auf Pemberley treffen solle.

45

Da Elizabeth jetzt wusste, dass Carolines Abneigung gegen sie ihrer Eifersucht entsprungen war, konnte sie sich auch gut vorstellen, wie wenig willkommen sie ihr auf Pemberley sein werde, und war daher nicht wenig neugierig darauf, mit wieviel Liebenswürdigkeit sie von ihrer Seite aufgenommen würde. Nach ihrer Ankunft wurden Elizabeth und ihre Tante sogleich durch die große Empfangshalle in das Gesellschaftszimmer geführt, dessen nördliche Lage ihm an diesem heißen Sommertag eine angenehme Kühle bewahrt hatte und dessen weit offene Glastüren einen herrlichen Ausblick auf den Park mit seinen alten Eichen und Kastanien und auf die Hügel dahinter gewährten. Miss Darcy, die sich schon mit Caroline, Mrs. Hurst und ihrer Londoner Gesellschafterin hier aufhielt, begrüßte die Gäste und übernahm die Vorstellung. Der Empfang durch Georgiana war überaus herzlich, wenngleich sie ihre Schüchternheit noch immer nicht überwunden hatte. Diese Schüchternheit entsprang offenbar nur einer bei ihrem Alter verständlichen gesellschaftlichen Unsicherheit; empfindliche Leute konnten sie jedoch leicht mit hochmütiger Zurückhaltung verwechseln.

Caroline und Mrs. Hurst würdigten die Eintretenden nur einer flüchtigen Verbeugung, und als alle Platz genommen hatten, trat eine von den bekannten peinlichen Pausen ein, in denen niemand weiß, was er sagen soll. Das Schweigen wurde zuerst von Mrs. Annesley gebrochen, einer ruhigen und freundlichen Dame, die mit ihrem Bemühen, ein Gespräch in Gang zu bringen, mehr Wohlerzogenheit und Takt bewies als die Schwestern Bingley. Sie und Mrs. Gardiner bestritten mit gelegentlicher Unterstützung durch Elizabeth die Unterhaltung. Georgiana sah aus, als wünsche sie sich den Mut, sich beteiligen zu können; später wagte sie auch hin und wieder eine Bemerkung, wenn sie sicher zu sein glaubte, dass gerade niemand zuhöre.

Elizabeth bemerkte bald, dass sie in einer fast ungezogenen Weise von Caroline beobachtet wurde; besonders wenn sie sich an Miss Darcy wandte, hörte Caroline ihr mit gespannter Aufmerksamkeit zu. Das hätte Elizabeth nun zwar nicht daran hindern können, sich trotzdem mit Georgiana zu unterhalten, wenn diese nicht so weit von ihr entfernt gesessen hätte. Aber es tat ihr nicht leid, sich mehr mit ihren Gedanken beschäftigen zu dürfen, als sich an der allgemeinen Unterhaltung zu beteiligen. Jeden Augenblick konnten jetzt einige der Herren eintreten, und sie hoffte und fürchtete zugleich, Darcy möchte darunter sein; ob sie seine Anwesenheit mehr erhoffte oder fürchtete, wusste sie selber nicht. Einmal weckte sie aus ihren Gedanken die Stimme Carolines, die sich mit förmlicher Höflichkeit nach der Familie auf Longbourn erkundigte und nach Erhalt einer ebenso förmlich-höflichen Antwort wieder verstummte. Für die nächste Zerstreuung sorgten einige Diener, die Kuchen, belegte Brötchen und Früchte hereintrugen.

Während sie so noch mit Trauben und Pfirsichen beschäftigt waren, trat Darcy unvermutet ein. Darcy war mit Mr. Gardiner und einigen anderen Herren unten am Fluss beim Forellenfischen gewesen und war erst auf die Nachricht hin, dass Elizabeth mit ihrer Tante zum Besuch seiner Schwester gekommen sei, wieder nach Hause geeilt. Kaum erschien er, fasste Elizabeth auch schon den höchst vernünftigen Entschluss, sich völlig natürlich und unbefangen zu geben. Das war umso notwendiger – wenn es auch deshalb keineswegs leichter zu befolgen war –, als sie wahrnahm, wie sich plötzlich aller Anwesenden ein auffälliges Interesse an ihrer Person bemächtigte und aller Augen aufmerksam Darcys Verhalten ihr gegenüber beobachteten. In keinem Gesicht war die Neugierde deutlicher zu erkennen als in dem Carolines, wenn sie auch jetzt ein lebhaftes Lächeln zur Schau trug, so oft er sie ansprach; ihre Eifersucht hatte ja noch keinen Grund gehabt, sich voll zu entfalten, und ihre Bemühungen um Darcy waren so zuversichtlich wie nur je. Georgiana fühlte sich in Gegenwart ihres Bruders sicherer und fing an, sich lebhafter zu unterhalten. Elizabeth merkte, dass Darcy daran gelegen war, dass seine Schwester und sie sich möglichst gut kennenlernten. Miss Bingley bemerkte dies ebenfalls und ließ sich, darüber aufgebracht, zu der dummen Bemerkung hinreißen: »Wie ist das, Miss Elizabeth, stimmt es, dass das Regiment aus Meryton fortgezogen ist? Für Ihre Familie muss das doch ein sehr harter Schlag gewesen sein!« Vor Darcy wagte sie nicht, den Namen Wickham auszusprechen, aber Elizabeth begriff sofort, dass Caroline vor allem auf ihn angespielt hatte. Die Erinnerungen an ihn riefen einen Augenblick lang ein Gefühl des Ärgers in ihr wach; doch sie unterdrückte sogleich ihre Verstimmung und gab ihre Antwort in völlig gleichmütigem Ton. Während sie sprach, warf sie unwillkürlich einen Blick auf Darcy und sah, dass er sie mit leicht gerötetem Gesicht ernst anblickte und dass seine Schwester neben ihm vor Verwirrung kaum die Augen zu heben wagte. Hätte Caroline gewusst, welchen Schmerz sie ihrer Freundin durch ihre Worte zufügte, dann wäre die Bemerkung bestimmt unterblieben. Sie hatte ja aber nichts weiter beabsichtigt, als Elizabeth durch eine Anspielung auf den Mann, den sie für deren besonderen Verehrer hielt, in Verlegenheit zu bringen und sie zu verleiten, etwas über ihn zu sagen, was sie in Darcys Augen herabsetzen würde. Vielleicht hoffte sie auch, diesen an all die Torheiten und Ungehörigkeiten zu erinnern, die Elizabeths jüngere Schwestern sich durch ihre Flirts mit den Offizieren jenes Regiments hatten zuschulden kommen lassen. Zu ihrer Entschuldigung sei gesagt, dass sie nie eine Silbe über Georgianas beabsichtigte Entführung durch Wickham gehört hatte. Niemand, außer den unmittelbar Beteiligten, hatte je etwas davon erfahren, ausgenommen Elizabeth. Besonders vor Bingley und seinen Angehörigen hatte Darcy alles sorgsam verschwiegen, vermutlich aus dem Gedanken heraus, dass sie eines Tages auch Georgianas Verwandte sein würden; denn dieser Gedanke musste ihn sicherlich einmal beschäftigt haben. Elizabeths Gelassenheit aber ließ auch seine Erregung bald schwinden, und da Caroline, voll Ärger und Enttäuschung, sich mit dem Thema Wickham nun doch nicht zu beschäftigen wagte, vermochte auch Georgiana sich allmählich wieder zu fassen, wenn auch nicht so weit, dass noch irgendein Wort über ihre Lippen kam. Aber ihr Bruder, den sie kaum anzusehen sich getraute, dachte nur noch selten an ihre Torheit von damals zurück; und Carolines Bemerkung, die den Zweck verfolgt hatte, sein Interesse von Elizabeth abzuwenden, hatte schließlich nur den Erfolg, dass er sich in Gedanken noch eingehender und herzlicher mit ihr beschäftigte. Bald nach diesem Zwischenfall, den allerdings nur die Nächstbeteiligten bemerkt und verstanden hatten, brachen die Besucher auf. Während Darcy sie zu ihrem Wagen geleitete, machte Caroline in gewohnter Weise ihren Gefühlen Luft, indem sie Elizabeth, ihre Kleider und ihr Benehmen schmähte. Aber sie fand bei Georgiana keinen Widerhall. Ihr Bruder, der sich in der Beurteilung von Menschen nie irrte, hatte in so liebevollen Worten von Elizabeth gesprochen, dass Georgiana, selbst wenn sie es gewollt hätte, gar nicht anders konnte, als sie ebenfalls liebenswert und reizend zu finden. Als Darcy wieder in das Zimmer trat, versuchte Caroline ihr Glück bei ihm. »Wie schlecht Miss Bennet heute aussah!«, rief sie ihm entgegen. »Ich habe noch nie einen Menschen gesehen, der sich in so kurzer Zeit so sehr zu seinem Nachteil verändert hat. Sie war ja ganz braun und sah so gewöhnlich aus! Louisa und ich stellten gerade fest, dass wir sie beide kaum wiedererkannt hätten!« Darcy ließ es sich nicht anmerken, wie wenig Anklang ihre Worte bei ihm fanden; er erwiderte ruhig, ihm sei keine andere Veränderung an ihr aufgefallen als ihre Sonnenbräune, und das sei ja immer die Folge von längeren Sommerreisen. »Ich für mein Teil«, beharrte sie, »habe sie ja nie besonders schön finden können. Ihr Gesicht ist zu schmal; ihre Haut ist auch nicht ein bisschen weiß, nicht einen einzigen hübschen Zug hat sie an sich, ihre Nase ist ausdruckslos, ihre Zähne sind ja ganz ordentlich, aber auch nichts Besonderes; und was ihre Augen anlangt, die manche Menschen sogar schön nennen, an denen habe ich nie etwas entdecken können, was mich begeistert hätte. Im Gegenteil, ich finde, sie haben so etwas Stechendes und Unstetes, das ich nicht ausstehen kann. Und ihre ganze Haltung ist so aufgeblasen und so unweiblich, dass es wirklich unerträglich ist, sich das ansehen zu müssen!« Da Caroline wusste, dass Darcy Elizabeth bewunderte, hätte sie keine größere Dummheit begehen können; aber Ärger und Klugheit wohnen selten beisammen. Darcy schwieg; doch entschlossen, ihn um jeden Preis zum Reden zu bringen, fuhr sie nach kurzem fort. »Ich weiß noch, wie erstaunt wir waren, als wir sie zum ersten Mal in Hertfordshire kennenlernten, nachdem wir so viel von ihrer Schönheit gehört hatten! Und ich erinnere mich noch sehr gut, wie Sie nach einem Essen auf Netherfield sagten: ›Das soll eine Schönheit sein? Ebensogut könnte man ihre Mutter geistreich nennen!‹ Später schien sie Ihnen allerdings besser zu gefallen; ich glaube sogar, dass Sie sie zeitweilig ganz hübsch fanden!«

»Stimmt!« antwortete Darcy, der nicht länger an sich halten konnte, »aber das sagte ich damals auch nur, weil ich sie erst ganz flüchtig kannte. Jetzt sind es schon viele Monate her, seit ich der Meinung bin, dass sie von den Damen meines ganzen Bekanntenkreises mit am besten aussieht.« Damit verließ er das Zimmer, und Miss Bingley durfte sich in aller Ruhe darüber freuen, dass es ihr gelungen war, ihn zu einer Bemerkung zu zwingen, die nur ihr selbst Ärger bereiten konnte.

Mrs. Gardiner und Elizabeth unterhielten sich über alles, was während ihres Besuches geschehen war, nur über das nicht, was ihnen beiden am meisten am Herzen lag. Sie sprachen über das Aussehen und das Benehmen aller andern, nur nicht von dem einen Menschen, dem ihre Aufmerksamkeit vorwiegend gegolten hatte. Sie redeten von seiner Schwester, seinem Hause, seinen Freunden, seinem Teegeschirr und dem köstlichen Obst, nur nicht von ihm selbst. Und die ganze Zeit brannte Elizabeth darauf, zu erfahren, was ihre Tante von ihm hielt, und ihre Tante hätte es dankbar begrüßt, wenn ihre Nichte es ihr durch irgendein Stichwort ermöglicht hätte, sich darüber auszulassen.

46

Elizabeth war schon bei ihrer Ankunft in Lambton sehr enttäuscht gewesen, keine Nachricht von Jane vorzufinden, und hatte seitdem jeden Morgen vergebens die Post abgewartet. Endlich am dritten Tag erhielt sie gleich zwei Briefe auf einmal. Der eine war zuerst fehlgegangen, was nicht weiter erstaunlich war, denn die Adresse war wirklich kaum leserlich. Sie hatten sich gerade zu einem Spaziergang fertig gemacht, als die Post eintraf, und die Gardiners brachen nun allein auf, um Elizabeth in Ruhe ihre Briefe lesen zu lassen. Sie öffnete zuerst den fehlgegangenen, der schon vor fünf Tagen geschrieben war. Der erste Teil enthielt die üblichen Berichte über Gesellschaften und Vergnügungen und sonstige Nachrichten und Neuigkeiten von der Familie und den Nachbarn. Aber die zweite Hälfte, die einen Tag später datiert und in offensichtlicher Erregung geschrieben war, erzählte ganz andere Dinge. Dort las Elizabeth wie folgt: ›Seit ich gestern schrieb, liebe Lizzy, ist etwas höchst Unerwartetes und Besorgniserregendes eingetreten; aber ich will dich nicht beunruhigen – uns hier geht es allen sehr gut. Was ich dir jetzt mitteilen muss, betrifft die arme Lydia. Gestern um Mitternacht kam ein Eilbrief von Oberst Forster, in dem er uns mitteilte, dass Lydia mit einem seiner Offiziere nach Schottland abgereist sei, und zwar mit Wickham! Stelle dir unser Entsetzen vor! Kitty schien noch am wenigsten überrascht zu sein. Ich bin sehr, sehr betrübt. Solch eine Unklugheit von den beiden! Doch ich hoffe, dass es gut ausgeht und dass wir uns in seinem Charakter geirrt haben. Unbedacht und unbeherrscht mag er wohl sein, aber wenigstens beweist dieser Schritt, dass er im Grunde nicht schlecht ist. Ihn kann ja bei dieser Wahl keine Berechnung getrieben haben, denn er weiß, dass Vater ihnen nichts wird geben können. Unsere arme Mutter ist ganz niedergeschlagen, Vater trägt es mit mehr Ruhe. Wie dankbar bin ich jetzt, dass die Eltern nie erfahren haben, was über ihn gesprochen wird. Wir selbst müssen versuchen, es schnell zu vergessen. Man nimmt an, dass sie sonnabends, in der Nacht, fortgefahren sind, aber sie wurden erst gestern früh vermisst. Der Eilbrief an uns wurde unmittelbar darauf abgeschickt. Meine liebe Lizzy, sie müssen ganz in unserer Nähe vorbeigekommen sein. Oberst Forster kündigt uns an, dass wir ihn so bald wie möglich bei uns erwarten dürften. Lydia hat seiner Frau ein paar Zeilen hinterlassen, in denen sie ihr ihre Absicht mitgeteilt hat. Ich muss jetzt Schluss machen, denn ich will unsere arme Mutter nicht zu lange allein lassen. Ich fürchte, du wirst aus all dem gar nicht recht klug werden; ich weiß selbst schon kaum noch, was ich geschrieben habe.‹

Ohne sich Zeit zum Überlegen zu lassen und ohne den Gedanken, die sie von allen Seiten bestürmten, nachzugehen, riss Elizabeth mit vor Ungeduld zitternden Fingern den zweiten Brief auf, der um einen Tag später datiert war: ›Du wirst mittlerweile meinen in aller Eile geschriebenen Brief erhalten haben, liebste Lizzy. Ich hoffe, dass ich heute etwas verständlicher werde berichten können, aber in meinem Kopf geht alles noch so drunter und drüber, dass ich es dir nicht versprechen kann. Ich weiß gar nicht, wie ich anfangen soll, doch ich habe Nachrichten für dich, die ich dir nicht vorenthalten darf, wenn sie auch recht schlimm sind. So töricht und aussichtslos eine Heirat zwischen Lydia und Wickham sein mag, so hoffen wir doch jetzt voller Besorgnis, dass sie stattgefunden hat; denn es sieht so aus, als seien die beiden gar nicht nach Schottland gefahren. Oberst Forster kam gestern noch spätabends hier an. Lydia hatte zwar in ihrem kurzen Brief an Mrs. Forster angedeutet, dass sie nach Gretna Green fahren wollten, aber Oberst Forster hörte von Denny, dass Wickham das keineswegs beabsichtigt habe und dass er auch gar nicht daran denke, Lydia zu heiraten. Deshalb ist er, Oberst Forster, sogleich aufgebrochen, um sie, wenn möglich, noch einzuholen. In Clapham verlor er aber jede Spur von ihnen, da sie dort die Postkutsche verlassen und einen privaten Wagen gemietet hatten. Man konnte ihm nur noch sagen, dass man sie in Richtung London habe weiterfahren sehen. Oberst Forster folgte dann der Straße bis nach London, ohne etwas erfahren zu können, dann wandte er sich nach Hertfordshire, wo er bei allen Mautstellen und in allen Gasthäusern Erkundigungen einzog, jedoch überall ohne irgendwelchen Erfolg. Niemand hatte das Paar, das er genau beschrieb, vorüberkommen sehen. In seiner wirklich rührenden Besorgnis kam er darauf hierher und teilte den Eltern seine Befürchtungen auf das schonendste und teilnahmsvollste mit. Er und seine Frau tun mir schrecklich leid, aber sie haben sich in dieser Angelegenheit gewiss nichts vorzuwerfen. Unsere Sorge hier ist natürlich sehr groß, liebe Lizzy. Mutter und Vater befürchten das schlimmste, wenn ich selbst auch noch nicht so schlecht von ihm denken kann. Es ist immerhin möglich, dass sie aus diesem oder jenem Grund es vorgezogen haben, ihren ursprünglichen Plan aufzugeben und sich in irgendeiner kleinen Stadt trauen zu lassen. Und selbst wenn er imstande wäre, etwas so Niederträchtiges gegen ein junges Mädchen im Schilde zu führen – was ich nicht glaube –, soll ich annehmen müssen, dass Lydia sich dazu hergeben könnte? Niemals! Unmöglich! Es bekümmert mich nur, dass Oberst Forster mich bat, mich nicht allzu großen Hoffnungen hinzugeben, als ich mit ihm sprach; er meinte, Wickham sei ein Mensch, dem man nicht trauen dürfe. Unsere arme Mutter ist richtig krank und hat sich zu Bett legen müssen; es wäre besser, wenn sie sich mit etwas beschäftigen würde, aber das ist wohl zuviel verlangt. Vater habe ich noch nie so niedergeschlagen gesehen. Die arme Kitty ist sehr gescholten worden, weil sie nie etwas von den Beziehungen der beiden zueinander gesagt hat. Aber man kann ihr das eigentlich nicht vorwerfen, da das wohl eine Vertrauenssache zwischen ihr und Lydia war. Ich bin nur froh, liebe Lizzy, dass du die ganze Aufregung nicht hast miterleben müssen, doch vermisst habe ich dich sehr, und ich wünschte, du wärest hier. Aber ich will nicht so selbstsüchtig sein und dich drängen, deine Reise unsertwegen zu unterbrechen. Lebe wohl!‹ ›Nachschrift: Nun muss ich dich doch um eben das bitten, worum ich dich nicht bitten wollte, aber ich sehe keine andere Wahl: Versucht doch alle, so bald wie möglich zurückzukommen! Ich kenne meine lieben Verwandten gut genug, um zu wissen, dass ich diese Bitte an sie richten darf. Und Onkel muss ich um noch einen besonderen Gefallen bitten: Vater fährt heute noch mit Oberst F. nach London, um zu versuchen, die beiden ausfindig zu machen. Wie er das anstellen will, weiß ich zwar nicht, aber ich weiß, dass er zu aufgeregt und besorgt ist, um klar denken und handeln zu können, und Oberst Forster muss morgen Abend wieder bei seinem Regiment sein. Unter diesen Umständen wären der Rat und die Hilfe von Onkel mehr wert als irgendetwas anderes. Ich bin sicher, dass er mich verstehen wird und dass ich mich auf seine Anhänglichkeit an uns verlassen kann.‹

»Ach, wo ist Onkel bloß hingegangen?«, rief Elizabeth aus und stürzte, ohne einen Augenblick zu verlieren, zur Tür. Aber gerade als sie sie aufmachen wollte, wurde sie von draußen geöffnet und Darcy stand vor ihr. Als er sie so aufgeregt und mit so bleichem Gesicht plötzlich vor sich sah, wich er unwillkürlich betroffen zurück, und bevor er sich wieder fassen konnte, rief Elizabeth, die nur Gedanken für ihre Schwester hatte: »Entschuldigen Sie, ich muss gleich fort. Ich muss meinen Onkel finden. Es ist dringend, ich darf keine Sekunde zögern!«

»Mein Gott, was ist denn los?«, rief er, von ihrer Erregung angesteckt, weniger höflich als überrascht aus. »Ich will Sie nicht aufhalten«, fuhr er dann beherrschter fort, »aber lassen Sie doch mich oder lassen

Sie den Diener Ihren Onkel suchen. Ihnen ist nicht wohl; Sie dürfen nicht selbst gehen.« Elizabeth zögerte, aber sie fühlte, wie ihre Knie zu zittern begannen, und sie wusste, dass nichts damit gewonnen sei, wenn sie sich jetzt auf die Suche machen wollte. Sie rief deshalb nach dem Diener und trug ihm so hastig und atemlos auf, Mr. Gardiner zurückzurufen, dass er sie kaum verstehen konnte. Sie musste sich setzen, die Schwäche drohte sie zu übermannen. Sie sah so mitleiderregend aus, dass es Darcy unmöglich war, sie jetzt alleinzulassen; er konnte sich nicht enthalten, voll Mitgefühl zu sagen: »Lassen Sie mich das Zimmermädchen rufen. Kann ich nicht irgendetwas für Sie tun? Ihnen etwas holen? Etwas zu trinken? Möchten Sie vielleicht ein Glas Wein?«

»Nein, danke«, erwiderte sie und machte einen Versuch, ihre Fassung wiederzugewinnen, »mir fehlt bestimmt nichts. Ich bin ganz wohl, ich bin nur etwas in Sorge wegen einer sehr schlechten Nachricht, die ich eben von Longbourn erhalten habe.« Bei diesen Worten brach sie in Tränen aus und war außerstande, weiterzusprechen. Darcy konnte nur hilflos und voller Besorgnis dabeistehen und sie mit tiefem Mitleid betrachten. Endlich hatte sie sich wieder in der Gewalt und erzählte stockend: »Ich habe gerade einen Brief von Jane erhalten, in dem sie mir etwas Schreckliches mitteilt. Es wird doch nicht lange verborgen bleiben können. Meine jüngste Schwester ist auf und davon gegangen. Mit ... Wickham. Sie sind beide aus Brighton verschwunden. Sie kennen ihn gut genug, um zu wissen, was das bedeutet. Lydia hat keine Freunde, kein Geld, nichts, was ihn hätte locken können – sie ist auf immer verloren!«

Darcy war sprachlos vor Erstaunen und Entsetzen.

»Wenn ich daran denke«, fuhr sie aufs neue erregt fort, »dass ich es hätte verhindern können! Ich, die ich ihn doch kannte! Hätte ich nur einen Teil, einen kleinen Teil von dem, was ich wusste, daheim erzählt. Wenn meine Eltern sich über seinen wahren Charakter klargewesen wären, hätte das hier nicht geschehen können! Aber jetzt ist es zu spät!«

»Ich kann Ihren Kummer nachfühlen«, rief Darcy, »es ist wirklich entsetzlich! Aber sind Sie ganz sicher? Ist kein Irrtum möglich?«

»Leider nein! Sie sind zusammen von Brighton fortgefahren; dann hat man noch bis dicht vor London ihre Spur verfolgen können, und danach sind sie verschwunden!«

»Was ist getan worden, um sie wiederzufinden, sie zurückzuholen?«

»Mein Vater ist nach London gefahren, und Jane bittet in dem Brief meinen Onkel, zurückzukommen, um ihm zu helfen. In einer halben Stunde, hoffe ich, sind wir schon auf dem Weg. Aber es nützt ja nichts, ich weiß, dass es nichts nützen kann. Was kann man gegen einen solchen Menschen tun? Wie soll man sie auch nur ausfindig machen? Ach, es ist schrecklich!«

Darcy konnte ihr nur schweigend durch ein Kopfnicken zustimmen.

»Und ich wusste doch, was für ein Mensch er ist! Aber ich hatte Angst, etwas zu sagen. Schrecklich! Schrecklich!«

Darcy erwiderte nichts. Er schien ihr kaum noch zuzuhören und ging mit nachdenklichem, ernstem Gesicht im Zimmer auf und ab. Elizabeth bemerkte es und fand gleich die Erklärung: Jetzt hatte sie ihn erst völlig verloren. Es war ja auch gar nicht anders möglich nach diesem erneuten Beweis der Minderwertigkeit ihrer Familie, bei dem unvermeidlichen Schimpf und der Schande, die ihre Familie jetzt treffen mussten. Es überraschte sie nicht, und sie konnte es ihm auch nicht übelnehmen, aber das Bewusstsein, dass er sich jetzt endgültig von seiner Neigung zu ihr freigemacht haben musste, brachte ihr keinen Trost und vermochte ihren Schmerz in keiner Weise zu mildern. Im Gegenteil, jetzt erst wurde sie sich über ihre eigenen Gefühle auf einmal ganz klar. Nie zuvor hatte sie so gewusst, wie sehr sie ihn hätte lieben können, wie jetzt, wo ihre Liebe ihm nichts mehr bedeuten konnte. Aber sie gab ihren selbstsüchtigen Überlegungen nicht lange Raum. Lydia, die Demütigung, der Schmerz, den sie ihnen allen verursacht hatte, vertrieben bald alle Gedanken an ihre eigenen Sorgen. Das Gesicht hinter ihrem Taschentuch verborgen, gab Elizabeth sich hemmungslos ihrem Kummer hin. Erst nach längerer Zeit wurde sie wieder an ihren Besucher erinnert, als er mit einer Stimme, die in gleicher Weise Mitleid wie die alte Zurückhaltung verriet, zu ihr sagte: »Ich glaube, Sie müssen schon lange gewünscht haben, dass ich gehe, und ich habe auch keinen Grund zu bleiben, außer der großen Sorge, die ich aufrichtig mit Ihnen teile. Wollte Gott, ich könnte etwas tun oder sagen, was Sie ein wenig zu trösten imstande wäre. Aber ich will Sie nicht mit Phrasen belästigen, die den Eindruck erwecken könnten, als sei es mir um Ihren Dank zu tun. Ich fürchte, meine Schwester wird Sie infolge dieses unglückseligen Vorfalles heute Abend nicht wieder auf Pemberley begrüßen dürfen.«

»Nein, natürlich nicht. Bitte, entschuldigen Sie uns bei Ihrer Schwester. Sagen Sie ihr, ein dringliches Geschäft habe meinen Onkel nach London zurückgerufen. Verheimlichen Sie die traurige Wahrheit so lange wie möglich. Sehr lange wird sie ja leider doch nicht geheim bleiben können.« Er versicherte sie seines Schweigens, drückte ihr wieder sein Mitgefühl aus, gab seiner Hoffnung Ausdruck, dass schließlich doch alles zu einem glücklicheren Ende kommen möge, als man im Augenblick hoffen könne, bat sie, ihn ihren Verwandten zu empfehlen – und ging. Als er das Zimmer verlassen hatte, fuhr Elizabeth der

Gedanke durch den Kopf, dass sie ihm jetzt wohl nie wieder so nahe kommen werde, wie sie es während ihres Aufenthaltes hier gewesen war; und als sie ihre ganze Bekanntschaft mit ihm, so voller Widersprüche und Schwierigkeiten, noch einmal bedachte, musste sie über den Widersinn ihrer Gefühle seufzen, die nun eine Fortsetzung wünschten, nachdem sie noch kürzlich ihre Beendigung herbeigesehnt hatten.

Seitdem Elizabeth den zweiten Brief gelesen hatte, glaubte sie nicht einen Augenblick mehr, dass Wickham eine Heirat mit Lydia beabsichtigte. Nur eine Jane, dachte sie, konnte sich solchen Hoffnungen hingeben. Erstaunt – ja, erstaunt war sie gewesen, als sie im ersten Brief las, dass Wickham ein Mädchen heiraten wolle, das kein Vermögen besaß; wie Lydia das fertig gebracht hatte, war ihr, während sie das las, ein Rätsel. Aber jetzt war gar nichts Rätselhaftes mehr an der ganzen Geschichte. Um das fertigzubringen, dazu genügten Lydias Reize bei weitem. Elizabeth glaubte zwar nicht, dass Lydia bewusst in eine Entführung ohne Aussicht auf Heirat eingewilligt hatte, aber sie erinnerte sich auch, dass ihre Schwester weder Tugend noch Vernunft genug besaß, die sie daran hindern konnten, einem Verführer als leichte Beute zuzufallen. Elizabeth entsann sich nicht, bemerkt zu haben, dass Lydia für Wickham in Hertfordshire eine besondere Neigung gezeigt hatte. Sie war sich jedoch niemals im Zweifel darüber gewesen, dass Lydia bereit sein würde, irgendeinem beliebigen Mann auf die geringste Aufmunterung hin ihre Neigung zu schenken. Bald hatte sie diesen, bald jenen Offizier vorgezogen, je nachdem, welcher von ihnen ihr gerade die meisten Aufmerksamkeiten erwies. Sie war immer für jemanden begeistert gewesen, aber niemals lange für ein und denselben. Wie töricht, dass man ein solches Mädchen sich selbst überlassen hatte – wie eindringlich wurde ihr das jetzt klar! Sie konnte es nun gar nicht mehr erwarten, nach Hause zu fahren, um zu hören, zu sehen, mit Jane zusammenzusein und mit ihr die Sorgen zu teilen, die jetzt ganz allein auf ihr lasteten, nachdem ihr Vater abgereist und ihre Mutter unfähig war, irgendetwas anderes zu tun, als sich pflegen zu lassen. Obwohl sie im Grunde ihres Herzens davon überzeugt war, dass für Lydia nichts mehr getan werden konnte, baute sie doch fest auf die Hilfe ihres Onkels, und bis er endlich in das Zimmer trat, übertraf ihre Ungeduld fast noch ihren Kummer. Mr. und Mrs. Gardiner waren auf dem kürzesten Wege zurückgeeilt, da sie aus den Worten des Dieners geschlossen hatten, dass ihre Nichte plötzlich erkrankt sei. Elizabeth beruhigte ihre Verwandten sogleich hierüber; sie teilte ihnen mit, weshalb sie sie hatte zurückrufen lassen, und las ihnen dann die beiden Briefe vor. Mr. und Mrs. Gardiner zeigten sich tief betroffen. Es handelte sich ja nicht allein um Lydia, sondern um die ganze Familie, und Mr. Gardiner versprach, alles zu tun, was in seiner Macht lag. Elizabeth hatte gar nichts anderes von ihm erwartet, aber sie dankte ihm mit Tränen in den Augen. Und da alle drei nun den gleichen Wunsch hatten, beschloss man, sofort aufzubrechen. »Aber was wird mit Pemberley?«, warf Mrs. Gardiner ein. »John sagte, Darcy sei vorhin hiergewesen. Stimmt das?«

»Ja, ich habe ihm schon gesagt, dass wir nicht kommen können. Das ist alles erledigt.«

Was ist erledigt?«, wiederholte Mrs. Gardiner für sich selbst, während sie auf ihr Zimmer eilte, um sich zur Abreise fertigzumachen. »Stehen sie sich so gut, dass sie ihm alles gesagt hat? Wenn ich doch bloß Näheres wüsste!« Aber ihre Neugierde half ihr nichts oder doch nur so weit, um sie während des Trubels und der Aufregung der nächsten Stunde etwas abzulenken.

Hätte Elizabeth die Möglichkeit gehabt, nichts zu tun, wäre sie bestimmt auch überzeugt gewesen, dass sie in ihrem niedergeschlagenen Zustand nichts hätte tun können. Aber sie hatte ebensoviel mit Packen und Richten zu tun wie ihre Tante, und außerdem musste sie noch Briefe an deren Freunde in Lambton schreiben, um ihnen mit irgendwelchen Entschuldigungen ihre hastige Abreise verständlich zu machen. In einer Stunde indessen war man mit allem fertig. Mr. Gardiner hatte inzwischen schon die Rechnung beglichen, und so blieb denn nichts weiter übrig, als aufzubrechen. Gleich darauf waren sie auf dem Rückweg nach Longbourn.

47

»Ich habe es mir noch einmal durch den Kopf gehen lassen, Elizabeth«, sagte Mr. Gardiner, als Lambton bereits hinter ihnen lag, »und möchte nach genauer Überlegung doch meinen, dass Jane vielleicht nicht so unrecht hat mit ihrer Ansicht. Es kommt mir recht unwahrscheinlich vor, dass ein Mann wie Wickham solch eine Gemeinheit gegen ein Mädchen im Schilde führen sollte, das doch keineswegs allein und schutzlos in der Welt dasteht und zudem Gast seines Obersten war, so dass ich jetzt geneigt bin, die Sache hoffnungsvoller anzusehen. Er muss sich doch denken können, dass ihre Freunde und Verwandten sie nicht im Stiche lassen werden, und er wird sich auch überlegt haben, dass er nach einer solchen Beleidigung Oberst Forsters sich in seinem Regiment unmöglich wieder blicken lassen kann. Nein, die Versuchung kann nicht so groß sein wie das Risiko, das er läuft.«

»Glaubst du das wirklich?«, fragte Elizabeth, froh über diesen Hoffnungsstrahl.

»Tatsächlich«, meinte Mrs. Gardiner, »ich glaube, dein Onkel hat recht. Wickham wird sich nicht eines so groben Verstoßes gegen jeden Anstand und jede Ehre und gleichzeitig gegen seine eigenen Interessen schuldig machen. Für so schlecht halte ich Wickham nicht. Und du selbst, Lizzy, hältst du ihn für so verderbt, dass du ihm das zutrauen könntest?«

»Nein, Mangel an Egoismus traue ich ihm allerdings nicht zu, aber sonst halte ich ihn zu allem fähig. Ach, wenn es doch nur so wäre, wie ihr sagt! Aber ich wage nicht zu hoffen. Warum sind sie denn nicht nach Gretna Green gefahren?«

»Wir wissen ja gar nicht mit Bestimmtheit, ob sie nicht doch dahin gefahren sind«, erwiderte Mr. Gardiner.

»Aber warum sollten sie denn sonst ihren Weg statt in der Postkutsche in einem gemieteten Wagen fortgesetzt haben? Und außerdem hat niemand sie auf der Landstraße nach Schottland vorbeikommen sehen.«

»Nun gut, nehmen wir an, sie sind wirklich nach London gefahren. Vielleicht geschah das nur aus dem einen Grunde, weil sie sich dort besser verborgen halten können. Geld haben sie bestimmt beide nicht im Überfluss, und ich kann mir gut denken, dass sie sich überlegt haben, dass eine Trauung in London zwar umständlicher, aber auch sehr viel billiger ist als in Schottland.«

»Und wozu diese Geheimtuerei? Warum diese Angst, entdeckt zu werden? Wozu überhaupt diese heimliche Heirat? Ach, nein, ich glaube das alles nicht. Jane schreibt ja auch, dass sein bester Freund überzeugt ist, er habe niemals an eine Heirat mit Lydia gedacht. Wickham würde es gar nicht einfallen, eine Frau ohne Vermögen zu heiraten. Er könnte es sich ja auch nicht leisten. Und was kann Lydia ihm bieten? Was besitzt sie außer ihrer Jugend und ihrer unbekümmerten Laune, dass es sich für ihn lohnen würde, seine Hoffnungen auf eine reiche Heirat ihretwegen zu begraben? Ich kann nicht beurteilen, ob die Furcht, durch eine so unehrenhafte Handlung bei seinem Regiment in Verruf zu kommen, in Wirklichkeit für ihn ein großes Hindernis darstellt; ich weiß zu wenig, welche Folgen dieser Schritt für ihn haben kann. Aber dein anderer Einwand ist, fürchte ich, wenig stichhaltig. Lydia hat keine Brüder, die für sie eintreten könnten; und nach dem, was er von der Gleichgültigkeit gesehen hat, mit der Vater alles betrachtet, was in der Familie vorgeht, mag Wickham leicht auf den Gedanken gekommen sein, dass Vater in dieser Angelegenheit sicherlich weniger unternehmen wird als irgendein anderer Vater.«

»Aber meinst du wirklich, dass Lydia so hemmungslos in ihrer Liebe ist, dass sie auch anders als verheiratet mit ihm leben würde?«

»Es klingt schrecklich, und es ist auch schrecklich«, erwiderte Elizabeth mit Tränen in den Augen, »dass man die Tugend und die Anständigkeit seiner eigenen Schwester in Zweifel ziehen muss, aber ich weiß wirklich nicht, was ich dazu sagen soll. Vielleicht tue ich ihr unrecht.

Sie ist noch so jung. Niemand hat sie je dazu angehalten, ernsthaft über etwas nachzudenken; und während des letzten halben, oder nein, des ganzen Jahres hat sie ausschließlich für ihre Vergnügungen und ihre Eitelkeit gelebt. Niemand verwehrte es ihr, ihre Zeit in der törichtesten, leichtsinnigsten Weise zu vertrödeln und nur zu tun, was ihr gerade in den Sinn kam. Seitdem das Regiment nach Meryton gelegt wurde, hat sie nichts anderes als ihre Flirts mit den Offizieren im Kopf gehabt. Dadurch, dass sie ständig von nichts anderem geredet, an nichts anderes gedacht hat, ist ihre Leichtfertigkeit und Hemmungslosigkeit noch gestiegen. Und wir kennen ja alle Wickham und wissen, dass er genügend Anziehungskraft besitzt, um, wenn er es ernstlich darauf anlegt, eine Frau verführen zu können.«

»Aber du siehst ja, Jane glaubt auch nicht, dass Wickham so schlecht sein kann«, meinte ihre Tante.

»Von wem hätte Jane je Schlechtes gedacht? Wen würde sie je einer solchen Schlechtigkeit für fähig halten, ganz gleich, was für Untaten er früher auch begangen haben mag, ehe er nicht völlig seiner Tat überwiesen ist? Jane kennt Wickham so gut wie ich. Wir wissen beide, dass er liederlich gelebt hat, liederlich in der vollsten Bedeutung des Wortes; dass er weder Anstand noch Ehre respektiert; dass er ebenso falsch und hinterhältig ist, wie er einnehmend zu wirken versteht.«

»Woher weißt du denn das alles?«, fragte Mrs. Gardiner erstaunt und voller Neugierde, woher ihre Nichte diese Kenntnis wohl haben könne. »Ihr wisst doch«, sagte Elizabeth errötend, »ich erzählte euch neulich, wie schändlich er sich gegen Mr. Darcy aufgeführt hat; und ihr habt ja selbst auf Longbourn erlebt, wie er von dem Menschen sprach, der ihm gegenüber solche Langmut und Großzügigkeit bewiesen hat. Und es gibt noch manches andere, was ich euch aber nicht erzählen darf, ich meine, was euch nicht interessieren würde. Aber glaubt mir, er hat ungezählte Lügen über die Pemberleyfamilie verbreitet! So, wie er mir zum Beispiel Miss Darcy geschildert hatte, erwartete ich, eine hochmütige, unausstehliche, junge Dame kennenzulernen; ihr wisst ja selbst, wie wenig zutreffend diese Schilderung ist. Und er muss es ebensogut gewusst haben, dass sie so liebenswürdig und bescheiden ist, wie wir sie gefunden haben.«

»Aber weiß denn Lydia nichts von alledem? Sollte sie etwa noch nicht erkannt haben, was du und Jane offenbar so gut herausgefunden habt?«

»Das ist ja gerade das Schlimme! Bevor ich in Kent war und Darcy und seinen Vetter Fitzwilliam näher kennenlernte, wusste ich ja selbst die Wahrheit nicht. Und als ich nach Hause zurückkehrte, da sollte das Regiment ja nur noch höchstens vierzehn Tage in Meryton bleiben. Daher hielten Jane, der ich alles erzählt hatte, und ich es für überflüssig, unsere Weisheit noch an die große Glocke zu hängen. Was sollte es uns schon nützen, wenn die gute Meinung, die die ganze Gegend von Wickham gewonnen hatte, plötzlich verlorenging? Und selbst als verabredet wurde, dass Lydia mit Mrs. Forster nach Brighton fahren sollte, ist mir niemals der Gedanke gekommen, dass ich sie über seinen wahren Charakter aufklären müsse, weil ihr Gefahr von ihm drohen könne. An alles andere habe ich eher gedacht, das könnt ihr mir glauben, als dass mein Schweigen solche Folgen haben würde!«

»Du hattest also gar keinen Anlass zu der Annahme, dass sie schon eine Neigung zueinander gefasst hatten, bevor sie nach Brighton fuhren?«

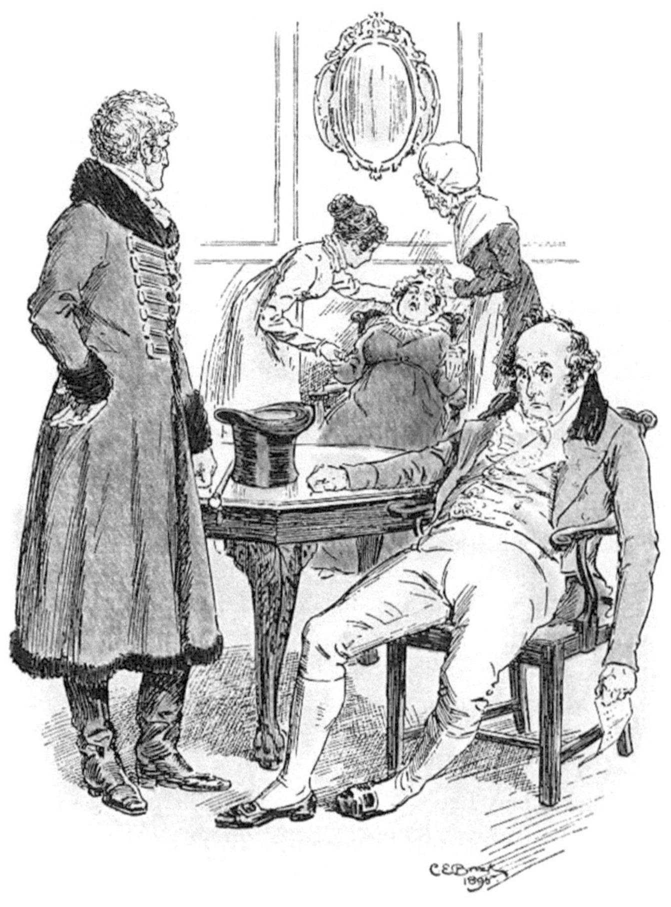

Eine schreckliche Nachricht für Mr. und Mrs. Bennet.

»Nicht den geringsten! Ich kann mich an nichts erinnern, was darauf hätte deuten können. Und du weißt ja, unsere Familie lässt sich niemals eine noch so geringfügige Gelegenheit entgehen, um sich ausführlich darüber zu verbreiten, wer anscheinend gerade in wen verliebt ist. Als Wickham neu ins Regiment eingetreten war, da schwärmte sie natürlich für ihn, wie wir alle es taten. Schließlich war jedes Mädchen in und um Meryton ein paar Wochen lang seinetwegen ganz aus dem Häuschen. Aber er hat Lydia nie durch besondere Aufmerksamkeit ausgezeichnet. Daher kühlte sich ihre überschwängliche Bewunderung für ihn sehr bald ab, und sie nahm wieder andere Offiziere in Gnaden auf, die sich mehr um sie bemühten.«

So wenig auch alle weiteren Gespräche dazu beitragen konnten, ihren Hoffnungen, Befürchtungen und Mutmaßungen eine neue Richtung zu geben, kann man doch leicht verstehen, dass während ihrer ganzen Reise kein anderes Thema aufkam. Elizabeths Gedanken beschäftigten sich kaum mit etwas anderem. Die bitteren Vorwürfe, die sie sich selbst glaubte machen zu müssen, gewährten ihr keinen Augenblick Vergessen und Ruhe.

Sie reisten so schnell wie nur möglich und erreichten, nachdem sie die letzte Nacht durchgefahren waren, um die Mittagszeit des folgenden Tages Longbourn. Und Elizabeth fand einen kleinen Trost bei dem Gedanken, dass sie Jane nicht lange hatte warten lassen. Als erste sprang sie aus dem Wagen, gab den kleinen Gardiners, die herausgestürzt kamen, einen flüchtigen Kuss und eilte ins Haus, wo ihr Jane schon aus dem Zimmer ihrer Mutter entgegengelaufen kam. Elizabeth umarmte sie zärtlich, während beiden die Tränen in die Augen traten; dann verlor sie aber keinen Augenblick mehr, um sich zu erkundigen, ob man inzwischen etwas über die Flüchtigen gehört habe. »Noch nichts«, antwortete Jane, »aber nachdem jetzt unser Onkel wieder da ist, wird alles hoffentlich bald wieder gut.«

»Ist Vater noch in London?«

»Ja, er fuhr am Dienstag, wie ich dir ja schrieb.«

»Und habt ihr Nachricht von ihm?«

»Er hat erst einmal geschrieben, am Mittwoch, um uns wissen zu lassen, dass er gut angekommen sei, und um mir Anweisungen zu geben, was ich hier tun solle; ich hatte ihn darum gebeten. Am Schluss schrieb er dann nur noch, er werde erst wieder von sich hören lassen, wenn er etwas Wichtiges mitzuteilen habe.«

»Und Mutter – wie geht es ihr? Wie geht es euch allen?«

»Mutter geht es, glaube ich, nicht allzu schlecht, wenn sie sich natürlich auch schrecklich aufgeregt hat. Sie ist oben und wird sich freuen, euch wiederzusehen; sie hat seitdem ihr Zimmer nicht mehr verlassen. Mary und Kitty sind Gott sei Dank gesund und wohlauf.«

»Aber du – wie geht es dir? Du siehst so blass aus! Du musst eine schwere Zeit durchgemacht haben!« Ihre Schwester versicherte ihr indessen, dass es ihr ebenfalls gut gehe. Ihr Gespräch wurde dann unterbrochen, da Mr. und Mrs. Gardiner, die sich draußen mit ihren Kindern abgegeben hatten, jetzt eintraten und von Jane halb freudig, halb weinend begrüßt wurden. Als sie dann alle zusammen im Wohnzimmer saßen, wurden natürlich die Fragen, die Elizabeth schon gestellt hatte, noch einmal an Jane gerichtet. Jane hatte nichts Näheres zu berichten. Aber sie hatte die Hoffnung, die ihr menschenfreundliches Herz ihr eingab, noch nicht aufgegeben; sie erwartete immer noch, dass alles ein gutes Ende finden und dass bald ein Brief von ihrem Vater oder von Lydia selbst ankommen werde, der alles aufklären musste und vielleicht auch die Anzeige der vollzogenen Trauung enthielt.

Nach kurzer Zeit gingen alle nach oben, und Mrs. Bennet empfing sie genau so, wie man es sich hatte denken können: mit Tränen, lauten Verwünschungen dieses Schufts von Wickham und mit so wehleidigem Jammern, dass kein Zweifel darüber blieb, wie elend und mitleidsbedürftig sie sich fühlte. Sie bedachte alle und jeden mit Vorwürfen und Anklagen, nur nicht sich selbst, die doch durch ihr gleichgültiges Gewährenlassen die Hauptschuld an dem Unglück ihrer Tochter trug.

»Wenn ich nur meinen Willen hätte durchsetzen können«, klagte sie, »und mit meiner ganzen Familie hätte nach Brighton fahren dürfen, dann wäre so etwas niemals passiert! Aber so hatte das arme Kind, meine ärmste Lydia, niemanden dort, der sie behüten konnte. Warum haben die Forsters nicht mehr auf sie achtgegeben? Ich weiß bestimmt, dass sie mein Kind vernachlässigt haben; unsere Lydia ist nicht von der Art, die so etwas tut, wenn nur jemand richtig auf sie aufpasst. Ich war immer der Meinung, dass Mrs. Forster nicht geeignet sei, mein Kind in ihre Obhut zu nehmen, aber auf mich hat ja wie gewöhnlich niemand gehört. Mein armes, liebes Kind! Und jetzt ist mein Mann auch noch weggefahren, und ich weiß, wenn er Wickham findet, dann wird er sich mit ihm schlagen, und dann wird er getötet werden; und was soll dann aus uns werden? Die Collins werden uns hier hinauswerfen, bevor er noch unter der Erde ist; und wenn du, lieber Bruder, uns dann nicht aufnimmst, dann weiß ich wahrhaftig nicht, was wir anfangen sollen!«

Mr. Gardiner versuchte, sie zu beruhigen, und teilte ihr mit, er werde am folgenden Tage ebenfalls in London sein und ihren Mann bei seinen Nachforschungen unterstützen. »Gib dich bloß nicht solch nutzlosen Befürchtungen hin«, fügte er hinzu. »Es ist richtig, man soll sich immer auf das Schlimmste gefasst machen, aber deshalb braucht man es noch lange nicht als schon geschehen zu betrachten. Sie sind erst etwas mehr als eine Woche von Brighton fort. In ein paar Tagen werden wir bestimmt etwas über sie erfahren haben, und bis wir nicht genau wissen, dass sie nicht verheiratet sind oder nicht zu heiraten beabsichtigen, dürfen wir nichts verloren geben. Ich werde in London meinen Schwager mit zu uns nach Hause nehmen, und dann werden wir uns in aller Ruhe überlegen, was am besten zu tun ist.«

»Ach, mein lieber Bruder«, erwiderte Mrs. Bennet, »gerade darum wollte ich dich bitten. Ja, fahre du nach London und finde sie, wo sie auch stecken mögen; und wenn sie dann noch nicht verheiratet sind, zwingst du sie eben dazu. Und bestelle Lydia, sie soll nicht darauf warten, bis ihr Hochzeitskleid fertig ist; wenn sie erst verheiratet ist, soll sie so viel Geld bekommen, wie sie haben will, um sich Kleider zu kaufen. Und vor allem – lass nicht zu, dass Bennet sich duelliert! Erzähle ihm, in welch erbärmlichem Zustand ich mich befinde, dass ich vor Angst halb von Sinnen bin und dass ich ein solches Zittern am ganzen Leibe habe, solche Krämpfe in meiner rechten Seite, solche furchtbaren Kopfschmerzen und solch Herzklopfen, dass ich Tag und Nacht keine Ruhe finden kann. Und sage der lieben Lydia, sie solle sich keine Kleider bestellen, bevor sie mit mir gesprochen hat; denn sie kennt die besten Läden nicht so wie ich. Ach, wie gut du zu mir bist! Ich weiß, dass du alles bestens erledigen wirst!«

Obwohl Mr. Gardiner ihr wieder versicherte, sein Bestes tun zu wollen, hielt er es doch auch für richtig, sie zu ermahnen, ihre Hoffnungen wie auchhre Befürchtungen zu mäßigen. Das ging so weiter bis zur Essenszeit. Dann überließen sie Mrs. Bennet und ihr Lamentieren der Haushälterin, die ihr während der Abwesenheit ihrer Töchter Gesellschaft leisten musste.

Ihr Bruder und ihre Schwägerin waren zwar überzeugt, dass sie keinen Grund hatte zu Bett zu liegen, aber sie versuchten gar nicht, sie zu überreden, noch aufzustehen und herunterzukommen. Sie hätte es ja doch nicht schaffen können, ihren Mund vor den Hausmädchen zu halten. Im Esszimmer traf man auch Kitty und Mary, die zu beschäftigt gewesen waren, um eher zu erscheinen. Die eine kam von ihren Studien, die andere von ihrem Kleiderschrank. Beide schienen die Ereignisse der vergangenen Woche mit Gleichmut ertragen zu haben. Nur glaubte Kitty nun erst recht, von ihrer Familie unverstanden zu sein, was sich in einer erhöhten Reizbarkeit äußerte. Mary dagegen hatte ihre Beherrschung so weit gewahrt, dass sie Elizabeth mit ernster Grüblermiene zuflüstern konnte: »Ein höchst bedauerlicher Vorfall, der wahrscheinlich bald in aller Munde sein wird. Aber wir müssen bemüht sein, den Lästerzungen entgegenzutreten und die Wunde in unseren Herzen mit dem Balsam schwesterlicher Liebe gegenseitig zu heilen.« Da sie merkte, dass Elizabeth darauf nichts zu sagen gedachte, fügte sie hinzu: »Unglücklich, wie die Folgen für Lydia sein müssen, dürfen wir doch eine heilsame Lehre aus dem Ereignis ziehen: dass die weibliche Tugend, einmal verloren, unwiederbringlich dahin ist; dass ein Fehltritt nie wieder gut zu machen ist, dass der gute Ruf eines Mädchens so leicht vergänglich wie kostbar ist, und dass man nicht genug auf der Hut sein kann gegen Übergriffe des unwürdigen anderen Geschlechts.« Elizabeth sah sie voll Erstaunen an, fühlte sich aber zu bedrückt, um ihr etwas zu entgegnen. Mary fand also ihren ganzen Trost in der Moral, die sie in dem traurigen Ereignis entdeckte, das ihre Familie betroffen hatte.

Nachmittags endlich fanden die beiden älteren Schwestern Gelegenheit, eine halbe Stunde allein beisammenzusein, und Elizabeth nutzte die Zeit unverzüglich, um Jane nach allen möglichen Einzelheiten zu fragen. Nachdem beide sich ausgemalt hatten, welche Folgen diese schreckliche Geschichte nach sich ziehen könne, die selbst Jane nicht unbedenklich zu finden vermochte, fuhr Elizabeth fort: »Aber erzähle mir jetzt alles, was ich noch nicht erfahren habe. Was weißt du noch? Was sagte Oberst Forster? Schöpften er und seine Frau keinen Verdacht, bevor es zu spät war? Sie müssen die beiden doch ständig zusammen gesehen haben!«

»Oberst Forster gab zu, dass er glaubte, eine gewisse Neigung bei ihnen, besonders bei Lydia entdeckt zu haben, aber eben nichts, was ihm Anlass zu besonderer Beunruhigung gegeben hätte. Er tut mir ja so leid! Er war wirklich rührend nett und rücksichtsvoll. Er wollte zuerst nur zu uns kommen, um uns über ihre beabsichtigte Reise nach Schottland aufzuklären und nötigenfalls zu beruhigen; erst als er hörte, dass sie gar nicht nach Schottland gefahren waren, wurde er selbst unruhig und beschleunigte seine Abfahrt.«

»Und Denny war also überzeugt, dass Wickham nicht die Absicht hatte, Lydia zu heiraten? Wußte er etwas über ihr Verschwinden? Hat Oberst Forster selber mit Denny gesprochen?«

»Ja, aber als Denny von Forster ausgefragt wurde, da behauptete Denny, von nichts zu wissen, und wollte auch seine eigene Ansicht nicht mitteilen. Er sagte ihm nichts von seiner Überzeugung, dass Wickham Lydia nicht heiraten wolle. Und deshalb hoffe ich ja immer noch, dass man ihn zunächst falsch verstanden haben mag.«

»Und bevor Oberst Forster selbst hierherkam, ist da keinem von euch ein Zweifel an Wickhams Heiratsabsichten gekommen?«

»Nein! Wie hätten wir auch nur daran denken können! Mir war zwar nicht ganz wohl bei dem Gedanken. Ich hatte ein wenig Sorge, ob Lydia glücklich mit ihm werden würde; denn sein Betragen ist ja nicht immer so gewesen, wie es hätte sein müssen. Aber Vater und Mutter wussten ja von alledem nichts; sie waren nur der Ansicht, dass eine solche Ehe unklug sei. Kitty gestand dann, mit einem verständlichen Stolz darüber, mehr zu wissen als wir anderen, dass Lydias letzter Brief an sie Andeutungen über ihre Absichten enthalten habe. Sie hatte offenbar schon seit Wochen gewusst, wie die beiden zueinander standen.«

»Und welche Meinung hatte Oberst Forster von Wickham? Kennt er seinen wahren Charakter?«

»Ich muss zugeben, er sprach nicht so wohlwollend über Wickham, wie er es sonst getan hat. Er schien ihn für unvernünftig und überspannt zu halten. Und wir haben seitdem auch noch gehört, dass er große Schulden in Meryton hinterlassen haben soll; aber ich hoffe, dass das nur ein Gerücht ist.«

»Ach, Jane, wären wir doch weniger verschwiegen gewesen! Hätten wir nur erzählt, was wir von ihm wussten, dann wäre all dies gewiss nicht geschehen!«

»Vielleicht wäre es besser gewesen«, erwiderte Jane, »aber es wäre doch unrecht gewesen, seine früheren Vergehen bloßzustellen, bevor man wusste, ob er sich nicht vielleicht mittlerweile geändert hatte. Wir haben in der besten Absicht gehandelt.«

»Konnte Oberst Forster Einzelheiten aus dem Schreiben an seine Frau angeben?«

»Er hat uns den Brief mitgebracht.« Jane holte ihn aus ihrem Schreibtisch und gab ihn Elizabeth. Lydia hatte an Mrs. Forster folgendes geschrieben: ›Meine liebe Harriet! Du wirst schön lachen, wenn Du erfährst, wohin ich gefahren bin; und ich muss selbst lachen, da ich an Dein überraschtes Gesicht morgen denke, wenn Du mich plötzlich vermisst. Ich fahre nach Gretna Green, und wenn Du nicht raten kannst, mit wem, dann muss ich Dich für sehr einfältig halten; denn ich liebe nur einen einzigen Mann in der ganzen Welt, und dieser ist ein Engel. Ich würde nie mehr glücklich sein ohne ihn, finde also nichts weiter dabei, dass ich einfach so davonfahre. Du brauchst nach Longbourn keine Nachricht zu senden, wenn Du keine Lust dazu hast; dann wird die Überraschung für sie umso größer sein, wenn ich ihnen selbst schreibe und ›Lydia Wickham‹ unterzeichne. Ist das nicht ein Riesenspaß? Ich kann kaum die Feder ruhighalten vor Lachen. Bitte, entschuldige mich bei Pratt, dass ich die Verabredung zum Tanzen nicht einhalten kann. Sag ihm, ich hoffe, er wird mir verzeihen, wenn er alles erfahren hat, und sag ihm noch, dass ich mit größtem Vergnügen mit ihm tanzen gehen werde, sobald wir uns wiedersehen. Meine Kleider lasse ich holen, wenn ich wieder in Longbourn bin; aber lass doch bitte Sally den Riss in meinem Musselinkleid stopfen, bevor Du alles wegpackst. Grüße bitte Deinen Mann von mir. Ich hoffe, Ihr werdet auf unsere glückliche Reise und unser Wohl ein Glas trinken. Deine treue Freundin L. B.‹

»O du dumme, dumme Lydia«, rief Elizabeth aus, als sie den Brief zuende gelesen hatte. »So einen Brief in so einem Augenblick zu schreiben! Aber wenigstens beweist er, dass sie jedenfalls daran glaubte, die Reise werde mit Heirat enden. Wozu er sie auch später überredet haben mag: Als sie diesen Brief schrieb, hatte sie sich noch nichts Böses gedacht. Armer Vater! Wie ihm das nahegegangen sein muss!«

»Ich habe noch nie jemanden so tief von einer Nachricht betroffen gesehen: Volle zehn Minuten lang konnte er kein Wort herausbringen. Mutter wurde sofort krank, das ganze Haus kam in Aufregung. Sie war Schreikrämpfen nah, und obwohl ich tat, was ich konnte, um sie zu beruhigen, habe ich wohl doch nicht genug getan, fürchte ich. Ich war selbst viel zu entsetzt, um einen klaren Gedanken fassen zu können.«

»Du hast dich mit Mutters Pflege überarbeitet. Du siehst gar nicht wohl aus. Ach, wenn ich doch nur hier gewesen wäre! Du hast nun die ganze Arbeit und Sorge allein tragen müssen!«

»Mary und Kitty sind sehr nett gewesen und hätten bestimmt keine Mühe gescheut, um mir zu helfen; aber ich hielt es für beide nicht gut. Kitty ist so zart und schmächtig, und Mary studiert so fleißig und gewissenhaft, dass ich sie nicht ihrer wenigen Mußestunden berauben wollte. Tante Philips kam am Dienstag nach Vaters Abreise her und war so lieb, mir bis zum Donnerstag Gesellschaft zu leisten. Sie war uns eine rechte Hilfe und Trost. Auch Lady Lucas ist sehr freundlich gewesen. Sie kam am Mittwochmorgen herüber, um uns zu trösten und uns ihre Hilfe oder die Hilfe einer ihrer Töchter anzubieten.«

»Sie hätte besser zu Hause bleiben sollen! Möglich, dass sie es wirklich gutgemeint hat, aber bei einem solchen Unglück wie diesem sieht man am besten möglichst wenig von den lieben Nachbarn. Helfen können sie doch nicht; ihren Trost und ihr Mitleid will kein Mensch haben. Sollen sie sich doch damit begnügen, aus der Ferne über uns die Nase zu rümpfen!« Sie fragte dann noch, ob Jane wisse, welche Schritte ihr Vater in London unternehmen wolle, um Lydia aufzuspüren. »Ich glaube, er wollte zuerst nach Epsom fahren«, erwiderte Jane. »Dort wechselten sie nämlich zuletzt die Pferde. Er wollte die Postillone ausfragen, ob die vielleicht etwas wissen. Aber die Hauptsache ist, dass er die Nummer des Wagens in Erfahrung bringen kann, in den sie in Clapham umgestiegen sind. Der Wagen soll gerade vorher mit Fahrgästen von London angekommen sein, und da Vater annimmt, dass es aufgefallen sein muss, wenn ein Herr und eine Dame aus der Postkutsche in einen Mietswagen umsteigen, wollte er sich nach Clapham begeben und dort nachforschen. Wenn er ausfindig machen kann, bei welchem Hause die Fahrgäste abgesetzt wurden, hoffte er, Nummer und Besitzer des Wagens feststellen zu können. Sonst weiß ich nicht, ob er noch weitere Pläne hat. Aber er war in einer solchen Eile, als er fortfuhr, und immer noch so bedrückt, dass ich nur gerade so viel, wie ich dir eben erzählt habe, erfahren konnte.«

48

Man hatte eigentlich für nächsten Morgen auf eine Nachricht von Mr. Bennet gehofft, und nun kam die Post, ohne auch nur eine Zeile von ihm zu bringen. Seine Familie kannte ja seine Schreibfaulheit; in diesem Fall jedoch hatten sie erwartet, dass er sich etwas mehr anstrengen werde. Nun mussten sie wohl oder übel annehmen, dass er noch nichts Gutes mitzuteilen hatte, aber auch eine schlechte Nachricht wäre besser gewesen als diese Ungewissheit. Mr. Gardiner hatte nur die Post noch abwarten wollen und reiste gleich darauf ab. Jetzt durften sie wenigstens hoffen, ständig auf dem laufenden gehalten zu werden. Ihr Onkel hatte versprochen, ihren Vater so bald wie möglich zur Rückkehr nach Longbourn zu überreden. Das trug auch sehr zur Beruhigung Mrs. Bennets bei; denn sie war überzeugt, dass nur ihr Bruder das Wunder vollbringen könne, ihren Mann vor einem Duell und seinem verfrühten Tod zu retten.

Mrs. Gardiner beschloss, mit ihren Kindern noch einige Tage auf Longbourn zu verweilen, da sie glaubte, ihren Nichten von Nutzen sein zu können. Sie teilte sich mit ihnen in die Pflege ihrer Mutter und trug mit ihrer ruhigen, freundlichen Art viel dazu bei, dass wieder eine gewisse Ordnung auf Longbourn ihren Einzug hielt. Auch ihre andere Tante kam häufig von Meryton herüber, und zwar, wie sie selbst sagte, um sie aufzuheitern. Da sie aber jedesmal irgendeine neue Geschichte von Wickhams schlechtem Charakter zu berichten hatte, ließ sie ihre Nichten eigentlich meist in einer noch gedrückteren Stimmung zurück, als sie sie angetroffen hatte. Ganz Meryton schien sich nun zusammenzutun, um diesen Mann, der vor drei Monaten allen fast noch wie ein Engel erschienen war, zu einem abgefeimten Teufel zu erklären. Kein Händler, bei dem er nicht Schulden hinterlassen hatte, kaum eine Bürgerfamilie, von der nicht angeblich die eine oder andere Tochter seinem Zauber erlegen war. Alle waren sich einig, dass er der gemeinste Mensch in der Welt sei, und jeder einzelne war überzeugt, dass gerade er von Anfang an seiner Scheinheiligkeit misstraut habe. Elizabeth glaubte nicht mehr als die Hälfte von allem, was ihr zugetragen wurde; doch das genügte schon, um ihre anfängliche Befürchtung, dass ihre Schwester rettungslos verloren sei, zu neuem Leben zu erwecken. Sogar Jane, die nur einen viel kleineren Bruchteil von allem zu glauben geneigt war, fing an, die Sache weniger hoffnungsvoll anzusehen, zumal sie von dem flüchtigen Paar längst etwas hätten hören müssen, wenn sie sich wirklich in Schottland hätten trauen lassen.

Mr. Gardiner hatte Longbourn am Sonntag verlassen, und schon am Dienstag erhielt seine Frau einen Brief, in dem er mitteilte, er habe sogleich nach seiner Ankunft seinen Schwager aufgesucht und ihn mit zu sich nach Hause genommen. Sein Schwager sei schon sowohl in

Epsom wie in Clapham gewesen, jedoch ohne Erfolg, und jetzt beabsichtige er, in jedem Gasthaus und Hotel der Stadt Erkundigungen einzuziehen, da er es für wahrscheinlich halte, dass die beiden irgendwo abgestiegen seien, bevor sie eine Wohnung gemietet hätten. Er, Mr. Gardiner selbst, verspreche sich nicht viel von dieser Art Nachforschungen, aber da sein Schwager sich nun einmal darauf versteift habe, wolle er ihm gern dabei behilflich sein. Dem Brief war noch eine Nachschrift angefügt: ›Ich habe Oberst Forster geschrieben und ihn ersucht, nach Möglichkeit von Wickhams Freunden im Regiment herauszubekommen, ob er irgendwelche Angehörigen hat, von denen vielleicht zu erfahren sei, wo er sich hier in London verborgen hält. Wenn wir einen Verwandten von ihm ausfindig machen könnten, wäre uns bei unserer Suche sicher sehr geholfen. Vorläufig haben wir ja noch gar keinen Anhaltspunkt, nach dem wir uns richten können. Oberst Forster wird bestimmt alles tun, um uns unsere Aufgabe zu erleichtern. Übrigens: Vielleicht kann uns Lizzy besser als sonst jemand sagen, ob und welche Verwandte er hat.‹

Elizabeth brauchte sich nicht lange zu überlegen, woher ihr Onkel dieses Zutrauen zu ihren Kenntnissen nahm; leider war sie nicht in der Lage, mit einer Auskunft dienen zu können, die dieses Vertrauen gerechtfertigt hätte. Sie hatte nie etwas von Verwandten von ihm gehört, außer von seinem Vater und seiner Mutter, die indes beide schon vor Jahren gestorben waren. Aber es war ja gut möglich, dass einer seiner Kameraden besser darüber Bescheid wusste; und wenn man sich auch nicht viel von diesem Schritt versprechen konnte, so bot er doch eine Möglichkeit zu neuen Hoffnungen.

Bevor jedoch Mr. Gardiner wieder ein Lebenszeichen gab, erhielten sie auf Longbourn ein Schreiben von ganz unerwarteter Seite, nämlich von Mr. Collins. Jane, die den Auftrag erhalten hatte, alle Briefe, die in Abwesenheit ihres Vaters kommen sollten, zu lesen, öffnete ihn, und Elizabeth, die ja seinen schwülstigen Briefstil kannte, beugte sich neugierig über Janes Schulter, und gemeinsam lasen sie: ›Lieber Vetter! Sowohl unsere Verwandtschaft wie die Stellung, die ich bekleide, lassen es mir angezeigt erscheinen, Ihnen mein Beileid auszusprechen zu dem schweren Schlag, der – wie ein Schreiben aus Hertfordshire uns gestern mitteilte – Sie so grausam getroffen hat. Nehmen Sie meine Versicherung entgegen, lieber Vetter, dass meine Frau und ich den Schmerz teilen, den Sie und Ihre liebe Familie in diesen Tagen empfinden werden und der umso bitterer ist, als die Umstände, die ihn verursacht haben, selbst nach Jahren in keinem milderen Licht erscheinen können. Von meiner Seite wird nichts unversucht gelassen werden, um Ihnen Ihren Kummer zu erleichtern und Ihnen Trost zu spenden in dieser Prüfung, die gerade für eines Vaters Herz so schwer zu tragen sein muss. Selbst der Tod Ihrer Tochter hätte im Vergleich zu solchem Unglück ein Segen genannt werden müssen. Und ich beklage Sie umso mehr, als ich nach allem, was meine liebe Charlotte erzählt, Grund habe anzunehmen, dass diese Verderbtheit Ihres Kindes in Ihrer unklugen Nachsicht und Milde seinen Ursprung genommen hat. Aber gleichzeitig muss ich zu Ihrer Verteidigung und Beruhigung hinzufügen, dass ich der Meinung bin, dass Ihre Tochter von Natur aus schon im Kern verdorben und schlecht gewesen sein muss, sonst hätte sie sich unmöglich einer so ungeheuerlichen Handlung in ihrem zarten Alter schuldig machen können. Aber wie dem auch immer sein mag, Sie sind auf das tiefste zu bemitleiden, wie nicht nur ich und meine Frau meinen, sondern auch Lady Catherine und ihre Tochter, denen ich diese Angelegenheit berichtet habe. Sie stimmen mit mir auch darin überein, dass dieser Fehltritt Ihrer einen Tochter auch Ihren anderen Kindern schaden wird; denn wer – wie Lady Catherine in ihrer liebenswürdigen Anteilnahme sagte –, wer wird sich mit einer solchen Familie verbinden wollen? Dieses berechtigte Bedenken ruft meine Erinnerung mit einem Gefühl der Dankbarkeit an ein gewisses Ereignis des vergangenen Novembers wach, das, wenn es einen anderen Verlauf genommen hätte, mich mehr noch als jetzt an Ihrer Trauer und Schande hätte teilhaben lassen. Ich darf Ihnen noch den Rat geben, lieber Vetter, das Geschehene mit möglichstem Gleichmut zu ertragen, Ihre unwürdige Tochter für immer aus Ihrem Herzen zu reißen und sie dem Schicksal zu überlassen, das sie sich mit ihrer verruchten Tat selbst erwählt hat. In alter Zuneigung verbleibe ich Ihr usw.‹

Mr. Gardiner schrieb erst wieder, als er eine Antwort von Oberst Forster erhalten hatte; seine Mitteilung klang nicht gerade ermutigend. Niemand hatte je etwas von irgendeinem Verwandten Wickhams gehört, mit dem er in Verbindung stehe; nahe Verwandte besitze er sicher keine. Sein früherer Bekanntenkreis sei sehr ausgedehnt gewesen; aber seitdem er in das Regiment eingetreten war, schien er keine von den alten Freundschaften aufrechterhalten zu haben. Es gab daher niemanden, an den man sich um Rat und Auskunft hätte wenden können. Dagegen hatte man einen weiteren Grund entdeckt, weswegen er sich verborgen hielt: Nicht nur aus Furcht, von Lydias Familie zur Rechenschaft gezogen zu werden, er hatte auch Spielschulden, die eine ganz erhebliche Summe ausmachten und die er natürlich niemals würde begleichen können. Oberst Forster meinte, eintausend Pfund würden kaum hinreichen, um seine Verpflichtungen in Brighton zu decken. Er schulde verschiedenen Händlern und Gaststätten in der Stadt außerdem noch größere Summen; seine Ehrenschulden jedoch überträfen diese um ein beträchtliches. Mr. Gardiner fügte noch hinzu, dass sein Schwager wahrscheinlich am folgenden Tage, einem Sonntag, nach

Longbourn zurückkehren werde; der Misserfolg seiner ersten Bemühungen habe ihn mutlos gestimmt, und er sei deshalb auf den Vorschlag Mr. Gardiners eingegangen, zu seiner Familie zurückzufahren, und habe es ihm überlassen, zu tun, was die jeweiligen Umstände zur Erreichung ihres Zieles erforderten. Als Mrs. Bennet hiervon hörte, zeigte sie sich nicht ganz so erfreut, wie ihre Kinder es erwartet hatten, die sich noch genau an ihre Sorge um das Leben ihres Vaters erinnerten. »Was? Er will ohne die arme Lydia nach Hause kommen?«, rief sie aus. »Er kann doch London unmöglich verlassen, bevor er sie gefunden hat. Wer soll sich denn jetzt mit Wickham schlagen und ihn zwingen, sie zu heiraten, wenn ihr Vater sie im Stich lässt?«

Als Mr. Bennet wiederkam, zeigte er dieselbe Miene philosophischer Gelassenheit, die er stets zur Schau getragen hatte. Er redete so wenig wie immer und erwähnte mit keinem Wort den Anlass, der ihn nach London hatte reisen lassen. Es dauerte eine ganze Weile, bis seine Kinder den Mut fanden, mit ihm über dieses unerquickliche Thema zu sprechen. Erst am Nachmittag, als sie sich zum Tee setzten, brachte Elizabeth das Gespräch darauf; und als sie sagte, wie leid es ihr tue, dass er so viel habe durchmachen müssen, erwiderte er nur: »Lass nur. Es ist ja meine eigene Schuld und ist daher nur richtig, dass ich es tragen muss.«

»Meinst du, dass sich die beiden in London aufhalten?«

»Ja; wo könnten sie sich sonst so gut verborgen halten?« »Und Lydia wollte doch immer schon einmal nach London fahren«, warf Kitty ein.

»Nun, dann hat sie ja, was sie sich gewünscht hat«, meinte ihr Vater trocken. Nach einer kurzen Pause fuhr er fort: »Lizzy, ich nehme es dir nicht übel, dass du mit deinem Rat damals im Mai recht gehabt hast.« Er wurde durch Jane unterbrochen, die kam, um den Tee für ihre Mutter zu holen. »Was ist das bloß für ein Theater!«, rief er aus. »So ist es richtig; so muss es sein! Das gibt dem Unglück erst den vornehmen Anstrich! Ich muss es auch einmal so versuchen: Ich werde mich mit Nachtmütze und Schlafrock in mein Studierzimmer zurückziehen und euch so viel Arbeit und Mühe machen, wie ich nur kann – aber ich werde damit warten, bis auch Kitty durchgebrannt ist.«

»Ich laufe nicht davon, Vater«, sagte Kitty beleidigt. »Wenn ich je nach Brighton kommen sollte, werde ich mich besser aufführen als Lydia!«

»Du nach Brighton? Ich würde es nicht wagen, dich auch nur in die Nähe zu lassen! Nicht für fünfzig Pfund! Nein, meine liebe Kitty, ich habe jetzt wenigstens das gelernt, vorsichtig zu sein, und du wirst das noch zu spüren haben. In mein Haus kommt nie wieder ein Offizier und auch ins Dorf nicht, wenn ich es verhindern kann. Bälle sind von heute an untersagt, außer wenn du mit einer deiner Schwestern tanzen willst. Und du darfst nie wieder einen Fuß vor das Haus setzen, bevor du nicht nachgewiesen hast, dass du wenigstens zehn Minuten von deinem Tag in einer vernünftigen Weise verbracht hast.« Kitty nahm diese Drohungen so ernst, wie sie klangen, und fing an zu weinen. »Nun, nun«, sagte ihr Vater beruhigend, »sei nicht so traurig! Wenn du dich in den nächsten zehn Jahren anständig aufgeführt hast, werde ich dich vielleicht einmal zu einer Parade mitnehmen.«

49

Zwei Tage später, als Elizabeth und Jane im Garten sich befanden, sahen sie die Haushälterin auf sich zueilen und gingen ihr entgegen in der Meinung, ihre Mutter habe nach ihnen verlangt; aber statt der erwarteten Aufforderung, nach oben zu kommen, fragte sie Jane in großer Hast: »Entschuldigen Sie die Störung, gnädiges Fräulein, aber ich nahm an, Sie hätten vielleicht gute Nachricht aus der Stadt, und deshalb habe ich mir erlaubt, mich danach zu erkundigen.«

»Wovon reden Sie, Hill? Wir haben doch gar keine Nachricht aus London.«

»Aber Miss Jane«, rief Mrs. Hill höchst erstaunt aus, »wissen Sie denn nicht, dass ein Eilbrief von Mr. Gardiner angekommen ist?« Ohne sich Zeit zum Antworten zu nehmen, liefen die beiden jungen Mädchen ins Haus, von der Halle ins Frühstückszimmer, von dort in die Bibliothek – nirgends trafen sie ihren Vater an; sie wollten gerade nach oben eilen in der Meinung, er sei vielleicht bei ihrer Mutter, als ihnen der Diener begegnete und sagte: »Wenn Sie den Herrn suchen, gnädiges Fräulein, er hat den Weg zu dem kleinen Wäldchen hinter dem Haus eingeschlagen.« Schon waren sie wieder durch die Halle aus dem Haus gerannt und eilten über den Rasen hinter ihrem Vater her, der in geringer Entfernung vor ihnen mit schnellen Schritten dem Wäldchen zustrebte. Jane, die weder so leicht, noch so leichtfüßig wie ihre Schwester war, blieb bald zurück, während Elizabeth ihn einholte und atemlos ausrief: »Vater, was hast du Neues gehört? Sag doch! Hat Onkel geschrieben?«

»Ja, ich erhielt soeben einen Eilbrief von ihm.«

»Na und? Was steht darin? Gutes oder Schlechtes?«

»Was erwartest du noch Gutes?«, meinte er und holte den Brief aus seiner Tasche heraus. »Hier lies, wenn du Lust hast.« Elizabeth riss ihm das Schreiben in ihrer Ungeduld fast aus der Hand. Jetzt kam auch Jane keuchend heran. »Lies laut«, sagte Mr. Bennet, »ich weiß kaum selbst, was eigentlich darin steht.«

›London, Montag, 2. August. Lieber Schwager, endlich bin ich in der Lage, Dir Neues über Deine Tochter schreiben zu können, und ich glaube, im großen und ganzen wird es zu Deiner Zufriedenheit ausfallen. Kurz nachdem Du am Sonnabend fortgefahren warst, hatte ich das Glück, herauszufinden, wo die beiden sich aufhielten. Einzelheiten erzähle ich, wenn wir uns demnächst sehen, für heute mag genügen, dass sie gefunden sind. Ich habe beide schon gesehen …‹

»Was ich immer gehofft habe«, rief Jane, »sie sind verheiratet!«

›Ich habe beide schon gesehen – sie sind nicht verheiratet, und es sieht nicht so aus, als hätten sie je die Absicht dazu gehabt. Aber wenn Du Dich mit der Regelung, die ich für Dich vorgeschlagen habe, einverstanden erklärst, werden sie es wohl bald sein. Du brauchst nichts weiter zu tun, als Lydia in Deinem Testament von den fünftausend Pfund, die Deinen Töchtern einmal zufallen, den gleichen Anteil wie ihren Schwestern zuzusichern und Dich bereit zu erklären, während Deiner Lebenszeit Deiner Tochter eine jährliche Rente von 100 Pfund zu gewähren. Ich habe diesen Bedingungen, soweit ich das in Deinem Namen tun konnte, zugestimmt. Ich teile Dir dies im Eilbrief mit, damit kein Verzug in Deiner Antwort eintritt. Du wirst aus diesen Einzelheiten auch ersehen, dass Wickham durchaus nicht so schlecht gestellt ist, wie man es allgemein angenommen hat. Man hat sich in dieser Beziehung geirrt; und es wird Dich freuen zu erfahren, dass sogar, nachdem alle seine Schulden bereinigt sind, noch ein gut Teil von seinem Vermögen übrigbleiben wird, das Deiner Tochter außer ihrem eigenen Vermögen überschrieben werden soll. Wenn Du mir, wie ich hoffe, Vollmacht erteilst, diese Angelegenheit für Dich in Ordnung zu bringen, will ich sofort unserem Notar den Auftrag geben, den Ehevertrag aufzusetzen. Es liegt gar kein Grund vor, dass Du noch einmal hierherkommst; bleibe ruhig auf Longbourn und verlass Dich auf meine Erfahrung und Sorgfalt. Schreibe aber so bald wie möglich und so genau wie möglich, was Du getan haben willst. Meine Frau und ich fänden es am besten, wenn Deine Tochter von unserem Hause aus getraut würde, und ich denke, Du wirst nichts dagegen haben. Morgen kommt sie zu uns. Ich berichte Dir mehr, sobald weiteres festgelegt worden ist. Dein E. Gardiner‹

»Ist es möglich«, rief Elizabeth aus, als sie fertiggelesen hatte, »ist es möglich, dass er sie doch heiraten wird?«

»Wickham ist also doch nicht so schlecht, wie wir immer gedacht haben«, sagte Jane. »Wie freue ich mich, Vater.«

»Hast du den Brief schon beantwortet?«, fragte Elizabeth. »Nein, aber ich muss es wohl bald tun.«

Elizabeth bat ihn inständig, keine Zeit mehr zu verlieren. »Komm bitte gleich zurück ins Haus«, rief sie, »denke daran, wie wichtig jeder Augenblick sein kann.«

»Na ja, wenn es nicht anders geht«, erwiderte ihr Vater, »getan werden muss es ja schließlich doch.« Mit diesen Worten wandte er sich um und ging mit ihnen wieder über den Rasen zurück.

»Wie ist das übrigens«, begann Elizabeth, besann sich aber und fuhr fort: »Mit den Bedingungen wirst du dich wohl einverstanden erklären müssen, nicht wahr?«

»Einverstanden? Ich wundere mich, dass er so wenig gefordert hat.«

»Müssen sie denn unbedingt heiraten? Lydia einen solchen Mann?«

»Ja, ja, natürlich müssen sie heiraten. Etwas anderes ist da gar nicht mehr möglich. Aber zwei Dinge möchte ich gern wissen: erstens, wieviel Geld euer Onkel auf den Tisch legen musste, um diese Heirat durchzusetzen, und zweitens, wie ich es ihm je zurückzahlen soll …«

»Geld? Unser Onkel?«, rief Jane. »Was meinst du damit, Vater?«

»Ich meine damit, dass kein Mann, der bei klarem Verstand ist, Lydia heiraten würde, nur weil sie, solange ich noch lebe, jährlich hundert Pfund und später das kleine Erbteil bekommt.«

»Das stimmt«, meinte Elizabeth, »daran hatte ich gar nicht gedacht. Seine Schulden sollen bezahlt werden und noch etwas übrigbleiben! Sicher, da muss Onkel seine Hand im Spiel haben! Ach, wie gut und großherzig er doch ist! Hoffentlich gerät er dadurch nicht selbst in Verlegenheit. Mit einer kleinen Summe ist es hierbei gewiss nicht getan!«

»Nein«, erwiderte ihr Vater, »Wickham wäre ein Dummkopf, wenn er sie für einen Penny weniger als zehntausend Pfund nähme. Es täte mir leid, wenn ich schon zu Beginn unserer verwandtschaftlichen Beziehungen so gering von ihm denken müsste.«

»Zehntausend Pfund! Du lieber Himmel! Wie kann man auch nur die Hälfte davon je zurückzahlen?«

Mr. Bennet antwortete nicht darauf, und tief in Gedanken versunken traten sie ins Haus. Die Mädchen gingen ins Frühstückszimmer, ihr Vater zog sich in seine Bibliothek zurück, um den Brief zu schreiben.

»Sie werden also tatsächlich heiraten!«, rief Elizabeth aus, sobald sie mit Jane alleinwar. »Ist das nicht eigenartig? Und dafür müssen wir auch noch dankbar sein! Wir sind einfach gezwungen, uns darüber zu freuen, so wenig Aussicht sie auch haben, je glücklich miteinander zu werden, und so schlecht sein Charakter auch ist! O dies Lydia!«

»Ich tröste mich mit dem Gedanken«, meinte Jane, »dass er sie trotz allem nicht heiraten würde, wenn er nicht eine wirkliche Zuneigung zu ihr hätte. Unser Onkel mag ihm wohl etwas aus seinen Verlegenheiten geholfen haben, aber ich glaube nicht, dass er wirklich auch nur annähernd so viel wie zehntausend Pfund hat aufwenden müssen. Er hat doch selbst Kinder und wird vielleicht noch mehr haben; wie soll er da zehntausend Pfund für andere erübrigen können?«

»Falls wir herausbekommen können, wie hoch Wickhams Schulden gewesen sind«, erwiderte Elizabeth, »und welche Summe von ihm auf unsere Schwester überschrieben worden ist; dann werden wir genau wissen, wieviel Onkel für uns getan hat; Wickham besaß ja nicht einen halben Penny. Wir können unseren Verwandten ihre Güte niemals vergelten. Dass sie Lydia in ihr Haus genommen und ihr den Schutz ihres Namens und ihres Vermögens gewährt haben, ist eine solche Uneigennützigkeit, dass Jahre der Dankbarkeit das nicht aufwiegen können. Jetzt, in diesem Augenblick befindet sich Lydia schon in ihrem Haus! Wenn sie sich nun durch solche Güte und Freundlichkeit nicht ihrer verwerflichen Handlungsweise bewusst wird, dann verdient sie es nie, glücklich zu werden. Was das für ein Wiedersehen sein wird, wenn sie unserer Tante zuerst vor die Augen tritt!«

»Wir müssen versuchen, beider Fehler zu vergessen«, sagte Jane. »Ich hoffe und glaube, dass sie doch noch glücklich werden. Dass Wickham jetzt in die Heirat eingewilligt hat, beweist mir, dass er zu einer anständigen Gesinnung zurückgefunden hat. Sie werden sich an ihrer gegenseitigen Liebe stützen; und ich glaube, behaupten zu dürfen, dass sie ruhig und vernünftig miteinander leben und dass dann bald alle ihre bisherigen Torheiten vergessen sein werden.«

»Sie haben sich so benommen«, erwiderte ihre Schwester, »dass weder du noch ich, noch irgendjemand das je wird vergessen können. Es hat gar keinen Sinn, sich da etwas vorzumachen.«

Jetzt fiel es den Mädchen ein, dass ihre Mutter wahrscheinlich noch gar keine Ahnung von der neuen Entwicklung der Dinge habe. Sie gingen daher in die Bibliothek, um ihren Vater zu fragen, ob er etwas dagegen habe, wenn sie es ihr mitteilten. Er war mit seinem Brief beschäftigt und antwortete, ohne hochzusehen: »Das könnt ihr halten, wie ihr wollt.«

»Dürfen wir Onkels Brief mit hinaufnehmen und ihr vorlesen?«

»Nehmt ihn schon und macht, dass ihr hinauskommt.«

Elizabeth nahm den Brief von seinem Schreibtisch, dann gingen sie beide zu ihrer Mutter hinauf. Mary und Kitty leisteten der Mutter gerade Gesellschaft; man brauchte also die Nachricht nicht noch jeder einzeln mitzuteilen. Nachdem sie die Neugierde durch Andeutungen aufs höchste gespannt hatte, las Elizabeth den Brief ihres Onkels vor.

Mrs. Bennet wurde es mit jedem Wort schwerer, sich ruhig zu verhalten. Sowie die Stelle kam, wo Mr. Gardiner die Hoffnung auf eine baldige Heirat Lydias aussprach, kannte ihre Freude keine Grenzen mehr, von Satz zu Satz geriet sie immer mehr außer sich. Die gute Nachricht erregte sie jetzt ebenso heftig wie vorher Sorgen und Ärger. Dass ihre Tochter verheiratet sein werde, genügte ihr vollauf; um ihr Glück empfand sie keine Angst; ihr Fehltritt war schon fast vergessen.

»Meine liebe, liebe Lydia«, rief sie. »Wie großartig! Sie wird heiraten! Ich sehe sie bald wieder! Mit sechzehn Jahren wird sie schon verheiratet sein! Mein lieber, guter Bruder! Ich wusste es ja genau, ich wusste ja, er würde alles in Ordnung bringen. Wie ich mich danach sehne, sie wiederzusehen! Und den reizenden Wickham auch! Aber die Kleider – das Hochzeitskleid! Ich muss meiner Schwägerin unverzüglich deswegen schreiben! Lizzy, Liebling, laufe und frage deinen Vater, wieviel er ihr dafür geben will. Oder bleib, ich gehe schon selber. Kitty, läute nach Hill! Ich bin im Nu angezogen. Die liebe Lydia! Das soll ein Fest werden, wenn wir uns wiedersehen!«

Jane versuchte, die Heftigkeit ihrer Gefühlsäußerungen auf einen anderen Gegenstand überzuleiten, indem sie ihre Mutter auf die Verpflichtung hinwies, die Mr. Gardiners Hochherzigkeit der ganzen Familie auferlegt hatte. »Denn wir müssen es zum größten Teil seiner Güte und Großzügigkeit zuschreiben«, fügte sie hinzu, »dass die Geschichte doch noch ein so glückliches Ende gefunden hat. Wir sind alle überzeugt davon, dass er Wickham eine bedeutende Geldunterstützung zugesichert hat.«

»Nun, das ist ja auch ganz in der Ordnung«, rief die Mutter, »wer sollte es denn sonst tun, wenn nicht ihr eigener Onkel? Wenn er nicht selbst eine Familie hätte, wäre ja sein ganzes Vermögen sowieso auf meine Kinder übergegangen. Und dies ist ja das erste Mal, dass er uns irgendetwas gegeben hat, außer hier und da den paar Geschenken. Ich bin ja so glücklich! Mrs. Wickham! Wie gut das klingt! Bald werde ich eine verheiratete Tochter haben. Meine liebe Jane, ich bin zu aufgeregt, um schreiben zu können; du musst es für mich tun, ich werde dir diktieren. Wegen des Geldes können wir später mit Vater sprechen, aber die Sachen müssen sofort bestellt werden!« Sie stürzte sich in Berechnungen und Überlegungen über so und so viel Meter Seide, so viele Längen Musselin, so viel von diesem und so viel von jenem Stoff und hätte gewiss eine von keinerlei Hemmungen begrenzte Bestellung aufgegeben, wenn es nicht Jane mit einiger Mühe gelungen wäre, sie zu überreden, doch lieber erst alles mit ihrem Vater durchzusprechen. Ein Tag früher oder später, meinte sie, würde nicht viel ausmachen. Und ihre Mutter war viel zu glücklich, um ganz so halsstarrig zu sein wie sonst. Außerdem hatte sie ja auch noch so viel anderes zu erledigen …

»Ich gehe nach Meryton«, sagte sie, »sobald ich angekleidet bin, und erzähle meiner Schwester Philips von dieser guten Neuigkeit. Und auf dem Rückweg werde ich bei Lady Lucas und bei Mrs. Long vorsprechen. Lauf, Kitty, und bestelle den Wagen; ein wenig frische Luft wird mir guttun. Kinder, was kann ich für euch in Meryton besorgen? Ah, da ist Hill. Liebe Hill, haben Sie schon gehört? Fräulein Lydia wird heiraten; ihr sollt draußen in der Küche eine ganze Punschbowle für euch haben, um mit uns zu feiern!«

Mrs. Hill schien ebenfalls außer sich vor Freude. Elizabeth hörte sich ihre Glückwünsche eine Weile mit an und flüchtete dann, ganz krank von all der Dummheit hier, in ihr eigenes Zimmer, um in Ruhe ihre Gedanken sammeln zu können. Selbst im besten Fall war ihre Schwester Lydia immer noch übel daran; dass ihre Lage nicht noch schlechter war, dafür musste man allerdings dankbar sein. Wenn sie an die Ängste und Sorgen zurückdachte, die noch vor kaum zwei Stunden das ganze Haus bedrückt hatten, dann musste Elizabeth zugeben, dass sie auf ein so gutes Ende nicht zu hoffen gewagt hatte.

50

Mr. Bennet hatte häufig, auch früher schon, im stillen gewünscht, dass er, anstatt sein ganzes Vermögen auszugeben, ein wenig für seine Kinder und seine Frau zurückgelegt hätte. Und jetzt wünschte er es natürlich mehr denn je. Wäre er in dieser Beziehung ein wenig vorsorglicher gewesen, stünde seine Tochter jetzt nicht bei ihrem Onkel in Schuld wegen eines guten Namens und eines guten Rufes – wenn man es so nennen wollte –, die er für sie gekauft hatte. Das Vergnügen, seiner Tochter einen der nichtsnutzigsten Männer im ganzen Königreich zu verschaffen, wäre dann ihm zugefallen, wie es sich ja auch gehörte. Er machte sich schwere Gedanken darüber, dass sein Schwager allein die Kosten für ein so zweifelhaftes Geschäft tragen sollte, und er war fest entschlossen, alles daran zu setzen, um den Umfang seiner Hilfe festzustellen und sie so bald wie möglich abzugelten.

Als Mr. Bennet seinerzeit geheiratet hatte, schien ihm Sparsamkeit völlig sinnlos zu sein. Für ihn stand es felsenfest, dass sein Erstgeborener ein Sohn sein werde. Auf den werde das Familienerbe dann übergehen, und sobald er mündig wäre, könnte er für seine Geschwister und seine Mutter sorgen. Stattdessen erblickten jedoch fünf Töchter nacheinander das Licht der Welt, und der Sohn kam und kam nicht. Mrs. Bennet war noch viele Jahre nach der Geburt ihrer jüngsten Tochter Lydia überzeugt, dass der Erbe nun nicht mehr lange auf sich warten lassen werde; aber schließlich mussten sie alle Hoffnung aufgeben, und da war es natürlich zu spät, um mit dem Sparen anzufangen. Mrs. Bennet hatte keine Ahnung von sparsamem Wirtschaften, und nur ihres Mannes Furcht, seine Selbständigkeit und Unabhängigkeit zu verlieren, hatte die Familie davor bewahrt, über ihre Verhältnisse zu leben.

Im Ehekontrakt waren fünftausend Pfund für seine Kinder und seine Frau vorgesehen worden; wie diese Summe dann später auf die Kinder verteilt werden sollte, blieb dem Willen der Eltern überlassen. Was Lydia betraf, so musste dieser Punkt jetzt geregelt werden, und Mr. Bennet wusste, dass er keine andere Wahl hatte, als den Vorschlägen seines Schwagers zu folgen. Er dankte also seinem Schwager aufs herzlichste, wenn auch so kurz gefasst wie möglich, für alle seine Mühe und Freundlichkeit, gab dann sein Einverständnis zu der Heirat und erklärte sich bereit, auf alle Bedingungen und Verpflichtungen einzugehen. Er hätte sich niemals vorgestellt, dass er Wickham mit so geringen Opfern je dazu hätte veranlassen können, seine Tochter zu heiraten. Die Rente von hundert Pfund im Jahre würde tatsächlich kaum mehr als zehn Pfund zusätzliche Ausgaben für ihn bedeuten: denn Lydias Unterhalt, ihre Kleider, ihr Taschengeld und was ihr noch darüber hinaus von ihrer Mutter zugesteckt zu werden pflegte, kamen zusammengerechnet ziemlich dicht an die hundert heran.

Eine weitere angenehme Überraschung war es für ihn gewesen, dass er sich um die Erledigung aller Einzelheiten nicht weiter zu kümmern brauchte; im Augenblick hatte er nur den einen Wunsch, so wenig wie möglich mit allem behelligt zu werden. Nachdem sein erster Zorn, der ihn nach London getrieben hatte, verraucht war, kehrte er bald zu seinem alten philosophischen Gleichmut zurück.

Die gute Nachricht verbreitete sich bald im ganzen Hause und danach mit der ihrer Bedeutung angemessenen Geschwindigkeit in der Nachbarschaft. Alle Bekannten nahmen sie mit entsprechender Haltung auf. Zweifellos wäre es ja ein besserer Gesprächsstoff gewesen, wenn Miss Lydia Bennet in London verschollen geblieben wäre oder – ein kaum weniger reizvoller Gedanke – sich für den Rest ihres Lebens irgendwo in ein kleines Bauernhäuschen hätte zurückziehen müssen … Doch auch über ihre Heirat ließ sich ja manches sagen, und die frommen Wünsche für ihr Wohlergehen, die die falschen Katzen von Meryton vorher zum Ausdruck gebracht hatten, verloren durch diese unerwartete Wendung wenig von ihrer Aufrichtigkeit; mit so einem Mann musste sie ja unglücklich werden.

Vierzehn Tage lang war Mrs. Bennet nicht mehr aus ihrem Zimmer gegangen, aber an diesem Freudentag nahm sie wieder in erdrückend guter Laune ihren Platz bei Tische ein. Für die erlittene Schande hatte sie kein Gefühl; sie triumphierte und war wieder obenauf. Die Verheiratung einer Tochter, ihr sehnlichster Wunsch seit Janes sechzehntem Geburtstag, stand dicht bevor, und sie hatte nun für nichts anderes Gedanken und Worte als für all das unentbehrliche Drum und Dran einer vornehmen Hochzeit: teure Kleider, neue Wagen und eine zahlreiche Dienerschaft. Sie durchmusterte eifrig die ganze nähere Umgebung nach einem passenden Besitz für ihre Tochter und verwarf das meiste als zu unbedeutend und zu klein, ohne überhaupt das Einkommen ihres zukünftigen Schwiegersohnes oder den Preis der Grundstücke zu kennen. »Haye-Park wäre nicht schlecht«, meinte sie, »nur müssten die Gouldings es verkaufen wollen. Oder der große Besitz bei Stike, nur ist das Gesellschaftszimmer dort sehr klein. Ashworth liegt zu weit weg. Ich könnte es nicht ertragen, sie zehn Meilen von mir entfernt zu wissen. Pulvis Lodge kommt nicht infrage, da ist das Obergeschoss ganz schrecklich verbaut.«

Mr. Bennet ließ sie reden, solange die Dienstboten noch im Zimmer waren. Dann sagte er: »Mrs. Bennet, bevor Sie für Ihre Tochter und Ihren Herrn Schwiegersohn das eine oder das andere oder auch alle Häuser gekauft haben, wollen wir uns über eines ganz klar werden: Zu einem Haus in dieser Nachbarschaft sollen die beiden niemals Zutritt haben. Ich will sie nicht noch für ihren dummen Streich belohnen, indem ich sie hier auf Longbourn aufnehme!« Eine lange Auseinandersetzung folgte dieser Kriegserklärung; ein Wort gab das andere, und Mrs. Bennet musste zu ihrem Entsetzen erfahren, dass ihr Mann auch nicht ein einziges Pfund für Lydias neue Kleider zu stiften gedachte. Er schwor, dass er zu der Hochzeitsfeier nichts beitragen werde, was Lydia als Zeichen seiner Freude auffassen könne. Mrs. Bennet glaubte ihren Ohren nicht zu trauen. Dass sein Zorn so weit gehen sollte, seiner Tochter das einzige zu verweigern, was einer Hochzeit erst den eigentlichen Sinn verlieh, ging einfach über ihren Verstand. Die Schande, die ein allzu geringer Kleideraufwand für die Hochzeit ihres Kindes mit sich bringen musste, erschien ihr furchtbar, während sie ein Schamgefühl über alles Vorangegangene gar nicht kannte.

Elizabeth tat es jetzt von Herzen leid, dass sie sich damals in ihrer Aufregung dazu hatte hinreißen lassen, Darcy ihre Befürchtungen wegen ihrer Schwester mitzuteilen. Nun, wo der bedauerliche Seitensprung mit einer ordnungsgemäßen Heirat enden sollte, durfte sie ja hoffen, die Hintergründe würden allen verborgen bleiben, die nicht unmittelbar in die Angelegenheit verwickelt waren. Sie fürchtete nicht, dass Darcy weitererzählen würde, was sie ihm anvertraut hatte, gab es doch keinen Menschen, den sie ihres Vertrauens für würdiger erachtet hätte; andererseits gab es auch niemanden, dessen Mitwisserschaft ihr jetzt unangenehmer gewesen wäre. Nicht weil sie annahm, dass sie selbst dadurch berührt werden könnte, denn zwischen ihnen schien ja sowieso eine unüberbrückbare Kluft zu liegen. Selbst wenn Lydias Heirat in aller Ordnung und Ehrbarkeit zustande gekommen wäre, war es ihr erst recht höchst unwahrscheinlich, dass Darcy sich mit einer Familie hätte verbinden mögen, die zu allem anderen nun auch noch in engste verwandtschaftliche Beziehung zu dem Mann trat, den er mit Recht aufs tiefste verachtete. Elizabeth ergab sich voll Trauer in das Unvermeidliche; sie bereute etwas, sie wusste nur nicht recht was. Sie hätte jetzt, wo sie nichts mehr von ihm zu hoffen hatte, um seine Achtung betteln mögen. Sie sehnte sich nach einem Wort von ihm, obwohl doch gar keine Aussicht mehr bestand, das zu hören, was sie am liebsten von ihm gehört hätte. Sie wusste jetzt, dass sie mit ihm hätte glücklich werden können; aber was half ihr das – alles sprach dagegen, dass sie ihn überhaupt jemals auch nur wiedersehen würde. Wie würde er triumphieren, dachte sie bisweilen, wenn er wüsste, dass der Antrag, den sie vor kaum vier Monaten so verächtlich abgewiesen hatte, jetzt mit aller Dankbarkeit und Liebe erhört werden würde! Sie fing jetzt an zu verstehen, dass er gerade der Mann war, der nach Charakter und Veranlagung am besten zu ihr gepasst hätte. So sehr sie sich auch beide in ihrem Temperament und ihrer ganzen Wesensart voneinander unterschieden, so sehr hätten sie sich auch ergänzt. Es wäre eine Verbindung geworden, die beiden Gewinn gebracht hätte: Ihre leichte und natürliche Art hätte seine Strenge gemildert, seine Ecken und Kanten geschliffen; und sie hätte von seiner Bildung, Einsicht und Lebenserfahrenheit den größten Gewinn ziehen können. Aber so, wie die Dinge jetzt lagen, würden sie niemals den Leuten zeigen dürfen, wie eine wirklich glückliche Ehe aussieht. Eine andere Ehe, auf einer ganz anderen Grundlage aufgebaut, würde nun bald in ihrer Familie geschlossen werden und jede Hoffnung für sie zunichte machen. Wie Wickham und Lydia jemals einigermaßen ohne Geldsorgen würden leben können, wusste sie nicht. Aber sie konnte sich leicht vorstellen, wie wenig Glück für ein Paar zu erwarten war, das nur zueinander gefunden hatte, weil triebhafte Leidenschaft über die Tugend den Sieg davontrug.

Mr. Gardiner schrieb seinem Schwager bald wieder. Er berührte nur kurz die Dankesschuld, von der Mr. Bennet geschrieben hatte, indem er versicherte, dass das Wohlergehen seiner Familie ihm jetzt ebensosehr wie früher am Herzen liege, und indem er bat, niemals wieder von diesen Dingen zu ihm zu sprechen. Der Hauptteil seines Briefes berichtete, Wickham sei entschlossen, sein Regiment zu verlassen: ›Es war mein Wunsch, dass er diesen Schritt unternahm, seitdem die Heirat feststand. Ich denke, Du wirst mir beistimmen, dass es für ihn wie für Lydia das beste sein wird, wenn sie von seinen früheren Freunden fortkommen. Wickham möchte in ein anderes Regiment eintreten, und er hat noch einige Bekannte, die ihm dabei behilflich sein wollen. Man hat ihm bereits ein Offizierspatent in einem Regiment, das jetzt im Norden steht, versprochen. Ein großer Vorteil, dass das so weit von hier entfernt ist. Ich habe die Hoffnung, dass sie beide unter fremden Menschen etwas mehr auf ihren Ruf achten und sich ein wenig zusammennehmen werden. Ich habe an Oberst Forster geschrieben, ihn von unseren bisherigen Abmachungen unterrichtet und ihn gebeten, die Gläubiger in Brighton mit dem Versprechen baldiger Bezahlung zu beruhigen. Bitte, nimm Dir doch die Mühe und tue dasselbe in Meryton; ich füge eine Liste seiner Gläubiger bei, die ich nach seinen Angaben angefertigt habe. Der Anwalt hat Anweisung erhalten, und ich denke, dass in einer Woche alles bereinigt und erledigt sein wird. Die beiden werden dann unverzüglich in den Norden fahren, falls sie nicht vorher noch nach Longbourn eingeladen werden. Meine Frau sagt mir, dass Lydia sich sehr danach sehnt, euch alle noch einmal zu sehen, bevor sie den Süden verlässt. Es geht ihr gut, und sie bittet, ihren Vater und ihre Mutter zu grüßen. Dein E. G.‹

Mr. Bennet und seine ältesten Töchter erkannten den Vorteil, der in Wickhams Ausscheiden aus seinem alten Regiment lag, so klar wie Mr. Gardiner. Nur Mrs. Bennet wollte es gar nicht gefallen, dass Lydia in den Norden ziehen sollte, ›weil sie sich doch so auf die Gesellschaft ihrer verheirateten Tochter gefreut hatte – denn sie hatte den Plan, dass Wickham ein Haus in der Nähe kaufen sollte, durchaus nicht aufgegeben. Und außerdem war es doch zu schade, dass Lydia ein Regiment verlassen musste, in dem sie so viele gute Bekannte hatte, so viele wirklich gute Freunde.‹

»Sie hat Mrs. Forster so gern«, sagte sie, »es ist grausam, sie von ihr zu trennen. Und da sind doch auch ein paar von den jüngeren Offizieren, die sie immer so gern mochte. Vielleicht sind die Offiziere in dem neuen Regiment gar nicht so nett!«

Die Bitte seiner Tochter – denn so fasste Mr. Bennet den Satz in dem Brief seines Schwagers auf –, noch einmal nach Longbourn kommen zu dürfen, stieß zunächst auf energischen Widerstand bei ihm. Aber Jane und Elizabeth, die es für den Ruf ihrer Schwester für unerlässlich hielten, dass sie nach ihrer Heirat von ihren Eltern wieder aufgenommen wurde, baten ihn so eindringlich und wussten so vernünftige Gründe für ihre Bitte anzugeben, dass er sich schließlich überreden ließ, ihrem Rat zu folgen und das Paar doch in sein Haus einzuladen. Mrs. Bennet sollte also wenigstens die Genugtuung haben, sich mit ihrer verheirateten Tochter vor den Nachbarn zeigen zu können, bevor Lydia nach dem Norden verbannt wurde. So schrieb denn Mr. Bennet seinem Schwager seine Einwilligung, und es wurde ausgemacht, dass die beiden Sünder nach der Trauung nach Longbourn kommen sollten. Elizabeth wunderte sich, dass Wickham sich damit einverstanden erklärte; wenn sie an seiner Stelle gewesen wäre, wäre eine Begegnung mit der Familie das letzte gewesen, was sie sich gewünscht hätte.

51

Der Hochzeitstag ihrer Schwester war herangekommen, und Jane und Elizabeth empfanden ein Mitleid mit ihr, das Lydia selbst wahrscheinlich für höchst überflüssig gehalten hätte. Der Wagen wurde dem Paar entgegengeschickt und sollte mittags mit ihnen eintreffen. Die beiden älteren Schwestern sahen der Begegnung mit recht gemischten Gefühlen entgegen. Besonders Jane, die bei Lydia dieselben Empfindungen vermutete, die sie gehegt haben würde, wenn sie die Schuldige gewesen wäre, vermutete außerordentliche Seelenqualen bei ihrer Schwester.

Endlich war es so weit. Die Familie hatte sich im Frühstückszimmer versammelt, um sie zu empfangen. Mrs. Bennet strahlte übers ganze Gesicht, als der Wagen vorfuhr; ihr Mann sah undurchdringlich ernst aus, ihre Töchter besorgt, ängstlich und aufgeregt. Lydias Stimme erklang in der Halle. Die Tür wurde aufgerissen, und sie stürmte herein. Mrs. Bennet eilte auf sie zu und hieß sie mit überströmender Freude willkommen, gab darauf Wickham mit dem liebenswürdigsten Lächeln der Welt die Hand und wünschte beiden in einer Weise Glück, die zeigte, dass sie an diesem Glück nicht den geringsten Zweifel hegte.

Mr. Bennet empfing sie weniger herzlich. Er sah jetzt noch ernster und abweisender aus als früher und öffnete kaum den Mund zum Gruß. Die Unverfrorenheit des jungen Paares konnte ihn aber auch mit Recht aufbringen. Auch Elizabeth fühlte sich davon abgestoßen, und Jane war tief betroffen. Lydia war noch immer dieselbe: unbeherrscht, ungeniert, ausgelassen, lärmend und ohne jedes Feingefühl. Sie ging von Schwester zu Schwester, um sich gratulieren zu lassen, und als sie sich dann gesetzt hatten, guckte sie alle rundherum an und meinte schließlich mit einem kleinen Lachen, es sei ja schon eine Ewigkeit her, seitdem sie das letztemal hier gesessen habe.

Wickham schien sich ebenso wohl und zu Hause zu fühlen wie Lydia; sein Benehmen war so gewandt und verbindlich wie immer, und wäre mit der Heirat alles so natürlich zugegangen, wie man es nach dem Verhalten des jungen Paares hätte annehmen können, wären alle von seiner liebenswürdigen Art, mit der er sich als neues Familienmitglied vorstellte, entzückt gewesen. Selbst Elizabeth hatte ihm eine solche Kaltschnäuzigkeit nicht zugetraut. Aber sie war von nun an fest entschlossen, für die Unverschämtheit eines unverschämten Mannes keine Grenzen mehr anzunehmen. Sie fühlte die Schamröte auf ihren Wangen und sah, wie auch Jane errötete, aber die Gesichter der beiden, für die sie sich schämten, zeigten nicht die Spur von Verlegenheit.

An Gesprächsstoff mangelte es nicht. Sowohl die junge Frau wie ihre Mutter konnten gar nicht schnell genug reden, um sich alles mitzuteilen, was ihnen wissenswert erschien. Wickham wandte sich derweilen an Elizabeth und fragte nach allen gemeinsamen Bekannten der

Nachbarschaft mit einer heiteren Unbefangenheit, die sie beim besten Willen in ihren Antworten nicht aufzubringen vermochte. Er und Lydia, beide schienen sie nur die angenehmsten Erinnerungen an die Vergangenheit zu haben, und Lydia brachte ohne alle Scheu das Gespräch auf ein Thema, an das ihre Schwestern um nichts in der Welt gerührt hätten. »Stellt euch vor«, erzählte sie, »dass es schon drei Monate her ist, seit ich von hier weggefahren bin; mir kommt es bestimmt nicht länger als vierzehn Tage vor! Aber was ist doch nicht alles in der Zwischenzeit geschehen! Du lieber Himmel! Als ich wegfuhr, dachte ich nicht einmal im Traum daran, verheiratet wiederzukommen. Das heißt, natürlich dachte ich, dass es ein RiesenSpaß sein würde, falls es dazu kommen sollte!«

Ihr Vater sah sie ruhig an; Jane wusste nicht, was sie sagen sollte, und Elizabeth warf Lydia einen beschwörenden Blick zu, aber Lydia, die schon immer die Gabe besessen hatte, nicht zu sehen, was sie nicht sehen wollte, fuhr vergnügt fort: »Ach, Mutter, wissen die Leute hier in der Gegend eigentlich schon, dass ich verheiratet bin? Ja? Ich hatte nämlich Angst, sie hätten es noch nicht gehört, und als wir unterwegs William Goulding überholten, ließ ich daher das Fenster herunter, zog meine Handschuhe aus und legte meine Hand so auf den Fensterrahmen, dass er meinen Ring sehen musste; dann habe ich ihm wie sonst was zugewinkt und zugelächelt.«

Elizabeth konnte es nicht mehr ertragen. Sie stand auf, eilte aus dem Zimmer und kehrte erst wieder, als sie hörte, dass man sich im Esszimmer versammelte. Sie kam gerade herein, als Lydia mit wichtiger Miene auf den Platz an der rechten Seite ihrer Mutter zuschritt und zu Jane sagte: »Jane, ich nehme jetzt deinen Platz ein, und du musst dich heruntersetzen, denn ich bin eine verheiratete Frau.« Es war offenbar zuviel verlangt, von Lydia zu erwarten, dass sie angesichts der bedrückten Stimmung der anderen doch allmählich merkte, wie am Platze ihre Ausgelassenheit war. Im Gegenteil, ihre Stimmung wuchs sich zu lärmender Fröhlichkeit aus. Sie konnte es kaum abwarten, Familie Lucas und Tante Philips und alle übrigen Bekannten in und um Meryton zu besuchen, um sich von ihnen »Mrs. Wickham« nennen zu hören. »Nun, Mutter«, fragte sie, »wie findest du meinen Mann? Ist er nicht einfach reizend? Ich könnte schwören, dass meine Schwestern mich alle von Herzen beneiden. Ich kann ihnen nur wünschen, dass sie halb soviel Glück haben wie ich. Ihr müsstet alle nach Brighton fahren; das ist der richtige Ort, um einen Mann zu kriegen. Zu schade, Mutter, dass wir nicht alle zusammen dort gewesen sind!«

»Da hast du ganz recht; und wenn es nach mir gegangen wäre, hätten wir das auch getan. Aber, meine liebe Lydia, es will mir gar nicht gefallen, dass du so weit von mir fortziehen willst. Muss das denn unbedingt sein?«

»Mein Gott, ja – das ist doch nicht so tragisch. Ich freue mich darauf. Du und Vater und die Schwestern, ihr müsst alle einmal kommen und mich besuchen. Wir werden den Winter über in Newcastle bleiben, da soll es immer viel Geselligkeit geben. Ich werde schon dafür sorgen, dass genug nette Männer zum Tanzen da sind.«

»Ach, wie gern würde ich das tun«, sagte ihre Mutter.

»Und wenn du dann wieder nach Hause fährst, kannst du eine oder zwei der Schwestern bei mir lassen; ich bin überzeugt, dass ich jede von ihnen, bevor der Winter vorbei ist, unter die Haube gebracht habe.«

»Ich verzichte dankend auf meinen Anteil an dem Vergnügen«, meinte Elizabeth, »mir will deine Art, unter die Haube zu kommen, nicht recht gefallen.«

Die Neuvermählten konnten nicht länger als zehn Tage bleiben. Wickham hatte sein Offizierspatent schon in London erhalten und musste sich innerhalb von vierzehn Tagen bei seinem neuen Regiment melden. Außer Mrs. Bennet tat es niemandem leid, dass der Besuch so kurz sein sollte. Sie nutzte die Zeit nach bestem Vermögen aus, machte überall Besuche mit ihrer Tochter und veranstaltete fast jeden Abend eine kleine Tanzerei auf Longbourn. Diese Geselligkeiten waren allen willkommen, und wer sonst die ruhigen Familienabende vorgezogen hatte, freute sich jetzt fast noch mehr über den Trubel als die anderen, die von jeher mehr für Trubel als für Ruhe gewesen waren.

Wickhams Neigung für Lydia war genau so groß, wie Elizabeth es sich gedacht hatte, das heißt, nicht halb so groß wie die Lydias für ihn. Die Beobachtungen, die sie jetzt täglich machen konnte, bestätigten ihr, dass daher auch Lydia weit mehr als er für ihr abenteuerliches Verschwinden aus Brighton verantwortlich zu machen war. Elizabeth hätte sich vielleicht auch darüber wundern können, warum er sich so leicht hatte überreden lassen, wenn sie nicht überzeugt gewesen wäre, dass zwingende Umstände es waren, die ihn zur Flucht veranlasst hatten. Bei einem Mann wie Wickham war es nur zu begreiflich, dass er dann lieber in Begleitung als allein verschwand.

Lydia war wirklich völlig in ihn vernarrt. Ständig hieß es ›mein lieber Mann‹ hier und ›mein lieber Mann‹ da; niemand konnte einen Vergleich mit ihm aushalten, er tat alles besser als jeder andere auf der Welt, und sie war fest davon überzeugt, dass er am ersten September, zu Beginn der Hühnerjagd, mehr Vögel zur Strecke bringen werde als irgendjemand sonst im ganzen englischen Königreich.

Eines Morgens, bald nach ihrer Ankunft, als sie bei ihren beiden älteren Schwestern saß, sagte Lydia zu Elizabeth: »Lizzy, dir habe ich noch gar nicht erzählt, wie es bei meiner Hochzeit zugegangen ist. Du warst neulich nicht dabei, als ich Mutter und den anderen davon berichtete. Bist du nicht neugierig, zu wissen, wie alles vor sich ging?«

»Offengestanden, nein«, erwiderte Elizabeth, »ich finde, du hast gar keinen Anlass, über dieses Thema allzuviel zu reden.«

»Ach, geh, du bist ja dumm! Ich werde es dir aber trotzdem erzählen. Du weißt ja, wir wurden in der Sankt-Clement-Kirche getraut; mein Mann wohnte nämlich in dieser Gemeinde. Um elf Uhr wollten wir alle dort sein. Onkel und Tante und ich sollten zusammen hingehen und die anderen dort treffen. Nun gut, also der Montag kam, und du kannst dir denken, in welcher Aufregung ich war! Ich hatte solche Angst, dass irgendetwas dazwischenkäme und wir die Trauung verschieben müssten; ich wäre außer mir gewesen! Und während ich mich anzog, redete Tante Gardiner die ganze Zeit auf mich ein, es klang wie eine Predigt. Gott sei Dank hörte ich kaum jedes zehnte Wort. Ich dachte natürlich die ganze Zeit nur an meinen lieben Mann. Ich musste immerzu daran denken, ob er sich wohl in seinem blauen Rock trauen lassen würde. Um zehn Uhr frühstückten wir wie gewöhnlich. Ich meinte schon, wir würden niemals damit fertigwerden, denn ich vergaß, dir noch zu sagen, dass Tante und Onkel schrecklich lieblos zu mir waren, während ich bei ihnen wohnte. Du wirst es mir nicht glauben, aber ich bin in den ganzen vierzehn Tagen nicht einen Schritt aus dem Haus gekommen. Keine Gesellschaft, kein Ausflug – nichts, gar nichts! In London war ja allerdings auch nicht viel los, aber das Kleine Theater spielte doch noch. Na, und dann, gerade als der Wagen vorfuhr, wurde Onkel von diesem scheußlichen Mr. Stone wegen irgendeiner geschäftlichen Sache weggerufen. Wenn die sich einmal zusammensetzen, dann ist kein Ende abzusehen. Ich war halb tot vor Angst. Onkel sollte doch Brautführer sein, und wenn wir uns zu sehr verspäteten, hätten wir noch einen ganzen Tag warten müssen. Glücklicherweise kam er aber schon nach zehn Minuten zurück, und dann fuhren wir los. Hinterher überlegte ich mir, dass es nicht sehr viel ausgemacht hätte, wenn er nicht gekommen wäre; die Trauung hätte nämlich doch nicht verschoben zu werden brauchen, denn Mr. Darcy hätte ja gut an seine Stelle treten können.«

»Darcy?«, fragte Elizabeth in höchstem Erstaunen.

»Ja, Darcy. Er war mit Wickham gekommen. Du meine Güte! Das habe ich ja ganz vergessen! Ich sollte doch kein Wort davon verraten! Und ich habe es so feierlich versprochen! Was wird nur mein Mann sagen? Es sollte doch ganz geheim bleiben!«

»Wenn es geheim bleiben soll«, sagte Jane, »dann sprich nicht weiter darüber. Wir werden dich schon nicht weiter fragen.«

»Natürlich nicht«, sagte auch Elizabeth, obwohl sie kaum wusste, wie sie ihre Neugierde bezähmen sollte. »Wir wollen selbstverständlich nichts wissen, was du nicht erzählen darfst.«

»Gut«, erwiderte Lydia. »Denn wenn ihr mich gefragt hättet, würde ich euch bestimmt alles gesagt haben, und dann wäre mein lieber Mann sehr böse auf mich gewesen.«

Die Versuchung, zu fragen, lag nach einer solchen Ermunterung sehr nahe, und Elizabeth musste davonlaufen, um ihr nicht zu erliegen. Aber es war ihr natürlich unmöglich, über diesen Punkt in Ungewissheit zu verbleiben. Irgendwie musste sie Näheres darüber zu erfahren suchen. Mr. Darcy war auf der Hochzeit ihrer Schwester gewesen! Eine Feier, die ihn wahrhaftig nicht reizen konnte, zumal die übrigen Festteilnehmer ihn doch überhaupt nichts angingen. Vermutungen aller Art schossen ihr wirr durch den Kopf; aber keine konnte sie befriedigen. Die sie am liebsten für wahrgehalten hätte, nämlich irgendeinen edlen, großzügigen Beweggrund, verwarf sie sogleich wieder als völlig unwahrscheinlich. Die Spannung wurde unerträglich. Sie eilte in ihr Zimmer und schrieb ihrer Tante, vielleicht konnte die ihr eine Erklärung für Darcys Anwesenheit bei Lydias Trauung geben, falls sie nicht auch ein Schweigegelübde abgelegt hatte. »Du kannst Dir doch gut vorstellen«, schloss sie, »wie gespannt ich bin, zu erfahren, was jemand, der nichts mit uns zu tun hat, der unserer Familie – ziemlich wenigstens – fern steht, was ein solcher Mensch unter euch bei einer derartigen Gelegenheit zu suchen hatte. Bitte, schreibe mir umgehend und erkläre es mir, falls Du nicht auch einen zwingenden Grund hast, ein Geheimnis zu wahren, wie Lydia ihn zu haben scheint. Dann müsste ich eben versuchen, mich mit Raten zu begnügen.«

»Damit werde ich mich natürlich nicht begnügen«, sagte sie laut zu sich selbst. »Wenn alle Stränge reißen, dann muss eben irgendeine List weiterhelfen.«

Janes Taktgefühl verbot es ihr, mit Elizabeth über diesen Gegenstand zu sprechen, und Elizabeth war froh darüber; denn solange sie nicht wusste, ob sie auf ihre Frage eine befriedigende Antwort erhalten werde, zog sie es vor, niemanden in ihr Vertrauen zu ziehen.

52

Zu Elizabeths großer Freude kam postwendend Antwort von ihrer Tante. Sie eilte mit dem Brief in die kleine Gartenlaube, wo sie am ungestörtesten zu bleiben hoffte, setzte sich auf eine Bank und bereitete sich auf eine gute Nachricht vor; denn die Länge des Schreibens sagte ihr, dass es keine Ablehnung ihrer Bitte enthalten konnte.

›Gracechurch Street, 6. Sept. Meine liebe Elizabeth! Eben erhielt ich Deinen Brief und habe mich daraufhin für den ganzen Vormittag freigemacht, um ihn zu beantworten; denn das, was ich Dir mitzuteilen habe, lässt sich nicht in wenigen Worten sagen. Ich muss gestehen, Deine Frage hat mich überrascht; gerade von Dir hatte ich sie nicht erwartet. Aber glaube nun nicht, dass ich ärgerlich bin. Ich wollte Dich nur wissen lassen, dass ich eine solche Frage von Dir für überflüssig hielt. Falls Du keine Lust hast, mich zu verstehen, dann verzeih diese Anzüglichkeit. Onkel ist aber mindestens ebenso überrascht, wie ich es bin. Er hätte niemals so gehandelt, wie er gehandelt hat, wenn er nicht überzeugt gewesen wäre, dass Du von dem Vorgefallenen unterrichtet warst. Aber wenn Du wirklich nicht weißt, worum es sich handelt, muss ich weit ausholen, um Dir alles zu erklären. An demselben Tag, an dem ich von Longbourn wieder nach Hause kam, erhielt Dein Onkel einen höchst unerwarteten Besuch. Mr. Darcy sprach bei uns vor, und die beiden Herren schlossen sich dann auf einige Stunden in der Bibliothek ein. Als ich eintraf, hatte Darcy sich bereits verabschiedet. Meine Neugierde wurde nun nicht ganz so stark auf die Folter gespannt wie die Deine. Er hatte meinem Mann erzählt, dass er Wickham und Lydia gefunden und beide gesprochen habe, Wickham öfter, Lydia nur einmal. Soweit ich es übersehen kann, scheint er einen Tag nach uns Pemberley verlassen zu haben, um nach London zu fahren und sich an der Suche zu beteiligen. Als Grund hierfür gab er an, dass er sich die Hauptschuld an dem Unglück beimesse, weil er über Wickhams wahren Charakter nie etwas gesagt habe. In seiner hochherzigen Art warf er sich falschen Stolz vor und gestand freimütig ein, dass er es bisher unter seiner Würde erachtet habe, den Leuten die Augen über Wickham zu öffnen. Er habe gemeint, sein Charakter werde ihn schnell genug verraten. Jetzt hielte er es aber für seine Pflicht, sich zur Verfügung zu stellen und zu versuchen, den Schaden, den er verursacht habe, wieder gutzumachen. Falls er noch einen anderen Grund gehabt haben sollte, bin ich ganz sicher, dass dieser ebensosehr für ihn sprechen würde. Es dauerte einige Tage, bis er Wickhams Aufenthalt ausfindig gemacht hatte; aber er erhielt eine Hilfe dabei, die wir nicht haben konnten. Hier in London wohnt nämlich eine gewisse Mrs. Younge, die früher Erzieherin von Miss Darcy gewesen ist, aber aus irgendeinem Grunde entlassen werden musste – er sagte uns nicht, aus welchem. Sie bezog dann ein Haus in der Edward Street, wo sie Zimmer vermietete. Darcy wusste, dass diese Mrs. Younge auf sehr vertrautem Fuße mit Wickham stand und fuhr deshalb gleich nach seiner Ankunft in London zu ihr, um sie auszufragen. Es dauerte jedoch zwei Tage, bis er von ihr erfuhr, was er erfahren wollte. Sie wollte wohl auf diese Weise einen guten Preis für ihre Auskunft herausholen, denn sie wusste tatsächlich, wo ihr Freund sich verborgen hielt. Wickham war schon am ersten Tage seiner Ankunft in London mit Lydia zu ihr gegangen, und wenn sie nicht alles vermietet gehabt hätte, wären sie sicherlich gleich dort wohnen geblieben. Schließlich gelang es also unserem liebenswürdigen Helfer, die gewünschte Adresse zu erhalten. Er suchte Wickham auf und setzte es dann auch durch, mit Lydia sprechen zu können. Zunächst hatte er die Absicht gehabt, Lydia zu überreden, der unmöglichen Situation ein Ende zu machen und zu ihren Eltern oder Verwandten zurückzukehren, sobald diese sich bereit erklärten, sie bei sich aufzunehmen. Er erbot sich auch, sich, falls nötig, bei ihnen für sie zu verwenden. Aber er musste bald merken, dass Lydia fest entschlossen war, zu bleiben, wo sie sich befand. Sie erklärte ihm rundheraus, dass sie sich aus ihrer Familie nichts mache, seine Hilfe nicht brauche und nichts davon hören wolle, Wickham zu verlassen; sie glaube, dass sie früher oder später bestimmt einmal heiraten würden. Wann, das sei ihr ziemlich gleichgültig. Da sie nun einmal auf ihrer Dummheit beharrte, blieb ihm nichts weiter zu tun übrig, als die Heirat finanziell zu ermöglichen und tunlichst zu beschleunigen. Schon bei seiner ersten Unterredung mit Wickham hatte er erfahren müssen, dass dieser durchaus nicht daran gedacht hatte, Lydia zu heiraten. Wickham gab zu, dass er sein Regiment einiger dringlicher Ehrenschulden halber hatte verlassen müssen, und er scheute sich nicht, alle Schuld und Verantwortung für die gemeinsame Flucht Lydias eigener Torheit zuzuschreiben. Er wollte zunächst seinen Abschied einreichen; was dann werden sollte, das wusste er allerdings nicht. Irgendwohin werde er ja gehen müssen, aber er habe keine Ahnung, wohin, noch, wovon er leben solle. Darcy fragte ihn, warum er Lydia nicht sogleich geheiratet habe und stellte ihm vor, dass Dein Vater, wenn er auch nicht für sehr wohlhabend gelte, doch jedenfalls etwas für ihn getan hätte und dass er, Wickham, aus der Heirat nur Nutzen gezogen haben würde. Aus der Antwort konnte er ersehen, dass Wickham noch immer die Hoffnung hegte, andernorts sein Glück durch eine wirklich reiche Heirat zu machen. Immerhin waren ja aber seine gegenwärtigen Verhältnisse nicht so, dass er der Versuchung hätte widerstehen können, als Darcy ihm das Angebot sofortiger Hilfe machte. Darcy und er trafen sich danach noch häufig, denn es musste ja zwischen ihnen so manches beredet werden. Wickham verlangte anfangs natürlich mehr, als er erwarten durfte, doch schließlich einigten sie sich auf einer einigermaßen vernünftigen Basis. Nachdem zwischen den beiden also alles geklärt war, ergab sich für Darcy als nächste Aufgabe, Deinen Onkel von seinen Abmachungen in Kenntnis zu setzen, und am Abend vor meiner Rückkehr machte er bereits seinen ersten Besuch bei uns. Er traf aber meinen Mann nicht an, sondern erfuhr nur, dass Dein Vater noch zu Gast bei uns war. Und da er ihn nicht für die geeignete Person hielt, mit der er die Angelegenheit besprechen konnte, geduldete er sich gern, zumal er hörte, dass Dein Vater am nächsten Tag abreisen wollte. Er hinterließ keinen Namen, und daher wusste Dein Onkel nur, dass ein Herr nach ihm gefragt habe. Darcy sprach also am folgenden Tage, einem Sonnabend, wieder vor, traf diesmal meinen Mann an und hatte, wie ich schon erwähnte, eine längere Unterredung mit ihm. Am nächsten Tag kam er noch einmal; aber erst am Montag war alles geklärt, und wir schickten euch gleich darauf den Eilbrief. Mr. Darcy war übrigens furchtbar eigensinnig. Ich glaube, Lizzy, dass dieser Eigensinn der eigentliche Fehler seines Charakters ist. Man hat ihm so viele andere zuschreiben wollen, aber das scheint mir das einzige zu sein, was man ihm wirklich vorwerfen kann. Nichts durfte getan werden, was er nicht selbst erledigte, obwohl ich genau weiß – ich sage dies, ohne dafür Dank ernten zu wollen –, dass Dein Onkel gern selbst alles übernommen hätte. Lange Zeit stritten sie sich nur hierüber, und weiß Gott, weder der saubere Herr Leutnant noch die junge Dame, um die der Streit ging, haben das verdient. Schließlich musste aber Dein Onkel nachgeben. Anstatt seiner Nichte helfen zu dürfen, musste er notgedrungen damit zufrieden sein, den Dank für Darcys Großzügigkeit einzuheimsen, was ihm natürlich sehr gegen den Strich ging. Ich glaube, Dein Brief heute Morgen kam ihm sehr willkommen; denn er gab ihm Gelegenheit, eine Erklärung abzugeben und sich endlich der fremden Federn zu entledigen und den Dank an die richtige Adresse zu leiten. Aber, Lizzy, Du darfst auf keinen Fall zu irgendeinem Menschen von all dem sprechen, allenfalls vielleicht zu Jane. Du wirst Dir schon einen Begriff machen können, was alles für das junge Paar gezahlt werden musste. Da sollten Wickhams Schulden sämtlich beglichen werden; eine recht erhebliche Summe, ich glaube, etwa eintausend Pfund! Außerdem mussten außer euren tausend Pfund für Lydia noch weitere tausend Pfund für sie sichergestellt werden. Dazu dann noch der Kaufpreis für sein neues Offizierspatent! Weswegen Darcy diese Verpflichtungen alle allein übernommen hat, habe ich Dir oben schon erklärt. Er behauptet eben nach wie vor, durch seine Scheu vor allem Gerede sei Wickhams wahrer Charakter verborgen geblieben, und wenn er überall so gut und freundlich aufgenommen wurde, so trage er, Darcy, infolgedessen allein die Verantwortung. Das mag ja zum Teil vielleicht stimmen; aber ich möchte doch bezweifeln, ob Darcy oder irgendwer sonst deshalb die peinliche Affäre hätte verhindern können. Doch Du kannst sicher sein, Lizzy, dass alle diese schönen Gründe, mit denen Darcy sein Verhalten rechtfertigte, Deinen Onkel nicht dazu gebracht hätten, ihm seinen Willen zu lassen, wenn wir nicht überzeugt gewesen wären, dass für Darcy noch irgendetwas anderes dabei im Spiele war.

Nachdem alles geordnet und festgemacht war, kehrte Mr. Darcy nach Pemberley zu seinen Freunden zurück; wir hatten vorher noch verabredet, dass er zur Hochzeit wieder nach London kommen solle. Dann sollte auch alles Finanzielle endgültig geregelt werden. Ich glaube, ich habe Dir jetzt alles erzählt. Hoffentlich ist Deine Neugierde gestillt und die Überraschung für Dich nicht zu unangenehm. Lydia zog zu uns, und Wickham konnte sie besuchen, sooft er wollte. Er war genau so, wie ich ihn seit meiner Bekanntschaft mit ihm in Hertfordshire in Erinnerung hatte; sie – ich würde Dir nicht verraten, wie wenig ihr Benehmen uns gefallen hat, wenn ich nicht aus Janes letztem Brief ersehen hätte, dass sie sich bei euch auch nicht viel besser aufgeführt hat. Was ich Dir also jetzt schreibe, wird Dir nichts Neues sein und Dich daher nicht weiter betrüben können. Ich sprach häufig mit ihr auf das Ernsteste, machte ihr Vorstellungen über die Verworfenheit ihres Tuns und versuchte, ihr klarzumachen, welchen Kummer sie ihrer Familie bereitet habe. Aber falls sie überhaupt etwas von meinen Worten gehört hat, geschah das nur durch Zufall; denn zuhören tat sie gewiss nicht. Manchmal fiel es mir richtig schwer, noch freundlich zu ihr zu sein, aber dann dachte ich an meine liebe Elizabeth und die sanftmütige Jane und beherrschte mich um euretwillen. Darcy kam rechtzeitig zurück und war, wie Lydia euch erzählte, bei der Trauung zugegen. Am folgenden Tage speiste er bei uns und wollte am nächsten Mittwoch oder Donnerstag London wieder verlassen. Wirst Du es mir sehr übelnehmen, meine liebe Lizzy, wenn ich diese Gelegenheit benutze, um Dir zu sagen, wozu ich bisher nie den Mut aufbringen konnte, nämlich, dass ich ihn sehr gern habe? Er hat sich in jeder Beziehung so freundlich und zuvorkommend gegen uns benommen wie damals in Derbyshire. Sein Verständnis für alles und seine sachlichen Ansichten haben mir außerordentlich gefallen. Es fehlt ihm tatsächlich nur ein wenig mehr Lebhaftigkeit, und das kann seine Frau ihm beibringen, wenn er die richtige heiratet. Ach ja, hinterhältig ist er zwar auch noch – er hat nicht ein einziges Mal Deinen Namen erwähnt! Aber diese Art von Hinterhältigkeit scheint ja jetzt modern zu sein. Verzeih mir, wenn ich zuviel für selbstverständlich halte, oder bestrafe mich wenigstens nicht dadurch, dass Du mir den Besuch in Pemberly verwehrst. Ich werde erst richtig glücklich sein, wenn ich den herrlichen, großen Park dort noch einmal genau mir angesehen habe. Ein kleiner Sportwagen mit einem netten Paar Ponys davor wäre dafür gerade das Geeignete. Aber ich muss jetzt aufhören; die Kinder rufen schon seit einer halben Stunde nach mir. Deine Dich liebende Tante M. Gardiner.‹

Der Brief versetzte Elizabeth in einen Zustand, von dem es schwer zu sagen gewesen wäre, ob er ihr angenehm oder unangenehm war. Der unbestimmte und unsichere Verdacht, weshalb Darcy der Trauung ihrer Schwester beigewohnt haben mochte, war also nun in unerwartetem Ausmaße bestätigt worden – ein Verdacht, den sie ängstlich unterdrückt hatte, weil er eine zu große, zu unwahrscheinliche Hochherzigkeit bewiesen hätte, und den sie doch im Grunde ihres Herzens nicht ungern gehegt hatte! Er war dem flüchtigen Paar absichtlich nach London gefolgt; er hatte sich, ohne zu zögern, allen Mühen und Unannehmlichkeiten unterzogen, die eine solche Suche mit sich brachte; er hatte als Bittender zu einer Frau gehen müssen, die er vermutlich über alles verachtete und verabscheute; er hatte sich endlich dazu bereit finden müssen, den Menschen aufzusuchen, dem er am allerwenigsten auf der Welt zu begegnen wünschte und dessen Namen auszusprechen für ihn schon eine Strafe bedeutete; er hatte sich bereit finden müssen, ihn wiederholt zu treffen, ihn zur Vernunft zu bringen, und schließlich hatte er ihn sogar bestechen müssen. Das alles hatte er für ein Mädchen getan, das er weder schätzen, noch achten konnte. Allerdings schien Elizabeths Herz ihr zuzuflüstern, dass er das alles möglicherweise für sie getan haben könne. Aber andere Überlegungen bereiteten dieser winzigen Hoffnung schnell ein Ende; sie fühlte, dass sogar alle ihre Eitelkeit nicht dazu ausreichen würde, um sie von seiner Neigung für sie zu überzeugen, die ja nicht bloß ihre damalige unfreundliche Ablehnung vergessen musste, sondern jetzt auch noch die höchst begreifliche Abneigung zu überwinden hatte, in ein Verwandtschaftsverhältnis zu Wickham zu treten. Darcy, der Schwager von Wickham! Auch der geringste Stolz, die bescheidenste Selbstachtung mussten sich gegen eine solche Vorstellung aufbäumen! Er hatte wahrlich genug für sie getan. Sie schämte sich, wenn sie daran dachte, wieviel! Aber er hatte ja dafür seine Gründe angegeben, Gründe, die anzuerkennen keine besondere Leichtgläubigkeit voraussetzte. Es war doch ganz natürlich, dass er der Ansicht war, mit seinem Schweigen über Wickhams wahren Charakter unrecht getan zu haben; nun war er eben großzügig und besaß auch die Mittel, um seiner Großzügigkeit entsprechend sein Unrecht wieder gutmachen zu können. Elizabeth versuchte gar nicht mehr, sich einzureden, dass sie der Hauptgrund für seine Handlungsweise gewesen sei, aber sie wollte doch noch gern glauben, dass ein kleiner Rest einer Liebe zu ihr ihm die Pflicht, die sein Gerechtigkeitssinn ihm vorschrieb, jedenfalls lieber und weniger unangenehm gemacht hatte. Es quälte sie nur, dass ihre Familie einem Menschen verpflichtet war, der niemals ihren Dank entgegennehmen würde. Lydias guten Ruf, das Ansehen der ganzen Familie – alles verdankte man ihm! Wie bitter leid taten ihr jetzt alle hässlichen Gefühle, die sie gegen ihn gehegt, wie leid jedes unbedachte, harte Wort, das sie gegen ihn ausgesprochen hatte! Sie selbst fühlte sich tief gedemütigt; auf ihn jedoch war sie stolz – stolz, dass Mitleid und Ehrgefühl eine solche

Selbstüberwindung bei ihm bewirkt hatten. Sie las noch einmal die Worte ihrer Tante über ihn. Sie sagten bei weitem nicht genug; aber sie freute sich doch über das wenige. Sie konnte sogar ein gewisses Glücksempfinden nicht unterdrücken, wenn auch nicht ohne ein gleichzeitiges, schmerzliches Bedauern, dass sowohl ihre Tante wie ihr Onkel ohne weiteres fest davon überzeugt gewesen waren, zwischen Darcy und ihr bestehe ein geheimes Einvernehmen. Das Geräusch von näherkommenden Schritten schreckte sie aus ihren Gedanken; sie erhob sich, aber bevor sie davoneilen konnte, tauchte Wickham auf und trat auf sie zu. »Störe ich deine einsamen Grübeleien, teure Schwägerin?« fragte er.

»Gewiss tust du das«, erwiderte sie lächelnd, »aber damit ist ja nicht gesagt, dass die Störung auch unwillkommen ist.«

»Das hätte mir auch leid getan. Wir waren doch immer gute Freunde, und jetzt sind wir, hoffe ich, noch bessere.«

»Das hoffe ich ebenfalls. Kommen die anderen auch hierher in den Garten?«

»Ich weiß nicht. Lydia und ihre Mutter sind im Wagen nach Meryton gefahren. Was ich fragen wollte: Stimmt das – ich hörte von deinem Onkel und deiner Tante, dass du tatsächlich das sagenhafte Pemberley gesehen hast?« Elizabeth nickte bestätigend. »Fast könnte ich dich um dieses Vergnügen beneiden, aber ich glaube, mich würde es zu sehr überwältigen, sonst könnte ich es mir ja auf meiner Fahrt nach Newcastle leisten. Du hast auch die alte Haushälterin gesehen? Die gute, alte Reynolds; sie hat mich immer sehr gern gehabt. Aber sie hat wahrscheinlich gar nicht über mich gesprochen.«

»Doch, das tat sie.«

»Nun, und was sagte sie?«

»Dass du ins Heer eingetreten seist und dass sie fürchte, du seiest dort auf – auf Abwege geraten. Du weißt ja, bei diesen Entfernungen kommen die verdrehtesten Gerüchte auf.«

»Ja, wirklich«, entgegnete er, sich auf die Lippen beißend. Elizabeth hoffte, ihn damit zum Schweigen gebracht zu haben; aber er fing bald wieder an. »Ich wunderte mich, dass ich Darcy unlängst so häufig in London begegnete. Was mag er dort wohl zu tun gehabt haben?«

»Vielleicht trifft er seine Vorbereitungen für die Heirat mit Miss de Bourgh«, antwortete Elizabeth. »Es muss schon etwas sehr Ungewöhnliches sein, das ihn zu dieser Jahreszeit nach London getrieben hat.«

»Zweifellos. Hast du ihn einmal getroffen, während du in Lambton warst? Ich glaube, die Gardiners sagten so etwas.«

»Ja. Ich habe dort auch seine Schwester kennengelernt.«

»Gefiel sie dir?«

»Sehr.«

»Ich hörte auch, dass sie sich in den letzten zwei Jahren sehr herausgemacht haben soll. Als ich sie zuletzt traf, sah sie nicht gerade sehr vielversprechend aus. Es freut mich, dass du sie nett fandest; hoffentlich entwickelt sie sich weiter so gut.«

»Ich habe da gar keine Angst; über ihre Sturm- und Drangperiode ist sie ja nun hinaus.«

»Seid ihr an Kympton vorbeigekommen?«

»Nicht, dass ich wüsste.«

»Ich nenne es nur, weil dort die Pfarre liegt, die ich eigentlich hätte bekommen sollen. Ein entzückender Ort! Ein wunderschönes Pfarrhaus! Ich hätte mir nichts Besseres wünschen können!«

»Hätte es dir denn auch Freude gemacht, Predigten auszudenken und auszuarbeiten?«

»Ja, sicher! Es wäre doch meine Pflicht gewesen und hätte mir dann sicherlich auch bald keine Mühe mehr gemacht. Man soll ja nicht jammern, aber das wäre für mich gerade das Richtige gewesen! Die Ruhe dort und ein zurückgezogenes Leben, das ist genau das, was ich mir unter Glück und Zufriedenheit vorstelle! Aber es sollte ja nun einmal nicht sein. Hat Darcy jemals mit dir über diese Pfarrangelegenheit gesprochen?«

»Ich habe allerdings einiges darüber gehört, und zwar von einer Seite, die mir höchst glaubwürdig vorkam; danach enthielt das Testament eine bestimmte Klausel, und dann hatte der jetzige Patron der betreffenden Gemeinde das letzte Wort bei der Vergebung der Pfarre zu sprechen.«

»Das hast du gehört? Ja, so etwas war es wohl; ich sagte es dir doch auch schon damals, wenn du dich erinnerst.«

»Ich hörte weiter, dass es eine Zeit gegeben hat, wo dir der Beruf eines Geistlichen gar nicht so verlockend erschien wie heute. Du sollst damals sogar erklärt haben, niemals die Weihen empfangen zu wollen. Die Angelegenheit soll dann ganz nach deinen Wünschen geregelt worden sein.«

»Ja! Nein! Etwas Wahres ist da schon dran. Du wirst dich erinnern, was ich dir damals darüber sagte, als wir das erste Mal davon sprachen.« Sie waren jetzt bis zur Haustür gekommen; denn Elizabeth war ziemlich schnell gegangen, um ihn bald loszuwerden. Da sie ihn aus Rücksicht auf ihre Schwester nicht unnötig verärgern wollte, sagte sie nur noch mit einem freundlichen Lächeln: »Nun gut, Wickham, wir sind jetzt Schwager und Schwägerin; lassen wir doch die Vergangenheit lieber ruhen. In Zukunft werden wir hoffentlich immer einer Meinung sein.« Sie reichte ihm die Hand, über die er sich galant beugte, um sie zu küssen und wohl auch, weil er vor Verlegenheit nicht wusste, wo er sonst hätte hinsehen sollen. Dann eilte Elizabeth ins Haus.

53

Das Gespräch hatte Wickham offenbar vollauf zufriedengestellt, so dass er weder sich noch seine Schwägerin Elizabeth je wieder mit einer Wiederaufnahme dieses Themas behelligte; Elizabeth ihrerseits freute sich, dass sie anscheinend den richtigen Ton getroffen hatte.

Die zehn Tage waren bald um, und da Mr. Bennet keineswegs die Notwendigkeit einsehen wollte, dass seine Frau und ihre anderen Töchter die Reise nach Newcastle mitmachten, musste Mrs. Bennet sich mit dem Gedanken an eine längere Trennung abfinden. »Meine liebe Lydia«, klagte sie bekümmert, »wann werden wir uns wohl wiedersehen?«

»Du lieber Himmel, ich weiß wirklich nicht. Zwei, drei Jahre bestimmt nicht!«

»Schreib mir, so oft du Zeit hast, meine Liebe!«

»Ja, ich will mein Möglichstes tun. Du weißt ja, wir verheirateten Frauen haben für so etwas nie viel Zeit übrig. Aber meine Schwestern können mir recht oft schreiben; die haben doch nichts anderes zu tun.«

Wickham verabschiedete sich sehr viel herzlicher als seine Frau. Er lächelte, sah glänzend aus und sagte viel Liebenswürdiges.

»So einen Burschen lobe ich mir«, meinte Mr. Bennet, sobald die beiden weggefahren waren. »Er lächelt wie ein Backfisch, benimmt sich wie ein Affe vor dem Spiegel und poussiert jeden von uns, der in seine Nähe kommt. Ich bin ganz unbändig stolz auf ihn. Ich wette, nicht einmal Sir William Lucas kann sich einen so kostbaren Schwiegersohn leisten.«

Mrs. Bennet ließ der Verlust einer Tochter einige Tage lang sehr niedergeschlagen herumlaufen.

»Da siehst du, Mutter«, meinte Elizabeth, »das kommt davon, wenn man seine Töchter um jeden Preis unter die Haube bringen will. Jetzt wirst du dich umso mehr freuen, dass wir anderen vier noch ledig sind.«

»Was du dir nicht einbildest! Lydia hat mich nicht verlassen, weil sie geheiratet hat, sondern nur, weil zufälligerweise das Regiment ihres Mannes so weit von Meryton stationiert ist. Wenn Newcastle näher wäre, hätte sie ja nicht so bald aufbrechen müssen.« Aber ihre düstere Stimmung erhielt bald darauf einen neuen Auftrieb, und eine alte Hoffnung erwachte zu neuer Blüte, als ihr ein Gerücht zu Ohren kam, das seit kurzem in der Nachbarschaft umging. Die Haushälterin auf Netherfield, erzählte man sich, habe den Auftrag bekommen, alles dort für die Ankunft ihres Herrn vorzubereiten, der in Kürze von London kommen wolle, um ein paar Wochen auf seinem Besitz und in der Nachbarschaft zu jagen. Mrs. Bennets Trauer und die Ruhe des Hauses waren gleichzeitig dahin. Sie sah neuerdings Jane auffällig häufig mit einem vielsagenden Blick an, lächelte und schüttelte noch vielsagender ihr vielbeschäftigtes Haupt.

»Was du mir nicht sagst, Schwester!« – Mrs. Philips hatte als erste die Nachricht gebracht. – »Also Mr. Bingley will wieder herkommen. Nun, das ist ja sehr schön. Nicht, dass es mir viel ausmacht; er bedeutet uns nichts, und ich wüsste nicht, dass ich ihn besonders gern wiedersehen möchte. Aber darum will ich ihn doch nicht daran hindern, sich auf Netherfield aufzuhalten, wenn es ihm Freude macht. Und Gott weiß, was da nicht noch alles geschehen kann! Aber das geht uns ja nichts an. Du erinnerst dich, liebe Schwester, dass wir vor langer Zeit übereingekommen sind, nicht mehr darüber zu reden. Bist du ganz sicher, dass er zurückkehren wird?«

»Du kannst dich darauf verlassen«, erwiderte Mrs. Philips, »denn die Haushälterin, Mrs. Nichols, war gestern selbst in Meryton; ich sah sie vorübergehen und bin eigens hinausgelaufen, um die Wahrheit von ihr zu erfahren; und sie bestätigte mir alles, was ich gehört hatte. Er kommt am Donnerstag, wahrscheinlich schon am Mittwoch. Sie war gerade auf dem Weg zum Fleischer, um einen Braten für Mittwoch zu bestellen, und sie erzählte, dass sie auf Netherfield ein paar prächtige Enten herangemästet habe, die gerade schlachtreif seien.«

Jane hatte, als sie die Nachricht erfuhr, ein Erröten nicht unterdrücken können. Es war schon eine lange Zeit her, seitdem sie zuletzt mit ihrer Schwester über Bingley gesprochen hatte. Aber jetzt sagte sie zu ihr, als sie allein waren: »Ich bemerkte, dass du mich ansahst, als Tante uns heute die letzte Neuigkeit aus Meryton erzählte, und ich weiß, dass ich betroffen ausgesehen haben muss; aber glaube bitte nicht, dass das irgendeinen törichten Grund hatte. Es verwirrte mich nur im Augenblick, weil ich wusste, dass jeder mich ansehen würde. Ich schwöre dir, dass die Nachricht mich weder freut noch bekümmert. Ich freue mich höchstens, dass er allein zu kommen scheint, denn dann werden wir ihn weniger sehen. Nicht, dass ich etwa Angst hätte, ihm zu begegnen, wohl aber habe ich Angst vor den Bemerkungen der anderen.«

Elizabeth wusste nicht, was sie davon halten sollte. Hätte sie ihn nicht in Derbyshire wiedergesehen, wäre es ihr gar nicht so unwahrscheinlich gewesen, wenn er wirklich nur der Jagd wegen herkommen würde; aber sie glaubte bestimmt, dass er seine Neigung für Jane noch bewahrt hatte, und sie schwankte lediglich zwischen der einen Möglichkeit, dass nämlich Darcy mit seiner Rückkehr jetzt einverstanden sei, und der anderen, dass Bingley gar sich selbst die Freiheit genommen habe, auch ohne die Zustimmung seines Freundes nach Netherfield zu gehen.

So vernünftig Janes Worte auch geklungen hatten und so ehrlich sie vielleicht auch gemeint waren, es fiel Elizabeth nicht schwer zu bemerken, dass ihre Schwester durchaus nicht so gleichgültig war, wie sie es möglicherweise von sich selbst annahm. Sie schien unruhig, und ihre Gedanken waren zweifellos oft abwesend.

Die Unterhaltung, die ihre Eltern vor nunmehr fast einem Jahr über das Thema Bingley geführt hatten, wurde jetzt von Mrs. Bennet mit der gleichen Eindringlichkeit und Ungeduld wie damals wieder aufgenommen: »Sobald Mr. Bingley angekommen ist, mein Lieber«, sagte sie zu ihrem Mann, »wirst du ihm natürlich einen Besuch machen.«

»Nein, das tue ich nicht. Du hast mich schon einmal veranlasst, ihn zu besuchen, und damals versprachst du mir, wenn ich es tue, werde er eine von unseren Töchtern heiraten. Aber daraus ist nichts geworden, und hinter davongeschwommenen Fellen lasse ich mich nicht herjagen.« Seine Frau suchte ihm darauf mit vielen Worten klarzumachen, dass ein solcher Besuch die einfachste Pflicht der Höflichkeit sei. »Das ist eine von den vielen Anstandsregeln, auf die ich ganz und gar nichts gebe«, erwiderte er. »Wenn ihm an unserer Gesellschaft etwas gelegen ist, soll er sich gefälligst selbst darum bemühen. Er weiß ja, wo wir wohnen. Ich habe wahrhaftig Besseres zu tun, als jedesmal hinter meinen Nachbarn herzurennen, wenn sie verreist waren und wiederkommen.«

»Nun, ich finde jedenfalls, dass es schrecklich unhöflich wäre, wenn du ihn nicht besuchtest. Aber das soll mich auf keinen Fall davon abhalten, ihn zum Essen zu uns einzuladen. Davon lasse ich mich nicht abbringen. Wir müssen sowieso Mrs. Long und die Gouldings einmal hierhaben. Mit uns sind das dann dreizehn; es wäre also schon aus diesem Grunde sehr passend, wenn er als Vierzehnter dazu käme.« Dieser Entschluss half ihr etwas über die Unfreundlichkeit ihres Mannes hinweg, wenn es sie auch im tiefsten Herzen kränkte, dass alle ihre Freundinnen und Bekannten Bingley womöglich eher zu sehen bekommen würden als sie.

Der Tag seiner Ankunft rückte näher. »Ich fange an zu wünschen«, sagte Jane zu ihrer Schwester, »dass er überhaupt nicht käme. Es wäre ja alles nicht so schlimm; ich könnte ihn ohne jedes Herzklopfen wiedersehen; aber ich vermag es bald nicht mehr zu ertragen, immer und immer wieder von ihm reden zu hören. Mutter meint es ja vielleicht ganz gut, doch sie weiß nicht, niemand kann wissen, wie sehr mich alles schmerzt, was sie sagt. Froh werde ich bestimmt erst wieder sein, wenn sein Aufenthalt auf Netherfield zu Ende ist!«

»Ich wünschte, ich könnte dir etwas sagen, was dich tröstet«, erwiderte Elizabeth. »Aber ich habe nicht einmal das Vergnügen, dich zur Geduld mahnen zu können, denn davon hast du schon ohnehin mehr, als ich je haben werde.«

Nun war also Mr. Bingley wieder auf Netherfield. Mrs. Bennet hatte es mit Hilfe des Dienstbotennachrichtendienstes erreicht, eher davon Kenntnis zu erhalten als irgendjemand sonst. Wahrscheinlich wollte sie sich keinen Augenblick das Vergnügen entgehen lassen, sich zu sorgen und zu ärgern. Sie zählte jede Stunde, die verstreichen musste, bevor sie schicklicherweise die Einladung nach Netherfield überbringen lassen konnte; aussichtslos und ausgeschlossen war es, ihn vorher zu Gesicht zu bekommen! Aber am dritten Morgen nach seiner Ankunft blickte sie zufällig aus dem Fenster und sah ihn auf das Haus zureiten. Sie rief eifrig nach ihren Kindern, um sie an ihrer freudigen Überraschung teilnehmen zu lassen. Jane blieb ruhig am Tisch sitzen, Elizabeth ging indes ihrer Mutter zuliebe zum Fenster, sah hinaus, sah Darcy neben Bingley und setzte sich wieder zu ihrer Schwester.

»Da ist ja noch ein Herr dabei«, sagte Kitty. »Wer mag das sein?«

»Wohl irgendein Freund; ich habe keine Ahnung, wer es ist.«

»Nanu«, rief Kitty jetzt, »er sieht doch ganz so aus wie der Mensch, der immer mit ihm zusammen war, Mr. – wie hieß er doch gleich? – dieser große, hochmütige Kerl!«

»Mein Gott! Mr. Darcy! Du hast tatsächlich recht. Nun, jeder Freund von Mr. Bingley soll mir willkommen sein; aber sonst muss ich ja sagen, dass ich Darcys bloßen Anblick verabscheue!«

Jane und Elizabeth war gleich wenig wohl zumute; jede versetzte sich in die Lage der anderen und fühlte sich nebenbei auch noch in ihrer eigenen Haut ungemütlich genug. Und ihre Mutter fuhr fort zu erklären, wie wenig sie Darcy mochte und wie freundlich sie trotzdem zu ihm sein wolle, da er Bingleys Freund sei.

Elizabeth hatte ja noch einen besonderen Grund für ihr Unbehagen, den Jane nicht ahnen konnte; denn sie hatte bisher nicht den Mut gefunden, ihrer Schwester den Brief von Mrs. Gardiner zu zeigen oder ihr von dem Wandel ihrer Gefühle für Darcy zu erzählen. Für Jane konnte er höchstens derjenige Mann sein, den sie abgewiesen und den sie nicht richtig eingeschätzt hatte; aber für sie selbst war er der Mann, dem sich ihre ganze Familie zu größtem Dank verpflichtet fühlen musste und dem sie überdies eine Neigung entgegenbrachte, die vielleicht nicht ganz so innig und zärtlich, aber dafür nicht minder tief war wie die, welche Jane für Bingley empfand. Ihre Überraschung darüber, dass er nach Netherfield und nun gar nach Longbourn gekommen war, dass er sie von sich aus freiwillig wieder aufsuchte, stand in nichts der Überraschung nach, die sie unlängst in Derbyshire erlebt hatte.

Die Farbe, die jäh aus ihrem Gesicht gewichen war, kehrte verstärkt wieder, und eine herzliche Freude sprach für einen Augenblick aus ihren Augen, als sie daran dachte, wie sehr sein Kommen jetzt dafür sprach, dass er in seiner Neigung zu ihr nicht schwankend geworden sein konnte. Aber sie erlaubte sich nicht, dessen allzu sicher zu sein. »Ehe ich mich falschen Hoffnungen hingebe, will ich erst sehen, wie er sich benimmt«, dachte sie und beugte sich wieder über ihre Handarbeit. Sie wagte nicht, die Augen zu heben; als das Mädchen indes die Besucher anmeldete, trieben Neugierde und Besorgnis sie doch, einen Blick auf ihre Schwester zu werfen. Jane sah zwar blasser als sonst aus, schien aber sehr viel ruhiger zu sein, als Elizabeth es für möglich gehalten hatte. Als die Herren eintraten, röteten sich ihre Wangen; sie begrüßte die Gäste jedoch mit bemerkenswerter Gefasstheit.

Elizabeth sagte gerade nur so viel, wie das Gebot der Höflichkeit es verlangte, und vertiefte sich sogleich wieder in ihre Arbeit mit einem Eifer, den sie sonst nicht häufig dafür aufzubringen pflegte. Obwohl sie Darcy nur flüchtig angesehen hatte, war es ihr aufgefallen, dass er eine ernstere und verschlossenere Miene zur Schau trug als in Pemberley und weit mehr jenem Darcy aus der ersten Zeit ihrer Bekanntschaft in Hertfordshire glich. Vielleicht fühlte er sich in der Gegenwart ihrer Mutter nicht so ungezwungen, wie er es in der Gesellschaft ihrer Tante und ihres Onkels hatte sein können.

Bingley sah zugleich erfreut und verlegen aus. Mrs. Bennet empfing ihn mit einer so überschwänglichen Herzlichkeit, dass ihre beiden ältesten Töchter sich für sie schämen mussten, zumal die förmlich kühle Begrüßung, die sie seinem Freund zuteil werden ließ, sich allzu deutlich davon abhob.

Darcy fragte Elizabeth, wie es Mr. und Mrs. Gardiner ginge – eine Frage, auf die sie nicht ohne Verwirrung antworten konnte –, und danach verstummte er fast gänzlich. Das mochte seinen Grund auch darin haben, dass er nicht neben ihr saß. In Derbyshire war es allerdings nicht so gewesen: Dort hatte er sich, wenn er nicht mit ihr sprechen konnte, angeregt mit ihren Verwandten unterhalten. Aber jetzt verstrichen viele Minuten, bevor man seine Stimme zu hören bekam; und wenn Elizabeth, außerstande, ihrer Neugierde zu widerstehen, gelegentlich zu ihm aufblickte, bemerkte sie, dass er ebenso oft wie sie selbst Jane ansah und sich im übrigen für nichts anderes als für den Fußboden zu interessieren schien. Zweifellos war er heute viel nachdenklicher gestimmt und viel weniger darum bemüht, ihr zu gefallen, als bei ihrem letzten Zusammensein. Sie fühlte sich enttäuscht und ärgerte sich, dass sie es war. »Was konnte ich denn anderes erwarten?« dachte sie. »Aber warum ist er dann nur gekommen?« Sie war keineswegs in der Stimmung, sich mit jemand anderem als Darcy zu unterhalten, aber ihn anzureden, dazu fehlte ihr der Mut. Sie fragte wohl nach seiner Schwester, aber dann schwieg sie wieder.

»Es ist sehr lange her, seitdem Sie uns verlassen haben, Mr. Bingley«, sagte Mrs. Bennet. Bingley nickte. »Ich hatte schon Angst, Sie würden überhaupt nicht wieder zurückkommen. Die Leute hier behaupteten, Sie hätten Netherfield für immer den Rücken gekehrt, aber ich hoffte immer, dass es nicht stimmen möchte. Seit dem vorigen Herbst hat sich ja hier so manches verändert: Miss Lucas ist Mrs. Collins geworden und wohnt jetzt in Kent; und meine jüngste Tochter hat auch geheiratet. Ich nehme an, Sie haben davon gehört; Sie müssen es ja in den Zeitungen gelesen haben. Die Anzeige stand in der ›Times‹ und im ›Courier‹, aber sie war leider nicht ordentlich abgefasst; da stand nur ›George Wickham, Esq. und Miss Lydia Bennet geben sich die Ehre‹ und keine Silbe von ihrem Vater und dem Besitz, auf dem wir leben! Mein Bruder Gardiner ist schuld daran; ich weiß gar nicht, was er sich dabei gedacht hat, das Ganze so zu verpatzen. Haben Sie die Anzeige gesehen?« Bingley erwiderte, ja, er habe sie gelesen, und brachte dann seine Glückwünsche vor. Elizabeth wagte nicht aufzusehen. Was für ein Gesicht Darcy in diesem Augenblick machte, konnte sie daher nicht wahrnehmen.

»Es ist gewiss ein sehr schönes Gefühl, eine glücklich verheiratete Tochter zu haben«, fuhr Mrs. Bennet fort, »aber es ist auch hart, sie hergeben zu müssen. Sie sind nach Newcastle gezogen, das scheint irgendwo oben im Norden zu liegen, und ich weiß gar nicht, wie lange ich sie nicht wiedersehen werde. Sein neues Regiment steht dort. Gott sei Dank, ein paar gute Freunde hat er ja, obwohl nicht halb so viele, wie ein so reizender Mensch es verdiente.« Diese letzten Worte waren offenbar als Spitze gegen Darcy gerichtet und machten Elizabeth so verlegen, dass sie am liebsten davongelaufen wäre. Immerhin sah sie sich dadurch zum Reden veranlasst. Sie fragte Bingley, ob er dieses Mal längere Zeit hierzubleiben gedenke. »Einige Wochen«, erwiderte er.

»Wenn Sie auf Ihrem Besitz alles totgeschossen haben«, warf ihre Mutter ein, »dann kommen Sie doch bitte hierher und jagen Sie auf unserem Grund und Boden weiter. Ich weiß genau, dass mein Mann sich darüber freuen würde, und ich will ihm sagen, dass er die besten Plätze für Sie übrig lässt.«

Soweit das überhaupt noch möglich war, nahmen Elizabeths Qualen bei dieser übertriebenen und unangebrachten Zuvorkommenheit ihrer Mutter noch zu. Aber sie konnte wenigstens bemerken, wie Janes Schönheit unter den Blicken Bingleys wieder aufzublühen begann. Anfangs hatte er nur wenig mit ihr gesprochen, aber mit jeder Minute schien sie seine Aufmerksamkeit mehr und mehr zu fesseln. Er fand sie so schön, so liebenswürdig und so natürlich wie immer, wenn auch etwas schweigsamer. Jane war ängstlich darauf bedacht, sich keinerlei Veränderung anmerken zu lassen, und bildete sich tatsächlich ein, dass sie genau so gesprächig sei wie sonst. Aber sie war so sehr mit ihren Gedanken beschäftigt, dass sie sich ihres häufigen Schweigens gar nicht bewusst wurde.

Als die Gäste sich zum Gehen anschickten, erinnerte Mrs. Bennet sich an ihren Vorsatz und lud die beiden Freunde für einen der nächsten Tage zum Essen ein. »Sie schulden mir ja eigentlich noch einen Besuch, Mr. Bingley«, sagte sie, »denn als Sie letzten Herbst fortfuhren, versprachen Sie mir, nach Ihrer Rückkehr einmal mit uns im engsten Familienkreise zu speisen. Sie sehen, ich habe es nicht vergessen. Und ich kann Ihnen versichern, ich war sehr enttäuscht, dass Sie nicht zurückkamen, um Ihr Versprechen einzulösen.«mBingley sah bei diesen Worten ziemlich verdutzt und betroffen aus, murmelte etwas von dringenden Geschäften und empfahl sich dann.

Mrs. Bennet hatte ernstlich mit dem Gedanken gespielt, die Gäste schon heute zum Essen dazubehalten. Obwohl sie aber immer dafür sorgte, dass etwas Gutes auf den Tisch kam, glaubte sie, einem Mann, auf den sie aus gewissen naheliegenden Gründen einen besonders guten Eindruck zu machen wünschte, doch nicht weniger als zwei warme Gänge vorsetzen zu können, ganz abgesehen davon, dass ein Mensch wie dieser Mr. Darcy, der über ein jährliches Einkommen von zehntausend Pfund verfügte, ihrer Meinung nach von einem einzigen Fleischgericht höchstwahrscheinlich nicht satt geworden wäre.

54

Als die Gäste gegangen waren, zog sich Elizabeth in die Stille des Gartens zurück, um zu versuchen, ein wenig Ordnung in ihre Gedanken zu bringen; das heißt, sie überlegte sich so lange hin und her, welche Schlussfolgerungen sich aus dem soeben Gehörten und Gesehenen ziehen lassen konnten, bis sie vollends nicht mehr wusste, wo ihr der Kopf stand. Vor allem war sie völlig ratlos, was sie nun eigentlich von Darcys Benehmen halten sollte. »Wenn er nur gekommen ist, um mir mit einer Grabesmiene etwas vorzuschweigen, warum ist er denn dann überhaupt gekommen?«, fragte sie sich immer wieder und konnte keine Antwort darauf finden, die sie zufriedengestellt hätte. »Er war doch noch unlängst in London zu Onkel und Tante Gardiner so freundlich und liebenswürdig; warum dann nicht auch zu mir? Wenn er Scheu vor mir hat, warum kommt er hierher? Und wenn er sich nichts mehr aus mir macht, was soll dann dieses Schweigen? Ach – ich will nicht mehr an ihn denken!« Gegen ihren Willen sah sie sich gezwungen, diesen Entschluss tatsächlich ein paar Augenblicke lang durchzuführen; denn Jane kam ihr mit einem heiteren Lächeln entgegen, das deutlich verriet, wieviel sie zufriedener mit dem Besuch war als ihre Schwester. »Nach diesem ersten Wiedersehen«, sagte sie, »fühle ich mich ganz ruhig und sicher. Ich weiß jetzt, dass ich mich in der Gewalt habe und dass mich sein Besuch nicht länger in Verlegenheit setzen kann. Es ist gut, dass er am Dienstag zu uns zu Tisch kommt. Dann wird jeder sehen können, dass wir uns beide nur als gute, wenn auch gleichgültige Freunde betrachten.«

»Jawohl, sehr gleichgültig«, rief Elizabeth lachend. »Jane, Jane, sei dessen nur nicht gar zu sicher!«

»Aber, Lizzy, du wirst mich doch nicht für so schwach halten, dass ich jetzt noch etwas von ihm zu befürchten hätte.«

»Ich weiß nur, dass du Gefahr läufst, ihm jetzt den Kopf noch viel mehr zu verdrehen als bisher.«

Sie sahen die beiden Herren erst am folgenden Dienstag wieder; und Mrs. Bennet schwelgte in der Zwischenzeit in Plänen und Zukunftshoffnungen, die Bingleys Höflichkeit während seines halbstündigen Besuches wieder zu neuem Leben erweckt hatte.

Am Dienstag versammelte sich eine große Gesellschaft auf Longbourn, und die beiden, die am sehnsüchtigsten erwartet wurden, machten ihrer guten Erziehung Ehre und kamen pünktlich zur angegebenen Zeit. Als man sich ins Esszimmer begab, beobachtete Elizabeth gespannt, ob Bingley sich wieder wie bei seinen früheren Besuchen neben ihre Schwester setzen werde. Glücklicherweise war ihre Mutter wenigstens klug genug, um denselben Gedanken zu haben, und forderte ihn daher nicht auf, ihr Tischherr zu sein. Als Bingley ins Zimmer trat, schien er noch nicht genau zu wissen, wie er sich verhalten solle, aber sein Blick fiel auf Jane, und zufällig lächelte Jane gerade, und damit war die Frage entschieden: er nahm neben ihr Platz.

Elizabeth warf Darcy einen triumphierenden Blick zu. Er erwiderte ihn so gelassen, dass sie beinahe angenommen hätte, er habe seinem Freund inzwischen die Erlaubnis zum Glücklichsein erteilt, wären nicht auch Bingleys Augen für eine Sekunde auf Darcy gerichtet gewesen, und zwar mit einem übermütigen Ausdruck gespielter Ratlosigkeit.

Bingleys Verhalten ihrer Schwester gegenüber war dasselbe wie früher, wenn auch etwas zurückhaltender; eine aufrichtige und herzliche Verehrung sprach aus ihm. So hatte denn Elizabeth keinen Zweifel mehr daran, dass sowohl sein wie auch Janes Glück sich in nicht allzu ferner Zukunft erfüllen müsse, wenn niemand mehr sich dazwischen stellte. Sie wagte nicht, den Gedanken ganz zu Ende zu denken; doch bereitete es ihr nun große Freude, die beiden zu beobachten. Das war aber auch ihre einzige Freude, bisher, denn um ihr eigenes Glück war es heute durchaus nicht so gut bestellt: Darcy war so weit von ihr getrennt, wie es die Tischordnung nur zuließ, da er am anderen Ende der Tafel neben ihrer Mutter saß. Sie konnte daher ihre Unterhaltung nicht verstehen, aber sie bemerkte, wie selten sie miteinander sprachen und in welch höflich kühlem Ton es geschah, wenn sie es taten. Dennoch hoffte sie, dass der Abend noch irgendeine Gelegenheit geben werde, sie mit ihm zusammenzubringen; dass er nicht fortgehen möge, ohne mehr Worte zu ihr gesprochen zu haben als die üblichen Phrasen, die sie bei seinem Kommen gewechselt hatten. Unruhig und besorgt, wie sie war, schien sich ihr die Zeit bis zu dem zwanglosen Beisammensein nach Tisch langsamer und langweiliger dahinzuschleppen, als je zuvor; sie musste sich zusammennehmen, um nicht unhöflich zu erscheinen. »Wenn er dann nicht zu mir kommt«, dachte sie, »werde ich ihn für ewig aufgeben!«

Die Herren traten jetzt in den Salon. Zuerst sah es so aus, als sollten sich Elizabeths Hoffnungen erfüllen; aber während er noch in der Tür stand und zu ihr hinüberblickte, gerade da mussten sich alle Damen so dicht um den Tisch drängen, an dem Jane den Tee bereitete und sie selbst den Kaffee einschenkte, dass es ihm unmöglich gemacht wurde, in ihre Nähe zu gelangen. Und damit nicht genug, legte eine ihrer Freundinnen überdies noch die Hand auf ihren Arm und flüsterte ihr zu: »Die Herren dürfen sich hier nicht dazwischendrängeln und uns trennen; wir wollen sie hier doch gar nicht haben, nicht wahr?«

Darcy war inzwischen auf die andere Seite des Zimmers gegangen; Elizabeth folgte ihm mit den Augen, war eifersüchtig auf alle, mit denen er sich unterhielt, ärgerte sich über jeden Menschen, dem sie Kaffee eingießen musste, und war dann wieder wütend auf sich selbst, weil sie so töricht war. »Ein Mann, der einmal abgewiesen worden ist – wie kann ich nur so kindisch sein und glauben, er liebte mich noch?! Wahrscheinlich gibt es auf der ganzen Welt keinen Mann, der es nicht für charakterlos halten würde, ein und derselben Frau zum zweitenmal einen Antrag zu machen. Nichts kann die Eitelkeit der Männer so tief verletzen wie die Kränkung, nicht erhört zu werden!« Nichtsdestoweniger schöpfte sie wieder etwas Mut, als er selbst herüberkam, um seine Tasse abzusetzen; sie ergriff die Gelegenheit und fragte ihn: »Ist Ihre Schwester noch auf Pemberley, Mr. Darcy?«

»Ja, sie will bis Weihnachten bleiben.«

»So ganz allein? Ihre Freundinnen sind sicher schon lange fort.«

»Mrs. Annesley ist ja bei ihr. Die anderen sind allerdings schon vor drei Wochen abgereist.«

Jetzt fiel ihr nichts mehr ein, was sie ihm hätte sagen können; wenn er sich wirklich mit ihr zu unterhalten wünschte, dann konnte er sich ja jetzt ein wenig anstrengen. Aber er stand nur einige Minuten schweigend neben ihr; und als eine von ihren Freundinnen anfing, mit ihr zu flüstern, entfernte er sich wieder.

Als das Geschirr fortgeräumt war und die Kartentische aufgestellt wurden, hoffte Elizabeth noch einmal, dass er sich jetzt zu ihr setzen werde; aber auch diese letzte Hoffnung wurde zunichte, denn er fiel der Whistleidenschaft ihrer Mutter zum Opfer, die bald alle diejenigen von ihren Gästen, die das Spiel beherrschten, um sich versammelt hatte. Damit war das Urteil über diesen Abend endgültig gesprochen: Nicht einmal Elizabeth konnte sich noch eine Möglichkeit denken, die zu einer Umbesetzung der Tische führen konnte; und dass er so oft zu ihr herübersah und deswegen vermutlich ebenso schlecht spielte wie sie selbst, konnte unter diesen betrüblichen Umständen nicht als Trost von ihr gewertet werden.

Mrs. Bennet hatte insgeheim den Plan gefasst, die beiden Herren von Netherfield, nachdem alle anderen gegangen waren, noch zu einem kleinen Abendimbiss dazubehalten; aber auch sie musste sich enttäuschen lassen – der Wagen der beiden wurde schon weit früher als irgendein anderer angemeldet, und sie fand gar keine Gelegenheit mehr, ihre Einladung anzubringen. »Nun, Kinder«, sagte sie, sobald sie allein waren, »was habt ihr von dem Fest für einen Eindruck? Ich muss sagen, ich finde, alles war ganz ungewöhnlich gut gelungen. Das Essen war so vorzüglich und so hübsch angerichtet, wie es nirgendwo hätte besser sein können – die Hirschlende gerade richtig durchgebraten, und alle sagten, sie hätten noch nie ein so prächtiges Stück gesehen. Die Suppe war mindestens fünfzigmal besser als die, die wir neulich bei Mrs. Lucas bekamen; und sogar Mr. Darcy musste zugeben, dass er noch nie so wohlschmeckend zubereitete Rebhühner gegessen habe, und der hat doch bestimmt zwei oder drei französische Küchenchefs. Und dich, meine liebe Jane, habe ich noch niemals blühender und schöner gesehen als heute Abend. Sogar Mrs. Long sagte das, als ich sie um ihre Meinung fragte. Und was meinst du, was sie außerdem noch gesagt hat? ›Ich glaube, Mrs. Bennet, wir werden sie doch noch auf Netherfield sehen!‹ Das hat sie wörtlich so gesagt. Ich finde, diese Mrs. Long ist eine der nettesten Damen, die ich kenne. Und ihre Nichten sind so gut erzogen und so bemitleidenswert hässlich: Ich habe die Mädchen wirklich außerordentlich gern!« Kurz, Mrs. Bennet war strahlender Laune; sie hatte genug von Bingleys Interesse für Jane gesehen, um die feste Überzeugung zu gewinnen, dass dieser Schwiegersohn ihr zu guter Letzt doch nicht entgehen werde; und in der gehobenen Stimmung, in der sie sich jetzt befand, ließ sie ihrer Phantasie so hemmungslos die Zügel schießen, dass sie aufrichtig enttäuscht war, als Bingley nicht schon am nächsten Tag kam, um bei ihrem Mann um Janes Hand anzuhalten.

»Das war wirklich ein sehr netter Abend«, meinte Jane später zu Elizabeth, »die Leute passten alle so gut zueinander. Hoffentlich kommen wir noch häufiger zusammen.« Elizabeth lächelte.

»Lizzy, das darfst du nicht tun. Du musste keine Hintergedanken haben. Ich versichere dir, ich habe gelernt, ihn als einen netten und unterhaltenden, jungen Mann zu schätzen, ohne etwas anderes zu wünschen. Gerade aus seinem heutigen Benehmen mir gegenüber schließe ich, dass er nie die Absicht gehabt haben kann, mich zu heiraten. Mein Irrtum von damals kam wohl daher, dass er ebenso unendlich viel liebenswürdiger zu mir war als alle anderen Männer, die ich kenne.«

»Du bist sehr grausam«, erwiderte ihre Schwester, »einerseits verbietest du mir zu lachen, und gleichzeitig forderst du mich wieder dazu heraus.«

»Wie schwer wird es einem doch manchmal gemacht, für glaubwürdig zu gelten!«

»Und wie unmöglich ist es oft, zu glauben!«

»Aber warum willst du mir einreden, dass ich mehr für ihn fühle, als ich zugeben will?«

»Auf diese Frage kann ich dir leider keine Antwort geben, Jane. Es liegt nun einmal in der menschlichen Natur, alles besser wissen zu wollen als andere, aber beibringen können wir anderen leider nichts, was der Mühe wert ist. Doch verzeihe mir! Und wenn du weiterhin gleichgültig zu bleiben gedenkst, dann musst du es schon einen anderen merken lassen!«

55

Einige Tage nach diesem Abend machte Bingley wieder einen Besuch auf Longbourn, diesmal allein. Darcy war an demselben Morgen nach London gefahren, wollte aber in etwa zehn Tagen wieder zurücksein. Bingley blieb eine Stunde und war auffallend gut aufgelegt. Mrs. Bennet bat ihn, zum Essen zu bleiben; aber da er schon eine andere Verabredung hatte, musste er zu seinem Bedauern auf die Einladung verzichten. »Aber wenn Sie das nächstemal wiederkommen«, sagte Mrs. Bennet, »werden wir hoffentlich mehr Glück haben.«

Er werde sich zu jeder Zeit glücklich schätzen, versicherte er, und sie möge ihm doch gestatten, dass er schon bald wiederkommen dürfe.

»Wie steht es denn mit morgen?«

Ja, er hatte sich für dem nächsten Tag noch nichts vorgenommen, und so nahm er denn die Einladung gern an.

Tags darauf kam er also wieder, und zwar so überpünktlich, dass keine von den Damen fertig umgezogen war. Mrs. Bennet stürzte, mit aufgelöstem Haar und nur mit einem Morgenrock bekleidet, in das Zimmer ihrer ältesten Töchter und rief in höchster Aufregung: »Jane, Jane, mach schnell! Beeile dich, du musst sofort hinunter! Er ist gekommen. Mr. Bingley ist schon da! Ja, ja, wirklich! Los, los, beeile dich doch! Sally, komm her und hilf Miss Bennet bei dem Kleid! Lizzys Haare können warten!«

»Wir kommen herunter, sobald wir fertig sind«, sagte Jane. »Aber Kitty wird sich wahrscheinlich schon umgezogen haben; sie ist mindestens schon eine halbe Stunde vor uns hinaufgegangen.«

»Ach, Unsinn! Kitty! Was hat sie damit zu tun?! Schnell, schnell, rühre dich, meine Liebe! Wo hast du deine Schärpe hingelegt?« Ihre Mutter stürzte wieder hinaus, und Jane beeilte sich nicht mehr und nicht weniger als die anderen; allein wäre sie doch um keinen Preis hinuntergegangen.

Mrs. Bennet legte es wieder darauf an, die beiden jungen Leute im Laufe des Abends irgendwie miteinander alleinzulassen. Nachdem der Tee gereicht worden war, zog ihr Mann sich wie jeden Abend in seine Bibliothek zurück; Mary ging ebenfalls, nicht ohne vorher verkündet zu haben, dass sie noch einige schwere Passagen eines Klavierkonzertes zu memorieren wünsche. Zwei von den fünf möglichen Hindernissen waren damit also aus dem Weg geräumt, und Mrs. Bennet brachte dann eine ganze Weile damit zu, Elizabeth und Kitty in einer, wie sie dachte, nicht misszuverstehenden Weise zuzublinzeln, ohne jedoch viel Erfolg damit zu haben. Elizabeth schaute absichtlich weg, und als Kitty endlich aufmerksam wurde, fragte sie mit dem unschuldigsten Gesicht von der Welt: »Was hast du denn, Mutter? Warum blinzelst du mir in einem fort zu? Was soll ich denn?«

»Nichts, Kind, nichts. Du träumst. Ich habe doch nicht geblinzelt!«

Einige Minuten verhielt sie sich daraufhin ruhig; aber schließlich konnte sie es doch nicht länger mitansehen, wie eine so günstige Gelegenheit ungenutzt vorbeigehen sollte. Sie erhob sich plötzlich und flüsterte Kitty zu: »Liebe Kitty, ich möchte dir gern etwas sagen.« Damit nahm sie sie am Arm und ging mit ihr aus dem Zimmer. Jane warf Elizabeth einen Blick zu, der ihre Verzweiflung über die Taktlosigkeit ihrer Mutter sehr beredt zum Ausdruck brachte und ihre Schwester beschwor, sie jetzt nur ja nicht auch zu verlassen. Nach wenigen Minuten wurde die Tür halb geöffnet, und Mrs. Bennet rief ins Zimmer: »Lizzy, meine Liebe, auch mit dir möchte ich einmal reden.«

Elizabeth sah sich leider genötigt, diesem Ruf Folge zu leisten.

»Ich glaube, wir lassen die beiden am besten für ein Weilchen allein«, sagte Mrs. Bennet draußen zu ihr. »Kitty und ich sitzen oben in meinem Zimmer.«

Elizabeth wusste, dass es keinen Zweck haben würde, ihrer Mutter mit irgendwelchen Vernunftgründen zu kommen; sie wartete also unten, bis sie oben die Tür zum Zimmer ihrer Mutter ins Schloss fallen hörte, und kehrte dann zu ihrer Schwester und Bingley zurück.

Mrs. Bennet hatte heute kein Glück mit ihren Plänen. Bingley war zwar in jeder Beziehung so reizend, wie sie es sich nur wünschen konnte, nur benahm er sich durchaus nicht so wie der erklärte Liebhaber ihrer Tochter. Er erwies sich mit seiner heiteren, natürlichen Art als ein allen willkommenes, neues Mitglied der abendlichen Tafelrunde; er ertrug die taktlosen Aufmerksamkeiten seiner Gastgeberin mit Gleichmut und hörte ihren albernen und dummen Bemerkungen mit gelassener Höflichkeit zu. Es bedurfte kaum einer weiteren Aufforderung, damit er zum Abendessen blieb; und bevor er sich verabschiedete, hatten er und Mrs. Bennet für den nächsten Tag eine Verabredung zur Jagd mit Mr. Bennet getroffen.

Elizabeth sieht Jane und Mr. Bingley am Kamin stehen.

Nach diesem Tag sprach Jane nicht wieder von ihrer Ruhe und Gleichgültigkeit, und über Bingley wurde zwischen den Schwestern kein Wort mehr gewechselt, aber Elizabeth legte sich an diesem Abend mit der frohen Gewissheit zu Bett, dass das glückliche Ereignis nur noch wenige Tage auf sich warten lassen werde – falls Darcy nicht früher als vorgesehen zurückkehrte. Insgeheim zweifelte sie jedoch nicht mehr daran, dass Bingleys erneutes Werben um Jane bereits die Billigung seines Freundes gefunden habe.

Bingley hielt seine Verabredung pünktlich wie immer ein, und er und Mr. Bennet verbrachten den Morgen zusammen auf der Jagd. Zum Essen kehrten beide nach Hause zurück. Vom frühen Nachmittag an war dann Mrs. Bennet wieder angestrengt darauf bedacht, Mittel und Wege zu finden, um ihren Gast und ihre Älteste von der störenden Gesellschaft ihrer anderen Töchter zu befreien. Elizabeth hatte einen Brief zu schreiben und zog sich zu diesem Zweck in ihr Zimmer zurück; da die anderen sich gerade zum Kartenspiel niedergesetzt hatten, glaubte sie, ihre Aufgabe, die Pläne ihrer Mutter zum Scheitern zu bringen, für eine halbe Stunde vernachlässigen zu dürfen. Aber als sie ihren Brief beendet hatte und wieder in das Wohnzimmer zurückkehrte, musste sie zu ihrem unverhohlenen Erstaunen erkennen, dass ihre Mutter doch schlauer gewesen war als sie. Als sie die Tür öffnete, sah sie Jane und Bingley allein am Kamin stehen, anscheinend in ein ernsthaftes Gespräch vertieft; und wenn diese Feststellung auch noch keinen Verdacht in ihr erweckt hätte, so verrieten doch die Gesichter der beiden mehr als genug, als sie sich hastig voneinander abwandten. Die Situation war für die beiden gewiss nicht angenehm, aber für sie selbst, fand Elizabeth, war sie noch viel peinlicher. Niemand sagte ein Wort, und Elizabeth wollte sich schon unter irgendeinem Vorwand wieder entfernen, als Bingley auf Jane zuging, ihr etwas zuflüsterte und dann eilig das Zimmer verließ.

Vor Elizabeth empfand Jane natürlich keine Scheu, wusste sie doch, dass ihre Mitteilung von ihr mit größter Freude aufgenommen werde; sie lief also auf ihre Schwester zu, umarmte sie und gestand ihr tiefbewegt, dass sie der glücklichste Mensch auf der Welt sei. »Es ist zu viel«, fügte sie hinzu, »viel zu viel! Ich habe es nicht verdient. Ach, warum kann nicht jeder so glücklich sein!«

Elizabeths Glückwünsche kamen ihr mit solcher Aufrichtigkeit und Wärme vom Herzen, dass jedes ihrer Worte Janes Glückseligkeit nur noch vergrößerte. Aber Jane wollte sich jetzt noch nicht das Vergnügen gönnen, ihrer Schwester alles, was noch ungesagt war, zu sagen. »Ich muss gleich zu Mutter«, rief sie, »ich möchte ihre liebevolle Besorgtheit auf keinen Fall länger als notwendig auf die Folter spannen, und ich möchte auch nicht, dass sie mein Glück durch jemand anderes erfährt. Er ist schon zu Vater gegangen. Ach, Lizzy, es ist so schön zu wissen, dass die ganze Familie sich über diese Nachricht freuen wird! Wie soll ich nur soviel Glück ertragen können!«

Mit diesem Ausruf eilte sie aus dem Zimmer, um ihre Mutter zu suchen, die es mit so viel Geschick verstanden hatte, die Whistpartie zu unterbrechen, und mit Kitty abwartend oben in ihrem Zimmer saß.

Alleingelassen, musste Elizabeth über die Schnelligkeit lächeln, mit der eine Angelegenheit ihr Ende fand, die sie alle so lange Zeit mehr oder weniger bedrückt und bekümmert hatte. Bald darauf trat Bingley ein, dessen Unterredung mit Mr. Bennet wohltuend kurz und sachlich verlaufen war. »Wo ist Jane?« fragte er.

»Oben, bei Mutter. Sie wird wohl gleich wieder herunterkommen, denke ich.«

Bingley trat auf Elizabeth zu und bat sie, ihn von jetzt an als ihren Schwager zu betrachten. Elizabeth wünschte ihm aus vollem Herzen alles Gute, und sie bekräftigten die neue Verwandtschaft mit einem festen Händedruck. Darauf füllte er die Zeit, bis Jane wieder herunterkam, damit aus, dass er ihr alle Vorzüge ihrer Schwester aufzählte und ihr so bewies, dass er sich mit Recht den glücklichsten Menschen auf der Welt nennen durfte. Und Elizabeth wusste, dass seine Hoffnungen sich nicht als trügerisch herausstellen würden, weil sie auf dem festen Fundament von Janes sanfter Gemütsart, ihrer Vernunft und ihrem Anpassungsvermögen und auf ihrer beider Übereinstimmung gegründet waren.

Es wurde für alle ein ausnehmend heiterer Abend. Janes Augen leuchteten im Widerschein ihres Glückes, das ihrem ganzen Wesen einen neuen Reiz verlieh. Kitty kicherte und lächelte und hoffte, dass sie nun als nächste an der Reihe sein werde. Mrs. Bennets Wortschatz war zwar keineswegs groß genug, um ihrer Zufriedenheit und ihrem Mutterstolz den Ausdruck zu verleihen, der ihrem überströmenden Gefühl gerecht geworden wäre, doch sprach sie eine halbe Stunde lang zu Bingley von nichts anderem. Auch Mr. Bennets Gesicht verriet deutlich, wie froh er war. Aber mit keinem Wort rührte er an das, was sie alle bewegte. Erst als sein zukünftiger Schwiegersohn sich verabschiedet hatte, wandte er sich an seine älteste Tochter und sagte: »Jane, ich beglückwünsche dich von ganzem Herzen. Du wirst eine sehr glückliche Frau werden.« Jane lief auf ihn zu, umarmte ihn und dankte ihm für seine Liebe. »Du bist wirklich ein gutes Mädchen«, meinte er, »und es freut mich aufrichtig, dass du es so glücklich getroffen hast. Ich zweifle nicht daran, dass ihr vortrefflich miteinander auskommen werdet. Ihr seid euch beide so ähnlich: Beide seid ihr so nachgiebig veranlagt, dass ihr euch nie in die Haare fahren werdet; ihr seid so gutgläubig, dass jedes Dienstmädchen euch betrügen wird, und so großzügig, dass ihr niemals mit eurem Geld auskommen werdet.«

»Das hoffe ich nun doch nicht. Unvernunft und Unachtsamkeit in Geldangelegenheiten will ich mir wenigstens nicht vorwerfen lassen«, erwiderte Jane.

»Nicht auskommen? Ich höre wohl nicht recht!«, rief ihre Mutter aus. »Mein lieber Bennet, wo denkst du hin? Fünftausend Pfund im Jahr hat er doch bestimmt, höchstwahrscheinlich noch mehr! Ach, meine liebe, liebe Jane, ich bin ja so glücklich! Ich weiß schon jetzt, dass ich heute Nacht kein Auge schließen werde. Ich ahnte ja, dass alles so kommen werde. Ich habe immer gesagt, über kurz oder lang muss es dahinkommen. Ich wusste ja, dass ich nicht umsonst eine so schöne Tochter habe. Ich erinnere mich noch ganz genau daran, dass ich damals, als er zuerst nach Hertfordshire kam, gleich dachte, ihr beide seiet wirklich wie geschaffen füreinander. Weiß Gott, er ist der bestaussehende Mann, den ich je gekannt habe.«

Wickham und Lydia waren mit einem Schlage völlig vergessen. Jane war jetzt die über jeden Vergleich erhabene Lieblingstochter! Die anderen bedeuteten Mrs. Bennet in diesem Augenblick nichts.

Auch in den Augen ihrer jüngeren Schwestern spielte Jane auf einmal eine viel größere Rolle als bisher. Beide begannen – im Hinblick auf die vielen guten Dinge, die sie ihnen später werde bieten können –, sich schon jetzt bei ihr einzuschmeicheln: Mary erbat sich freien Zutritt zu der Netherfieldschen Bibliothek, und Kitty beschwor sie, doch ja recht viele Bälle bei sich zu veranstalten.

Natürlich war Bingley von nun an fast täglicher Gast auf Longbourn; er kam häufig schon vor dem Frühstück herüber und blieb meist bis zum Nachtmahl – falls er nicht ausnahmsweise von irgendeinem besonders rücksichtslosen Nachbarn eine Einladung erhalten hatte, die anzunehmen er sich verpflichtet fühlte.

Elizabeth fand jetzt wenig Gelegenheit, sich mit ihrer Schwester zu unterhalten; denn solange Bingley anwesend war, hatte Jane weder Zeit noch Augen für irgendeinen anderen Menschen. Mussten die beiden Liebenden sich aber trennen, dann musste Elizabeth herhalten, denn wann immer Jane einmal anderweitig beschäftigt war, suchte Bingley Elizabeths Gesellschaft auf, um mit ihr von Jane zu sprechen. Und hatte er das Haus verlassen, fand Jane in der Schwester eine ebenso willige Zuhörerin, wenn sie von ihrem Bingley schwärmte. »Es hat mich so besonders froh gemacht«, sagte Jane eines Abends, »dass er mir erzählte, er habe damals nichts von meinem Aufenthalt in London geahnt.«

»Das dachte ich mir schon«, erwiderte Elizabeth. »Was für eine Erklärung hatte er denn dafür?«

»Seine Schwestern müssen es ihm wohl absichtlich verschwiegen haben. Sie sind offenbar nie davon entzückt gewesen, dass er sich so für mich interessierte. Das wundert mich übrigens durchaus nicht, denn er hätte ja eine in jeder Hinsicht vorteilhaftere Wahl treffen können. Aber wenn sie erst sehen, wie glücklich ihr Bruder mit mir sein wird, dann werden sie sich schon zufriedengeben, und wir werden uns wieder so gut stehen wie in der ersten Zeit unserer Bekanntschaft; das heißt, ganz dasselbe kann es natürlich doch nie wieder werden.«

»Das sind die unversöhnlichsten Worte«, sagte Elizabeth, »die ich je aus deinem Munde gehört habe. Gut so! Es hätte mich unbeschreiblich geärgert, wenn du den Schlichen seiner Schwestern noch einmal zum Opfer gefallen wärst.«

»Ist es zu glauben, Lizzy? Als er Netherfield letzten Herbst verließ, da liebte er mich schon. Er kam nur deshalb nicht wieder, weil er überzeugt war, dass er mir gleichgültig sei!«

»Darin hat er sich allerdings gewaltig getäuscht; aber andererseits spricht es für seine Bescheidenheit.«

Das war für Jane natürlich das Stichwort, um nun eine Lobeshymne auf die zahlreichen, guten Eigenschaften ihres Verlobten anzustimmen.

Elizabeth lächelte. Sie freute sich, dass Bingley nichts von dem Dazwischentreten seines Freundes verraten hatte. So versöhnlich und wenig nachtragend Jane auch sein mochte, dachte sie, diese Handlungsweise Darcys hätte Jane sicherlich doch gegen ihn eingenommen.

»Ich bin bestimmt das beneidenswerteste Geschöpf, das je gelebt hat«, rief Jane aus. »Ach, Lizzy, womit habe gerade ich von uns allen es verdient, so bevorzugt zu werden? Wenn ich doch auch dich so glücklich sehen könnte! Wenn es doch auch für dich noch einen solchen Mann gäbe wie ihn!«

»Und wenn es selbst noch vierzig solcher Männer gäbe, so glücklich wie du könnte ich doch nicht sein. Dazu müsste ich auch deine Nachsicht, deine Güte und deine Bescheidenheit besitzen. Nein, nein, lass du mich ruhig mein Glück auf meine Art suchen; wer weiß, vielleicht begegnet mir noch einmal ein zweiter Collins!«

Das freudige Ereignis auf Longbourn konnte nicht lange ein Geheimnis bleiben. Mrs. Bennet hatte zwar nur die Erlaubnis, es ihrer Schwester Philips zu erzählen, doch diese wartete gar nicht erst eine Genehmigung ab und versorgte schleunigst ihre sämtlichen Nachbarinnen damit. Die Gesellschaft von Meryton und Umgegend erklärte daraufhin unverzüglich die Familie auf Longbourn für die glücklichste der Welt, was umso bemerkenswerter war, als dieselbe öffentliche Meinung noch vor wenigen Wochen, kurz nachdem die Nachricht von Lydias Seitensprung durchgesickert war, die Bennets als eine vom Schicksal geschlagene und vom Unglück verfolgte Familie gebrandmarkt hatte.

56

Eines Morgens, etwa eine Woche nach Bingleys Verlobung mit Jane, als er mit seiner Braut, deren Mutter und Kitty und Elizabeth im Esszimmer von Longbourn saß, wurden sie plötzlich auf das Geräusch eines Wagens aufmerksam und sahen durch die Fenster, wie eine Kutsche auf das Haus zufuhr. Ein Besuch zu so früher Stunde war durchaus ungewöhnlich, und weder der Wagen selbst, der von Postpferden gezogen wurde, noch die Livree des Dieners auf dem Kutschbock waren ihnen bekannt. Da aber jedenfalls irgendjemand zu kommen schien und Bingley diese Störung als sehr unliebsam empfand, bat er Jane, mit ihm in den Garten zu gehen. Sie brachen sogleich auf, während sich die Zurückbleibenden weiter in nutzlosen Mutmaßungen über die Person des Ankömmlings ergingen, bis sich die Tür öffnete und ihr Besuch eintrat. Es war Lady Catherine de Bourgh.

Natürlich waren sie alle auf eine Überraschung gefasst gewesen, aber ihr Erstaunen übertraf nun doch alle ihre Erwartungen. Elizabeth war sogar noch verwunderter als ihre Mutter und Kitty, obwohl die beiden doch Lady Catherine noch nie gesehen hatten. Die hohe Dame betrat das Zimmer mit einem noch unliebenswürdigeren Gesicht als sonst, beantwortete Elizabeths Begrüßung lediglich mit einem flüchtigen Kopfnicken und setzte sich, ohne ein Wort zu sprechen. Bei ihrem Hereinkommen hatte Elizabeth ihrer Mutter den Namen des Gastes genannt, obgleich niemand sie um eine Vorstellung gebeten hatte.

Mrs. Bennet, zugleich aufgeregt und geschmeichelt, einen so vornehmen Gast in ihrem Hause zu haben, empfing Lady Catherine mit äußerster Höflichkeit. Nach einem Augenblick des Schweigens sagte diese betont förmlich zu Elizabeth: »Ich hoffe, es geht Ihnen gut, Miss Bennet. Diese Dame dort, nehme ich an, ist Ihre Mutter?« Elizabeth bestätigte es kurz. »Und dieses Mädchen da ist wahrscheinlich eine Ihrer Schwestern?«

»Ja, gnädige Frau«, sagte Mrs. Bennet, entzückt über die Gelegenheit, sich mit dieser hochgeborenen Dame unterhalten zu können, »sie ist meine zweitjüngste Tochter; meine allerjüngste hat kürzlich geheiratet, und meine älteste geht gerade im Garten mit einem jungen Mann spazieren, der demnächst auch ein Mitglied unserer Familie werden wird.«

»Sie haben hier einen sehr kleinen Park«, erwiderte Lady Catherine nach einer Pause.

»Gewiss, mit dem von Rosings ist er natürlich nicht zu vergleichen, davon bin ich überzeugt, gnädige Frau. Aber ich versichere Ihnen, er ist bedeutend größer als der von Sir William Lucas.«

»An Sommerabenden muss dieses Zimmer ein sehr ungemütlicher Aufenthaltsraum sein; die Fenster gehen ja alle nach Westen.«

Mrs. Bennet beeilte sich zu versichern, dass sie sich niemals nach dem Essen hier aufhielten, und fügte dann hinzu: »Darf ich mir die Freiheit erlauben, mich bei der gnädigen Frau zu erkundigen, ob Mr. und Mrs. Collins sich wohlbefinden?«

»Ja, sehr wohl; ich bin vorgestern Abend noch mit ihnen zusammen gewesen.«

Elizabeth erwartete nun, dass Lady Catherine ihr einen Brief von Charlotte übergeben werde, weil sie sich keinen anderen Grund für diesen Besuch denken konnte. Es geschah jedoch nichts dergleichen, und Elizabeth zerbrach sich von neuem den Kopf über den Anlass ihres Kommens.

Mrs. Bennet bot darauf ihrem Gast einige Erfrischungen an, aber Lady Catherine lehnte es ebenso nachdrücklich wie unhöflich ab, irgendetwas zu sich zu nehmen. Dann erhob sie sich und sagte zu Elizabeth: »Miss Bennet, Sie scheinen da hinter Ihrem Rasen ein sehr malerisches kleines Gehölz zu haben, das ich mir gern einmal ansehen würde, wenn Sie mich dahin begleiten wollen.«

»Ja, geh, meine Liebe«, rief Mrs. Bennet, »und zeige Lady de Bourgh, wie hübsch es dort ist. Unser Wäldchen wird ihr gewiss gefallen.« Elizabeth gehorchte. Als sie durch die Halle gingen, öffnete Lady Catherine die Türen zum Salon und zum Wohnzimmer, unterzog die Räume einer flüchtigen Musterung und bemerkte herablassend, dass sie recht nett aussähen. Ihr Wagen hielt noch vor dem Gartentor, und Elizabeth sah die Zofe Lady Catherines darin sitzen. Schweigend schritten sie nebeneinander her über den Kiesweg, der in das Wäldchen führte; Elizabeth war entschlossen, sich nicht darum zu bemühen, mit dieser Frau, deren Benehmen heute so besonders hochnäsig und unfreundlich war, eine Unterhaltung in Gang zu bringen. »Wie konnte ich nur jemals glauben, dass sie ihrem Neffen ähnelt«, sagte sie sich im stillen, während sie ihrer Begleiterin ins Gesicht sah.

Sobald sie sich im Schatten der Bäume befanden, begann Lady Catherine: »Sie können sich über den Zweck meiner Reise hierher schwerlich im unklaren sein, Miss Bennet. Ihr Herz und mehr noch Ihr Gewissen müssen Ihnen sagen, warum ich gekommen bin.«

Elizabeth blickte sie mit ungeheucheltem Erstaunen an. »Sie irren sich, gnädige Frau; ich habe nicht die geringste Ahnung, welchem Umstand ich die Ehre Ihres Besuches verdanke.«

»Miss Bennet«, erwiderte Lady Catherine in ärgerlichem Ton, »Sie sollten wissen, dass man mich nicht zum Narren halten kann. Aber wenn Sie es auch vorziehen, mir gegenüber unaufrichtig zu sein, so werden Sie das mir jedenfalls nicht nachsagen können. Man hat mich immer meiner Wahrheitsliebe und Offenheit wegen gerühmt, und ich gedenke auch in diesem Augenblick nicht davon abzuweichen. Mir ist vor zwei Tagen eine höchst alarmierende Nachricht zu Ohren gekommen. Man erzählte mir, dass nicht nur Ihre Schwester im Begriff sei, eine für sie sehr vorteilhafte Ehe einzugehen, sondern dass auch Sie, Miss Elizabeth Bennet, sich aller Voraussicht nach in Bälde verheiraten würden, und zwar mit meinem Neffen, Mr. Darcy! Obwohl ich nicht daran zweifelte, dass das nur ein unverschämtes Gerücht sein konnte, und obwohl ich weit davon entfernt bin, meinen Neffen so tief zu beleidigen, dass ich einem solchen Geschwätz Glauben schenke, entschloss ich mich sofort, hierher zu reisen, um Ihnen meinen Standpunkt in dieser Angelegenheit klarzumachen.«

»Wenn Sie das Gerücht für unwahr hielten«, entgegnete Elizabeth, während sie vor Erstaunen und Empörung errötete, »warum haben Sie sich dann die Mühe gemacht, persönlich hierher zu fahren? Was bezwecken Sie damit?«

»Ich erwarte, dass diesem Gerücht sofort aufs energischste widersprochen wird!«

»Ihre Reise nach Longbourn und Ihr Besuch bei mir und meiner Familie«, sagte Elizabeth kühl, »wird, fürchte ich, eher als eine Bestätigung aufgefasst werden, falls so ein Gerücht überhaupt verbreitet wurde.«

»Falls! Ja, haben Sie denn wirklich die Stirn, zu behaupten, nichts davon zu wissen? Haben Sie und Ihre Familie es nicht selbst in Umlauf gesetzt? Sie leugnen tatsächlich, davon unterrichtet zu sein?«

»Ich habe nie etwas davon gehört!«

»Und können Sie mir ebenfalls versichern, dass keine Ursache dazu vorliegt?«

»Ich rühme mich nicht, ebenso offenherzig zu sein wie Sie, gnädige Frau. Es steht Ihnen natürlich frei, mir Fragen zu stellen, aber wie weit ich sie beantworte, das ist wohl meine Sache.«

»Das ist wirklich der Gipfel! Miss Bennet, ich bestehe auf einer Antwort: Hat mein Neffe Ihnen einen Antrag gemacht?«

»Sie halten das doch selbst für ausgeschlossen, gnädige Frau.«

»Das sollte es jedenfalls sein und wird es auch sein, wenn er wieder zur Vernunft gekommen ist. Aber Ihre Verführungskünste haben ihn vielleicht in einem Augenblick der Schwäche vergessen lassen, was er sich und seiner Familie schuldig ist; dazu könnten Sie ihn immerhin gebracht haben.«

»Wenn ich das getan hätte, wäre ich auch die letzte, es zuzugeben.«

»Miss Bennet, wissen Sie, mit wem Sie reden? Ich bin eine solche Sprache nicht gewöhnt. Bis auf seine unmündige Schwester bin ich seine nächste Verwandte und daher berechtigt, von seinen Heiratsabsichten unterrichtet zu werden.«

»Das gibt Ihnen aber nicht das Recht, die meinen zu erfahren, und Ihr Benehmen gibt mir keine Veranlassung, Sie darüber aufzuklären.«

»Verstehen Sie mich richtig, Miss Bennet. Diese Heirat, die Ihnen so am Herzen zu liegen scheint, wird niemals stattfinden! Niemals! Verstehen Sie? Mr. Darcy ist nämlich mit meiner Tochter verlobt. Nun, was haben Sie darauf zu sagen?«

»Nur das eine, dass, wenn es sich so verhält, Sie ja keinen Grund zu der Annahme besitzen, er bemühe sich um mich.«

Lady Catherine zögerte einen Augenblick und erwiderte dann: »Mit der Verlobung der beiden hat es eine besondere Bewandtnis. Sie sind schon als Kinder füreinander bestimmt worden. Es war ebensosehr der Lieblingswunsch seiner Mutter wie der meinige. Während die beiden noch in ihren Wiegen lagen, hatten wir schon ihre Verbindung beschlossen. Und jetzt, wo unser beider Wünsche mit der Heirat unserer Kinder ihre Erfüllung finden sollten, wollen Sie unsere Pläne vereiteln? Sie, ein junges Mädchen, das meinem Neffen in keiner Hinsicht ebenbürtig ist und zu seiner Familie überhaupt keine Beziehungen hat! Achten Sie denn die Wünsche seiner Verwandten für nichts? Sind Sie wirklich so gewissenlos, sich einfach über sein heimliches Verlöbnis mit Miss de Bourgh hinwegzusetzen? Ist Ihnen denn jedes Zartgefühl und jeder Sinn für Schicklichkeit abhandengekommen? Haben Sie nie davon gehört, dass mein Neffe von Jugend auf für seine Cousine bestimmt war?«

»Jawohl, ich hörte sogar schon früher davon. Aber was geht das mich an? Wenn sonst nichts dagegen spricht, dass ich Ihren Neffen heirate, sehe ich nicht ein, warum mich die Kenntnis von dem Wunsch seiner Mutter und seiner Tante, er möge Ihre Tochter heiraten, davon abhalten soll, ihm mein Jawort zu geben. Ich verstehe, dass Sie alles dafür getan haben, um Ihren Plan zu verwirklichen. Wenn aber Mr. Darcy seine Cousine weder liebt, noch sich ihr gegenüber irgendwie verpflichtet fühlt, warum soll er keine andere Wahl treffen können? Und, falls seine Wahl auf mich gefallen ist, warum sollte ich ihn abweisen?«

»Weil Ihr Ehrgefühl, Ihre Klugheit und nicht zum wenigsten das gesellschaftliche Interesse Ihnen das gebieten muss. Ja, Miss Bennet, gesellschaftliches Interesse! Denn erwarten Sie nicht, dass seine Familie und seine Freunde Ihnen je auch nur die geringste Beachtung schenken werden, wenn Sie so rücksichtslos gegen uns alle handeln. Im Gegenteil, Sie werden von jedem Menschen, der meinem Neffen nahesteht, missachtet und gemieden werden. Diese Ehe würde Ihnen nur Unglück bringen, und Ihr Name würde allgemein und für immer totgeschwiegen werden.«

»Das sind allerdings sehr schwerwiegende Gründe«, erwiderte Elizabeth, »aber die Frau von Mr. Darcy muss, glaube ich, so viele Ursachen haben, um mit ihm glücklich zu werden, dass es sie für alles andere entschädigen wird.«

»Sie störrisches, eigensinniges Mädchen! Ich schäme mich für Sie! Ist das Ihre Dankbarkeit für all die Freundlichkeiten, die ich ihnen im Frühjahr erwiesen habe? Fühlen Sie sich mir gegenüber nicht ein bisschen verpflichtet? Aber setzen wir uns, und lassen Sie es sich ein für allemal gesagt sein, Miss Bennet, dass ich mit dem festen Entschluss hierhergekommen bin, meinen Vorsatz auch auszuführen, und mich durch nichts davon abbringen lassen werde. Ich bin es nicht gewohnt, mich den Launen anderer Menschen zu fügen.«

»Das wird Ihre Situation jetzt nicht angenehmer machen, gnädige Frau, aber mich kann das nicht beeinflussen.«

»Unterbrechen Sie mich gefälligst nicht! Ich verlange, dass Sie mich anhören! Meine Tochter und mein Neffe sind füreinander geschaffen. Mütterlicherseits stammen sie von derselben alten Adelsfamilie ab und väterlicherseits ebenfalls von sehr ehrenwerten alten, wenn auch nicht adligen Familien. Beider Vermögen ergänzt sich auf das beste. Was können Sie dem entgegenhalten? Nichts als die Anmaßung eines jungen Mädchens ohne Familie, ohne Vermögen und ohne irgendwelche Beziehungen. Das ist wahrhaftig noch nicht dagewesen! Und wird auch nicht sein, verlassen Sie sich darauf! Wenn Sie vernünftig wären, würden Sie schon in Ihrem eigenen Interesse nicht wünschen wollen, den Kreis, in dem Sie aufgewachsen sind, zu verlassen.«

»Ich wüsste nicht, inwiefern ich durch eine Heirat mit Ihrem Neffen in eine andere Sphäre hinüberwechseln würde. Er stammt aus bester Familie und ich ebenfalls; in dieser Beziehung dürften wir uns wohl ebenbürtig sein.«

»Jawohl, Ihr Vater ist ein Mann von Stand. Aber Ihre Mutter? Und Ihre Onkel und Tanten? Glauben Sie etwa, ich wüsste über deren Herkunft und Beruf nicht Bescheid?«

»Was auch meine Verwandten mütterlicherseits immer sein mögen«, sagte Elizabeth, »wenn Ihr Neffe sich nicht an ihnen stößt, kann es Ihnen doch gleichgültig sein.«

»Sagen Sie mir jetzt endlich, ob er sich mit Ihnen verlobt hat!« Obwohl Elizabeth diese Frage um keinen Preis der Welt beantwortet haben würde, nur, um Lady Catherine einen Gefallen zu tun, konnte sie doch nicht umhin, nach einem Augenblick des Zögerns zu sagen: »Nein, gnädige Frau.« Lady Catherine atmete sichtlich erleichtert auf. »Und versprechen Sie mir«, fuhr sie fort, »dass Sie es auch nicht zu einer Verlobung kommen lassen werden?«

»Das kann ich Ihnen nicht versprechen.«

»Miss Bennet, Sie setzen mich wirklich in Erstaunen! Ich erwartete, in Ihnen eine vernünftigere junge Dame vorzufinden. Aber geben Sie sich keinen Täuschungen darüber hin, dass ich etwa meine Meinung ändern könnte. Ich werde nicht eher von hier fortgehen, bis Sie mir dieses Versprechen gegeben haben.«

»Und ich werde Ihnen niemals ein solches Versprechen geben, gnädige Frau. Ich bin durch solche sinnlosen Begründungen nicht einzuschüchtern. Ich begreife durchaus, dass Sie Ihre Tochter mit Mr. Darcy zu verheiraten wünschen; aber glauben Sie denn ernsthaft, dass mein Versprechen, Ihren Neffen abzuweisen, ihn veranlassen würde, seine Cousine zu heiraten? Erlauben Sie mir, Ihnen zu sagen, Lady Catherine, dass die Gründe, mit denen Sie Ihr merkwürdiges Anliegen an mich rechtfertigen, ebenso töricht sind wie das Anliegen selbst. Sie haben sich allerdings weitgehend in meinem Charakter geirrt, wenn Sie annehmen, ich könne auf solche Weise mürbe gemacht werden. Ich weiß nicht, was Ihr Neffe über Ihre Einmischung in seine Privatangelegenheiten denkt, aber jedenfalls haben Sie kein Recht, sich in meine Angelegenheiten zu mischen. Ich muss Sie daher bitten, mich nicht weiter mit diesem Thema zu belästigen.«

»Oh, bitte, nicht so hastig. Miss Bennet! Ich bin noch lange nicht am Ende. Außer den Einwänden, die ich bereits vorbrachte, habe ich noch einen sehr wesentlichen Punkt anzuführen: Mir sind nämlich die einzelnen Begleitumstände der schändlichen Flucht Ihrer jüngsten Schwester genau bekannt. Ich bin über alles im Bilde und weiß auch, dass die Heirat nur durch große Geldopfer von seiten Ihres Vaters und Ihres Onkels zustandegekommen ist. Und solch ein Mädchen soll die Schwägerin meines Neffen werden – und dieser Wickham, der Sohn von dem Verwalter seines Vaters, der Schwager eines Darcy? Ja, was bilden Sie sich denn eigentlich ein? Ich werde es gewiss nicht zulassen, dass das Andenken der Ahnherren von Pemberley in dieser Weise geschändet wird!«

»Jedenfalls können Sie mir jetzt nichts mehr zu sagen haben«, entgegnete Elizabeth gereizt. »Sie haben mich auf alle erdenkliche Weise beleidigt, und ich muss Sie bitten, in das Haus zurückzukehren.« Mit diesen Worten erhob sie sich, Lady Catherine stand ebenfalls auf und beide gingen wieder zum Garten zurück. Die Herrin von Rosings war begreiflicherweise merklich aufgebracht. »Die Ehre und das Ansehen meines Neffen lassen Sie also völlig kalt«, fuhr sie Elizabeth noch einmal an, »Sie herzlose und selbstsüchtige Person! Sind Sie sich darüber klar, dass eine Verbindung mit Ihnen ihm in den Augen der ganzen Welt schaden wird?«

»Lady Catherine, ich habe nichts mehr zu sagen. Meine Meinung kennen Sie bereits.«

»Sie sind also entschlossen, ihn zu heiraten?«

»Das habe ich durchaus nicht behauptet. Ich bin lediglich entschlossen, so zu handeln, dass ich auf meine Art glücklich werde, ohne mich daran von Ihnen oder irgendeinem anderen Menschen, der mir ebenso wenig nahesteht, hindern zu lassen.«

»Nun gut, Sie weigern sich also, mir gefällig zu sein, und weigern sich, den Geboten der Pflicht, der Ehre und der Dankbarkeit zu gehorchen. Sie wollen meinen Neffen nicht nur mit seiner Familie entzweien, sondern ihn auch der Geringschätzung der ganzen Welt preisgeben.«

»Lady Catherine, ich habe nichts mehr zu sagen.«

»Weder Pflicht, noch Ehre oder Dankbarkeit können mir in diesem Augenblick etwas zu gebieten haben, und keine von diesen Tugenden würde durch eine Heirat von mir mit Mr. Darcy verletzt. Was die Empörung seiner Familie oder die Entrüstung der Welt betrifft, so würde mich das auch nicht einen einzigen Augenblick lang bekümmern können. Die Welt pflegt im allgemeinen viel zu vernünftig zu sein, um sich einem Familienfluch anzuschließen.«

»Und das ist Ihre ehrliche Überzeugung? Das ist Ihr endgültiger Beschluss? Sehr gut – jetzt weiß ich wenigstens, was ich zu tun habe. Bilden Sie sich nur ja nicht ein, Miss Bennet, dass Ihr Ehrgeiz sich bezahlt machen wird! Ich wollte Sie auf die Probe stellen und hoffte, Sie würden Vernunft annehmen; aber verlassen Sie sich darauf, ich werde meinen Willen schon durchsetzen!« Auf solche Weise tobte Lady Catherine, bis sie an ihrem Wagen angelangt waren. Bevor sie einstieg, wandte sie sich noch einmal zu dem jungen Mädchen um und sagte: »Ich verabschiede mich nicht von Ihnen, Miss Bennet; ich bitte Sie auch nicht, mich Ihrer Mutter zu empfehlen. Sie haben sich jeden Anspruchs auf Höflichkeit begeben; Ihre Haltung hat mein größtes Missfallen erregt!« Elizabeth antwortete nichts darauf und kehrte langsam ins Haus zurück, ohne auch nur den Versuch zu machen, den Zorn der hohen Dame zu beschwichtigen. Als sie die Treppe hinaufstieg, hörte sie den Wagen davonfahren. Ihre Mutter kam ihr schon entgegen und fragte sie, warum Lady Catherine denn nicht noch einmal hereingekommen sei, um sich etwas auszuruhen. »Sie hatte wohl keine Lust dazu«, erwiderte ihre Tochter.

»Sie ist eine wirklich vornehme Dame! Und wie liebenswürdig von ihr, uns aufzusuchen? Ich glaube, sie kam tatsächlich nur vorbei, um uns mitzuteilen, dass es den Collins gutgeht. Sie befindet sich offenbar auf einer Reise, und als sie durch Meryton kam, hat sie den Abstecher zu uns heraus gemacht, um dich zu begrüßen. Oder hatte sie dir etwas Besonderes mitzuteilen?« Elizabeth musste sich zu einer kleinen Notlüge verstehen, denn den Inhalt ihrer Unterhaltung auch nur anzudeuten, war natürlich gänzlich ausgeschlossen.

57

Es fiel Elizabeth nicht leicht, des Aufruhrs ihrer Gedanken Herr zu werden, den dieser merkwürdige Besuch heraufbeschworen hatte. Noch lange danach konnte sie an nichts anderes denken. Lady Catherine schien sich tatsächlich der Mühe dieser Reise nur zu dem Zweck unterzogen zu haben, um gegen die angebliche Verlobung ihres Neffen energisch Einspruch zu erheben. Von ihrem Standpunkt aus gesehen, sehr verständlich, zweifellos! Aber von welcher Seite ihr dieses Gerücht zu Ohren gekommen war, blieb Elizabeth zunächst unerfindlich. Aber da waren ja doch die zahlreichen Klatschbasen der Umgebung.

Für diese bedurfte es keines weiteren Beweises; wenn sie selbst die Schwester der Braut und er der beste Freund des Bräutigams waren, deren Hochzeit demnächst stattfinden sollte, dann fehlte doch so gut wie nichts, um aus ihr und Darcy ein neues Paar zu machen. Auch sie hatte ja bereits öfters daran gedacht, dass die Ehe ihrer Schwester sie zwangsläufig häufiger mit Darcy zusammenbringen werde. Und die guten Freunde in Lucas Lodge – diese Quelle vermutete sie hinter der Rederei, die über die Collins an Lady Catherine gelangt war – hatten dementsprechend nur etwas als ausgemacht und unmittelbar bevorstehend hingestellt, was sie lediglich einmal als eine in weiter Ferne liegende Möglichkeit betrachtet hatte. Als Elizabeth sich jedoch Lady Catherines Worte noch einmal ins Gedächtnis zurückrief, konnte sie eine gewisse Unruhe nicht unterdrücken, wenn sie an die Folgen dieses hartnäckigen Widerstandes dachte. Nach alldem, was die Dame über ihren festen Entschluss, die Heirat um jeden Preis zu verhindern, gesagt hatte, musste Elizabeth annehmen, dass sie sich nun unmittelbar an ihren Neffen zu wenden beabsichtigte. Wie er eine gleiche Aufzählung all der Nachteile einer Verbindung mit ihr aufnehmen werde, daran wagte sie nicht zu denken. Davon wusste sie ja nichts, wie sehr er seiner Tante wirklich zugetan war und wie weit er etwas auf ihr Urteil gab; sicherlich glaubte sie, in der Annahme nicht fehlzugehen, dass er in jedem Fall mehr von Lady Catherine hielt als sie. Und weiterhin unterlag es für sie gar keinem Zweifel, dass es ihn an seiner verwundbarsten Stelle treffen musste, wenn man ihm ausmalte, wie schrecklich das Leben an der Seite einer Frau sein würde, deren nächste Verwandte so tief unter ihm standen. Bei seinem überaus entwickelten Standesbewusstsein musste ihm nur allzuleicht das, was Elizabeth als geringfügig und lächerlich abtat, ganz selbstverständlich und durchaus beachtenswert vorkommen und ihn bestimmen, künftig dem Glück makelloser Familienehre alles andere hintanzustellen. Sie würde ihn dann nie wiedersehen. Vielleicht traf Lady Catherine schon jetzt in London mit ihm zusammen, und seine Absicht, wieder nach Netherfield zurückzukehren, würde damit natürlich hinfällig werden. »Wenn also innerhalb der nächsten Tage ein Brief ankommt«, fügte sie in Gedanken hinzu, »in dem er seinem Freund erklärt, er sei irgendwie verhindert, dann werde ich wissen, wie das zu verstehen ist, und werde endgültig aufhören zu hoffen.«

Das Erstaunen der übrigen Familienmitglieder war gebührend groß, als sie erfuhren, welch hohen Besuch sie gehabt hatten. Aber sie taten Elizabeth den Gefallen, dieselben Vermutungen daran zu knüpfen, mit denen schon Mrs. Bennet ihre Neugierde befriedigt hatte, und verschonten sie folglich mit peinlichen Neckereien.

Als sie am folgenden Morgen herunterkam, begegnete sie ihrem Vater, der ihr mit einem Brief in der Hand entgegentrat. »Lizzy«, sagte er, »ich wollte dich eben suchen; komm doch bitte mit in mein Zimmer.« Sie folgte ihm, und ihre Neugierde, was er ihr wohl zu sagen haben mochte, war äußerst gespannt; sie vermutete, dass es sich um den Brief handelte. Der Gedanke schoss ihr durch den Kopf, er könne von Lady Catherine sein, und sie stellte sich voller Schrecken vor, was für eine langwierige Erklärung ihr bevorstehe. Sie setzte sich zu ihrem Vater vor den Kamin, und er begann: »Ich habe heute Morgen einen Brief erhalten, der mich höchlichst erstaunt hat. Da er sich hauptsächlich mit dir beschäftigt, sollst du auch wissen, was darin steht. Ich wusste gar nicht, dass ich demnächst zwei Töchter zum Altar führen werde, aber lass dich immerhin zu deiner großartigen Eroberung beglückwünschen.« Eine tiefe Röte bedeckte Elizabeths Gesicht; denn ihr war augenblicklich klar, dass der Brief nicht von der Tante, sondern von dem Neffen sei. Nur war sie sich noch nicht schlüssig, ob sie sich lieber darüber freuen solle, dass er sich überhaupt erklärte, oder gekränkt sein, dass er ihr nicht selbst geschrieben hatte. Ihr Vater fuhr fort: »Du siehst aus, als ob du wüsstest, worum es sich handelt. Junge Damen pflegen ja in derlei Dingen sehr scharfsichtig zu sein; aber ich glaube, selbst du wirst überrascht sein, wenn du den Namen deines neuen Bewunderers erfährst. Der Brief ist von Mr. Collins.«

»Von Mr. Collins? Was hat der uns denn wieder mitzuteilen?«

»Selbstverständlich etwas sehr Wichtiges. Er beginnt mit Glückwünschen zu Janes bevorstehender Hochzeit, von der er wahrscheinlich durch irgendeine seiner netten, klatschsüchtigen Schwägerinnen erfahren haben wird. Ich will deine Neugierde nicht auf die Folter spannen und überspringe daher seine diesbezüglichen Ergüsse. Aber dann kommst du an die Reihe: ›Nachdem ich Ihnen somit zu diesem glücklichen Ereignis die aufrichtigsten Glückwünsche von meiner Frau und mir übermittelt habe, erlauben Sie mir, jetzt eine kurze Andeutung über eine andere Angelegenheit zu machen, über die wir von derselben Quelle unterrichtet worden sind. Ihre Tochter Elizabeth, so geht das Gerücht, werde den Namen Bennet nicht mehr lange tragen, nachdem ihre ältere Schwester ihn abgelegt hat, und die Wahl ihres Herzens sei auf einen Mann gefallen, den man ohne Übertreibung zu den bedeutendsten Persönlichkeiten unseres Landes zählen kann.‹ – »Kannst du raten, Lizzy, wen er damit meint?« – ›Dieser junge Herr ist in einer einzigartigen Weise mit allem gesegnet, was eines Menschen Herz begehren kann: mit ausgedehnten Besitztümern, einem der vornehmsten, alten Familiennamen und einflussreichen Beziehungen. Jedoch trotz all dieser Vorzüge möchte ich meine Cousine Elizabeth und auch Sie selbst, verehrter Vetter, darauf hinweisen, welchen Unannehmlichkeiten Sie sich aussetzen, wenn Sie dem Antrag dieses Herrn stattgeben, so verlockend es auch sein mag, ihn anzunehmen.‹ – »Hast du irgendeine Ahnung, wer dieser Herr ist, Lizzy? Jetzt kommt nämlich des Rätsels Lösung.« – ›Mein Anlass für diese Warnung ist folgender: Ich habe allen Grund zu der Vermutung, dass seine Tante, Lady Catherine de Bourgh, einer solchen Verbindung keinerlei Wohlwollen entgegenzubringen gedenkt.‹

»Siehst du, Mr. Darcy ist dieser Herr! Gib zu, dass ich dich überrascht habe. Hätte mein Vetter oder auch die Lucas-Familie auf irgendjemand anderen aus unsrer ganzen Bekanntschaft verfallen können, der ihre Worte schneller und nachdrücklicher Lügen strafen könnte? Ausgerechnet Mr. Darcy, der eine Frau nur ansieht, um etwas an ihr auszusetzen, und der wahrscheinlich überhaupt nicht weiß, wie du eigentlich ausschaust! Das ist wirklich großartig!« Elizabeth versuchte, sich mit ihrem Vater über den Scherz zu freuen, aber sie brachte nur ein sehr gezwungenes Lächeln zuwege. Noch nie war ihr sein Sinn für Humor so unpassend vorgekommen wie jetzt. »Findest du das nicht komisch?«

»O doch, aber lies nur weiter.«

›Nachdem ich gestern die Möglichkeit einer solchen Verbindung Lady Catherine gegenüber erwähnte, gab sie unverzüglich in ihrer üblichen, leutseligen Art ihrer Ansicht darüber Ausdruck; und da kam denn zutage, dass sie aufgrund von Einwänden gegen die Familie meiner Cousine sich niemals bereit erklären würde, ihre Einwilligung zu diesem, wie sie sagte, unwürdigen Schritt ihres Neffen zu geben. Ich hielt es für meine Pflicht, meine Cousine hiervon auf dem schnellsten Wege in Kenntnis zu setzen, damit sie und ihr vornehmer Freier sich keinerlei falschen Hoffnungen hingeben und nicht übereilt eine Ehe schließen, die nicht den Segen meiner hohen Gönnerin erhalten hat. Was meine Cousine Lydia anbetrifft, so bin ich höchlich erfreut, dass die traurige Angelegenheit so erfolgreich vertuscht werden konnte, bin aber immer noch in Sorge, es könne irgendwie in weiteren Kreisen bekannt werden, dass sie bereits vor der Ehe zusammengelebt haben. Im Hinblick auf mein geistliches Amt sehe ich mich daher leider gezwungen, meinem Befremden darüber Ausdruck zu geben, dass Sie das junge Paar sofort nach der Eheschließung in Ihrem Hause empfingen. Das, lieber Vetter, heißt, dem Laster Vorschub leisten! Und wäre ich der Seelsorger Ihrer Gemeinde gewesen, ich hätte auf das schärfste Verwahrung dagegen eingelegt. Gewiss, als guter Christ mussten Sie ihnen vergeben, aber Sie durften es niemals zulassen, dass die beiden Ihnen jemals wieder vor die Augen kamen oder dass auch nur ihr Name in Ihrer Gegenwart genannt wurde.‹

»Das versteht so ein Geistlicher unter christlicher Nächstenliebe! – Der Rest des Briefes handelt nur noch von dem Befinden seiner lieben Charlotte und von seiner Hoffnung, bald einen jungen Ölzweig im Hause zu haben. Aber, was ist, Lizzy? Du siehst aus, als ob das alles dir gar keinen Spaß mache. Du wirst mir doch nicht so sauertöpfisch sein wie eine alte Jungfer und dich über dieses müßige Geschwätz ärgern? Was hätten wir denn sonst vom Leben, wenn wir uns nicht über die anderen lustig machen könnten?«

»Wieso?«, rief Elizabeth. »Ich bin sogar sehr belustigt; aber merkwürdig ist das doch alles.«

»Nun eben, gerade das macht es ja so komisch. Hätten sie sich irgendeinen anderen ausgesucht, hätte ich es dir überhaupt gar nicht erst lange erzählt. Aber Darcys vollständige Gleichgültigkeit und deine ausgesprochene Abneigung gegen ihn machen das Ganze ja so herrlich sinnlos! So sehr ich Briefschreiben verabscheue, die Verbindung mit Mr. Collins würde ich um alles in der Welt nicht mehr missen wollen. Wahrhaftig, nachdem ich diesen Brief von ihm gelesen habe, muss ich ihn sogar über Wickham stellen, so sehr ich auch sonst über die unverschämte Scheinheiligkeit meines Schwiegersohnes erbost bin. Und nun sag, Lizzy, was meinte Lady Catherine zu diesem Gerücht? Kam sie tatsächlich nur hierher, um dich ihrer Ungnade zu versichern?« Diese Frage beantwortete seine Tochter nur mit einem Lachen. Elizabeth hatte sich noch nie so sehr zusammennehmen müssen, um sich nichts von ihren Gefühlen anmerken zu lassen: Sie musste lachen, während ihr doch das Weinen näher war. Ihr Vater hatte ihr mit seiner Behauptung von Darcys Gleichgültigkeit sehr wehgetan; und sie musste sich über seinen Mangel an Scharfblick wundern – oder hatte sie etwa zu fürchten, dass nicht er zu wenig gesehen, wohl aber sie sich zu viel eingebildet hatte?

58

An Stelle des Briefes, den Elizabeth halb und halb erwartet hatte, brachte Bingley wenige Tage nach Lady Catherines Besuch seinen Freund selbst wieder mit zurück. Sie kamen bald nach dem Frühstück, und Bingley, der mit Jane allein sein wollte, schlug sogleich einen Spaziergang vor, ehe noch Mrs. Bennet Darcy von dem Besuch seiner Tante erzählen konnte, wie Elizabeth befürchtet hatte. Sein Vorschlag fand Anklang. Mrs. Bennet beteiligte sich natürlich nicht und auch Mary vermochte sich nicht von ihren Büchern loszureißen, aber die anderen fünf brachen unverzüglich auf. Bingley und Jane ließen die anderen vorausgehen und folgten ihnen in gemächlicherem Schritt, und bald hatten sie Darcy, Elizabeth und Kitty aus den Augen verloren.

Diese drei hatten wenig Lust zur Unterhaltung. Kitty fühlte sich durch Darcy zu sehr eingeschüchtert, um in seiner Anwesenheit zu sprechen, und Elizabeth bereitete sich innerlich mit dem Mute der Verzweiflung auf eine Entscheidung vor; und – wer weiß? – vielleicht war er in der gleichen Weise mit seinen Gedanken beschäftigt.

Ihr erstes Ziel war Lucas Lodge, wo Kitty ihre Freundin Maria besuchen wollte. Elizabeth setzte ihren Weg, nachdem Kitty sie verlassen hatte, allein mit Darcy fort, ohne auf die beiden anderen zu warten. Jetzt war also der Augenblick für die Entscheidung gekommen. »Mr. Darcy, ich bin eine sehr selbstsüchtige Person und kann keinerlei Rücksicht auf Ihre Gefühle nehmen, da es gilt, mich selbst von einer drückenden Last zu befreien. Ich muss Ihnen endlich danken für Ihre beispiellose Güte gegen meine arme Schwester. Seitdem ich davon Kenntnis bekommen habe, bedrückt es mich, dass ich Ihnen nicht sagen durfte, wie von Herzen dankbar ich Ihnen für Ihre Hilfe bin. Wüsste meine Familie davon, dann würden Sie nicht bloß mit meiner Dankbarkeit vorliebnehmen müssen.«

»Es tut mir leid, sehr leid«, erwiderte Darcy, zugleich verwundert und bewegt, »dass Sie etwas von dieser Angelegenheit erfahren haben, die Sie überdies offensichtlich noch falsch aufgefasst haben müssen. Anders kann ich es mir nicht erklären, dass Sie sich dadurch bedrückt fühlen. Ich hätte nicht gedacht, dass ich mich so wenig auf Mrs. Gardiners Verschwiegenheit verlassen durfte.«

»Sie dürfen meiner Tante keine Schuld geben. Lydia gab mir zuerst versehentlich zu verstehen, dass Sie etwas mit der Sache zu tun gehabt haben, und danach ruhte ich selbstverständlich nicht eher, bis ich alle Einzelheiten erfahren hatte. Ich kann Ihnen, auch im Namen meiner ganzen Familie, nicht genug danken für dieses großherzige Mitgefühl, das Sie vor keiner Mühe und keiner Unannehmlichkeit zurückschrecken ließ, bis Sie Ihren Zweck erreicht hatten.«

»Wenn Sie mir schon unbedingt danken müssen«, antwortete er, »dann tun Sie es bitte nur in Ihrem eigenen Namen. Ich will nicht leugnen, dass mir der Gedanke, Sie dadurch wieder froh zu machen, vor allen anderen Überlegungen kam. Ihre Familie schuldet mir nichts. So viel ich auch von ihr halte, ich glaube, ich dachte ausschließlich an Sie.«

Elizabeth wusste in ihrer Verlegenheit nicht, was sie erwidern sollte.

Nach einer kleinen Pause fügte Darcy hinzu: »Sie sind zu ehrlich, um mich täuschen zu wollen, wenn Sie noch genau so denken wie letzten April, dann sagen Sie es mir bitte ohne Schonung. Meine Gefühle und Wünsche sind unverändert geblieben; aber ein Wort von Ihnen genügt, und ich werde nie mehr darüber sprechen.«

Elizabeth erkannte, wie ungewöhnlich peinlich ihm das alles sein musste; sie hörte aus seinen Worten seine Unruhe und Besorgnis heraus und zwang sich daher zu einer Antwort. Sie gab ihm, wenn auch etwas stockend, zu verstehen, dass ihre Gefühle sich seit dem Frühjahr so sehr geändert hätten, dass sie heute über seine Versicherung nur Freude und Dankbarkeit empfinden könne.

Diese Antwort löste ein Glücksgefühl in ihm aus, wie er es vielleicht noch nie gekannt hatte, und er gab ihm mit so vernünftigen und warmen Worten Ausdruck, wie man sie nur von einem Liebenden erwarten kann. Hätte Elizabeth es gewagt, ihn anzusehen, dann wäre sie gewahr geworden, wie gut ihm diese von Herzen kommende Freude zu Gesicht stand. Aber wenn sie auch nicht sehen konnte, so konnte sie doch hören, und jedes Wort, das er zu ihr sprach, zeigte ihr, wieviel sie ihm bedeutete, und ließ sie seine Liebe immer stärker empfinden.

Sie achteten nicht mehr darauf, wohin sie gingen; es gab zu viel, was gedacht, gefühlt, besprochen werden musste, als dass sie noch für irgendetwas anderes hätten Sinn haben können. Er erzählte, dass das Glück, das er jetzt in Händen halte, nicht zuletzt das Werk seiner Tante sei, die ihn auf ihrer Durchreise durch London aufgesucht habe, um ihm von ihrem Besuch auf Longbourn und dem Inhalt ihrer Unterredung mit Elizabeth zu berichten; sie habe sich bemüht, möglichst Wort für Wort Elizabeths Antworten wiederzugeben, da diese nach Ansicht seiner Tante besonders geeignet waren, um ihrem Neffen die empörende Eigenwilligkeit und Halsstarrigkeit dieser Person zu beweisen und um ihn das Versprechen abgeben zu lassen, das sie auf Longbourn vergeblich gefordert hatte. Aber Lady Catherine hatte kein Glück; ihr Bericht bewirkte genau das Gegenteil von dem, was sie damit bezweckt hatte. »Ihre Worte ließen mich wieder hoffen«, sagte er, »wie ich nie zuvor zu hoffen gewagt hatte. Ich kannte dich doch gut genug, um zu wissen, dass du in deiner offenen, ehrlichen Art mit deiner Abneigung gegen mich nicht hinter dem Berg gehalten hättest, wenn du selbst von dieser Abneigung noch fest überzeugt gewesen wärest.«

Elizabeth errötete und lachte, als sie antwortete: »Ja, meine Offenheit hast du ja allerdings zur Genüge kennengelernt, um mir auch das zuzutrauen. Nachdem ich dir meine Meinung so ins Gesicht gesagt hatte, würde es mir natürlich auch nichts ausgemacht haben, dich vor deiner ganzen Verwandtschaft schlechtzumachen.«

»Nun, hatte ich es anders verdient? Deine Anschuldigungen beruhten ja auf falschen Voraussetzungen und Missverständnissen, aber mein Betragen gegen dich war so unverzeihlich, dass noch viel schwerere Vorwürfe berechtigt gewesen wären.«

»Wir wollen uns doch jetzt nicht darum streiten, wer sich wegen jenes Abends mehr vorzuwerfen hat«, sagte Elizabeth. »Ganz einwandfrei haben wir uns wohl beide nicht benommen. Aber seitdem, hoffe ich, hat unsere Höflichkeit gegeneinander große Fortschritte gemacht.«

»So leicht kann ich mir selbst nicht verzeihen. Die Erinnerung an alles, was ich damals sagte und wie ich mich aufführte, hat bis zum heutigen Tage schwer auf mir gelastet. Ich werde nie deinen so berechtigten Verweis vergessen können: ›Hätten Sie sich etwas feinfühliger und taktvoller aufgeführt!‹ Das waren deine Worte. Du kannst dir nicht vorstellen, wie sie mich verfolgt haben.«

»Ich hatte bestimmt nicht erwartet, damit einen so starken Eindruck auf dich zu machen. Im Gegenteil, ich hatte auch nicht im entferntesten mit der Möglichkeit gerechnet, dass du dich davon getroffen fühlen könntest.«

»Ja, das glaube ich wohl. Ich weiß, dass du mir damals jede anständige Regung abgesprochen hast. Ich werde auch deinen Gesichtsausdruck nicht so leicht vergessen, als du sagtest, dass ich der letzte Mann sei, der dich überreden könnte, ihn zu heiraten.«

»Ach, wiederhole nicht, was ich gesagt habe. Diese Erinnerungen sind heute ganz fehl am Platze. Ich schwöre dir, dass ich mich schon lange für jedes Wort von damals schäme.«

Darcy kam dann auf seinen Brief zu sprechen.

»Hat er dich schon bald besser über mich denken lassen? Hast du meinen Mitteilungen ohne weiteres geglaubt?«

Sie versuchte ihm zu erklären, was sie beim Lesen des Briefes empfunden hatte und wie seitdem ihre früheren Vorurteile allmählich verschwunden seien. »Ich wusste«, meinte er, »dass mein Brief dich betrüben werde; aber es musste ja sein. Hoffentlich hast du ihn zerrissen. Er enthielt einige Stellen, vor allem am Anfang, die du unter keinen Umständen je wieder lesen darfst. Ich kann mich an mehr als einen Ausdruck erinnern, der dich wirklich berechtigte, mich zu hassen.«

»Der Brief soll bestimmt heute noch verbrannt werden, wenn du meinst, dass das zur Erhaltung meiner Liebe notwendig ist.«

»Als ich ihn schrieb, da glaubte ich, völlig gefasst und ruhig zu sein, aber mir ist inzwischen aufgegangen, dass ich ihn tatsächlich in großer Erbitterung geschrieben haben muss.«

»Er fing ganz bestimmt sehr bitter an, aber er endigte nicht so; der Schluss klang eigentlich sehr lieb und nett. Aber denke doch nicht mehr an den Brief. Die Gefühle der Person, die ihn schrieb, und der Person, die ihn empfing, haben sich ja seitdem so gründlich geändert, dass er am besten mitsamt allen anderen, unangenehmen Erinnerungen vergessen wird. Du musst noch ein wenig von meiner Lebensphilosophie lernen: Erinnere dich nur an das, was dir noch in der Erinnerung Freude macht.«

»Ich kann dir aber eine solche Philosophie nicht als besonderes Verdienst anrechnen; du hast dir ja rückwirkend nichts vorzuwerfen. Mit mir ist das etwas anderes. Ich habe bisher mein Leben lang nur immer an mich gedacht. Als Kind lernte ich zwar, was recht war, aber ich lernte nicht, meine Launen zu beherrschen. Meine Eltern, vor allem mein Vater, verwöhnten mich zu sehr und brachten mir bei – sicherlich ohne es selbst zu wollen, denn sie waren die Güte selbst –, auf alle Menschen, außer auf meine nächsten Verwandten, herabzusehen. So bin ich von meinem achten Lebensjahr an gewesen – und wäre es heute noch, ohne dich, meine liebste, beste Elizabeth. Wieviel verdanke ich nicht dir! Was habe ich nicht alles von dir gelernt! Ich kam zu dir, ohne einen Augenblick daran zu zweifeln, dass du mich erhören würdest – und wie hast du dann meine Anmaßung gedemütigt! Du hast mir erst beigebracht, wie wenig berechtigten Anspruch ich tatsächlich darauf erheben konnte, einer Frau zu gefallen, an deren Gefallen mir etwas gelegen war.«

»Du warst also überzeugt, dass du mir gefallen würdest?«

»Allerdings. Was sagst du zu einer solchen Frechheit? Ich zweifelte keinen Augenblick daran, dass du dich danach sehntest, von mir beachtet zu werden.«

»Wenn ich diesen Eindruck erweckt habe, so lag es gewiss nicht in meiner Absicht, das kannst du mir glauben! Ich habe es bestimmt nicht darauf angelegt, dass du dir irgendwelche Hoffnungen machtest, aber du hast dich wohl durch meine unbekümmerte Art täuschen lassen. Wie musst du mich an jenem Abend in Hunsford gehasst haben!«

»Dich gehasst? Wütend war ich schon, das ist richtig, aber vor allem auf mich selbst.«

»Ich fürchte mich beinahe, dich zu fragen, was du dachtest, als du mich plötzlich in Pemberley wiedersahst. Ärgertest du dich über mein Kommen?«

»O nein, ich war nur sehr erstaunt.«

»Aber sicherlich nicht so überrascht wie ich, als du auf mich zukamst und mich ansprachst. Auf so viel Liebenswürdigkeit war ich tatsächlich nicht gefasst, und ich muss dir gestehen, ich hätte mich nicht gewundert, wenn du vorbeigegangen wärst, ohne mich zu beachten.«

»Damals«, erwiderte Darcy, »hatte ich zunächst nichts anderes im Sinn, als dir zu beweisen, dass ich nicht so kleinlich war, dir etwas nachzutragen; und ich hoffte nur, deine Verzeihung zu erlangen und deine schlechte Meinung von mir zu widerlegen, indem ich dich merken ließ, dass ich mir deine Vorwürfe zu Herzen genommen hatte.«

Er erzählte ihr nun, wie sehr Georgiana sich über ihre Bekanntschaft gefreut hatte und wie betrübt sie über Elizabeths plötzliche Abreise gewesen war. Darauf kamen sie natürlich auf die Ursache dieser plötzlichen Abreise zu sprechen, und Elizabeth erfuhr jetzt, dass Darcys Entschluss, sich an der Suche nach Lydia zu beteiligen, schon gefasst war, bevor er sich noch im Gasthaus in Lambton von ihr verabschiedet hatte, und dass auch sein Ernst und seine Nachdenklichkeit damals sich ausschließlich dadurch erklärten, dass er sich bereits überlegte, wie er dabei am besten vorginge.

So hatten sie bereits eine weite Strecke zurückgelegt, als sie mit einem Male feststellen mussten, dass es höchste Zeit war, umzukehren.

»Wo sind bloß Bingley und Jane geblieben?«

Elizabeths erstaunter Ausruf lenkte ihre Gedanken auf ein anderes Thema. Darcy war über die Verlobung seines Freundes, der sie ihm noch an demselben Abend nach London mitgeteilt hatte, aufrichtig erfreut. »Hat es dich nicht doch überrascht?«

»Gar nicht. Als ich wegfuhr, ahnte ich schon, dass es dazu kommen werde.«

»Das soll wohl heißen, du hattest ihm die Erlaubnis dazu erteilt? Dachte ich mir es doch!«

Er wehrte sich zwar heftig gegen diese Behauptung, aber gerade daran merkte sie, wie nahe sie der Wahrheit gekommen war. »Am Abend, bevor ich nach London fuhr«, sagte er, »machte ich ihm ein Geständnis, das ich wohl schon viel früher hätte ablegen müssen. Ich erzählte ihm alles, was sich inzwischen ereignet hatte und warum ich meine Einmischung in seine Angelegenheiten jetzt als voreilig und unbedacht ansehen musste. Er war sehr überrascht. Er war tatsächlich völlig ahnungslos gewesen. Schließlich sagte ich ihm noch, dass ich mich in der Annahme, Jane sei ihm gegenüber gleichgültig geblieben, geirrt hatte, und da es keines großen Scharfblickes bedurfte, um zu erkennen, dass seine Neigung noch die gleiche war, glaubte ich an ihrem Glück nicht länger zweifeln zu müssen.«

Elizabeth musste darüber lächeln, mit welcher Selbstverständlichkeit er das Geschick seines Freundes leitete.

»Warst du selbst zu der Überzeugung gekommen, dass meine Schwester ihn liebte, oder urteiltest du nur nach dem, was ich dir vergangenes Frühjahr mitgeteilt hatte?«

»Nein, ich hatte sie genau beobachtet, als ich letzthin bei euch in Longbourn war, und war überzeugt, dass sie ihn wirklich liebt.«

»Und es bedurfte wohl nur deiner Versicherung, um auch ihn davon zu überzeugen?«

»Natürlich. Er ist seiner selbst zu wenig sicher, um sich einer so lebenswichtigen Frage gegenüber nur auf sein eigenes Urteil zu verlassen, und sein blindes Vertrauen in mich erleichterte mir meine Aufgabe sehr. Allerdings musste ich etwas gestehen, was ihn zunächst – und nicht zu Unrecht – kränkte: Ich durfte ihm nun nicht länger verschweigen, dass deine Schwester im letzten Winter drei Monate in London gewesen war und dass ich davon gewusst, es ihm aber verheimlicht hatte. Er war richtig empört, aber sein Zorn verflog ebenso rasch wie seine Zweifel an Janes Liebe zu ihm. Er trägt es mir heute bestimmt nicht mehr nach.«

Elizabeth hätte gar zu gern bemerkt, dass Bingley sich geradezu als das Muster eines Freundes erwiesen habe; der Wert eines so gutmütigen und fügsamen Menschen sei allerdings unschätzbar. Aber sie sprach ihre Gedanken nicht aus. Es fiel ihr noch rechtzeitig ein, dass er es erst noch lernen müsse, eine Neckerei so aufzunehmen, wie sie gemeint war, und es schien ihr noch etwas früh, schon jetzt mit dem Unterricht anzufangen.

59

»Meine liebe Lizzy, wo seid ihr bloß gewesen?« Mit dieser Frage wurde Elizabeth von Jane und den anderen begrüßt, als sie ins Esszimmer trat, wo ihre Familie sich gerade zu Tisch setzen wollte. Sie antwortete nur, dass sie so lange kreuz und quer gelaufen seien, bis sie nicht mehr wussten, wo sie waren und wie spät es sei. Das Blut stieg ihr bei diesen Worten ins Gesicht, aber weder ihr Erröten, noch ihre unsichere Stimme erweckten den Verdacht ihrer Angehörigen.

Der Abend verging ruhig, ohne sich durch irgendetwas Besonderes auszuzeichnen. Das erklärte Liebespaar lachte und plauderte; das heimliche Paar schwieg sich aus. Darcy gehörte nicht zu den Menschen, die ihr Glück durch größere Lebhaftigkeit zum Ausdruck bringen, und Elizabeth war viel zu aufgeregt und verwirrt, um sich wirklich glücklich zu fühlen – sie wusste nur, dass sie glücklich war; denn abgesehen von ihrer augenblicklichen, ganz natürlichen Befangenheit musste sie sich darauf gefasst machen, dass ihr noch viel peinlichere Minuten bevorstanden. Sie ahnte schon, was ihre Familie denken und sagen werde, wenn sie die Tatsache erfuhr. Sie war sich darüber völlig im klaren, dass niemand außer Jane ihn leiden mochte, und sie fürchtete, dass die Abneigung der anderen sogar so weit gehen werde, dass nicht einmal seine gesellschaftliche Stellung und sein Vermögen ihn in ihren Augen liebenswerter erscheinen lassen würden.

Vor dem Schlafengehen schüttete sie Jane ihr Herz aus. Obwohl Jane in keiner Weise misstrauisch veranlagt war, in diesem Fall weigerte sie sich einfach, zu glauben, was sie hörte. »Du scherzest, Lizzy! Das ist doch wohl nicht möglich! Mit Darcy verlobt? Nein, nein, du kannst mich nicht foppen; ich weiß, dass es nicht stimmen kann!«

»Das nenne ich einen guten Anfang! Du bist die einzige, auf die ich mich verlassen habe; wenn du mir schon nicht glauben willst, dann wird mir bestimmt niemand Glauben schenken. Aber ich schwöre dir, ich scherze durchaus nicht; ich spreche die Wahrheit, die reine Wahrheit, und nichts als die Wahrheit: Er liebt mich, er liebt mich noch immer, und wir sind verlobt.«

Jane sah sie immer noch zweifelnd an. »Aber Lizzy, das ist doch nicht möglich. Ich weiß doch genau, wie wenig du ihn magst.«

»Nichts weißt du! Das musst du alles vergessen. Es ist schon wahr, dass ich ihn nicht immer so geliebt habe wie jetzt; aber in solchen Fällen ist ein gutes Gedächtnis ein unverzeihliches Verbrechen. Ich werde mich bestimmt von nun an nie wieder daran erinnern!«

Jane sah unvermindert erstaunt aus. Elizabeth versicherte ihr wieder und wieder, dass sie die Wahrheit spreche. »Mein Gott, sollte es wirklich stimmen? Dann muss ich dir wohl endlich glauben«, rief Jane aus. »Meine liebe Lizzy, ich würde dir ja – ich wünsche dir von Herzen alles Glück –, aber, verzeih die Frage, bist du überzeugt, dass du mit ihm glücklich werden wirst?«

»Das ist überhaupt keine Frage mehr. Er und ich sind schon übereingekommen, dass wir das glücklichste Paar auf der Welt sind. Aber was sagst du dazu, Jane? Was sagst du zu deinem neuen Schwager?«

»Oh, ich werde ihn sehr gern haben. Ich freue mich wirklich für dich, und ein gewisser Mr. Bingley wird sich gewiss ebenso für dich freuen. Wir haben sogar schon einmal davon gesprochen, aber wir hielten es für ausgeschlossen. Liebst du ihn wirklich genug? Tu alles, was du willst, nur heirate nicht ohne wirkliche Liebe! Bist du sicher, dass dein Gefühl dich nicht trügt? Berichte mir bitte alles, was ich wissen muss. Seit wann liebst du ihn? Liebst du ihn wirklich?«

»Wirklich und wahrhaftig, Jane! Von ganzem Herzen.«

»Jetzt bin ich erst richtig glücklich, denn jetzt wirst du auch so glücklich sein wie ich. Ich habe immer etwas für ihn übrig gehabt, seitdem ich wusste, dass er dich liebt. Aber, Lizzy, du bist mir gegenüber sehr verschwiegen gewesen. Du hast mir nie erzählt, was sich alles auf Pemberley und in Lambton zugetragen hat. Was ich davon weiß, verdanke ich dem Bericht eines anderen, nicht dir.«

Elizabeth gab ihr die Gründe ihrer Verschwiegenheit zu verstehen: Sie hatte nicht von Bingley reden wollen, und bei ihrer eigenen Unruhe und Ungewissheit hatte sie ebensowenig von seinem Freund sprechen mögen. Aber jetzt wollte sie ihr auch erzählen, was er damals bei Lydias Hochzeit zu schaffen gehabt hatte. Keine Einzelheit wurde vergessen, und die Unterhaltung der beiden Schwestern endete erst lange nach Mitternacht.

»Du lieber Himmel«, rief Mrs. Bennet am nächsten Morgen von ihrem Fensterplatz aus, »da kommt doch schon wieder dieser unangenehme Darcy mit unserem lieben Bingley! Was denkt er sich bloß, uns immer zu belästigen! Ich meine, er sollte lieber auf die Jagd gehen oder sonst etwas tun, als uns mit seiner Gesellschaft zu behelligen! Was sollen wir nur mit ihm anfangen? Lizzy, du musst schon so lieb sein und wieder mit ihm spazierengehen, damit er Jane und Bingley nicht im Wege ist.« Elizabeth hätte beinahe laut herausgelacht, als ihre Mutter sie um diese Gefälligkeit bat; aber sie ärgerte sich auch ein wenig, weil ihre Mutter noch immer so abfällig von ihm sprach.

Als die beiden eintraten, sah Bingley Elizabeth so eindringlich an und drückte ihr mit solcher Wärme die Hand, dass sie in ihm sogleich einen Mitwisser ihres Geheimnisses erkannte. Und bald darauf sagte er vernehmlich: »Mrs. Bennet, gibt es nicht noch irgendeinen schönen Weg, auf dem Lizzy sich heute wieder verlaufen kann?«

»Ich würde Mr. Darcy und Lizzy und Kitty raten«, sagte Mrs. Bennet, »den Spaziergang nach Oakham Mount zu machen. Das ist ein schöner, weiter Weg, und Mr. Darcy wird gewiss die Aussicht noch nicht kennen.«

»Für die beiden großen Spaziergänger wird das gerade das Richtige sein«, meinte Bingley, »aber wie ist es, Kitty, dir wird das wohl ein wenig zu viel werden, nicht wahr?« Kitty gab zu, dass sie lieber zu Hause bleiben würde. Darcy gestand, dass er diese Aussicht schon lange habe genießen wollen, und Elizabeth stimmte dem Vorschlag ihrer Mutter durch ihr Schweigen zu.

Als sie nach oben ging, um sich fertig zu machen, folgte Mrs. Bennet ihr und sagte: »Du tust mir wirklich leid, Lizzy, dass du dich den ganzen Morgen mit diesem unfreundlichen Menschen abgeben musst. Aber es macht dir hoffentlich nicht zu viel aus; es geschieht ja alles nur für Jane. Und hörst du, du brauchst ja nicht viel mit ihm zu sprechen, nur hin und wieder, um nicht gar zu unhöflich zu erscheinen. Also strenge dich nicht weiter an.«

Während ihres Spazierganges kamen sie überein, Darcy solle noch am selben Abend die Einwilligung ihres Vaters einholen; sie selbst wollte es übernehmen, ihrer Mutter die Mitteilung zu machen. Sie konnte sich immer noch nicht vorstellen, wie ihre Mutter die Neuigkeit aufnehmen werde; sie war sich durchaus nicht sicher, ob selbst das große Vermögen und die Vornehmheit dieses Schwiegersohnes in ihren Augen ausreichen würden, um ihre Abneigung gegen ihn zu überwinden. Aber ob sie nun todunglücklich oder überglücklich sein würde, eines stand fest: Sie würde dem einen wie dem anderen Gefühl auf völlig unbeherrschte Weise Ausdruck geben. Und Elizabeth mochte es ihrem Verlobten ebensowenig zumuten, Zeuge ihrer ersten Begeisterungsstürme wie ihrer Wutausbrüche zu sein.

Kurz nachdem sich Mr. Bennet nach dem Essen in sein Zimmer zurückgezogen hatte, sah Elizabeth, wie Darcy sich erhob und ihm folgte. Ihre Aufregung war unbeschreiblich. Sie fürchtete nicht, dass ihr Vater seine Einwilligung versagen könne, aber sie wusste, dass sie, seine Lieblingstochter, ihm mit ihrer Wahl Kummer bereiten und dass er sich wegen ihrer Zukunft Sorgen machen werde. All diese Überlegungen bedrückten sie, und sie saß dort auf ihrem Stuhl wie ein wahres Häufchen Unglück, bis Darcy wieder hereinkam und sie mit seinem Lächeln etwas aufmunterte. Nach wenigen Minuten kam er zu dem Tisch herüber, an dem sie mit Kitty saß, und während er zum Schein ihre Handarbeit bewunderte, beugte er sich herunter und flüsterte ihr zu: »Dein Vater erwartet dich oben.«

Elizabeth ließ sich das nicht zweimal sagen.

Ihr Vater schritt mit einem nachdenklich ernsten Gesicht in seinem Zimmer auf und ab. »Was machst du bloß, Lizzy?«, sagte er, als sie eintrat, »bist du denn von allen guten Geistern verlassen, diesem Mann dein Jawort zu geben? Bist du es nicht gewesen, die ihn immer am meisten verabscheut hat?« Was hätte sie jetzt nicht darum gegeben, ihre Meinung früher weniger voreilig, weniger laut geäußert zu haben! Es würde ihr die peinlichen Erklärungen und Geständnisse erspart haben, zu denen sie jetzt gezwungen war. Aber das Vergangene ließ sich nicht mehr ungeschehen machen, und so bat sie denn ihren Vater in einiger Verlegenheit, ihrer Liebe zu Darcy versichert zu sein.

»Oder, anders ausgedrückt, du hast dir überlegt, dass es gut und vernünftig ist, ihn zu nehmen. Er ist reich, und du wirst noch schönere Kleider und noch vornehmere Wagen haben können als sogar Jane. Aber wird das genügen, um dich glücklich zu machen?«

»Ist das dein einziger Einwand«, sagte Elizabeth, »dass du glaubst, er sei mir – von seinem Reichtum abgesehen – gleichgültig?«

»Der einzige. Wir kennen ihn ja alle gut als den hochmütigen, unfreundlichen Kerl, der er ist. Aber das wäre alles nicht so schlimm, wenn du ihn wirklich liebst.«

»Aber ich liebe ihn doch! Wirklich!«, rief Elizabeth mit Tränen in den Augen aus. »Er ist durchaus nicht hochmütig! Er ist der liebenswerteste Mensch, den es gibt! Du kennst ihn ja gar nicht richtig; tu mir bitte den Gefallen und sprich nicht so von ihm! Du tust mir weh damit!«

»Höre zu, Lizzy«, sagte ihr Vater. »Ich habe ihm meine Einwilligung gegeben. Er gehört zu den Menschen, denen ich nie etwas verweigern könnte, wenn sie sich dazu herablassen, mich darum zu bitten. Ich gebe dir sie natürlich auch, wenn du dich nun einmal darauf versteift hast, ihn zu bekommen. Aber lass dir den guten Rat geben und überlege es dir noch einmal und besser. Ich kenne dich doch, Lizzy. Ich weiß, dass du niemals richtig glücklich sein würdest, wenn du nicht mit wirklicher Achtung zu deinem Mann aufsehen, wenn du ihn nicht in jeder Hinsicht als dir überlegen oder jedenfalls ebenbürtig betrachten kannst. Mein liebes Kind, tu du mir nicht auch den Schmerz an, einen

Lebensgefährten zu wählen, der deiner Liebe und Achtung nicht wert ist. Du weißt nicht, was du damit anrichten würdest!« Elizabeth war tief bewegt über die aufrichtige Sorge, die aus ihres Vaters Worten sprach; sie wiederholte ihre Versicherung, dass Darcy wirklich die Wahl ihrer Liebe sei; sie versuchte, den allmählichen Wechsel ihrer Gefühle für ihn zu erklären, sie beteuerte, dass auch seine Liebe zu ihr schon viele Hindernisse und eine langwierige Ungewissheit siegreich überwunden habe, und zählte zuletzt mit einem solchen Eifer alle seine guten Eigenschaften auf, dass sie schließlich die Zweifel ihres Vaters zerstreute und ihn mit dem Gedanken an diese Ehe versöhnte. »Nun, mein Kind«, sagte er, als sie aufgehört hatte zu sprechen, »nach all dem kann ich natürlich nichts mehr einwenden. Wenn alles, was du erzählt hast, wahr ist, dann verdient er dich wirklich. Ich hätte dich sehr ungern einem weniger guten Mann gegeben, Lizzy.«

Um den günstigen Eindruck zu vervollständigen, verriet Elizabeth ihm dann noch, was Darcy alles aus freien Stücken für Lydia getan hatte. Er hörte es mit wachsendem Erstaunen. »Heute Abend geschehen wahrhaftig Wunder! Also, Darcy hat das alles erledigt: die Heirat durchgesetzt, das Geld gegeben, die Schulden des Burschen bezahlt und ihm außerdem noch ein Offizierspatent verschafft! Nun, umso besser! Es wird mir eine ganze Menge ersparen – nicht nur Mühe! Wenn dein Onkel dahintergesteckt hätte, dann müsste und würde ich ihm diese Auslagen zurückerstatten; aber mit so einem stürmischen jungen Liebhaber kann man ja Gott sei Dank nicht reden. Ich werde ihm morgen das Anerbieten machen, ihm alles zurückzugeben; du wirst sehen, er wird mir empört etwas von seiner Liebe und Ehre erzählen, und damit wird die Angelegenheit endgültig erledigt sein.«

Darauf entsann er sich ihrer Verlegenheit, als er ihr neulich Mr. Collins' Brief vorgelesen hatte, und nachdem er Elizabeth noch eine Weile damit geneckt hatte, entließ er sie mit den Worten: »Falls sich noch ein paar junge Männer für Kitty und Mary melden sollten, schick sie nur gleich herein; ich habe im Augenblick nichts Wichtiges vor!«

Elizabeth hatte das Gefühl, von einer schweren Last befreit zu sein, und als sie nun zu den anderen zurückkehrte, konnte sie ihnen wieder ihr gewohntes, fröhliches Gesicht zeigen. Sie fühlte sich nur noch zu benommen, um ihrem Glücksgefühl darüber, dass ihrer Liebe jetzt kein Hindernis mehr bevorstand, lebhafteren Ausdruck zu geben. Aber trotzdem verlief der Rest des Abends heiter und zufrieden.

Als ihre Mutter später in ihr Schlafzimmer ging, folgte sie ihr und teilte ihr die große Neuigkeit mit. Die Wirkung ihrer Worte war wirklich verblüffend: Mrs. Bennet saß zuerst ganz still, wie gelähmt da, und war völlig außerstande, auch nur eine einzige Silbe von sich zu geben. Und es dauerte viele, viele Minuten, bis ihr das eben Gehörte in seiner ganzen Bedeutung aufging, obgleich sie doch sonst nicht so schwer von Begriff war, wenn es sich um irgendeinen Vorteil für ihre Familie oder gar um einen Mann für ihre Töchter handelte. Allmählich erwachte sie aber aus ihrer Betäubung, begann auf ihrem Stuhl hin und her zu rutschen, stand auf, setzte sich wieder und ließ dann ihrem Staunen und ihren Worten freien Lauf. »Du lieber Himmel! Wer hätte das gedacht! Mein Gott! Mr. Darcy! Und du machst keinen Scherz? Ach, meine liebste Lizzy! Wie reich und vornehm du sein wirst! Was für eine Menge Geld, was für kostbaren Schmuck und wie viele Wagen wirst du jetzt bekommen! Jane ist ja nichts dagegen – gar nichts! Ich bin so froh, so glücklich! Ein so reizender Mann! Und wie gut er aussieht, so groß und so vornehm! Ach, meine liebe Lizzy, verzeih mir bitte, dass ich ihn so unsympathisch fand. Hoffentlich wird er es mir bitte nicht nachtragen. Liebe, liebste Lizzy! Ein Haus in London! Kannst du dir Besseres wünschen? Drei verheiratete Töchter! Zehntausend Pfund im Jahr! Mein Gott, ich weiß wirklich nicht, wo mir der Kopf steht! Ich werde bestimmt noch verrückt vor Glück!« Elizabeth war beruhigt. Ihre Mutter schien keine Einwendungen machen zu wollen. Sie frohlockte innerlich, dass niemand als nur sie selbst diesen Erguss ihrer Mutter mitanzuhören brauchte. Sie war noch nicht zwei Minuten in ihrem eigenen Zimmer, da kam ihre Mutter ihr schon nach. »Meine liebste Elizabeth«, rief sie, »ich kann es noch nicht fassen! Zehntausend und wahrscheinlich noch mehr! Das ist ebenso viel wert wie ein Lordtitel. Eine Doppelhochzeit natürlich, du musst deine Heirat einfach beschleunigen! Und sag mir doch noch, meine Liebe, was Mr. Darcy besonders gern isst, damit ich es für morgen bestellen kann!«

Dies war allerdings ein schlechtes Vorzeichen für das Benehmen ihrer Mutter am folgenden Tag; und Elizabeth musste die Entdeckung machen, dass sie trotz der Gewissheit seiner Liebe, trotz der Billigung ihrer Eltern doch noch etwas wusste, was sie sich gern gewünscht hätte. Aber der nächste Tag verlief viel besser, als sie erwartet und gefürchtet hatte, denn Mrs. Bennet empfand glücklicherweise einen solchen Respekt vor ihrem zukünftigen Schwiegersohn, dass sie ihn kaum anzureden wagte, außer um ihm eine Aufmerksamkeit zu erweisen oder die Richtigkeit seiner Worte nachdrücklich zu bestätigen.

Zu ihrer besonderen Freude bemerkte Elizabeth, dass ihr Vater sich die Mühe machte, Darcy näher kennenzulernen, und er versicherte ihr vor dem Schlafengehen, dass ihr Verlobter stündlich mehr in seiner Achtung gestiegen sei. »Ich bewundere alle meine drei Schwiegersöhne«, meinte er, »Wickham allerdings vielleicht am meisten; aber ich glaube, ich werde deinen Mann mindestens ebenso liebgewinnen wie Janes Auserwählten.«

60

Nun, da sie aller Ungewissheit ledig war, fand Elizabeth bald ihre frühere übermütige Laune wieder, und so fragte sie eines Tages ihren Verlobten, wie er eigentlich dazu gekommen sei, sich in sie zu verlieben.

»Wie hat es angefangen?«, meinte sie. »Ich kann ja verstehen, dass du nicht so leicht wieder aufhören konntest, nachdem der Anfang erst einmal gemacht war; aber was hat deinem Herzen den ersten Anstoß gegeben?«

»Nun, ich kann nicht mehr genau sagen, welche Stunde, welcher Ort, welcher Blick oder welches Wort den Grundstein dazu gelegt hat; es ist schon zu lange her. Ich weiß nur, dass ich selbst von allem erst etwas merkte, als ich schon ein gutes Stück Weg hinter mich gebracht hatte.«

»Meiner Schönheit hast du schon am ersten Abend erfolgreich widerstanden; und mein Benehmen – gegen dich wenigstens bin ich doch alles andere als höflich gewesen. Ich habe mir sogar die größte Mühe gegeben, dir niemals etwas Nettes zu sagen. Sag die Wahrheit – hast du dich vielleicht in meine Keckheit verliebt?«

»In deinen Übermut bestimmt!«

»Du kannst es ruhig Keckheit nennen; sehr viel anderes war es nämlich wirklich nicht. Du hattest einfach – um der Wahrheit auf den Grund zu gehen – diese ewigen Schmeicheleien, diese ganze heuchlerische Liebedienerei, mit der man dir sonst immer entgegenkam, herzlich satt; die Frauen, die jedes Wort, jeden Blick, jeden Gedanken nur darauf anlegten, dir zu gefallen, stießen dich allmählich ab. Ich fiel dir auf, weil ich ihnen so gar nicht ähnlich war. Wenn du nicht im Grunde deines Herzens immer so ein guter Mensch gewesen wärst, hättest du mich hassen müssen; aber obwohl du dich wahrscheinlich darum bemüht hast, ganz konntest du dich doch nicht verleugnen, und ich bin überzeugt, dass du gerade die Menschen, die dir so schamlos den Hof machten, besonders verachtet haben musst. So, jetzt hab ich dir gesagt, warum du mich liebst. Und wenn ich es mir genau überlege, hast du eigentlich auch ganz recht damit. Es stimmt ja zwar, dass du keine einzige gute Eigenschaft von mir kennst; aber darauf kommt es einem ja auch gar nicht an, wenn man sich verliebt.«

»Glaubst du nicht, dass man schon darin eine gute Eigenschaft sehen konnte, wie du damals Jane, als sie in Netherfield krankwurde, so rührend gepflegt hast?«

»Die liebe Jane! Das war doch wahrhaftig das wenigste, was man für sie tun konnte! Aber meinetwegen, mach nur immerhin eine Tugend daraus. Meine guten Eigenschaften sind ja jetzt deine Belange, und du tust ganz recht daran, wenn du sie so viel wie möglich hervorhebst und übertreibst. Während ich andererseits das Recht erhalten habe, mich so oft mit dir zu necken und zu streiten, wie ich will. Ich werde das auch sogleich ausnutzen und dich fragen, warum du bis zuletzt so furchtbar ungern mit der Sprache herausrücken wolltest? Warum warst du so schüchtern, als du mit Bingley herkamst? Warum machtest du ein Gesicht, als ob ich dir völlig gleichgültig sei, nachdem du dir schon die Mühe gemacht hattest, herzukommen?«

»Du sahst so ernst aus und warst so still und hast mich gar nicht ermutigt.«

»Natürlich, ich war befangen.«

»Das war auch ich.«

»Du hättest doch aber wenigstens an dem Abend, an dem wir die Gesellschaft gaben, etwas mehr mit mir reden können.«

»Ja, wenn ich weniger für dich empfunden hätte, wäre mir das gewiss leichtergefallen.«

»Schade, dass du nie um eine Antwort verlegen bist und dass ich so gutmütig bin, das zuzugeben. Aber ich möchte doch gern wissen, wie lange du noch geschwiegen hättest, wenn ich dich nicht schließlich selbst gefragt hätte! Mein Beschluss, dir für deine Güte gegenüber Lydia zu danken, hat weiß Gott ein gutes Ergebnis gehabt, ein zu gutes, fürchte ich sogar; denn wo bleibt die Moral, wenn unser Glück von einem Vertrauensbruch herrührt?«

»Keine Sorge! Die Moral bleibt trotzdem gewahrt, denn schließlich haben Lady Catherines Bemühungen, uns auseinanderzubringen, meine letzten Hemmungen beseitigt, so dass wir also unser Glück nicht deinen voreiligen, indiskreten Dankesbezeugungen verdanken, sondern meiner Tante. Ich hatte gar nicht die Absicht, noch länger zu warten. Die Mitteilungen meiner Tante hatten mir wieder Hoffnung gemacht, und ich war fest entschlossen, mir bei frühester Gelegenheit Gewissheit zu verschaffen.«

»Dann ist uns also Lady Catherine eine wirkliche Hilfe gewesen; das wird sie bestimmt sehr glücklich machen, denn sie kennt ja nichts Besseres, als anderen helfen zu dürfen. Aber sag mir, warum bist du überhaupt nach Netherfield gekommen? Nur, um das Vergnügen haben zu können, nach Longbourn zu reiten und dort verlegen zu werden? Oder hattest du schon irgendwelche festeren Pläne?«

»Der eigentliche Grund war ja, dich wiederzusehen und zu versuchen, mir darüber klarzuwerden, ob ich je hoffen durfte, deine Liebe zu gewinnen. Und der vorgetäuschte Grund, das heißt, der Grund, den ich mir selber vortäuschte, war der, dass ich feststellen wollte, ob deine Schwester Bingley noch liebte, und falls ja, ihm das Geständnis zu machen, das ich inzwischen abgelegt habe.«

»Ob du je den Mut aufbringen wirst, Lady Catherine zu sagen, was ihr bevorsteht?«

»Ich brauche dazu keinen Mut, nur etwas Zeit, ein Stück Papier und Tinte und Feder. Wenn du mir das verschaffst, werde ich dich dieser Sorge augenblicklich entheben.«

»Und wenn ich nicht selbst auch einen Brief zu schreiben hätte, würde ich mich neben dich setzen und deine gleichmäßige Schrift bewundern, wie es schon einmal eine junge Dame getan hat. Aber ich habe ebenfalls eine Tante, die ich nicht länger vernachlässigen möchte.«

Elizabeth hatte bisher nicht auf den langen Brief von Mrs. Gardiner geantwortet, da sie sich scheute, einzugestehen, wie sehr ihre Tante die Freundschaft zwischen ihr und Darcy überschätzt habe. Aber da sie ihr jetzt eine Nachricht mitteilen konnte, die ihr, wie sie wusste, hochwillkommen sein würde, schämte sie sich ein wenig, dass sie ihren Verwandten ihr Glück volle drei Tage lang vorenthalten hatte.

›Ich hätte Dir schon eher geantwortet, liebe Tante‹, schrieb sie, ›wie es sich auch nach Deinem langen, ausführlichen Brief gehört hätte, aber ich muss gestehen, ich war zu ärgerlich, um zu schreiben. Du hast viel mehr vermutet, als den Tatsachen wirklich entsprach. Aber jetzt magst Du annehmen, was Du willst; lass Deiner Einbildungskraft freien Lauf, lass Deine Phantasie so hoch fliegen, wie sie mag – alles wird von der Wirklichkeit noch übertroffen werden, falls Du nun nicht etwa glaubst, ich sei schon verheiratet. Du musst bald wieder schreiben und ihn noch sehr viel mehr loben als in Deinem letzten Brief. Ich danke Dir und Onkel von ganzem Herzen, dass Ihr nicht mit mir ins Seengebiet gefahren seid; wie konnte ich nur jemals so töricht sein und mir so etwas wünschen! Dein Gedanke mit den Ponys ist wunderbar; wir werden jeden Tag im Park spazierenfahren. Ich bin bestimmt das glücklichste Geschöpf auf der Welt. Andere haben das vielleicht auch schon behauptet, aber noch niemand mit so viel Berechtigung. Ich bin sogar noch glücklicher als Jane: Sie lächelt bloß, und ich lache die ganze Zeit. Mein Verlobter bittet mich, euch zu grüßen und euch zu sagen, dass er euch in sein Herz schließen würde, wenn es nicht schon zu klein wäre, um auch nur mich darin festzuhalten. Ihr seid alle herzlichst zu Weihnachten nach Pemberley eingeladen. Deine Lizzy‹

Darcys Brief an Lady Catherine war in einem etwas anderen Ton gehalten. Und noch wieder anders sah das Schreiben aus, das Mr. Bennet seinem Vetter Collins als Antwort schickte: ›Lieber Vetter! Ich muss Sie noch einmal mit der Bitte belästigen, uns zu gratulieren. Elizabeth wird in Kürze die Frau von Mr. Darcy werden. Trösten Sie bitte Lady Catherine so gut, wie es in Ihrer Macht liegt. Aber ich an Ihrer Stelle würde mich trotz allem an den Neffen halten; er kann Ihnen auf weite Sicht viel nützlicher sein. Ihr Vetter B.‹

Carolines Glückwünsche für ihren Bruder klangen so liebevoll und aufrichtig, wie es bei ihrer Verlogenheit nur möglich war. Sie schrieb sogar an Jane, um ihrer großen Freude Ausdruck zu geben und um alle ihre früheren Freundschaftsbeteuerungen zu wiederholen. Jane ließ sich dieses Mal nicht täuschen, aber nichtsdestoweniger fühlte sie sich gerührt; und obwohl sie wusste, dass auf ihre zukünftige Schwägerin kein Verlass war, antwortete sie ihr doch in einem viel liebenswürdigeren Ton, als sie selbst eigentlich für berechtigt hielt.

Die Freude, die aus Miss Darcys Schreiben sprach, war ebensowenig geheuchelt wie das Glück, das sie aus ihres Bruders Brief herausgelesen hatte. Vier dichtbeschriebene Seiten genügten nicht, um ihr Entzücken und ihre herzliche Bitte um die Liebe ihrer Schwägerin aufzunehmen.

Bevor aus Hunsford eine Antwort eintreffen konnte, erfuhr man auf Longbourn, dass die Collins in Lucas Lodge eingetroffen seien. Die Veranlassung zu dieser plötzlichen Reise wurde bald bekannt: Lady Catherine war über den Brief ihres Neffen in eine derartige Wut geraten, dass Charlotte, die sich ehrlich über die Nachricht gefreut hatte, es für ratsam hielt, den Sturm sich in ihrer Abwesenheit austoben zu lassen. Elizabeth war froh, ihre Freundin wiederzusehen, wenn sie auch hin und wieder im Laufe der Tage denken musste, dass das Vergnügen durch die unvermeidliche Gegenwart von Mr. Collins teuer erkauft sei, zumal, wenn sie sah, wie dieser um Darcy herumscharwenzelte und wie täppisch er ihm den Hof machte. Darcy indessen ertrug das alles mit bewundernswertem Gleichmut. Er brachte es sogar fertig, sich mit derselben Gelassenheit Sir William anzuhören, der ihn dazu beglückwünschte, den leuchtendsten Edelstein aus der Krone von Hertfordshire für sich gewonnen zu haben, und der seiner Hoffnung Ausdruck verlieh, sie möchten sich doch in Zukunft recht oft bei Hofe wiedersehen. Wenn Darcy auch einmal die Achseln zucken mochte, so tat er es jedenfalls nicht in Sir Williams Anwesenheit.

Elizabeth tat, was sie konnte, um ihn sowohl vor der Gesellschaft des einen wie des anderen zu bewahren, und war bestrebt, ihn, wenn sie ihn schon einmal nicht für sich haben konnte, denjenigen Verwandten anzuvertrauen, mit denen er sich ohne Ärger und Verdruß unterhalten konnte. Die ungemütlichen und oft peinlichen Begleitumstände, die sich so manchmal ergaben, raubten wohl diesen ersten Tagen ihrer Brautzeit viel von ihrem Zauber, aber sie ließen dafür auch die Zukunft in noch hellerem Licht erscheinen – und ungeduldig sehnte sie den Tag herbei, an dem sie das zweifelhafte Familienglück hier mit einem ungetrübteren Familienleben auf Pemberley vertauschen würde.

61

Mrs. Bennet schwelgte aus vollem Herzen in dem Mutterglück, ihre beiden bestgeratenen Töchter so vorteilhaft verheiratet zu wissen. Man kann sich denken, mit welch stolzen Gefühlen sie späterhin von Mrs. Darcy sprach oder Mrs. Bingley besuchte. Ich wünschte aufrichtig um ihrer Familie willen, ich könnte berichten, dass die Erfüllung ihrer heißesten Wünsche sie für den Rest ihres Lebens in eine liebenswerte und vernünftige Frau verwandelt hätte. Aber vielleicht ist es um ihres Mannes willen ganz gut, dass ich das nicht tun kann: Es wäre ja denkbar, dass ihm eine so ungewohnte Art häuslichen Glücks nicht bekommen wäre und er die gelegentlichen Nervenkrisen und die unverbesserliche Torheit seiner Gattin nur schwer entbehrt hätte.

Mr. Bennet vermisste seine zweite Tochter außerordentlich. Seine Anhänglichkeit an sie veranlasste ihn, sich jetzt weit häufiger als je zuvor von Longbourn und seiner geliebten Bibliothek zu trennen. Er genoss seine Besuche in Pemberley sehr, besonders, wenn er dort unerwartet auftauchen konnte.

Jane und Bingley blieben nur ein Jahr auf Netherfield wohnen. Die nahe Nachbarschaft ihrer Mutter und der Verwandten in Meryton wurde selbst seinem duldsamen Wesen und ihrem liebevollen Herzen zuviel. Der Lieblingswunsch seiner Schwestern ging – nicht zuletzt aus diesem Grunde – endlich in Erfüllung: Er kaufte sich in der Nähe von Pemberley an, und zu allem übrigen Glück lebten Elizabeth und Jane nun kaum dreißig Meilen voneinander entfernt.

Kitty verbrachte, sehr zu ihrem Vorteil, die meiste Zeit bei der einen oder anderen ihrer älteren Schwestern. Sie war niemals so widerspenstig und unlenksam wie Lydia gewesen, von der sie sich immer hatte leiten und verleiten lassen; und da ihre älteren Schwestern sich jetzt mehr um sie kümmern und dafür sorgen konnten, dass sie mit Menschen zusammenkam, die ihrem bisherigen Umgang weit überlegen waren, wurde sie zusehends vernünftiger, klüger und zurückhaltender. Sie wurde dem schlechten Einfluss Lydias sorgfältig ferngehalten, und ihr Vater verweigerte ihr aufs entschiedenste die Erlaubnis, den wiederholten Einladungen von Mrs. Wickham Folge zu leisten.

Mary war die einzige der Schwestern, die zuhause blieb, und da Mrs. Bennet niemals allein sein konnte, wurde sie mehr und mehr von ihren Studien abgehalten. Sie gewöhnte sich allmählich daran, sich unter fremden Menschen zu bewegen, und verspürte nur noch selten Lust, irgendwelche gewichtigen Sentenzen von sich zu geben. Auch brauchte sie nicht länger zu fürchten, dass man sie zu ihrem Nachteil mit ihren schöneren Schwestern verglich, und ihr Vater gewann den Eindruck, dass ihr dieses neue Leben, das sie jetzt führte, gar nicht so übel gefiel.

Was Lydia und Wickham anbetraf, so machte die Heirat der beiden Schwestern keinen nachhaltigen Eindruck auf sie. Er trug die Gewissheit, dass Elizabeth nun die ganze Größe seiner Undankbarkeit und Verlogenheit erfahren werde, mit philosophischer Gelassenheit und ließ trotz allem, was geschehen war, die Hoffnung nicht fahren, dass er Darcy doch noch eines Tages dazu überreden könne, endlich etwas für ihn zu tun. Der Glückwunschbrief, den Elizabeth von Lydia erhielt, bewies ihr deutlich, dass jedenfalls seine Frau eine solche Hoffnung hegte: ›Meine liebe Lizzy! Von Herzen alles Gute! Wenn Du Deinen Darcy nur halb so gern hast, wie ich meinen lieben Mann, dann wirst Du sehr glücklich werden. Es ist mir eine sehr große Beruhigung, dass Du so reich sein wirst, und wenn Du nichts Besseres zu tun hast, dann wirst Du, hoffe ich, an uns denken. Ich weiß, dass mein Mann sehr gern eine Stellung bei Hofe annehmen würde, aber ich glaube nicht, dass wir das ohne jede Unterstützung erreichen können. Ihm wäre alles recht, was jährlich etwa dreihundert, vierhundert Pfund einbringt. Aber wenn Du nicht magst, sage Darcy nichts davon. Deine Lydia‹

Elizabeth mochte durchaus nicht, und sie versuchte, in ihrer Antwort jeder Erwartung in dieser Richtung ein für allemal ein Ende zu machen. Immerhin ließ sie es sich nicht nehmen, ihrer jüngsten Schwester wenigstens so weit auszuhelfen, wie sie es aus den Ersparnissen von ihrem eigenen Taschengeld tun konnte. Es war ihr schon von Anfang an klargewesen, dass die beiden, die so verschwenderisch und gedankenlos in den Tag lebten, nur sehr knapp mit ihren Einkünften auskommen konnten. Jedesmal, wenn Wickham in eine andere Garnison versetzt wurde, kamen entweder an Elizabeth oder an Jane kurze Schreiben mit der Bitte, etwas zur Begleichung der an ihrem bisherigen Wohnort aufgelaufenen Schulden beizusteuern. Selbst als das Regiment nach Friedensschluss aufgelöst wurde, setzten sie ihr unruhiges Wanderleben fort, immer auf der Suche nach einer billigen Unterkunft und immer weit über ihre Verhältnisse lebend. Wickhams Neigung zu seiner Frau war schon bald einer vollkommenen Gleichgültigkeit gewichen: sie selbst bewahrte sich ihre Liebe ein wenig länger; und trotz ihrer großen Jugend und ihres Leichtsinns setzte sie das Ansehen, das die Ehe ihr verliehen hatte, nicht aufs Spiel.

Es konnte natürlich keine Rede davon sein, dass Darcy Wickham nach Pemberley einlud, aber um Elizabeths willen förderte er ihn nach wie vor in seinem Beruf. Lydia besuchte sie zuweilen, meist immer dann, wenn ihr Mann einmal nach London gefahren war, um sich einen vergnügten Tag zu machen; und bei den Bingleys luden sich die Wickhams selbst so häufig und für so lange Zeit ein, dass sogar der gutmütige Bingley davon sprach, er müsse ihnen doch noch einen Wink geben, damit sie endlich wieder abreisten.

Caroline empfand zwar Darcys Heirat mit Elizabeth als eine persönliche Beleidigung; aber da sie sich nicht um das Vergnügen bringen wollte, Schloss Pemberley auch weiterhin besuchen zu dürfen, bezwang sie ihren Groll, war liebenswürdiger denn je zu Georgiana, nicht minder aufmerksam zu Darcy und bemühte sich, nachzuholen, was sie Elizabeth an Höflichkeit schuldig geblieben war.

Georgiana wohnte jetzt ständig auf Pemberley, und zu Darcys Freude waren seine Frau und seine Schwester einander so herzlich zugetan, wie er es erhofft hatte. Georgiana hegte die größte Verehrung für Elizabeth, obwohl sie anfangs nicht selten erschrak, wenn sie hörte, wie lebhaft Elizabeth mit ihrem Mann umsprang. Sie musste jetzt mit ansehen, wie ihr Bruder, zu dem sie immer mit einem Respekt aufgesehen hatte, der ihre Liebe zu ihm fast noch übertraf, wie diese Respektsperson ganz respektwidrig geneckt wurde. Sie konnte jetzt ihr Wissen um manche Erfahrung bereichern, zu der sich ihr früher keine Gelegenheit geboten hatte. An Elizabeths Beispiel lernte sie, dass eine Frau sich ihrem Mann gegenüber Freiheiten herausnehmen darf, die ein Bruder seiner um zehn Jahre jüngeren Schwester niemals gestatten wird.

Lady Catherine war natürlich höchst empört über die Heirat ihres Neffen; und da sie in ihrer Antwort auf seinen Brief ihrer Offenheit keinerlei Zwang auferlegte, enthielt der Brief so viele Beleidigungen, vor allem für Elizabeth, dass die Verbindung zwischen den beiden Häusern für lange Zeit abgebrochen war. Aber schließlich überredete Elizabeth ihren Mann, die Unfreundlichkeit seiner Tante zu vergessen und eine Versöhnung anzubahnen. Nach einigem anfänglichen Widerstand ließ Catherine sich schließlich dazu herbei, sich persönlich davon zu überzeugen, wie Elizabeth sich als Herrin von Pemberley ausnahm – ob nun aus Liebe zu ihrem Neffen oder aus bloßer Neugierde, mag dahingestellt bleiben. Sie willigte gnädigst in einen Besuch ein trotz der Verschandelung, die der alte Familienbesitz zweifellos nicht nur durch die neue Herrin, sondern auch durch ihre merkwürdigen Londoner Verwandten erfahren hatte.

Mit den Gardiners verband sie nach wie vor die herzlichste Freundschaft. Darcy sowohl wie Elizabeth bewahrten für diese beiden treuen Menschen stets ein tiefes Gefühl der Dankbarkeit – waren sie es doch gewesen, die Elizabeth nach Derbyshire gebracht und damit den Grundstein zu ihrem Glück gelegt hatten.

Warum wir Jane Austen so lieben

Geht es um Jane Austens Werke, geraten viele ins Schwärmen: Einzigartige Handlung! Fesselnde Dialoge! Unglaublicher Humor! Wirklich etwas Besonderes! Ihre Romane: einfach genial! Und: »Stolz & Vorurteil« sei der genialste von allen!

Erstaunlich. Dass Texte einer Autorin, die von 1775 bis 1817 lebte, also in einer längst untergegangenen Zeit, heute noch derart begeistern. Wobei »Begeisterung« nicht einmal zu fassen vermag, was die Austen-Manie, die seit Jahren anhält, offenbart: Jane Austen wird verehrt, ja, geliebt.

Wie kann das sein? Wie kommt es, dass uns Geschichten, die mit unserer Zeit nichts mehr zu tun zu haben scheinen, derart berühren? Dass in den vergangenen Jahrzehnten ein Jane-Austen-Roman nach dem anderen verfilmt wurde, »Stolz & Vorurteil« sogar mehrfach? Dass die Briten 2003, als sie nach ihrem Lieblingsbuch gefragt wurden, »Stolz & Vorurteil« nach Tolkiens »Herrn der Ringe« auf den zweiten Platz wählten? Dass die Australier 2008 in einer Erhebung gar angaben, es sei das beste Buch, das je geschrieben worden sei? Dass weltweit mittlerweile 20 Millionen Exemplare davon verkauft wurden? Was ist das Besondere an diesem Roman, der 1813 erschien, auf Anhieb ein Erfolg wurde und seither die Nummer eins in literarisch-amourösen Angelegenheiten ist?

»Stolz & Vorurteil« ist, wie alle Werke Jane Austens, in der Gentry angesiedelt, also in Englands oberer Mittelschicht, zu der niederer Adel wie auch Landbesitzer gehören. Es ist die Zeit um 1800. Das Leben junger Frauen dreht sich vor allem um die Frage der Heirat, die im besten Fall eine Liebesheirat sein soll, dazu standesgemäß und wirtschaftlich vorteilhaft. Die Familie Bennet nun hat gar fünf unverheiratete Töchter, die unter die Haube gebracht werden müssen. Und genau das bestimmt den Roman: die Frage, ob die Bennet-Töchter der Liebe begegnen, dem richtigen Mann, der sie vor einer mittellosen Zukunft bewahrt. m Mittelpunkt steht Elizabeth, die zweitälteste Tochter, die eine unabhängige, selbstsichere, intelligente, junge Frau ist, vielen Männern überlegen. Wenngleich sie keine, wie man heute sagen würde, Torschlusspanik hat, hält doch auch sie Ausschau nach jenem Galan, den sie lieben und ehelichen kann. Schon bald treten zwei Männer in ihr Leben, die dafür in Frage kommen...

Ein Stoff, der alles andere als außergewöhnlich ist. Es gibt unzählige Liebesromane dieser Art, die sich um die schlichte Frage drehen, ob sich zwei, die sich zueinander hingezogen fühlen, bekommen werden. Aber gerade weil dieser Stoff seit jeher beliebt ist, muss darin etwas Zeitloses liegen, das die Menschen im Innersten angeht. Dieses Zeitlose ist eine existenzielle Bewegung, die die Romanfiguren vollziehen: die Bewegung des Zueinanderfindens.

Jene Bewegung wird ersehnt, ist jedoch alles andere als selbstverständlich und scheitert mehrfach, bevor sie auch nur ein Mal gelingt. Genau hierin liegt ein Grundthema der Existenz, an dem sich der Mensch abarbeitet. Genau hierin liegt auch der Kern von »Stolz & Vorurteil«, der uns Leser berührt und mitnimmt.

Bevor jedoch Elizabeth und Darcy die existenzielle Bewegung zueinander hin vollziehen können, müssen sie erst durch Krisen gehen und sich verändern. »Stolz & Vorurteil« ist damit ein klassischer Entwicklungsroman. Erzählt wird die Geschichte einer besonderen Wandlung: Aus zwei Menschen, die sich abstoßen, wird ein Liebespaar.

Bis es so weit ist, ist ein langer Weg zu gehen. Den Ausgangspunkt hierfür setzt die Verfilmung aus dem Jahr 2005 wunderbar ins Bild: Elizabeth (Keira Knightley) und Darcy (Matthew Macfadyen) tanzen erstmals miteinander. Die anderen im Ballsaal sind mit einemmal verschwunden, was die große, unterschwellige Spannung zwischen den beiden verdeutlicht, wie sehr sie voneinander angezogen, in den Bann geschlagen sind. Doch während des Tanzes geraten sie in eine verbale Auseinandersetzung, in der Elizabeth Darcys Verhalten gegenüber Wickham kritisiert. Die gemeinsame Bewegung, die durch den Tanz symbolisiert wird, bleibt äußerlich. Innerlich kollidieren die beiden, so dass die Welt der Distanz – der Ballsaal, die Gesellschaft – ebenso schlagartig zurückkehrt, wie sie zuvor verschwunden ist. Elizabeth und Darcy sind also voneinander angezogen, stoßen sich aber auch ab, können sich nicht nahekommen. Was hat es mit dieser Distanz zwischen den beiden auf sich?

Zwischenmenschliche Distanz ist ein existenzielles Phänomen. Menschen, mögen sie auch Gemeinschaften bilden, leben in grundlegender Distanz zueinander: Der andere ist innerlich fern. Dies ist der Normalfall, der oft genug nicht nur auf Fremde oder entfernte Bekannte zutrifft, sondern auch auf langjährige Nachbarn, Arbeitskollegen oder Verwandte. Sprich: Trotz der vielen Menschen, denen wir im Laufe unseres Lebens begegnen, kommen wir nur wenigen wirklich nah; das ist heute so, das war vor 200 Jahren so. Distanz ist ein Grundzug menschlicher Existenz.

Im 18. und 19. Jahrhundert nun wird diese grundlegende Distanz, die zwischen Menschen besteht, in den gehobenen Schichten kultiviert. Um respektvolles Miteinander zu gewährleisten, wird auf gepflegte Umgangsformen Wert gelegt, auf zuvorkommendes Verhalten, Etikette. Folge: Der Umgang ist förmlich, oft ritualisiert, zeremoniell. Das hat durchaus Vorteile. So werden Emotionen, etwa Antipathien, im Zaun gehalten, was gerade aus heutiger Perspektive Charme hat, da die Modernen einander allzu leicht beleidigen, sei es im Straßenverkehr, an der Supermarktkasse oder in sozialen Netzwerken. Im frühen 19. Jahrhundert ist das anders, zumindest wird dies in gehobenen Kreisen angestrebt. Wer einem zuwider ist, den setzt man nicht herab, sondern behandelt ihn gemäß den Gepflogenheiten, also höflich. Die Fratze, die man dem anderen am liebsten zeigen würde, wird weggelächelt. Wenngleich natürlich auch damals Antipathie, Zwist und Bosheit ihre Ausdruckswege finden, so ist doch das Miteinander weitaus mehr auf Höflichkeit ausgerichtet als heute. Diese gesteigerte Förmlichkeit hat durchaus Nachteile: Einerseits befördert sie Unauthentizität, andererseits geht sie einher mit der Tendenz, soziale Kontakte in vorgegebenen Bahnen verlaufen zu lassen – wodurch das Gegenüber immer auch auf Abstand gehalten wird.

Wie einengend Etikette und Benimmregeln einst waren, zeigen schon diese wenigen Beispiele: Für Frauen ziemte es sich nicht, allein unterwegs zu sein. Ebensowenig war es einem Gentleman gestattet, eine Dame von sich aus anzusprechen; vielmehr bedurfte es einer Gelegenheit, um miteinander bekanntgemacht zu werden. Oder: Waren ein Mann und eine Frau nicht verheiratet, war es unangemessen, sich ohne Anstandsdame zu treffen. Eine solche Kultur zementiert unter dem Etikett der Schicklichkeit zwischenmenschliche Distanz eher, als dass sie Wege zueinander ebnen würde. Sicher, man kann sich den gesellschaftlichen Erwartungen entziehen. Wer jedoch als schicklich gelten will, fügt sich den Konventionen.

In diesem gesellschaftlichen Verhaltenskorsett befinden sich auch Elizabeth und Darcy. Die Etikette, mag sie ihnen auch Möglichkeit zu Begegnung und Konversation geben (auf eine Einladung muss beispielsweise eine Gegeneinladung folgen), hindert sie andererseits bisweilen daran, sich näherzukommen. Ist etwa bei einer Gesellschaft erst einmal eine Platzordnung eingenommen, kann dies bedeuten, dass es den Rest des Abends keine Möglichkeit mehr gibt, mit jenen zu sprechen, die nicht in unmittelbarer Nähe sitzen – auch Elizabeth leidet einmal unter diesen Reglementierungen: Es drängt sie, mit Darcy zu reden, sich mit ihm in ein neues Verhältnis zu setzen, doch die gesellschaftlichen Gepflogenheiten lassen dies nicht zu.

Heutzutage gibt es in der Regel keine höhere Schicklichkeit mehr, die voneinander fernhalten würde – steife Umgangsregeln sind eher die Ausnahme, soziale Barrieren von einst weitgehend eingerissen. Doch auch im Fall von Elizabeth und Darcy ist die Etikette letztlich ein oberflächlicher Grund, weshalb sich die beiden zunächst nicht näherkommen. Es gibt noch andere, tiefere Ursachen für ihre Schwierigkeit, den Raum zwischen sich zu verkleinern. Und das hat schlichtweg mit ihrer Persönlichkeit zu tun.

Was Menschen auf Distanz hält, sind unter anderem die Urteile, die sie übereinander fällen, die unterschiedlichen Werte, die sie leben. Elizabeth und Darcy sind dafür bestes Beispiel. So erkennt Darcy in Elizabeth anfangs nur eine Frau von durchschnittlichem Äußeren, die ihn nicht zu reizen vermag, eine Frau, mit der näherer Kontakt allein schon aufgrund ihrer gesellschaftlichen Stellung und des ungebührlichen Verhaltens mancher Familienmitglieder ausgeschlossen ist – Stolz hält ihn auf Abstand.

Um Elizabeth steht es schlimmer. Zwar sind für sie die Standesunterschiede, an denen sich Darcy abarbeitet, kein echtes Hindernis – es ist ja Ziel einer Frau, sich vorteilhaft zu verheiraten. Aber ihre Problematik wiegt insofern schwerer, als sie aus einem Grund in der Distanz bleiben muss, der zu überwinden ungemein anspruchsvoller ist: Anders als Darcy, der ihren Liebreiz erkennt, je länger er sie aus der Ferne betrachtet, ist sie gar nicht in der Lage, sein Wesen zu sehen – weshalb es ihr unmöglich ist, ihm näherzukommen. Denn: Wie sollte man sich einem Menschen nähern, den man nicht einmal sieht?!

Elizabeth »sieht« Darcy aus einem schlichten Grund nicht: weil ihr Blick von Vorurteilen verstellt ist. Derlei Sichtbehinderungen können natürlich auch andere Gründe haben, etwa mangelnde Menschenkenntnis, bei Elizabeth aber sind es Vorurteile. Aus ihrer Perspektive ist Darcy nicht nur arrogant, er stürzt auch noch andere, ihre Schwester Jane und Mr. Wickham, ins Unglück. Aufgrund dieses Vorurteils kann sie keine Vorstellung davon gewinnen, wie Darcy tatsächlich ist. Da sie auf ein Trugbild fixiert ist, ist sie von Darcy abgestoßen. Kurzum: Bei ihrem Versuch, einander näherzukommen, steht den beiden Stolz im Weg, verstellen Vorurteile den Blick.

Im Gegensatz zu Darcy, der sich bewusst ist, weshalb er auf Distanz bleibt, ist Elizabeth ihre Fehlsichtigkeit jedoch unbewusst. Damit steht sie sinnbildlich für jene existenzielle Schwierigkeit, mit der jeder Mensch zu kämpfen hat: die Schwierigkeit, den anderen tatsächlich zu sehen, das Wesen des anderen zu erfassen. Wir verfallen nämlich immer wieder aufs Neue der Illusion, dass wir ohne weiteres in der Lage wären, andere so wahrzunehmen, wie sie sind. Dabei begnügen wir uns oft mit wenigen Eindrücken und formen daraus ein Bild: Wir sehen einen Gesichtsausdruck, schnappen eine Äußerung auf, beobachten ein Verhalten – und ziehen sogleich wertende Schlüsse, die um weitere Annahmen ergänzt und ins Allgemeine transferiert werden, so dass rasch der ganze Mensch vor Augen zu stehen scheint, mitsamt der Überzeugung: So ist er! Der andere wird also vorschnell kategorisiert und in seiner Persönlichkeit auf das festgelegt, wofür wir uns entschieden haben, dass es sein Wesen sei. Aber nicht nur das. Selbst Menschen, die wir lange kennen, sehen wir bisweilen nicht richtig – dann nämlich, wenn unsere Perspektive reduziert ist, der andere sich uns nur in wenigen Dimensionen zeigt, etwa in seiner Rolle als Arbeitskollege. So oder so: Wir sperren den anderen in das Bild ein, das wir uns von ihm machen – ohne einzukalkulieren, dass wir falsch liegen könnten; ohne zu realisieren, dass kein Bild tief und weit genug sein kann, um die „unfassbare Subjektivität" des anderen einzufangen, wie es der französische Philosoph Jean-Paul Sartre formulierte.

Tatsächlich ist es schwer, am anderen nicht immer nur jene Facetten zu erkennen, die man während erster Begegnungen wahrgenommen hat. Nicht jenen Projektionen zu erliegen, die sich so leicht einstellen können, wenn man vom anderen nur Ausschnitte sieht oder viel zu weit entfernt ist, als dass man ihn scharf genug wahrnehmen könnte. Nicht immer nur auf jene Bilder fixiert zu sein, die man sich, aus guten oder weniger guten Gründen, im Lauf der Zeit vom anderen gemacht hat. Schwer, sich immer wieder zu öffnen, es zuzulassen, am Gegenüber neue Facetten zu erkennen.

Eben weil all dies so anspruchsvoll ist, ist es keine Ausnahme, sondern schlicht Alltag, den anderen verzerrt, nur eingeschränkt zu sehen.

Was das in puncto Liebe bedeutet? Der Liebestanz miteinander, der zunächst immer ein Tanz zueinander hin ist, kann nur glücken, wenn es gelingt, eine treffende Perspektive auf den anderen einzunehmen und jene inneren Barrieren zu überwinden, die auf Distanz halten. Elizabeth muss also ihre Vorurteile, Darcy seinen Stolz überwinden – dann erst wird *echte* Begegnung möglich: emotionale Nähe mitsamt einem unverstellten Blick aufeinander, so dass sich zwei Menschen gleichermaßen spür- wie sichtbar werden.

So kommt es auch: Darcy ringt zwar mit sich, aber sein Standesdünkel wird von der wachsenden Zuneigung zu Elizabeth zersetzt – ein äußerst romantisches Motiv; schließlich kann er nicht mehr anders, er muss ihr seine Zuneigung gestehen. Elizabeth wiederum wird zunächst emotional erschüttert, eben durch Darcys Liebesgeständnis; der Mann, von dem sie glaubte, er würde sich nichts aus ihr machen, empfindet genau das Gegenteil. Das macht sie fassungslos, schafft aber auch die Bereitschaft, die eigene Perspektive zu hinterfragen. Genau das vollzieht sich, als Darcy ihr einen Brief übergibt, in dem er Wickhams wahren Hintergrund erhellt und außerdem darlegt, weshalb er gegen eine Liaison zwischen Bingley und Jane war.

Liebesgeständnis und Brief entwickeln jene Wucht, durch die Elizabeth ihre festgefahrene Position verlassen, ihre vorurteilsverzerrte Perspektive verändern und sich für Darcy öffnen kann. Wie Darcy sich im Lauf des Romans in seiner Haltung wandelt – vom unnahbaren Adeligen zum hilfsbereiten Liebenden –, so wandelt sich auch Elizabeth: Sie gewinnt eine völlig neue Sicht auf Darcy. Damit erst sind die distanzierenden Kräfte zwischen den beiden aufgehoben, dadurch erst können sie sich nahekommen.

Diese Bewegung zueinander hin ist die zeitlose Essenz von »Stolz & Vorurteil«. Sie wird möglich, weil den Figuren zweierlei gelingt: das Ent-decken und das Ent-fernen. Ent-decken heißt: ablassen von Bildern, die den anderen verdecken. Ent-fernen heißt: die Distanz zum anderen überwinden, indem das Trennende, das in einem selbst liegt, aufgegeben wird. Im Prinzip erzählt Jane Austen in all ihren Romanen von den Versuchen zwischenmenschlicher Ent-deckungen und Ent-fernungen auf dem Feld der Liebe. Von den Mühen, Umständen und Komplikationen, bis zwei Menschen zueinander finden. Gelingt diese Bewegung, wie in »Stolz & Vorurteil«, geht davon – aufgrund der existenziellen Distanz – per se ein Zauber aus.

Nehmen sich Schriftsteller dieses Zaubers an, gehen sie immer ein Risiko ein: zu zerstören, was sie an sich bewahren, literarisch vermitteln möchten. Unzählige Liebesromane scheitern allein am Gefühlsüberschuss, den der Schriftsteller nicht in den Griff bekommt. Jane Austen indes ist eine Meisterin der Form. Und genau hier ist das Geheimnis von »Stolz & Vorurteil« zu finden, der Grund für die langanhaltende Faszination, die von diesem Roman ausgeht. Jane Austen lässt nicht nur zwei Menschen die Bewegung zueinander hin vollziehen (das tun auch viele Schundromane), nein, sie lässt diese Bewegung obendrein auf literarisch elegante Weise vonstattengehen. Sprich: Das zeitlose Liebesthema findet zur überaus stimmigen Form.

So verschmelzen in »Stolz & Vorurteil« traditionelles und modernes Erzählen: Der Roman ist einerseits konventionell-emphatisch, andererseits aber auch zeitgemäß-formbewusst. Indem die Autorin die Kraft und Wucht des einen (die Emphase des Verliebens) durch die Gestaltungskraft des anderen (die reduzierte, strenge Form modernen Erzählens) im Zaum hält, gelingt es ihr, den ursprünglichen Zauber zu bewahren. Herauskommt jenes betörende Literatur-Amalgam, das schon so viele Lesergenerationen begeistert hat.

Sieht man von einigen überkommenen Gestaltungsmitteln ab, etwa der allwissenden Erzählperspektive, stellt man fest: Stilistisch kann »Stolz & Vorurteil« heute noch überzeugen. Der Roman ist hervorragend komponiert, hat geschickt miteinander verknüpfte Handlungsfäden, arbeitet mit Raffungen, Auslassungen und Zeitsprüngen. Er ist geschmeidig geschrieben, mit Humor und Ironie, langweilt nicht mit ausufernden Naturbeschreibungen, glänzt mit geschliffenen Dialogen und birgt eine spannungsgeladene Konstellation – die charakterlichen Ge-

gensätze der Figuren, ihr unterschiedlicher gesellschaftlicher Stand sorgen zwingend für Reibung. Wie nebenbei wird, bisweilen mit satirischer Lust, ein Gesellschaftsbild wohlhabender Schichten Englands im Übergang vom 18. zum 19. Jahrhundert gezeichnet. Obendrein ist »Stolz & Vorurteil« auch noch ein Liebesroman, der pathosfrei erzählt wird. Kurzum: Das Werk ist zugleich unterhaltsam und anspruchsvoll geschrieben – Jane Austen schafft es immer wieder, ihrem gewichtigen Thema Leichtigkeit zu verleihen.

Diese Stärken sind es, die die allzu traditionellen Seiten des Romans relativieren, insbesondere die kräftigen Weichzeichner, die in »Stolz & Vorurteil« am Werk sind und das Harte milder, das Schwere leichter erscheinen lassen. Einer dieser Weichzeichner steckt in der reduzierten Welt, von der »Stolz & Vorurteil« erzählt: Der Roman tut, als bestünde das Leben nur aus Gesellschaften, Tanzbällen und der Suche nach der Liebe. Geschichtliche Umstände, politische Fragen der Zeit werden völlig ausgeblendet. Dabei beginnt 1789 mit der Französischen Revolution eine Phase gesellschaftlicher Umbrüche, Europas Nationen liefern sich Schlacht um Schlacht, und Napoleon erringt die Herrschaft über zahlreiche Länder. Doch kein Wort von alledem in »Stolz & Vorurteil«. Auch die soziale Frage, die durch die beginnende Industrialisierung aufgeworfen wird, ist ausgeklammert; soziales Elend spielt in der Geschichte von Elizabeth und Darcy keine Rolle. Die größten Sorgen der Figuren drehen sich um Partnersuche, Prestige und Schicklichkeit. Zudem vermittelt die Geschichte des Romans eine unrealistische Botschaft: Wer zueinandergehört, findet auch zueinander – natürlich ist das ein abwegiges Credo, von dem wir uns aber, eben weil wir Sehnsüchtige sind, nur allzu gern bezirzen lassen.

Diese Weichzeichner spiegeln sich auch in der eleganten, kantenfreien Sprache des Romans wider. Das Flauschige dieser Prosa, ihr gemächlicher Rhythmus, ihre harmonische Melodie (die auch nicht durch Übertragungen in andere Sprachen verlorengehen muss, wie etwa Karin von Schwabs Übersetzung ins Deutsche deutlichmacht), bewirkt einen starken, poetischen Effekt: Der ganze Roman erscheint allein aufgrund seiner Sprache, als wäre er in warmes Sommerabendlicht getaucht. Das erleichtert es bei der Lektüre zusätzlich, sich vom nüchternen Alltag zu lösen und in die Liebeswelt von Elizabeth und Darcy einzutauchen – wer für die feineren Ebenen des geschriebenen Wortes empfänglich ist, kann sich allein von der Sprache des Romans davontragen lassen.

Ein weiterer Weichzeichner liegt in Jane Austens Art, mit ihren Figuren umzugehen. Nicht nur, dass sie ihre Geschöpfe – mögen diese noch so verblendet sein von Stolz und Vorurteil – jene existenzielle Bewegung, nach der sie sich sehnen, vollziehen lässt, als wäre es ihr natürliches Geburtsrecht, die Liebe zu finden. In „Stolz & Vorurteil« werden sogar Schufte und Unsympathen mit Nachsicht behandelt. Für die Defizite von Figuren wie Mr. Collins oder Mr. Wickham bringt Jane Austen viel Empathie auf. Gerade dadurch zwingt sie uns Leser nicht, diese Figuren gänzlich abzulehnen. In unserem Lachen über Mr. Collins ist daher immer auch etwas Platz für Wohlwollen, in unserer Empörung über Mr. Wickham steckt daher stets auch die Bereitschaft, ihn noch auf andere Weise kennenzulernen – wenn er sich denn auf andere Weise zeigen würde. Ja, sogar die Arroganz einer Lady Catherine trägt zu unserer Lesefreude bei, weil wir es gerne sehen, wie Elizabeth daran wächst. Also wollen wir nicht einmal diese snobistische Adelsdame aus dem Romankosmos verbannt wissen.

Diese offene Haltung gegenüber den Figuren des Romans erzeugt Jane Austen beim Leser schlicht dadurch, dass sie sie selbst einnimmt. Weil sie mit ihren Figuren nachsichtig ist, mit ihnen liebevoll umgeht und ihre Schwächen annimmt, tun auch wir Leser das. In gewisser Weise erhöht uns dies während der Lektüre, macht uns größer und weiter, als wir es eigentlich sind. Denn in unserem Leben gibt es natürlich Menschen, die wir nicht mögen, unsympathisch finden, abstoßend gar, über die wir vernichtende Urteile fällen, auch wenn wir ahnen, dass wir darin fehlgehen – wir können eben meist nicht aus unserer Haut. Jenes Wohlwollen aber, das Jane Austen für ihre Figuren aufbringt, ist eines, zu dem auch wir selbst gern in der Lage wären – gegenüber anderen, gegenüber uns selbst. Eine bedingungslose Liebe atmet darin, die wir beim Lesen von »Stolz & Vorurteil« Zeile für Zeile aufnehmen; die in uns die Hoffnung wachsen lässt, dass wir vielleicht doch aus unserer Haut können: dass wir womöglich selbst auf diese bedingungslose Weise zu lieben vermögen; dass wir jederzeit in der Lage sind, zu ent-decken und zu ent-fernen, jene Menschen in unser Leben treten, in die Nähe kommen zu lassen, die wir lieben können. Beim Lesen fühlt sich allein schon diese Möglichkeit an wie unmittelbar bevorstehende Wirklichkeit.

All dies ist hochromantisch. Und weil Jane Austen dafür eine wunderbare Form findet, fällt es auch uns Modernen leicht, diese weichzeichnende Romantik zu genießen, ohne von ihrem Pathos davongeschwemmt zu werden. Sprich: Das romantische Herz kann höherschlagen, ohne dass der moderne Geist zu kurz käme. Dafür: Vielen Dank, Jane Austen!

Andreas Dalberg

Das Buch